WIRTSCHAFTSPOLITISCHE STUDIEN

aus den Instituten für Europäische Wirtschaftspolitik
und für Industrie- und Gewerbepolitik
der Universität Hamburg
Heft 77

SCHRIFTLEITUNG: INGO NEUMANN

WIRTSCHAFTSPOLITISCHE STUDIEN 77

Aus den Instituten für Europäische Wirtschaftspolitik und für Industrie- und Gewerbepolitik der Universität Hamburg · Herausgegeben von Harald Jürgensen und Erhard Kantzenbach

MATTHIAS HENKE

Die Europäische Eisen- und Stahlindustrie

Die Standortqualität ausgewählter EG-Ansiedlungszentren im Vergleich

VANDENHOECK & RUPRECHT IN GÖTTINGEN

CIP-Titelaufnahme der Deutschen Bibliothek

Henke, Matthias:
Die europäische Eisen- und Stahlindustrie : die
Standortqualität ausgewählter EG-Ansiedlungszentren im
Vergleich / Matthias Henke. - Göttingen : Vandenhoeck u.
Ruprecht, 1989
    (Wirtschaftspolitische Studien ; 77)
    ISBN 3-525-12279-9
NE: GT

D 18

Vorwort der Herausgeber

Auch nach Ablauf von 1989 fast fünfzehn Jahren einer krisenhaften Entwicklung auf den europäischen Stahlmärkten, hat die Europäische Stahlpolitik vornehmlich die Krisenlage verwaltet. Angesichts einer für die europäischen Hersteller bis nach 1987 hinein schwachen Gesamtnachfrage erbrachten die stahlpolitischen Entscheidungen bisher keine befriedigende Lösung für die erforderliche Reduzierung der Überkapazitäten in der EG. Ein nachhaltig wirkungsvoller Ansatz dazu kann nach Ansicht des Verfassers nur in der konsequenten Konzentration der langfristig erforderlichen Kapazitäten auf die im Vergleich leistungsfähigsten Produktionsstandorte in Europa bestehen.

Vor diesem Hintergrund bewertet der Verfasser die geographische und wirtschaftliche Standortgüte ausgewählter europäischer Stahlstandorte. Die Relevanz dieses Vorhabens erwächst nicht nur aus der anhaltenden strukturellen Krisenlage dieses Industriezweiges. Gegenüber gleichgerichteten Untersuchungen aus früheren Jahren, die sich überwiegend den rein produktionswirtschaftlichen Aspekten der Standortfrage widmeten, berücksichtigt der vorliegende Beitrag auch die immer wichtiger werdende Absatzkomponente. Im Ergebnis zeigt sich, daß die vom Verfasser abgeleiteten Standortqualitäten nur zu einem Teil in Einklang mit den bisher auf EG-Ebene vorgenommenen Kapazitätsanpassungen stehen.

Mit der vorliegenden Arbeit ist es dem Verfasser gelungen, einen sowohl durch fundierte Branchenkenntnisse wie auch deren wissenschaftliche Verarbeitung geprägten Beitrag zu einer verbesserten räumlichen Allokation der europäischen Stahlindustrie zu leisten.

Erhard Kantzenbach   Harald Jürgensen

INHALTSVERZEICHNIS

VERZEICHNIS DER TABELLEN IM TEXT   Seite

VERZEICHNIS DER SCHAUBILDER IM TEXT

VERZEICHNIS DER TABELLEN IM ANHANG

VERZEICHNIS DER SCHAUBILDER IM ANHANG

EINLEITUNG

Seit nunmehr etwa gut einem Jahrzehnt befindet sich die Europäische Eisen- und Stahlindustrie in einer permanenten Krisenlage. Denn mit dem Jahr 1975 fand die noch aus den 60er und der ersten Hälfte der 70er Jahre bekannte Wachstumsentwicklung in der EG-Rohstahlproduktion ihr jähes Ende. Lag das bisher höchste Produktionsvolumen der Europäischen Gemeinschaft (EG-9) bei noch knapp 156 Mio. t im Jahre 1974, so fiel dieses, trotz eines Zwischenhochs 1979 mit etwa 140 Mio. t, auf inzwischen nurmehr 112 Mio. t (1986) zurück und entspricht damit in etwa der Jahresherstellung des Zeitraums 1965/66.

In krassem Gegensatz zu dieser Entwicklung verlief demgegenüber der Aufbau der Produktionskapazitäten. Noch über das Jahr 1974 hinaus erfuhren diese eine Ausweitung um jahresdurchschnittlich knapp 3 vH auf das bisher höchstmögliche Herstellungsniveau von annähernd 206 Mio. t Rohstahl des Jahres 1979. Der erst seit diesem Zeitpunkt einsetzende Kapazitätsabbau zeigte daraufhin kaum das geeignete Ausmaß, eine nennenswerte Angleichung der Produktionsmöglichkeiten an die bereits seit Jahren rückläufige Beschäftigung dieses Industriezweiges zu bewirken. Die vormals noch bekannten Kapazitätsauslastungsgrade zwischen 80 und 90 vH gehörten damit endgültig der Vergangenheit an. Ganz im Gegenteil verzeichnet der Zeitraum zwischen 1975 und 1984 eine deutliche Unterauslastung von im Schnitt rd. 65 vH, mit den Extremwerten von 56 vH in den Jahren 1982/83. Seither deutet sich hier eine wieder ansteigende Tendenz ab. Mit Auslastungsgraden von etwa 70 vH bewegen sich diese allerdings noch deutlich unterhalb der weithin als Rentabilitätsschwelle betrachteten Größenordung von etwa 80 bis 85 vH.

Die Auswirkungen dieser Entwicklung sind allenthalben deutlich auszumachen. Massiven Preiseinbrüchen auf nahezu sämtlichen Teilmärkten zufolge kulminierten die bisher ausgewiesenen Verluste führender europäischer Hersteller zu existenzgefährdenden Größenordnungen. Die Arbeitnehmerseite blieb zwangs-

läufig von dieser Entwicklung nicht unberührt. Hier sind es
vornehmlich die traditionellen Montanreviere, die aufgrund
ihrer überwiegend monostrukturierten Ausrichtung jegliche Maßnahmen zur Beschäftigungsanpassung in extremer Weise erfahren
mußten und auch in der Zukunft zu gewärtigen haben.

Dabei ist auf den Umstand zu verweisen, daß sich die bisher
beschriebene Krisenlage insbesondere für den Kreis der großen
Stahlhersteller und damit für den hier zumeist angewandten
Verfahrensweg der Koksmetallurgie zeigt, während sich die
Probleme für die Gruppe der Elektrostahlhersteller aus gesamt-
wirtschaftlicher Sicht in weit geringerem Maße beschreiben.
Dies begründet sich größtenteils durch die hier zu verzeichnenden Größenunterschiede in der Anlagenausstattung und dem
damit direkt determinierten Flexibilitätsgrad derselben. Zu
verweisen ist auf die "large scale economies" im Rahmen des
Verfahrensweges über Hochofen und Oxygen-Konverter (Koksmetallurgie), die in der Vergangenheit zu einer deutlichen Ausweitung der Anlagengrößen führten und nunmehr die Anpassungsfähigkeit an eine schrumpfende Nachfrage nennenswert eingeschränkt haben[1].

Bei der Frage nach den Ursachen für die beschriebene Krisenlage in der Europäischen Stahlindustrie bestehen die Meinungsun-
terschiede lediglich im Hinblick auf den jeweils im einzelnen
beizumessenden Bedeutungsgrad der Bestimmungsgründe. Die Aufmerksamkeit richtet sich hier in erster Linie auf die sowohl
konjunkturell als auch strukturell bedingt erheblichen Rück-

---

[1]Mit einem Produktionsumfang in der Größenordnung bis maximal etwa 600/
700.000 t/a stellt sich dieses Problem für die Elektrostahlhersteller
nicht in demselben Maße. Angesichts einer - zumindest in Zeiten ausreichender Marktversorgung - vergleichsweise günstigen, weil nahen Rohstoffversorgung, eines im Vergleich geringeren spezifischen Energieeinsatzes sowie der regional wie auch erzeugnisspezifisch weit enger abgegrenzten Absatzmärkte bietet sich für diesen Zweig ein aus gesamtwirt-
schaftlicher Sicht weniger drückendes Krisenbild.

2

gänge in der Inlandsnachfrage, ohne daß eine entsprechende
Kompensation aufseiten des Drittlandsabsatzes für eine Ent-
spannung der Lage sorgte.

Eine Reihe zunächst einzelstaatlicher Schutzmaßnahmen führten
überdies zu einer Verschärfung der EG-Krisenlage. Bereits von
jeher an massive Eingriffe in die freien Kräfte des Marktes
gewöhnt, gingen nunmehr einige Mitgliedstaaten u.a. dazu über,
ihren überalterten Stahlindustrien finanzielle Unterstützung
über den Staatshaushalt zukommen zu lassen. Obwohl nach dem
Montanvertrag (Artikel 4.c.) ausdrücklich untersagt, belaufen
sich die seit 1975 gewährten Subventionszahlungen gleichwohl
auf inzwischen eine Größenordnung von deutlich über 100 Mrd.
DM.

Zunächst unter dem Versäumnis einiger Mitgliedsländer, derartige Beihilfen für eine konsequente Modernisierung der eigenen
Hüttenwerke zu nutzen, schwand so der eigentlich notwendige
Wettbewerbsdruck und damit die Möglichkeit zu einer durch die
Marktkräfte gesteuerten Konzentration auf die tatsächlich ef-
fizienten Produktionsstandorte. Und während das vormals unter
den EG-Herstellern noch zu verzeichnende technologische Gefälle mit Hilfe der Subventionszahlungen schließlich zu Lasten
der bereits seit jeher führenden Anbieter verringert werden
konnte, besteht so auch weiterhin das Problem eines deutlichen
Kapazitätsüberhangs.

Infolge des damit einhergehenden ruinösen Preiskampfes sind
dabei nicht nur die ineffizient operierenden Stahlhersteller
vom Ausscheiden bedroht. Ganz im Gegenteil sicherten die bisherigen Beihilfezahlungen in Milliardenhöhe ein Überleben gerade der vergleichsweise weniger wettbewerbsfähigen Standorte.
Unter dem Blickwinkel einer rein national ausgerichteten Be-
schäftigungssicherung wird hier der marktwirtschaftliche Aus-
leseprozeß in sein Gegenteil verkehrt und führt solchermaßen
zu einer Existenzgefährdung von vormals konkurrenzfähigen
Wettbewerbern. Die volkswirtschaftlichen Verluste summieren
sich dabei nicht nur in Höhe der hier gezahlten finanziellen

Hilfeleistungen. Aus der Schließung eines jeden an sich rentablen, d.h. lediglich im Subventionswettbewerb unterlegenen Stahlstandortes resultieren darüber hinaus Verluste in dem Ausmaß der damit eingeleiteten Fehlallokationen.

Neben diesen gesamtwirtschaftlich somit zweifelhaften Versuchen ergriff die EG-Kommission bereits frühzeitig erste Maßnahmen zur Krisenbewältigung. Als Reaktion auf den tiefen Einbruch in der Stahlnachfrage kam es zunächst zu ersten losen nationalen wie internationalen Rohstahlabkommen, die schließlich in stetig stärkere Reglementierungen einmündeten. In der Zielsetzung, das Angebot innerhalb der Europäischen Gemeinschaft an die erwartete Nachfrage anzupassen, erließ die EG-Kommission im Zusammenwirken mit dem Stahlherstellerverband EUROFER erste freiwillige Verpflichtungen zur Lieferbeschränkung (1977). Unterstützung fanden diese Maßnahmen zur Marktregulierung sowohl auf der Preisseite durch ein System von Orientierungs- und Mindestpreisen als auch im Rahmen der Drittlandseinfuhren durch eine Reihe von Selbstbeschränkungsabkommen (1978).

Infolge der nach dem zweiten Ölpreisschock erneut einsetzenden Abschwächung in der Stahlkonjunktur geriet das EUROFER-Kartell allerdings alsbald ins Wanken und konnte sich schließlich nicht weiter gegen die Marktkräfte behaupten. Die EG-Kommission sah sich so im Oktober 1980 veranlaßt, auf der Grundlage des Artikels 58. EGKS-Vertrag eine zunächst auf ein Jahr befristete Zwangsquotenregelung für die Produktion von Stahlerzeugnissen einzuführen. Mehrfach verlängert sowie den jeweiligen Marktverhältnissen angepaßt, behielten diese Kartellabsprachen nunmehr allerdings bereits bis in das Jahr 1988 ihre Gültigkeit.

Obwohl staatliche Subventionszahlungen laut Artikel 4.c. EGKS-Vertrag mit dem Gemeinsamen Markt für Kohle und Stahl (EGKS) nicht vereinbar sind und die Befugnis zur Gewährung stahlspezifischer Hilfeleistungen den Organen der Gemeinschaft vorbehalten ist, wurde dieses Verbot in den verschiedenen Mit-

gliedsländern häufig mißachtet. Konsequenterweise legte die
EG-Kommission in ihrer Entscheidung vom Februar 1980 mit der
Einführung eines sogenannten Subventionskodexes ein umfassendes Konzept zur Strukturverbesserung der EG-Stahlindustrie
vor, mit dessen Hilfe die finanziellen Zuwendungen in den
EG-Mitgliedstaaten für die Zukunft geregelt werden sollten,
um auf diese Weise die Produktionskapazitäten an die prog-
nostizierte Nachfrage anzupassen. Die damit verfolgte Zielsetzung bestand letztlich darin, damit die Grundlage für eine
nachhaltige Sicherung der Wettbewerbsfähigkeit in der europäischen Stahlherstellung zu schaffen.

Von der ursprünglichen Annahme, daß die notwendigen Maßnahmen
zur Umstrukturierung und damit der Wiederherstellung der Ren-
tabilität mit dem Ende des Jahres 1985 abgeschlossen sein würden, mußte allerdings - wie zu erwarten - in der Zwischenzeit
abgewichen werden. Angesichts der bisher nur unzureichenden
Fortschritte in bezug auf den Kapazitätsabbau ergab sich somit
für den Bereich der Beihilferegelungen eine Prolongation bis
Ende 1990. Obwohl nunmehr ausschließlich beschränkt auf Zuwendungen für die Bereiche Forschung und Entwicklung, den Um-
weltschutz sowie die Aufwendungen für die bei Betriebsschlie-
ßungen notwendigen Sozialpläne, steht dennoch kaum eine nennenswerte Einschränkung der Subventionspraxis zu erwarten;
dies belegen die seither gemeldeten Beihilfepläne in überaus
deutlicher Form.

Uneinigkeiten bestehen zudem über die weitere zukünftige Ausgestaltung der Anpassungsmaßnahmen, insbesondere im Hinblick
auf die Fortsetzung des Quotensystems. Während einerseits die
EG-Kommission die rasche Liberalisierung des Stahlmarktes
anstrebt vertreten die im Verband EUROFER zusammengeschlosse-
nen Hersteller die Auffassung, nur eine auf Dauer - d.h. bis
mindestens 1990 - ausgelegte Quotenregelung könne die gewünschte strukturbereinigende Wirkung entfalten.

Um schließlich den "Liberalisierungsvorstellungen" der EG-
Kommission zuvorzukommen kam es hier zur Vorlage eines eigenen

Lösungsansatzes seitens des EUROFER-Verbandes, sich innerhalb
der Industrie auf die notwendigen Kapazitätsschnitte zu einigen. Zurückgreifend auf einen Vorschlag des Sachverständigen-
rates wird damit die inzwischen durch die EG-Kommission ge-
teilte Vorstellung verknüpft, unter Beibehaltung des Quotensystems den freien Handel der Produktionsquoten zwischen den
Herstellern zuzulassen.

Inwieweit dieser inzwischen berücksichtigte Lösungsvorschlag
auch über den bisher angesetzten Verlängerungstermin des 10.
Juni 1988 hinaus Gültigkeit besitzt, wird nun davon abhängen,
in welchem Maße die durch die Industrie verbindlich zugesagten
Kapazitätsschließungen den Vorstellungen der EG-Kommission
entsprechen. Angesichts eines Kapazitätsüberhanges von nach
wie vor rd. 30 Mio. t bedarf es nunmehr einer nachdrücklicher
verfolgten Strategie zur Kapazitätsanpassung. Ein auch nachhaltig wirkungsvoller Lösungsansatz kann darüber hinaus nur in
einer konsequenten Konzentration der verbleibenden Herstellungsmöglichkeiten auf die tatsächlich leistungsfähigsten
Produktionsstandorte bestehen.

Die Frage nach der Leistungsfähigkeit europäischer Stahlstandorte stellt sich dabei in zweierlei Hinsicht. Zum einen wirkt
sich der technische Stand vorhandener Produktionsanlagen und
-verfahren entscheidend auf den Grad dieser Leistungsfähigkeit
aus. Zementierten die ersten Subventionszahlungen aufgrund ihres Charakters eines reinen Verlustausgleichs noch eher das
einst bestehende technologische Gefälle zwischen den einzelnen
europäischen Herstellern, so haben diese in der Zwischenzeit
doch zu einer zunehmenden Nivellierung beigetragen.

Angesichts einer stetig engeren Vernetzung der internationalen
Handelsbeziehungen erweist sich aus diesem Grunde um so mehr
der rein geographische Standort von Bedeutung. Dies gilt dabei
sowohl im Hinblick auf die standortspezifische Versorgung mit
den notwendigen Produktionsfaktoren als auch die besonderen
Voraussetzungen im Absatz der Fertigprodukte. Die Zurückgewin-

nung bzw. Sicherung der Wettbewerbsfähigkeit europäischer Stahlhersteller wird demzufolge nur über eine Optimierung der verfahrens- und anlagentechnischen Ausstattung bei gleichzeitiger konsequenter geographischer Auswahl der auch weiterhin bestehenden Standorte zu erreichen sein.

Vor dem Hintergrund dieser Überlegungen wird es mithin die Aufgabe der vorliegenden Untersuchung sein, der Frage nach der geographischen Standortgüte charakteristischer europäischer Stahlstandorte[1] nachzugehen. Die Relevanz dieser Fragestellung ergibt sich dabei nicht allein aus dem Umstand der besagten Krisenlage in diesem Industriezweig. Im Gegensatz zu früheren Forschungsvorhaben ähnlicher thematischer Ausrichtung wird hier zudem der Versuch unternommen, über den seinerzeit doch überwiegend betriebenen reinen produktionswirtschaftlichen Standortvergleich hinaus ebenso die für diesen Industriezweig bedeutungsvolle Komponente des Fertigprodukteabsatzes mit in den Vergleich einzubeziehen.

Gerade dem regionalen Absatz der Fertigprodukte in vertiefter Aufgliederung kommt dabei ein nicht zu vernachlässigender Stellenwert zu. Abgesehen von den hier noch in der Vergangenheit vorbildlich zu nennenden Angaben für den Bereich der westdeutschen Stahlerzeugung, erlaubt das nur äußerst lückenhafte statistische Material insbesondere auf EG-Ebene bisher kaum eine den Ansprüchen genügende Beantwortung dieser doch maßgeblichen Fragestellung. Da die Notwendigkeit derartiger Nachforschungen zwar erkannt ist - erste vorfühlende Schritte in dieser Richtung werden von seiten der Kommission im Rahmen vertraulicher Untersuchungen unternommen -, sich jedoch ein Ergebnis noch nicht abzeichnet, ist es eine weitere Zielsetzung dieser Untersuchung, hier einen Beitrag zu leisten.

---

[1]Auf die größtenteils nur unzureichende Datenlage in bezug auf die jüngsten EG-Beitrittsländer, d.h. Spanien und Portugal, aber auch Griechenland, ist es dabei zurückzuführen, daß sich die zwangsläufig vorzunehmende Auswahl zu untersuchender Stahlstandorte ausschließlich auf den Kreis der EG-9 beschränkt.

Angesichts dieser Teilaspekte ergeben sich im einzelnen die folgenden Schwerpunkte der Untersuchung. Unter Zugrundelegung des Referenzhüttenwerkes des International Iron and Steel Institute (IISI), Brüssel, und damit der Annahme einer über die gesamte Standortauswahl identischen Anlagenausstattung, wird zunächst Aufschluß über die standortspezifischen Kostenunterschiede in der Herstellung der verschiedenen Walzstahlfertigerzeugnisse zu erhalten sein. Die sich daran anschließenden Auswertungen vermitteln einen Überblick über die durchschnittliche Transportkostenbelastung jeweiliger EG-Stahlstandorte im weltweiten Absatz von Walzstahlfertigerzeugnissen. Die innerhalb dieser Untersuchung gewählte Vorgehensweise wird es dabei erlauben, die standortspezifischen Transportkosten sowohl im Hinblick auf die verschiedenen Walzstahlerzeugnisse als auch eine Reihe gesonderter Absatzregionen zu differenzieren[1]. Als Zusammenfassung der jeweiligen Kostenbelastungen in sowohl produktions- wie auch absatzspezifischer Hinsicht bietet die abschließende Gesamtbetrachtung sodann ein umfassendes Abbild der geographischen Standortqualität ausgewählter EG-Stahlstandorte.

---

[1]Dies gilt dabei allerdings ausschließlich für die Absatzgebiete der zur westlichen Welt zählenden Einfuhrländer. Aufgrund der nur unzureichenden Angaben bezüglich der Transportaufwendungen nach und auch innerhalb der Ostblockländer sowie ihrer Bedeutung für den EG-Walzstahlabsatz wird von einer Berücksichtigung dieser Staatengruppe abgesehen.

KAP. I GRUNDLEGENDE ÜBERLEGUNGEN ZUM STANDORTVERGLEICH IM BEREICH DER EISENSCHAFFENDEN INDUSTRIE

§ 1   Determinanten der Standortqualität

Grundlagen

Überhöhte Produktionskapazitäten im Kreis der traditionellen Hersteller im Verbund mit der wachsenden Konkurrenz junger Stahlnationen begründen vor dem Hintergrund einer eher stagnierenden Nachfrage den nunmehr seit Jahren zunehmend härter ausgetragenen Wettbewerb um die verbleibenden Absatzmärkte. Im Zuge der damit einhergehend verstärkten Kostenorientierung in der Produktion erwächst neben der Anlagenausstattung der Frage nach der Standortgüte ein gegenüber der Vergangenheit noch zunehmender Stellenwert. Insbesondere auf den hohen Materialindex der Eisenschaffenden Industrie und die damit vergleichsweise herausragenden Transportaufwendungen ist es zurückzuführen, daß sich frühere Untersuchungen bezüglich der Standortfrage häufig gerade mit diesem Zweig der Schwerindustrie beschäftigt haben.

Ihren Ursprung haben diese Untersuchungen zur industriellen Standortstruktur in den Arbeiten Alfred WEBERs[1]. Über die noch rein landwirtschaftlich ausgerichtete Theorie v. THÜNENs[2] hinaus, gelang es ihm erstmalig, das (industrielle) Standortproblem aus rein wirtschaftstheoretischer Sicht modellhaft darzustellen. Unter Prägung des heute in der Standortlehre so zentralen Begriffs des "Standortfaktors"[3] vertrat er die Vorstel-

---

[1] Vgl. WEBER., A., Über den Standort der Industrien, 1. Teil, reine Theorie des Standortes, 2. Auflage, Tübingen 1922.

[2] THÜNEN, J.H.v., Der isolierte Staat in Beziehung auf Landwirtschaft und Nationalökonomie, 3. Auflage, Jena 1930.

[3] Neben der Unterteilung in generelle Faktoren sowie in lediglich für bestimmte Industriezweige gültige spezielle Standortfaktoren führt WEBER den Begriff der "Ubiquität" ein. Nach seinem Verständnis subsumieren sich darunter diejenigen Standortfaktoren, die im Vergleich unter den verschiedenen Standorten kaum nennenswerte Ausprägungsunterschiede aufweisen.

lung, ausschließlich die Arbeits- und Transportkosten wären im
Verein mit den sog. Agglomerationsvorteilen verantwortlich für
das räumliche Lagerungsbild der Industriebetriebe. In unmit-
telbarer Konsequenz stellte sich für ihn solchermaßen die optimale Industrieansiedlung als derjenige Ort dar, an dem -
bei gegebenen Absatzverhältnissen - die Produktionskosten ihr
Minimum aufwiesen.

Aufbauend auf diese grundlegenden Überlegungen entstanden in
der Folgezeit eine ganze Reihe weiterführender Untersuchungen,
die über eine weitere Vertiefung der Theorie bestrebt waren,
von den doch restriktiven Prämissen zunehmend abzurücken. Ein-
mündend in räumliche Gleichgewichtsmodelle wurde sodann der
Versuch unternommen, die Standorttheorie mit der allgemeinen
Wirtschaftstheorie zu verknüpfen. Hervorzuheben sind hier
vornehmlich die Vorstellungen PREDÖHLs[1] von den industriellen
Gravitationszentren sowie die Arbeiten LÖSCHs[2], ISARDs[3] und v.
BÖVENTERs[4]. Insbesondere das Verdienst PREDÖHLs liegt hier
darin begründet, die Standortproblematik in die allgemeine
Wirtschaftstheorie eingeführt zu haben und darüber hinaus die
prinzipiellen Lösungsmöglichkeiten empirischen Nachprüfungen[5]
zu unterziehen. Entsprechend der wirtschaftstheoretischen
Grenzproduktivitätsregel bemißt sich danach die Kombination
der zur Herstellung eingesetzten Produktionsfaktoren mit dem
Bedarf für den Fall als optimal, daß an sämtlichen Produk-
tionsstandorten die jeweiligen Produktionszuwächse sowohl in
ihren Grenzkosten wie auch Grenzerlösen übereinstimmen und
damit den Gleichgewichtszustand beschreiben.

---

[1]Vgl. PREDÖHL, A., Das Standortproblem in der Wirtschaftstheorie, in:
Weltwirtschaftliches Archiv, Bd. 21, 1925 I, S. 294 ff.

[2]Vgl. LÖSCH, A., Die räumliche Ordnung der Wirtschaft, 3. unveränd.
Auflage, Stuttgart 1962.

[3]Vgl. ISARD, W., Location and Space-Economy, New York 1956.

[4]Vgl. BÖVENTER, E.v., Theorie des räumlichen Gleichgewichts, Tübingen
1962.

[5]Vgl. PREDÖHL, A., Die örtliche Verteilung der amerikanischen Eisen-
und Stahlindustrie, in: Weltwirtschaftliches Archiv, Bd. 27, 1928 I,
S. 239 ff.

Im Gegensatz zu diesen eher an einer gesamtwirtschaftlichen
Fragestellung orientierten Lösungstechniken entwickelte sich
daneben im Rahmen der Betriebswirtschaftslehre eine einzel-
wirtschaftlich ausgerichtete Standortlehre in Form sektoral
spezifizierter und methodisch weit verfeinerter Ansätze. Unter
Verwendung ständig verbesserter Bewertungsmethoden (Operations
Research) bildet hier die Wahl der optimalen räumlichen Ansiedlung eines Einzelunternehmens den Schwerpunkt der Bemühungen. Das Auswahlverfahren basiert dabei auf den spezifischen
Anforderungen an den Produktionsstandort und orientiert sich
mithin an einem durch das Unternehmensziel begründeten Katalog
spezifischer Standortfaktoren.

Demnach bestimmt sich die Güte eines Standortes durch die Auswahl spezifischer Einflußgrößen, die entsprechend ihres Bedeutungsgrades eine Standortbewertung im Einzelfall ermöglichen.
Aufbauend auf den grundsätzlichen Überlegungen WEBERs[1], entwickelte sich im Rahmen einer derartigen Standortbestimmungs-
lehre inzwischen ein breites Spektrum von Auswahlkriterien.
Zum Kreis der bedeutendsten Bestimmungsgrößen[2] zählen dabei
u.a.:

- Absatzmärkte

- Beschaffungsmärkte

- Transportkosten

- Verkehrsanbindung

- Infrastruktur

- Arbeitskräfte

---

[1]Vgl. WEBER, A., a.a.O..

[2]Einen detaillierten Überblick über die Standortfaktorpräferenzen von In-
dustriebetrieben vermitteln u.a. KAISER, K.-H., Industrielle Standortfaktoren und Betriebstypenbildung, in: Betriebswirtschaftliche Forschungs-
ergebnisse, (Hrsg.) KOSIOL, E. u.a., Bd. 78, Berlin 1979, S. 28 ff;
LÜDER, K., KÜPPER, W., Unternehmerische Standortplanung und regionale
Wirtschaftsförderung, Schriftenreihe des Seminars für Allgemeine Betriebswirtschaftslehre der Universität Hamburg, Bd. 24, Göttingen 1983,
S. 192 ff sowie BREDE, H., Bestimmungsfaktoren industrieller Standorte,
in: Schriftenreihe des Ifo-Instituts für Wirtschaftsforschung, Nr. 75,
Berlin 1971.

- Investitionskosten
- Kapitalkosten
- behördliche Auflagen
- Wirtschaftsförderung
- Steuerbelastung

Ist die Betrachtung derartiger Standortfaktoren - wenn auch in unterschiedlicher Abgrenzung - den verschiedenen Methoden zur Lösung der Standortproblematik weitgehend gemeinsam, so empfiehlt sich dennoch eine grobe Unterteilung. Entsprechend ihrer jeweiligen Ausgangslage sowie der unterschiedlichen Verfahrensweise lassen sich die verschiedenen Lösungsverfahren grundsätzlich in sowohl empirische Verfahren wie auch Modellrechnungen abgrenzen.

Ein im Rahmen der praktischen Standortbewertung häufig verwandtes empirisches Verfahren besteht in der komparativen Kostenanalyse[1]. Auf der Grundlage einfacher Vergleichsrechnungen werden hierbei die entscheidungsrelevanten Bestimmungsgrößen in ihrer standortspezifischen Ausprägung miteinander verglichen. Den Charakter derartiger Standortvergleiche macht es dabei aus, eine jeweils gleiche Anlagenausstattung und damit sowohl gleiche Betriebsgröße als auch gleiche Anlagentechnik für sämtliche Vergleichsobjekte zu unterstellen. Insbesondere im Hinblick auf regional stark ausgeprägte Kostenunterschiede - wie beispielsweise im Bereich der Transportkosten - erweist sich die komparative Kostenanalyse dabei von Vorteil.

Die darüber hinaus ausgeprägten Interdependenzen zwischen sowohl den ökonomischen wie auch rein technischen Faktoren führten schließlich dazu, daß schon frühzeitig die Standortproblematik der Eisen- und Stahlindustrie zum Gegenstand zahlreicher Untersuchungen gemacht wurde. Hinzuweisen ist dabei auf die

---

[1] Vgl. u.a. KLEMMER, P., Die komparative Kostenanalyse, in: Institut für Raumordnung (Hrsg.), Informationen 18, 1968, S. 457ff; ISARD, W., Methods of Regional Analysis, An Introduction to Regional Science, New York/London 1966, S. 233 f.

besagten Arbeiten PREDÖHLs[1] und ISARDs[2] sowie eine Reihe nachfolgender Untersuchungen. Zu diesen zählen insbesondere die inzwischen weiter verfeinerten Analysen von JÜRGENSEN[3], KUNZE[4] und JUNIUS[5] sowie von MIETH[6] und BRÜHLING[7]. Vergleichsweise jüngere Untersuchungen wurden sowohl auf Anregung der Europäischen Kommission für Kohle und Stahl (EGKS)[8] wie auch unter Federführung führender westdeutscher Branchenverbände[9] durchgeführt.

Allen diesen Untersuchungen gemeinsam ist dabei der doch stark eingeschränkte Betrachtungsgegenstand. Abzusehen ist dabei noch von dem Umstand, daß sich - stets unter begründeter Ziel-

---

[1]PREDÖHL, A., Die örtliche Verteilung der amerikanischen Eisen- und Stahlindustrie, a.a.O..

[2]ISARD, W., Methods of Regional Analysis, a.a.O., ders. und CAPRON, M., The Future Locational Pattern of Iron and Steel Production in the United States, in: The Journal of Political Economics, Vol. 57, 1949, S. 118 ff.

[3]JÜRGENSEN, H., Die westeuropäische Montanindustrie und ihr gemeinsamer Markt, (Hrsg.) PREDÖHL, A., Göttingen 1955.

[4]KUNZE, H.-J., Die Lagerungsordnung der westeuropäischen Eisen- und Stahlindustrie im Lichte ihrer Kostenstruktur, Kieler Studien, Bd. 30, Kiel 1954. Im Gegensatz zur übrigen allgemeinen Verfahrensweise bestand hier die Bestrebung, sämtliche Kostenunterschiede auf der Basis realer Größen zu untersuchen.

[5]JUNIUS, J.-D., Zur Frage des Standorts neuzeitlicher Eisenhüttenwerke in der BRD unter besonderer Berücksichtigung der Absatzorientierung, Diss., Aachen 1962.

[6]MIETH, W.-H., Der wirtschaftliche Standortvorteil eines Hüttenwerkes an der westholländischen Nordseeküste gegenüber dem Standort im östlichen Ruhrgebiet und die Folgerungen für die Unternehmenspolitik des Binnenwerkes, Diss., Aachen 1968.

[7]BRÜHLING, U.C., Neuere Entwicklungen im Lagerungsbild der europäischen Eisen- und Stahlindustrie, Hamburg 1969.

[8]Vgl. MÜLLER, J.H., RITTERBRUCH, K., STRASSERT, G., Probleme der Wirtschaftsstruktur des Saarlandes, Luxemburg 1967.

[9]Verein Deutscher Eisenhüttenleute (VDEh) und Wirtschaftsvereinigung Eisen- und Stahlindustrie, Vertraulicher Bericht: Modellhüttenwerk - Standortvergleich der Herstellkosten auf der Grundlage von Marktpreisen: Zweites Halbjahr 1975, Düsseldorf o.J. sowie die Fortschreibung für den Referenzzeitraum zweites Halbjahr 1976.

setzung - die Auswahl zu untersuchender Standorte weitgehend
auf einen nur kleinen Kreis von Stahlstandorten beschränkt,
obwohl schon innerhalb der Europäischen Gemeinschaft eine
Vielzahl von in räumlicher Hinsicht charakteristischen und
damit unterschiedlichsten Hüttenansiedlungen existieren.
Weit schwerer fällt hingegen der Umstand ins Gewicht, daß sich
die überwiegende Mehrzahl der Standortvergleiche ausschließlich auf die Bereiche der Herstellung konzentriert und damit
den bedeutenden Absatz der Fertigprodukte weitgehend vernachlässigt. Andere wiederum berücksichtigen diesen Aspekt, müssen
allerdings mit der Begründung ansonsten ungenügenden Datenmaterials von einer Betrachtung über den westdeutschen Absatzmarkt hinaus absehen.

Neben diesen empirischen Verfahren sind es die teilweise parallel dazu entwickelten Standortmodelle, die nicht nur einige
der genannten Mängel beheben, sondern darüber hinaus z.T. weitere Vorteile gegenüber jenen aufweisen können. Dazu gehören
allerdings nur bedingt die früheren Lösungsvorschläge, die
sog. analytischen Verfahren, zu deren Vertretern insbesondere
WEBER[1], LÖSCH[2], MEYER[3] sowie v. BÖVENTER[4] zu rechnen sein
dürften. Aufgrund ihres noch vergleichsweise hohen Abstrak-
tionsgrades und der doch ausnahmslos stark restriktiven Prämissen kommt diesen Modellansätzen aus heutiger Sicht lediglich eine Vorreiterrolle zu.

Einen wesentlich höheren praktischen Nutzen versprechen demgegenüber die Verfahren der mathematischen Programmierung. Lag
auch ursprünglich die Zielsetzung dieser Modelle hauptsächlich
in der Aufgabe der Transportkostenminimierung begründet, so
genügen die zwischenzeitlich weiter verfeinerten Ansätze dar-

---

[1]WEBER, A., Über den Standort der Industrie, a.a.O..

[2]LÖSCH, A., a.a.O..

[3]MEYER, W., Die Theorie der Standortwahl, Entwicklung, Inhalt und wirt-
schaftstheoretische Behandlung der Standortwahl, Berlin 1960.

[4]BÖVENTER, E.v., a.a.O..

über hinausgehenden Optimierungsanforderungen. Der dabei wesentliche Vorteil gegenüber den analytischen Verfahren ergibt sich hier u.a. durch die Möglichkeit, mehrere Produktionsstandorte in ihren Interdependenzen untereinander zu berücksichtigen. Im Gegensatz zur einzelwirtschaftlichen Betrachtung bieten diese Verfahren einen Lösungsvorschlag zur Optimierung räumlicher Standortverteilungen.

Es ist darauf zu verweisen, daß im Rahmen der hier notwendigen nichtlinearen Programmierungsmodelle lediglich Algorithmen für eine Auswahl von Problemstellungen vorliegen und die Rechenbarkeit damit in vielen Fällen nicht mehr gegeben oder zumindest unwirtschaftlich ist. Fragestellungen von komplexer Abgrenzung, wie sie beispielsweise diese Untersuchung verfolgt, verlangen dann vielmehr nach heuristischen Verfahren, die im allgemeinen aber nicht zur mathematisch optimalen Lösung führen und damit lediglich eine Näherungslösung darstellen. Daneben ist zu fragen, ob derartige Modellrechnungen nicht überhaupt eine Genauigkeit in ihren Ergebnissen vorgeben, die bereits aufgrund der unumgänglichen Datenungenauigkeiten wie auch der zwangsläufig vorzunehmenden Restriktionen kaum zu erreichen sein dürfte.

Aus diesen Gründen nimmt sich die Zielsetzung dieser Untersuchung im Gegensatz zu dem beschriebenen Modellansatz bescheiden aus. Es ist somit weniger an die Ableitung einer für die gesamte Europäische Stahlindustrie optimierten regionalen Kapazitätsverteilung gedacht. Gerade vor dem Hintergrund der EG-weit nach wie vor bestehenden Kapazitätsüberhänge ist allerdings beabsichtigt, einen Standortvergleich auf Kostenbasis vorzunehmen. In Anlehnung an die bereits erwähnten früheren Arbeiten wird sich wiederum der Methode der komparativen Kostenanalyse zu bedienen sein. Es sind dabei die spezifischen Anliegen dieser Untersuchung, die aus besagten Gründen die Verwendung eben dieser Verfahrensweise sinnvoll erscheinen lassen.

Die zum Ziel gesetzte Bewertung der Standortgüte aus rein regionaler Sicht macht es zunächst notwendig, eine für sämtliche EG-Stahlstandorte gleiche Anlagenausstattung zu unterstellen. Als Grundlage dient hier das Referenzhüttenwerk des International Iron and Steel Institute (IISI)[1], Brüssel. Mit einer

Schb. 1.1

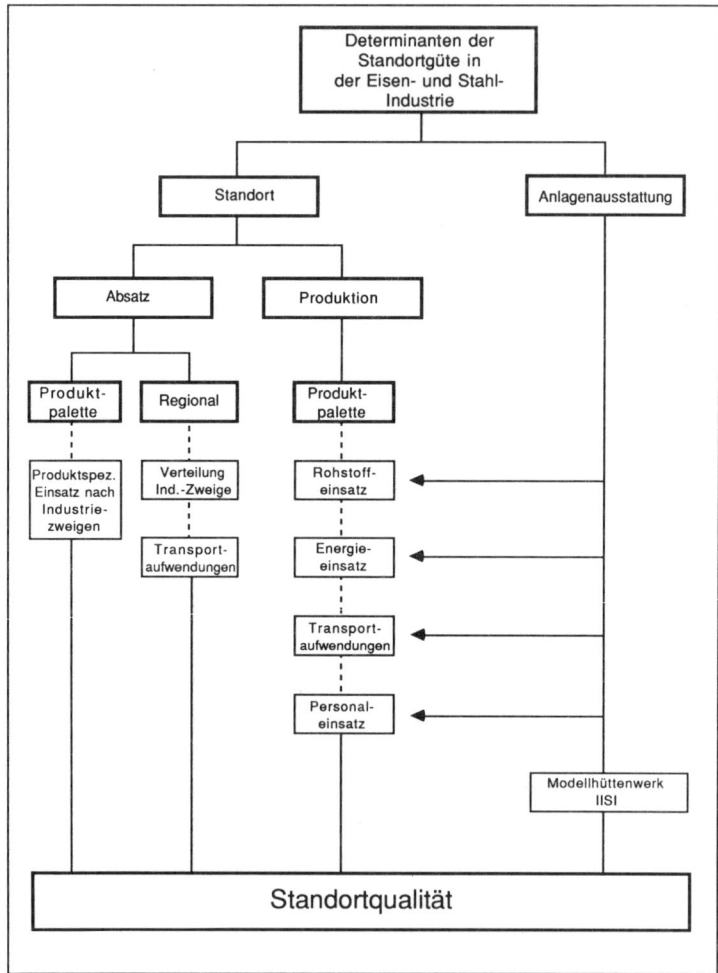

[1]Vgl. International Iron and Steel Institute (IISI), Energy and the Steel Industry, Committee on Technology, Brüssel 1982. Eine Darstellung der Konfiguration vermitteln die Ausführungen in Paragraph fünf.

Jahresproduktion von rd. 8 Mio. t Rohstahl bildet dieses integrierte Hüttenwerk ein Beispiel für eine nach modernen Gesichtspunkten erstellte Gesamtkonzeption.

Wie Schaubild 1.1 deutlich macht, bestimmen sich damit direkt
eine Reihe von Kostenfaktoren. Je nach Produktpalette summieren sich so die erzeugnisspezifischen Einsatzkosten der verschiedenen Rohstoffe sowie die Aufwendungen für den Energie-
und Personaleinsatz. Nicht aufgeführt sind hingegen die Auf-
wandsbereiche Fremdfinanzierung sowie Investitionen. Dies begründet sich aus dem Umstand, daß der vorliegenden Standort-
untersuchung eine Beschränkung lediglich auf die standortspezifischen Gesamtkostendifferenzen bereits bestehender Hüttenansiedlungen zugrundeliegt. Zum einen erübrigt sich damit die
ansonsten im Rahmen einer Standortneugründung bedeutsame Frage
bezüglich der Neuinvestitionen. In bezug auf die Fremdkapital-
kosten sei hingegen auf den bereits durch WEBER geprägten Begriff der Ubiquität verwiesen. Angesichts einer voranschrei-
tenden Integration der internationalen Kapitalmärkte sowie
deren quasi unbeschränkter Zugänglichkeit für Großunternehmen
stehen damit, bei optimaler Nutzung der Finanzierungsmöglichkeiten, höchstens marginale Aufwandsunterschiede zwischen den
verschiedenen EG-Stahlstandorten zu erwarten. Aus diesem Grunde kann von einer eingehenden Analyse der jeweiligen standortspezifischen Finanzierungsmöglichkeiten abgesehen werden[1].

Infolge der dominierenden Bedeutung des Materialaufwands sowie
des Lieferumfangs der Fertigerzeugnisse ergibt sich zwangsläufig der für diesen Industriezweig charakteristische Grad der
Transportintensität. Auf der Zulaufseite sind es dabei vornehmlich die Einsatzstoffe Erze, Kohlen bzw. Koks sowie Stahl-

---

[1]Anders zeigt sich der Bereich von regionaler Wirtschaftsförderungs- und
Steuerpolitik. Obwohl die hier z. T. deutlichen Unterschiede eigentlich
für eine Berücksichtigung sprächen, sind es doch die insgesamt vergleichsweise unvollständigen Informationen, die so einen nur unvollkom-
menen internationalen Vergleich ermöglichen und damit eine Berücksichtigung ausschließen.

schrott, die den entscheidenden Beitrag zur Transportintensität liefern. Gegenüber diesen innerhalb des Gesamtstoffeinsatzes vergleichsweise umfangreichen Volumina sind es eine Reihe weiterer Einsatzstoffe, die allerdings aufgrund ihrer geringeren Mengenanteile wie auch ihrer m.E. allgemeinen Verfügbarkeit (Ubiquitäten)[1] den Industriestandort in seiner Standortgüte nicht in der gleichen Weise beeinflussen. Zu diesen weniger entscheidenden Einsatzstoffen gehören die Legierungselemente, Zuschlagstoffe wie auch das Feuerfestmaterial.

Auf der anderen Seite übt die Verflechtung zwischen Produktions- und Absatzgebieten einen weiteren wesentlichen Einfluß auf die Vorteilhaftigkeit eines Stahlstandortes aus. Dieser Fragenkomplex erweist sich dabei als umso problematischer, je mehr - und das ist die Regel - der regionale Stahlbedarf zum einen von der regionalen Stahlerzeugung abweicht und darüber hinaus andererseits die Zahl der Stahlhersteller weltweit erheblich zugenommen hat. Die fortschreitende Verengung der Absatzmärkte wie auch der weiterhin gesteigerte Kostenwettbewerb innerhalb der Eisen- und Stahlindustrie führen in bezug auf den Abtransport der Fertigerzeugnisse auf diese Weise letztendlich zu einer erhöhten Bedeutung des Produktionsstandortes.

Gerade die Eisen- und Stahlindustrie stellt demzufolge ein Beispiel für einen durch die mit dem Abtransport der Einsatzstoffe und darüber hinaus dem Abtransport der Fertigprodukte verbundenen Transportkosten erheblich in seiner Wettbewerbsfähigkeit beeinflußten Wirtschaftszweig dar. Die Bedeutung dieser Transportaufwendungen besteht dabei in zweierlei Hinsicht[2]. Zum einen haben die Antransportkosten der Roh- und Brennstoffe bei gegebenem Preis ab Produktionsort direkten Einfluß auf die Versorgungsweite, wie auch zum anderen bei gegebenem Produktpreis ab Basisort die Eindringtiefe der Fertigerzeugnisse unmittelbar von den Abtransportkosten bestimmt

---

[1]Zum Begriff der Ubiquität vgl. WEBER, A., a.a.O..

[2]Vgl.JÜRGENSEN,H.,Die westeuropäische Montanindustrie...,a.a.O.,S. 17 ff.

18

wird. Dabei kann die ausschließliche Berücksichtigung von Entfernung und Transportgewicht keine ausreichende Grundlage für
eine vergleichende Betrachtung verschiedener Standorte darstellen. Denn zum einen ergeben sich deutliche Transportkostendifferenzen schon durch die jeweilige Nutzung der verschiedenen, zur Verfügung stehenden Verkehrsträger LKW, Bahn,
Binnen- oder auch Seeschiff, wobei sich die Auswahl durch die
jeweiligen quantitativen und qualitativen Leistungsanforderun-
gen der Eisen- und Stahlindustrie bestimmt. Aber auch im Rahmen des direkten internationalen Vergleichs ein und desselben
Verkehrsträgers bestehen z.T. erhebliche Transportkostendis-
paritäten mit dem Ergebnis sowohl relativer als auch teilweise
absoluter Kostenvor- und -nachteile.

Im Gegensatz zu den vornehmlich auf einige wenige Alternativen
beschränkten Transportrelationen auf seiten des Roh- und
Brennstoffzulaufs verzeichnet der Bereich des weltweiten Absatzes von Walzstahlfertigerzeugnissen eine ungleich größere
Auswahl zu berücksichtigender Lieferbeziehungen. Die für die
Beurteilung des diesbezüglich standortspezifischen Stellenwer-
tes so notwendige Kenntnis der jeweiligen Transportrelationen
stößt dabei innerhalb der Europäischen Gemeinschaft auf etli-
che Probleme. Zwar weisen insbesondere im Übersee-Verkehr die
national abgegrenzten Außenhandelszahlen eine für die vorliegende Fragestellung ausreichend genaue Unterscheidung aus.
Dies gilt jedoch nicht für die Vielfalt und Variationsbreite
der Verkehrsbeziehungen im innergemeinschaftlichen Walzstahlabsatz. Tatsächlich ist es hier von Bedeutung, eine gegenüber
dem zumeist per Seeschiff abgewickelten Drittlandsverkehr weit
stärkere Differenzierung der verschiedenen Lieferbeziehungen
vorzunehmen. Gerade auf dieser Ebene weisen doch die spezifischen Transportaufwendungen je nach Relation bzw. Verkehrsträger z.T. erhebliche Kostendifferenzen auf.

Zielsetzung wird es mithin sein, im Zusammenhang mit der Untersuchung zum EG-Walzstahlabsatz insgesamt eine Abschätzung
insbesondere über die regionale Verteilung der Walzstahllieferungen innerhalb der Europäischen Gemeinschaft vorzunehmen.

Die Grundlage dieser Näherung bildet dabei die nach Erzeugnisgruppen gegliederte Walzstahlnachfrage stahlverarbeitender Industrien innerhalb der Europäischen Gemeinschaft. Die Verknüpfung des derart industriezweigspezifisch unterteilten Walzstahlabsatzes mit der regionalen Verteilung der stahlverarbeitenden Zweige wird sodann eine Abschätzung der regionalen Walzstahlnachfrage, gegliedert nach den verschiedenen Walzstahlfertigerzeugnissen ermöglichen. Beide Voraussetzungen, d.h. sowohl die erzeugnisspezifische Nachfrage stahlverarbeitender Industrien als auch deren regionale Verteilung innerhalb der Europäischen Gemeinschaft, werden im Rahmen des Paragraphen vier herzuleiten sein.

Als unmittelbare Konsequenz ergibt sich schließlich die Möglichkeit, eine deutlich erhöhte Vielzahl innergemeinschaftlicher Transportrelationen im Hinblick auf den jeweiligen innergemeinschaftlichen Frachtaufwand wie auch insbesondere den spezifischen (theoretischen)[1] Lieferumfang zu bestimmen. Damit bietet sich eine Verfahrensweise, die es mithin erlauben wird, die jeweiligen innergemeinschaftlichen Transportaufwendungen entsprechend ihrer spezifischen Bedeutung zu gewichten und damit sowohl für sämtliche EG-Stahlstandorte als auch im Vergleich zu den in gleicher Weise zu wertenden Drittlandslieferungen auf eine gemeinsame Basis zu stellen. Über die bisher erwähnten Lösungsansätze hinaus wird es auf diese Weise möglich sein, eine Differenzierung der solchermaßen abgeleiteten standortspezifischen Transportkostenbelastung (Absatz) nach verschiedenen regionalen Abgrenzungen wie auch den jeweiligen Walzstahlfertigerzeugnissen vorzunehmen. In Verbindung mit den standortspezifischen Herstellungskosten wird sich so ein entsprechendes Bild für die jeweiligen Gesamtkosten (ausgewählter Kostenfaktoren) der EG-Stahlstandorte ableiten lassen.

---

[1]Theoretischer Lieferumfang deshalb, da dieser ganz offensichtlich nur in Ausnahmefällen den tatsächlichen Lieferbeziehungen entsprechen dürfte und gleichwohl gerade deshalb die Möglichkeit bietet, unabhängig von traditionellen Lieferbeziehungen eine rein theoretische Bewertung der Absatzrelationen vorzunehmen.

Der Herstellungsprozeß

Nachdem im vorangegangenen Abschnitt die Bedeutung der Standortfaktoren innerhalb einer theoretischen Erörterung der Standortfrage dargelegt worden ist, gilt es nunmehr, der Betriebspraxis ein größeres Maß an Aufmerksamkeit zu schenken. Aufgabe
der nun folgenden Ausführungen wird es mithin sein, die durch
die besonderen Verfahrenswege determinierten Bestimmungsgründe
für die Standortqualität einzelner europäischer Stahlstandorte
abzuleiten, um auf diesem Weg die Grundlage für die beabsichtigte standortspezifische Bewertung dieser Regionen zu schaffen.

Bedeutsam in diesem Zusammenhang ist dabei der Umstand, daß die
Standortfaktoren der Eisenschaffenden Industrie im Zeitablauf
stets dieselben geblieben sind. Wenn dennoch die Frage des optimalen Standortes einen gerade auch in diesem Industriezweig
ständig auf's neue zu lösenden Problemkreis darstellt, so ist
dies auf den sich mit der Zeit wandelnden Wert einzelner Standortfaktoren zurückzuführen[1]. Diese Veränderung ist dabei nicht
kurzfristiger Natur, sie vollzieht sich vielmehr vor dem Hintergrund eines eher langfristig verlaufenden Wandlungsprozesses[2].

Das Ausmaß dieses Bedeutungswandels einzelner Standortfaktoren
wird dabei in den insbesondere auch weltweit zu beobachtenden
Veränderungen der Standortstruktur deutlich[3]. Beschränkten sich
in der ersten Hälfte dieses Jahrhunderts die Produktionsstand-

---

[1]Vgl. WEISWEILER, F.J., OBERHOFER, A., Modell mit Anwendung für Standortuntersuchungen von Hüttenwerken mit Weiterverarbeitung, in: Stahl und
Eisen, Nr. 12, Jg. 93, 1973, S. 517.

[2]Natürlich können Wechselkursschwankungen in erheblichem Ausmaß zu einer
Beeinflussung der Wertigkeit einzelner Standortfaktoren im kurz- wie
langfristigen Bereich führen. Diese Veränderungen sind an dieser Stelle
nicht Gegenstand der Betrachtung.

[3]Vgl. u.a. BRÜHLING, U.C., Neuere Entwicklung in der Eisen- und Stahlindustrie der Entwicklungsländer, Hamburg, 1970; BRANDI, H.T., Überlegungen
zum Standort von Hüttenanlagen im außereuropäischen Ausland, in: Stahl
und Eisen, Nr. 12, Jg. 93, 1973, S. 541 ff; IHDE, G.B., BARWIG, U., Die
Standortveränderungen in der Eisen- und Stahlindustrie und ihre Auswirkungen auf die Seeverkehrsmärkte, in: ZfVW, Nr. 1, Jg. 53, 1982, S. 44 ff.

orte[1] überwiegend auf die Vereinigten Staaten, den europäischen Kontinent, einschließlich Großbritannien, sowie die
Sowjetunion, so sind in der Zwischenzeit eine ganze Reihe von
neuen Stahlstandorten in der übrigen Welt zusätzlich errichtet
worden. Hingewiesen werden soll an dieser Stelle lediglich auf
die bemerkenswerte Entwicklung der japanischen Eisen- und
Stahlindustrie[2] sowie auf die mitunter beachtlichen Neuansiedlungen in einigen Schwellenländern[3].

In einem ursächlichen Zusammenhang mit diesen strukturellen
Veränderungen steht der in der Vergangenheit vollzogene technologische Wandel. Bezogen auf den Industriezweig der Eisenschaffenden Industrie erstreckt sich sein Einfluß hauptsächlich von den weitreichenden Fortschritten in bezug auf die
Versorgung der Stahlindustrie mit den notwendigen Einsatzstoffen[4], über die im Verlauf der letzten Jahrzehnte vorangetriebenen technologischen Entwicklungen im Bereich des Eisenhüttenwesens[5], bis hin zu den aufgrund des allgemeinen technologischen Wandels veränderten Anforderungen auf seiten der
Abnehmer an die Produkte dieses Wirtschaftszweiges[6].

Darüber hinaus sorgte eine sich im Weltmaßstab vollziehende
Neuordnung auch im Bereich der internationalen Stahlmärkte für

---

[1]Vgl. JÜRGENSEN, H., Die westeuropäische Montanindustrie und ihr gemeinsamer Markt, a.a.O., S. 48 ff.

[2]Vgl. WILLE, G., Zur wirtschaftlichen Lage der Stahlindustrie in Japan,
in: Stahl und Eisen, Nr. 24, Jg. 102, 1982, S. 1247 ff.

[3]Vgl. u.a. SCHERB, M., Die Zukunft der Stahlindustrie in den Entwicklungsländern - Perspektiven bis 2000 -, in: Neue Entwicklungspolitik, Nr. 1,
1977, S. 24 ff.

[4]Vgl. GLATZEL, G., Rohstoffversorgung der deutschen Eisen- und Stahlindustrie, in: Stahl und Eisen, Nr. 13/14, Jg. 101, 1981, S. 808 ff.

[5]Vgl. GRAF, H., Verfahrenstechnische und anlagentechnische Entwicklungen
und ihr Einfluß auf den Ausbau von Hüttenwerken, in: Stahl und Eisen,
Nr. 3, Jg. 97, 1977, S. 101 ff.

[6]Vgl. KLEMMER, P., SCHRUMPF, H., Die Auswirkungen der Stahlpolitik auf die
Wirtschaftsstruktur des Ruhrgebietes, (Hrsg.) Kommunalverband Ruhrgebiet,
1982, S. 83 ff.

eine geänderte Konkurrenzlage und solchermaßen für bemerkenswerte Veränderungen im Lagerungsbild der Eisen- und Stahlindustrie. Diese Wettbewerbslage ist dabei weniger durch einen be-
drohlichen Bedeutungsverlust traditioneller Stahlnationen gekennzeichnet als vielmehr durch den beachtenswerten Umstand
geprägt, daß hier jungen Konkurrenten, u.a. aus der Dritten
Welt, der Beitritt in den bisher exklusiven Club der Stahlhersteller gelungen ist[1].

Für die weltweit zu beobachtenden Standortverlagerungen ist
dabei einerseits bedeutsam, daß die Errichtung einer eigenen
Stahlbasis zumeist im Rahmen des wirtschaftlichen Aufbaus
vollzogen wird, um auf diese Weise einen möglichst hohen Grad
der Eigenversorgung zu gewährleisten[2]. Zum anderen ist dem
Umstand besondere Aufmerksamkeit zu schenken, daß der beschriebene Aufbau einer eigenen Stahlindustrie i.d.R. durch
die Verwendung modernster technologischer Verfahrenswege gekennzeichnet ist[3]. Führte somit in früheren Jahren bereits die
Verfügbarkeit von technologisch hochwertigen Produktionsanlagen zu einer Vormachtstellung traditioneller Hersteller, so
kommt der Bereitstellung modernster Technologien heute in dem
Konkurrenzverhältnis zwischen traditionellen und jungen Stahlnationen nicht mehr der Stellenwert zu wie noch in der Vergangenheit.

Im Endergebnis führten all diese beschriebenen Entwicklungslinien zu einer im europäischen wie auch im Weltmaßstab erheblich intensivierten Kostenorientierung des Herstellungsprozesses, d.h. zu einer mit allem Nachdruck verfolgten Optimierung
sämtlicher anfallender Kostenfaktoren des Unternehmens. Auf

---

[1]Schon recht frühzeitig wurde auf die sich wandelnde Bedeutung traditioneller Stahlnationen im Rahmen des weltwirtschaftlichen Anpassungspro-
zesses hingewiesen. Vgl. insbesondere WOLTER, F., Strukturelle Anpassungsprobleme der westdeutschen Stahlindustrie, Tübingen 1974.

[2]Vgl. BRÜHLING, U.C., Neuere Entwicklung in der Eisen- und Stahlindustrie
der Entwicklungsländer, S. 13 ff.

[3]Vgl. WOLTER, F., a.a.O., S. 9.

diese Weise wuchs die Notwendigkeit, mit dem geringstmöglichen Energieaufwand sowie einer weiter gesteigerten Produktivität bei einem hohen Grad der Rationalisierung zu verfahren, wobei zugleich den inzwischen erhöhten Qualitätsanforderungen an die zu erstellenden Erzeugnisse Genüge getan werden mußte. In bezug auf die vorliegende Problemstellung erscheint es aus diesem Grund nunmehr sinnvoll, den Verfahrensweg in der Eisen- und Stahlindustrie näher zu untersuchen, um auf diese Weise sämtliche, die Kostenstruktur dieses Industriezweiges beeinflussende Bestimmungsgrößen erfassen zu können und sie später, nach Maßgabe ihrer ökonomischen Bedeutung, für die im europäischen Rahmen beabsichtigte Standortbewertung heranzuziehen.

Trotz des ständig zunehmenden Erkenntnisstandes in den Naturwissenschaften sowie speziell der Eisenhüttenkunde und obwohl in der Folge davon die technologische Entwicklung zu einer ständig verbesserten Verfahrens- und Anlagentechnik geführt hat, beruht der Stahlgewinnungsprozeß seit jeher auf Verfahrensstufen, die ihre Aufgabe bis heute weitgehend beibehalten haben[1]. Die als wesentliche Grundstoffe der Stahlherstellung dienenden Einsatzstoffe sind dabei zum einen Eisenerze und Kohlen, bzw. die in Kokereien zu Hochofenkoks veredelten Kokskohlen[2] sowie der Fe-Träger Stahlschrott, der in bedeutendem Umfang als rezirkuliertes Endprodukt nach Gebrauch gesammelt wird oder auch schon bei der Stahlherstellung und -verarbeitung in großen Mengen anfällt. Eine Reihe mineralischer Zuschlagsstoffe (z.B. Kalk) sowie metallische Zusätze (Legierungselemente) werden zudem benötigt, um eine Verbesserung der chemischen und physikalischen Eigenschaften des späteren Endproduktes zu erreichen. Ausgehend von den genannten Einsatzstoffen lassen sich eine ganze Reihe verschiedener Stahlgewinnungsverfahren unterscheiden, deren unterschiedliche Ver-

---

[1]Zur verfahrens- und anlagentechnischen Entwicklung siehe u.a. WIEGAND, H., Eisenwerkstoffe, metallkundliche und technologische Grundlagen, Weinheim 1977, S. 55 ff.

[2]Vgl. dazu Ruhrkohlen Handbuch, 6. und neubearbeitete Auflage, Essen 1984, S. 166 ff.

fahrensrouten jedoch für die angestrebten Stahlgüten im Verlauf der Entwicklung vergleichsweise weniger bedeutsam sind.

In der bei weitem überwiegenden Mehrzahl der Fälle findet heute die Stahlerzeugung[1] über den Verfahrensweg der Koksmetallurgie statt. Bei Temperaturen von bis zu etwa 2300° C wird dabei zunächst im Hochofen das Eisen unter Verwendung des als Brennstoff und Reduktionsmittel dienenden Hüttenkokses vom Sauerstoff getrennt (Reduktion). Aus dem Eisenerz entsteht auf diese Weise, unter Anreicherung mit Kohlenstoff (Aufkohlung), das Zwischenprodukt Roheisen[2], das in einem anschließenden Verfahrensgang einer zusätzlichen Behandlung bis hin zum eigentlichen Rohstahl unterzogen wird. Auf der einen Seite ist es die Aufgabe des Sauerstoffblaskonverters[3], den beim Hochofenprozeß entstehenden übermäßigen Kohlenstoffgehalt des Roheisens durch Abbrand erheblich zu mindern, wie auch andererseits den Anteil weiterer, die Qualität des Endprodukts Rohstahl beeinflussender Elemente, je nach Bedarf zu vermindern oder durch Zuschläge zu erhöhen.

Im Hinblick auf eine optimale Rohstoffnutzung kommt hier der Wiederverarbeitung von Stahlschrott eine aus Gründen der Verfahrenstechnik (Badkühlung) bedeutende Stellung zu. Je nach Verfahrensroute richten sich dabei die Einsatzmöglichkeiten dieses Fe-Trägers vom Sauerstoffblaskonverter über den Siemens-Martin-Ofen bis hin zum Elektroofen[4].

---

[1]Vgl. Tabelle 1.1 im Anhang dieser Untersuchung.

[2]Unter Roheisen ist das im Hochofenprozeß gewonnene gießbare Eisen zu verstehen, das aufgrund seines hohen Kohlenstoffgehaltes nicht knetverformbar ist. Zu den verschiedenen Begriffsbestimmungen siehe Statistisches Amt der Europäischen Gemeinschaften (EUROSTAT), Erläuterungen Eisen und Stahl, Luxemburg 1981, S. 11.

[3]Im Gegensatz zum heutigen Sauerstoffblas-Verfahren (Oxygenstahl-Verfahren) wurde in den klassischen Windfrischverfahren die oxydative Umwandlung des Roheisens mit atmosphärischer Luft als Sauerstoffträger bewirkt.

[4]Vgl. AMELUNG, E., ETTERICH, O., KÖHLER, E., KREUTZER, H.W., SPERL, H., Stahlerzeugung, in: Vom Schrott zum Stahl, (Hrsg.) Bundesverband der Deutschen Schrottwirtschaft e.V., Düsseldorf 1977, S. 11 ff.

Wie aus Schaubild 1.2 hervorgeht, lassen sich somit für die Europäische Eisen- und Stahlindustrie im wesentlichen vier Stahlerzeugungsverfahren unterscheiden. Dabei handelt es sich einmal um die sogenannten Konverterverfahren, das Oxygenstahl- und das Thomasstahl-Verfahren und zum anderen um die als Herd-ofen-Verfahren bezeichneten Siemens-Martin-(SM)- und Elektro-stahl-Verfahren. Wie aus Schaubild 1.2 zudem deutlich wird, zählten bis etwa Mitte der 60er Jahre das Thomas- wie auch das Siemens-Martin-Verfahren zu den gebräuchlichsten Verfahrens-wegen, während ihre Bedeutung in der Folge mehr und mehr durch Oxygen- und Elektrostahl übernommen worden ist. Führte die im Vergleich technisch-qualitative Rückständigkeit wie auch der vergleichsweise unwirtschaftliche Betrieb schon recht früh-zeitig zu der Einstellung des Thomasstahl-Verfahrens, so sind in der Europäischen Gemeinschaft auch die wenigen verbliebenen SM-Herdöfen in der Zwischenzeit stillgelegt worden. Der be-sondere Vorteil des SM-Verfahrensweges, insbesondere gegenüber dem Thomas-Verfahren, bestand dabei zwar in der Möglichkeit, größere Mengen angefallenen Stahlschrotts[1] einer Wiederver-wendung zuzuführen, wie auch andererseits in der vergleichs-weise hohen Qualität der produzierten Stähle. Dennoch konnte sich das SM-Verfahren aufgrund der im direkten Vergleich ge-ringeren Wirtschaftlichkeit nicht gegen den modernen Oxygen-stahl behaupten[2].

---

[1]Demgegenüber erlaubt das Thomas-Verfahren keinerlei Einsatz von Stahl-schrott. Das SM-Verfahren hingegen ermöglicht es, rund 60 - 85 vH Stahl-schrott zu verarbeiten. Der Anteil des Einsatzes von Roheisen bzw. Schrott richtet sich dabei in erster Linie nach den relativen Preisen der Einsatzstoffe. Mehr noch als bei den anderen Rohstoffen der Eisenschaf-fenden Industrie unterliegt der Preis des Fe-Trägers Schrott den konjunk-turellen Schwankungen. Da der Schrottanfall in dichtbesiedelten Gebieten vergleichsweise hoch ist, dominierte in diesen traditionell das SM-Ver-fahren. Als Beispiel kann in diesem Zusammenhang das Ruhrgebiet gelten.

[2]Der Sauerstoffblaskonverter zeichnet sich neben einer höheren Produktivi-tät durch seine im Vergleich zum SM-Ofen niedrigeren Investitionskosten aus. Aufgrund der darüber hinaus weniger personalintensiven Arbeitsweise sind zudem die Verarbeitungskosten des Oxygenstahlwerks geringer.

Schb. 1.2

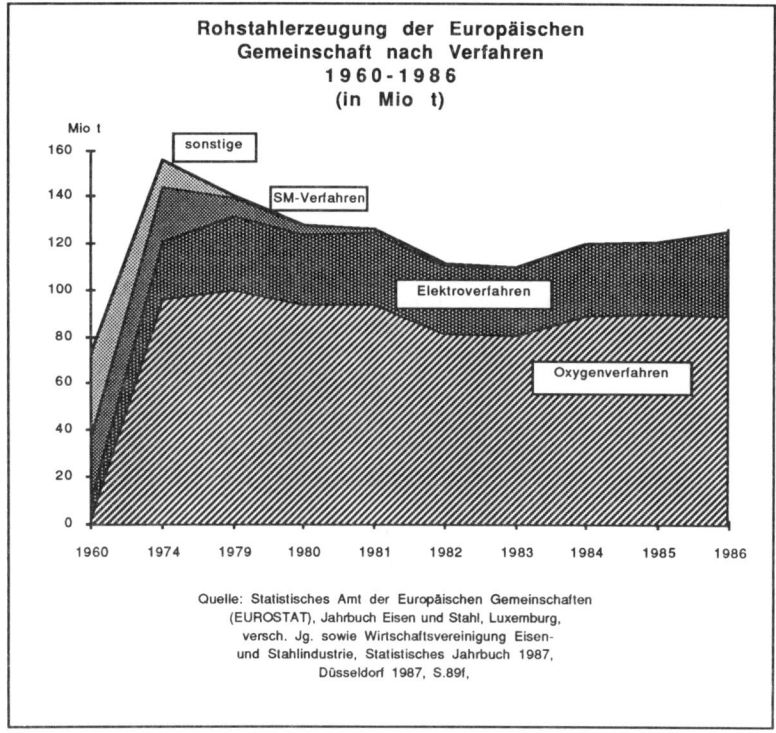

Rohstahlerzeugung der Europäischen
Gemeinschaft nach Verfahren
1960-1986
(in Mio t)

Mio t

sonstige

SM-Verfahren

Elektroverfahren

Oxygenverfahren

Quelle: Statistisches Amt der Europäischen Gemeinschaften
(EUROSTAT), Jahrbuch Eisen und Stahl, Luxemburg,
versch. Jg. sowie Wirtschaftsvereinigung Eisen-
und Stahlindustrie, Statistisches Jahrbuch 1987,
Düsseldorf 1987, S.89f,

Nach der Herstellung des flüssigen Rohstahls stellt das Gießen
des Schmelzgutes die letzte Stufe der Flüssigmetallurgie dar[1].
Den modernsten Stand der Technik bietet dabei heute das Ver-
gießen des flüssigen Rohstahls mit Hilfe der Stranggußtechnik[2]. Diese sich gegenüber dem konventionellen Blockguß zuse-

---

[1]Auf die Nachbehandlung des flüssigen Rohstahls im Rahmen der Sekundärmetallurgie, d.h. durch z. B. Desoxidation, Entschwefelung oder auch durch
Spülgas- und Vakuumbehandlung, soll an dieser Selle lediglich hingewiesen
werden.

[2](Halb-)kontinuierliches Verfahren, bei dem der flüssige Rohstahl mit Hilfe von wassergekühlten Durchlaufkokillen aus Kupfer zu einem Strang vergossen wird. Der Strang wird daraufhin in solche Teilstücke zertrennt,
die den anschließenden Walzforderungen entsprechen. Wenn nicht zwischen-
gelagert, wird das Stranggußmaterial in modernen Anlagen ohne Abkühlung
den Vorwärmöfen des Walzwerkes zugeführt.

hends durchsetzende Technologie[1] ermöglicht die Herstellung
von walzbarem Halbzeug[2] unter Umgehung mehrerer Arbeitsschrit-
te. Daneben ist diese Gießtechnik durch eine im Vergleich hohe
Ausbringung gekennzeichnet, da nur einmal pro Strang Kopf- und

Schb. 1.3

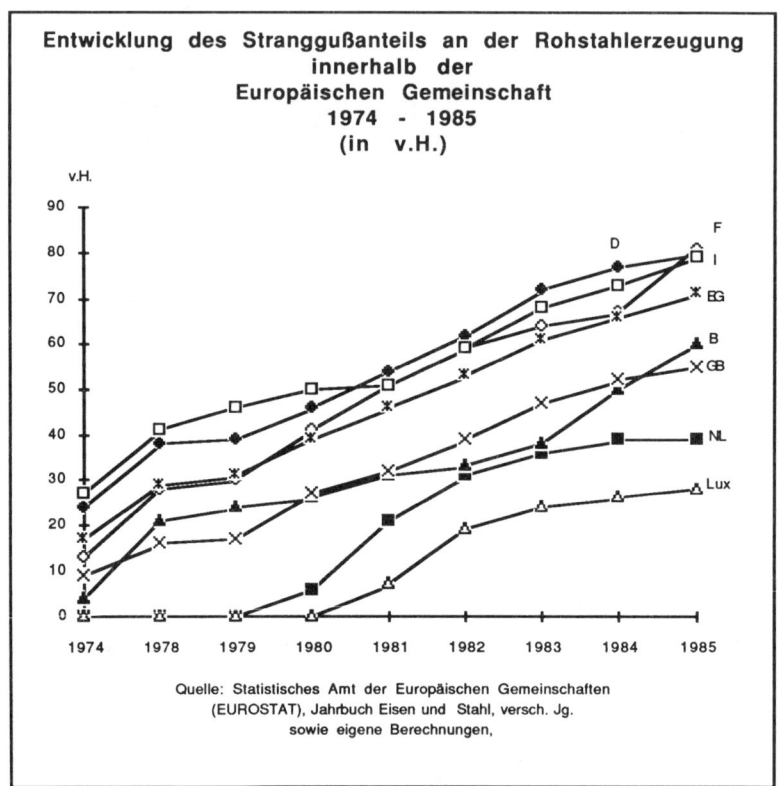

Entwicklung des Stranggußanteils an der Rohstahlerzeugung
innerhalb der
Europäischen Gemeinschaft
1974 - 1985
(in v.H.)

Quelle: Statistisches Amt der Europäischen Gemeinschaften
(EUROSTAT), Jahrbuch Eisen und Stahl, versch. Jg.
sowie eigene Berechnungen,

---

[1]Vgl. Schaubild 1.3. Gegenwärtig ist es möglich, rund 80 vH des erzeugten
Rohstahls mit Hilfe von Stranggußanlagen zu verarbeiten; für die Zukunft
steht zu erwarten, daß das gesamte Erzeugnisspektrum stranggegossen sein
wird. Vgl. u.a. BOGDANDY, L.v., SCHMIDTKUNZ, J., Forschung und Entwicklung in der Erzvorbereitung und Metallurgie - ein Beitrag zur Verbesserung der Wettbewerbsfähigkeit, in: Stahl und Eisen, Nr. 8, Jg. 101, 1981,
S. 507.

[2]Vorblöcke, Vorbrammen, Knüppel, Platinen, Breitstahl. Handelsüblich werden dem Halbzeug ebenso Rohbleche und Rohbrammen zugerechnet.

Endschrott anfallen und auf diese Weise die Wirtschaftlichkeit[1] des Verfahrens erhöht wird. Neben diesen rein wirtschaftlichen Gründen besteht zudem ein wesentlicher Vorteil
dieser Technologie in einer entscheidenden Verbesserung der
Oberflächenqualität wie auch des Reinheitsgrades der vergos-
senen Stähle.

Anders als im Bereich der Flüssigmetallurgie, die bei ihrer
Entwicklung der Verfahrenstechnik in erster Linie durch che-
mische und physikalische Reaktionsbedingungen geprägt ist,
kommt in dem anschließenden Verarbeitungsabschnitt die dominierende Rolle der Anlagentechnik zu. Je nach Vormaterial und

Schb. 1.4

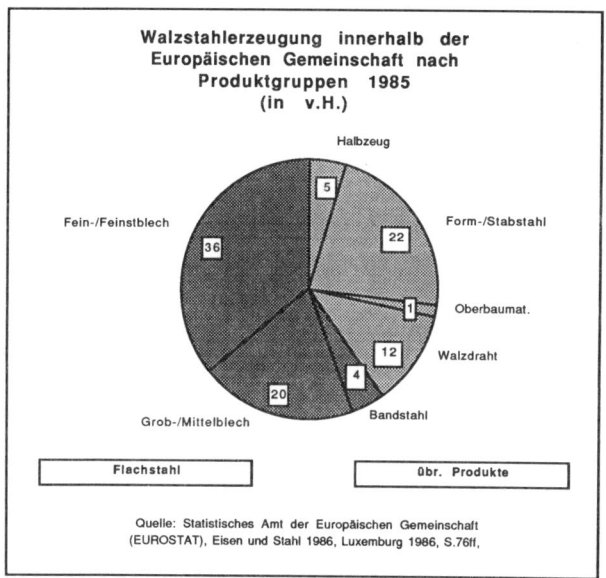

Walzstahlerzeugung innerhalb der
Europäischen Gemeinschaft nach
Produktgruppen 1985
(in v.H.)

Halbzeug
Fein-/Feinstblech
Form-/Stabstahl
5
36
22
1
Oberbaumat.
12
Walzdraht
4
20
Bandstahl
Grob-/Mittelblech

Flachstahl   Übr. Produkte

Quelle: Statistisches Amt der Europäischen Gemeinschaft
(EUROSTAT), Eisen und Stahl 1986, Luxemburg 1986, S.76ff,

---

[1]Ein Vergleich zwischen dem klassischen Standguß und der modernen Stranggußtechnik unternimmt GIESEKING, W.R., Baukosten und Betriebliche Verarbeitungskosten der Stahl-Strang-Gießanlagen, Diss., Aachen 1976, S. 124
ff.

installierter Anlage erfolgt hier im Walzwerk[1] die Weiterverarbeitung des Stahles zu den verschiedenen Walzstahlfertigerzeugnissen. Die Abbildung 1.4 gibt einen Eindruck von den
wichtigsten Walzstahlprodukten innerhalb der europäischen
Stahlproduktion.

Nach dem in groben Zügen dargestellten Verfahrensweg vom Eisenerz bis hin zum fertigen Walzstahlfertigprodukt gilt es
nunmehr, sich der für die Problemstellung bedeutsamen Frage
nach den Kostenfaktoren der Stahlherstellung zuzuwenden. Ein
erster Hinweis darauf ergibt sich aus der Kostenstruktur dieses Industriezweiges. Eine bis zu einem gewissen Grad hilfreiche Orientierung bei der Analyse der einzelnen Kostenfaktoren bietet sich dabei in der stellvertretenden Betrachtung der westdeutschen Eisen- und Stahlindustrie. Auf dieser
Stufe der Untersuchung erweist sich diese Vorgehensweise als
angemessen, da die westdeutsche Eisenschaffende Industrie
- zumindest im europäischen Vergleich - bezüglich der technischen Ausstattung unzweifelhaft zur Spitzengruppe zu zählen
ist[2]. Erfährt dieser Eindruck auch seine Relativierung bei
einem direkten Vergleich mit der fortschrittlichen Anlagen-
und Verfahrenstechnik der japanischen Stahlhersteller[3], so
genügt doch die Betrachtung der deutschen Stahlindustrie den
Anforderungen an eine erste grobe Analyse der Kostenstruktur[4]. Auch in Anbetracht regional abweichender Faktorkosten

---

[1]Vgl. u.a. MOMMERTZ, K.H., Entwicklung in der Walztechnik, in: Stahl und
Eisen, Nr. 18, Jg. 96, 1976, S. 859 ff sowie KOPINECK, H.-J. und WLADIKA,
H., Technologie des Walzens - heutiger Stand und Tendenzen, in: Stahl und
Eisen, Nr. 21, Jg. 102, 1982, S. 1053 ff.

[2]Vgl. dazu die Tabellen 1.1 und 1.2 im Anhang zu den Anteilen moderner
Produktionsverfahren an der Gesamtproduktion. Dazu zählen Oxygen- und
Elektrostahlverfahren wie auch die Stranggußtechnik.

[3]Vgl. z.B. WILLE, G., a.a.O., S. 1247 ff.

[4]Detaillierte Aussagen über die mögliche Wirtschaftlichkeit vorhandener
Anlagen lassen sich hier nicht ableiten. Aufgrund unterschiedlicher Kapa-
zitätsauslastungen stellt die tatsächliche Kostenstruktur der deutschen
Stahlindustrie diesbezüglich somit ein vergleichsweise weniger geeignetes
Abbild dar.

bzw. unterschiedlicher Faktorqualitäten ergibt sich so die
Möglichkeit, die charakteristischen Grundzüge für die Kostenbelastung der Eisen- und Stahlindustrie im groben Maßstab
recht gut wiederzugeben.

Das Schaubild 1.5 verdeutlicht solchermaßen beispielhaft die
Kostenstruktur für den Bereich der westdeutschen Hochofen-,
Stahl- und Walzwerke für das Jahr 1985. Als hervorstechendes
Merkmal erweist sich zunächst die starke Rohstofforientierung
dieses Industriezweiges. Mit rd. 55 vH. der Gesamtkosten bestreiten die Aufwendungen für den Materialeinsatz wie auch die
Ausgaben für die Energieversorgung den entscheidenden Teil der
Kostenbelastung. Den nach dem Materialverbrauch größten Ein-
zelposten verkörpern daraufhin die Personalaufwendungen[1] mit
einem Anteil von knapp 25 vH, während der Kapitalaufwand mit
etwa 7 vH bereits deutlich niedriger ausfällt. Einen Beitrag
in Höhe von rd. 16 vH bestreiten schließlich eine Vielzahl

Schb. 1.5

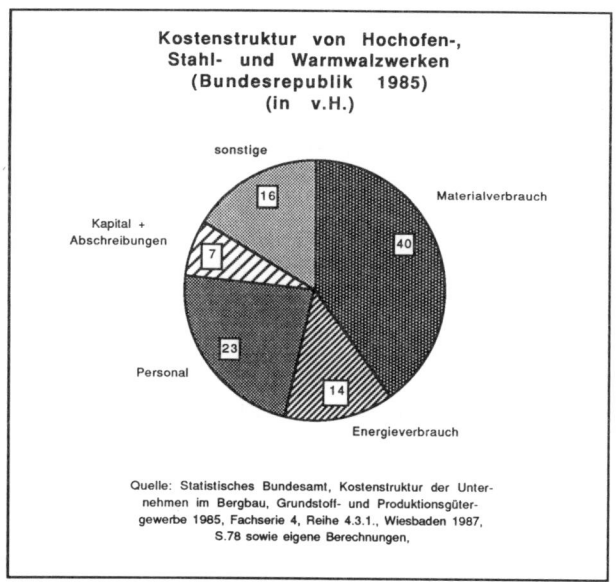

Kostenstruktur von Hochofen-,
Stahl- und Warmwalzwerken
(Bundesrepublik 1985)
(in v.H.)

sonstige

16

Kapital +
Abschreibungen

7

Materialverbrauch

40

Personal

23

14

Energieverbrauch

Quelle: Statistisches Bundesamt, Kostenstruktur der Unternehmen im Bergbau, Grundstoff- und Produktionsgüter-
gewerbe 1985, Fachserie 4, Reihe 4.3.1., Wiesbaden 1987,
S.78 sowie eigene Berechnungen,

---

[1]Unter Personalaufwendungen sind hier zu verstehen Direktlohn, Gehälter
sowie Sozialaufwendungen gesetzlicher und sonstiger Natur.

sonstiger Posten, zu denen beispielsweise die Aufwendungen für den Bezug von Drittleistungen, Mieten und Pachten oder auch die Kostensteuern zählen.

Zunächst sei sich dem Kostenfaktor Rohstoffversorgung zugewandt. Abweichend von der exakten technischen bzw. betriebswirtschaftlichen Definition umfaßt der Begriff Rohstoff in der deutschen Stahlindustrie üblicherweise im wesentlichen die folgenden Einsatzstoffe. Dazu gehören Eisen- und Manganerze, Brennstoffe sowie Schrott, Legierungen, Zuschlagsstoffe und feuerfeste Materialien. Den danach größten Einsatzwert bilden die Aufwendungen für den Energieverbrauch der Eisenschaffenden Industrie, wobei dieser insbesondere in bezug auf die Verwendung unterschiedlicher Energieträger durch eine im Zeitablauf höchst unterschiedliche Entwicklung gekennzeichnet ist. Geprägt durch die Preisentwicklung für Erdöl und Erdgas sowie die sich daran anknüpfenden Preissteigerungen für die übrigen Energieträger ergab sich für die Stahlindustrie die Notwendigkeit eines rationelleren Primärenergieeinsatzes[1]. Die diesbezüglich unternommenen Anpassungsbemühungen konzentrierten sich dabei im wesentlichen auf eine fortwährende Änderung in der Struktur der eingesetzten Energieträger, eine weitere Verminderung des spezifischen Energieeinsatzes wie auch auf zusätzliche Bemühungen zur Rückgewinnung von bisher nicht genutzten Restenergien.

Je nach Art des herzustellenden Roheisens wird im Rahmen der Koksmetallurgie der Hochofen mit einer Auswahl der angeführten, zu einem Hochofenmöller[2] zusammengestellten Rohstoffe beschickt. Dabei haben die Anforderungen an die Wirtschaftlichkeit, gestiegende Ansprüche an die Stahlqualitäten wie auch teilweise Gründe des Umweltschutzes die Entwicklung der Anla-

---

[1]Vgl. AICHINGER, H.M., HOFFMANN, G.W., Rationeller Primärenergieeinsatz am Beispiel der Stahlindustrie - Stand und Maßnahmen, Vortrag anläßlich des Kongresses Therm Process '84 vom 22. bis 28. Juni 1984, Düsseldorf.

[2]Unter Möller ist das Beschickungsgut für den Hochofen zu verstehen, also das Gemisch aus Erzen, Schrott und Zuschlagsstoffen.

gen- und Verfahrenstechnik im Hochofenprozeß ständig vorangetrieben. Die Faktoren, die in dieser Weise die Ertragslage eines Eisenhüttenunternehmens entscheidend beeinflussen, bestehen dabei im Leistungsgrad sowie der Lebensdauer der betriebenen Anlagen, dem benötigten Energieverbrauch wie auch der gleichmäßigen Güte in der Roheisenerzeugung[1].

Einen wesentlichen Beitrag zur Leistungssteigerung der betriebenen Hochofenanlagen lieferte die bemerkenswerte Entwicklung im Bereich der Anlagentechnik. Lagen um 1960 die maximalen Tagesleistungen moderner Anlagen noch bei runden 2.500 t, so werden heute teilweise Tagesproduktionen von weit mehr als 10.000 t erreicht[2]. Ein wesentlicher Anteil an dieser Leistungssteigerung kam dabei dem vermehrten Einsatz von Großanlagen zu. Die Abbildungen 1.6 und 1.7 verdeutlichen die Ent-

Schb. 1.6

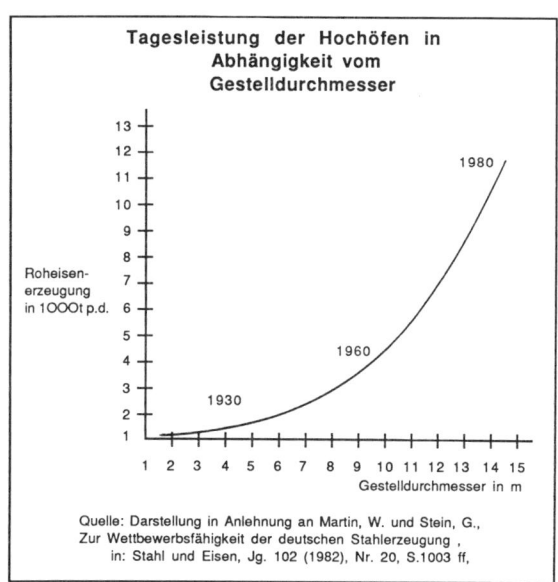

Tagesleistung der Hochöfen in Abhängigkeit vom Gestelldurchmesser

Quelle: Darstellung in Anlehnung an Martin, W. und Stein, G., Zur Wettbewerbsfähigkeit der deutschen Stahlerzeugung , in: Stahl und Eisen, Jg. 102 (1982), Nr. 20, S.1003 ff,

---

[1]Vgl. HOSHIDE, Y., TAKAGI, S., YONOMURA, A., Neue Entwicklungen in der Hochofentechnologie, in: Stahl und Eisen, Nr. 25/26, Jg. 100, 1980, S. 1521.

[2]Vgl. JAEGER, F., Entwicklung und Fortschritte der japanischen Hochofentechnologie, in: Stahl und Eisen, Nr. 2, Jg. 102, 1982, S. 75

wicklungen der täglichen Roheisenerzeugung in Abhängigkeit vom
Gestelldurchmesser seit Beginn des Jahrhunderts sowie Anzahl
und Jahresleistung speziell der westdeutschen Hochöfen.

Schb. 1.7

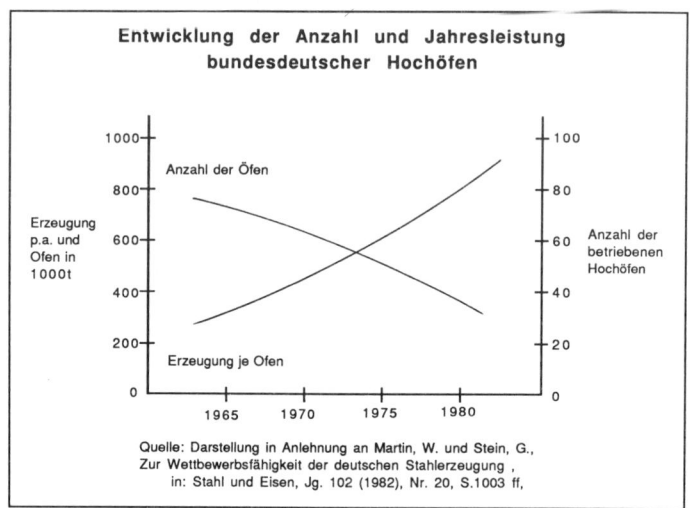

Quelle: Darstellung in Anlehnung an Martin, W. und Stein, G.,
Zur Wettbewerbsfähigkeit der deutschen Stahlerzeugung ,
in: Stahl und Eisen, Jg. 102 (1982), Nr. 20, S.1003 ff,

Über die anlagentechnischen Verbesserungen hinaus bildeten die
Fortschritte im Bereich der Verfahrenstechnik eine weitere
Voraussetzung für den gegenwärtig erreichten Leistungsstand.
Erhöhte Ansprüche an die chemischen und physikalischen Ei-
genschaften des Hochofenmöllers[1] führten so zu einer in der
Vergangenheit immer aufwendigeren Möllervorbereitung[2]. In dem
Bestreben, Eisenträger mit einem einheitlichen, hohen Eisenge-
halt einzusetzen und aufgrund des Umstandes, daß der Hochofen
seinen besten Wirkungsgrad erzielt, wenn das Eisenerz in be-
stimmter Stückgröße vorliegt, vollzieht sich hier zunächst die

---

[1]Vgl. dazu u.a. ENGEL, K., GREBE, K., de HAAS, H., KLEPPE, W., WINZER, G.,
Hochofenverhalten verschiedener Möllerstoffe, in: Stahl und Eisen,
Nr. 17, Jg. 99, 1979, S. 891 ff.

[2]Vgl. BERDEN, W., Veränderungen der wirtschaftlichen und technischen Pro-
duktionsbedingungen in der Eisen- und Stahlindustrie der Bundesrepublik
Deutschland und ihre Auswirkungen auf den Energiebedarf bis 1985, Diss,
Köln 1976, S. 57 ff.

inzwischen unerläßliche Erzaufbereitung[1]. Dieser zumeist bereits in den Erzgruben vorgenommene Arbeitsgang besteht dabei aus einer Anreicherung des Erzes durch Brechen und Klassieren mit anschließender Schwerkraft- oder Magnetabscheidung sowie aus dem Agglomerieren der dabei entstehenden Fein- und Feinsterze durch Sintern[2] und Pelletieren[3]. Auf diese Weise entsteht ein Einsatzstoff mit einem erhöhten Eisengehalt, der

Schb. 1.8

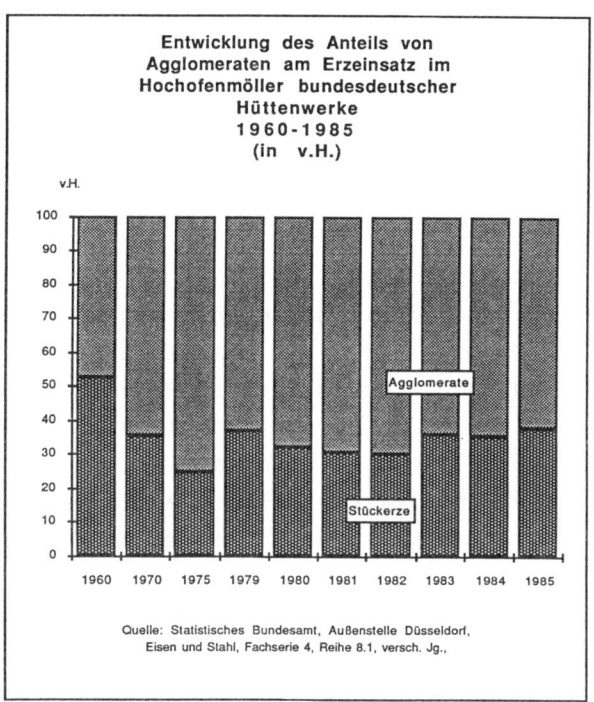

Entwicklung des Anteils von
Agglomeraten am Erzeinsatz im
Hochofenmöller bundesdeutscher
Hüttenwerke
1960-1985
(in v.H.)

Quelle: Statistisches Bundesamt, Außenstelle Düsseldorf,
Eisen und Stahl, Fachserie 4, Reihe 8.1, versch. Jg.,

[1]Angesichts der geringen Auswahl an gut verhüttbaren Stückerzen ist eine den besonderen Ansprüchen an einen hochwertigen Hochofen-Erzmöller genügende Zusammensetzung der Möllereinsatzstoffe im allgemeinen nur durch entsprechende Erzmischungen bzw. Zuschläge mit nachfolgender Agglomerierung zu erhalten.

[2]Zusammenbacken eines Erz-Koks-Gemisches mit Hilfe eines von einer Gasflamme bestrichenen Rostes zu festen, porösen Stücken.

[3]Verfahren zur Herstellung kleiner Kugeln aus angefeuchtetem Erzstaub, die durch Brennen verfestigt werden.

beim Sinter ca. 56 vH beträgt und bei den produzierten Pellets rund 65 vH ausmacht[1]. Das Schaubild 1.8 weist deutlich auf die in den letzten Jahrzehnten kontinuierlich zugenommene Bedeutung des indirekten Erzeinsatzes hin. Betrug der Anteil des Stückerzes am Fe-Gehalt westdeutscher Hochofenmöller 1960 noch 55 vH, so beläuft sich dieser Wert 1985 auf ca. 39 vH. Demgegenüber wird die überragende Stellung in der Bundesrepublik gegenwärtig vom Sinter mit einem Anteil von ungefähr 60 vH eingenommen.

Neben dem Rohstoff Erz gehört der Brennstoff Koks zu den unverzichtbaren Einsatzstoffen im Hochofenbetrieb. Die stetige Verbesserung der Möllerzusammenstellung wie auch die Weiterentwicklung der Hochofentechnik führten in bezug auf den spezifischen Brennstoffeinsatz zu einer erheblichen Reduzierung des Verbrauchs. Lag der Brennstoffeinsatz in westdeutschen Hochöfen 1960 noch bei rd. 800 kg Koks/t Roheisen, so beträgt der Verbrauch moderner Anlagen ca. 480 - 500 kg Koks/t im ölfreien Betrieb bzw. 390 - 420 kg Koks/t Roheisen unter Zusatz von 40 - 60 kg Öl. Obwohl die in japanischen Hochöfen erzielten derzeitigen Spitzenwerte erheblich unter diesen Zahlen liegen, ist doch fraglich, ob derartige Leistungen nicht nur - wie in diesen speziellen Fällen - zeitweise erbracht werden können und somit tatsächlich keinen ständig erreichbaren Standard darstellen. Folgt man den Ausführungen von WINZER und REICHENSTEIN[2], so erscheint für die Zukunft ein Brennstoffverbrauch von 400 - 420 kg/t Roheisen im Bereich des Möglichen. Allerdings wird die Realisierung dieser Zielsetzung umfangreiche Bemühungen in den Bereichen der Ver-

---

[1]Über die Möglichkeit einer Verwertung ansonsten schlecht nutzbarer Erze hinaus bieten beide Verfahren den Vorteil, durch die große "innere Oberfläche" (Porosität) der Stückarten den Hochofenprozeß zu fördern und den Brennstoffeinsatz nennenswert zu mindern. So bewirkt z.B. eine Erhöhung des Sinteranteils im Hochofenmöller um 10 vH eine Kokserparnis von ca. 5 - 12 kg/t Roheisen; vgl. dazu WINZER, G. und REICHENSTEIN, E., Entwicklung der Hochofentechnik, in: Stahl und Eisen, Nr. 13 - 14, Jg. 101, 1981, S. 837.

[2]WINZER, G., REICHENSTEIN, E., a.a.O. S. 836.

fahrens- und Anlagentechnik notwendig machen. Die demgegenüber in einer begrenzten Auswahl moderner Hochöfen regelmäßig erbrachten Bestwerte liegen in der Größenordnung von rund 450 - 460 kg Koks/t[1] Roheisen bei auf ölfreien Betrieb umgestellter Arbeitsweise[2].

Schb. 1.9

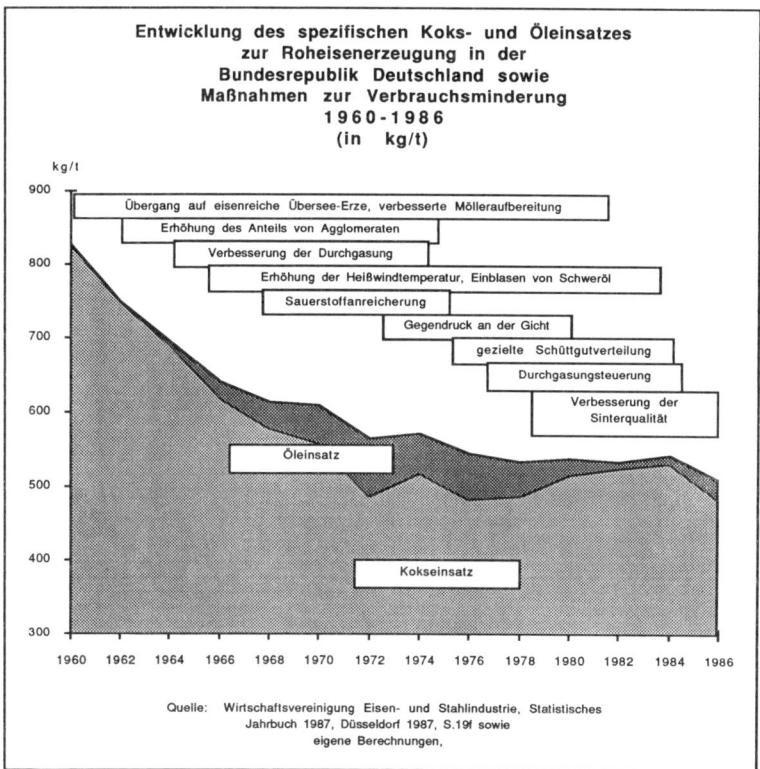

Entwicklung des spezifischen Koks- und Öleinsatzes
zur Roheisenerzeugung in der
Bundesrepublik Deutschland sowie
Maßnahmen zur Verbrauchsminderung
1960-1986
(in kg/t)

Quelle: Wirtschaftsvereinigung Eisen- und Stahlindustrie, Statistisches
Jahrbuch 1987, Düsseldorf 1987, S.19f sowie
eigene Berechnungen,

---

[1]Vgl. PETERS, K.-H., HEYNERT, G., FLÄCHSENHAAR, E., Entwicklungen der Hochofentechnik bei der Thyssen AG und ihr Einfluß auf den Brennstoffverbrauch seit dem Jahre 1950, in: Stahl und Eisen, Nr. 21, Jg. 102, 1982, S. 1036 f.

[2]Aufgrund der seit dem zweiten Ölpreisschock gestiegenen Erdölpreise wird häufig auf den Einsatz von Öl im Hochofen verzichtet. Die bei sinkendem Öleinsatz unerwünschte Erhöhung der Flammentemperatur stellt sich dabei als Problem dar.

Einen Überblick über den Einsatz der wichtigsten, zur Erzeugung von Roheisen in Hochofenanlagen benötigten Einsatzstoffe vermittelt die Tabelle 1.1. In Anlehnung an die in der Literatur[1] für eine Reihe moderner Anlagen gemachten unterschiedlichen Angaben, stellt diese Aufstellung den in etwa durchschnittlichen spezifischen Stoffeinsatz[2] eines modernen Hochofens von mittlerer Größe dar.

Tab. 1.1

Spezifischer Stoff- und Energieeinsatz eines HOCHOFENS (Nutzinhalt 3595 m^3, Erzeugung 7786 t/d)		
Eisenerze (< 42 vH Fe)	kg/t RE	-
Eisenerze (> 42 vH Fe)	kg/t RE	68
Sinter	kg/t RE	1176
Pellets	kg/t RE	398
Zuschläge	kg/t RE	30
Bruttomöller	kg/t RE	1672
Gichtstaubentfall	kg/t RE	14
Nettomöller	kg/t RE	1658
Trockenkokseinsatz	kg/t RE	497
Schweröl	kg/t RE	-
Windverbrauch	m^{3}iN/t RE	1244
Schlackenanfall	kg/t RE	312
Quelle: Vertrauliche Angaben.		

Eine deutlich stürmischere Entwicklung als auf dem Gebiet der Hochofentechnologie kennzeichnet den Bereich der sich an den Hochofenprozeß anschließenden Frischverfahren zur Erzeugung des Rohstahls (siehe die Schaubilder 1.10 und 1.11). Wie bereits aus Abbildung 1.2 hervorging, dominieren in der Bundes-

---

[1] Vgl. dazu die verschiedenen Veröffentlichungen in der Zeitschrift Stahl und Eisen, versch. Jg..

[2] D.h. Verbrauch an Hochofeneinsatzstoffen in kg/t erzeugten Roheisens.

republik wie auch in der Europäischen Gemeinschaft[1] die Sauerstoffblas-Verfahren. Zu den wichtigsten dieser Oxygenstahl-
Verfahren gehören dabei das LD-Verfahren[2], das LD/AC-Verfah-
ren[3] wie auch das OBM-Verfahren. Von geringerer Bedeutung sind
demgegenüber das sogenannte Kaldo-, das LD/Kaldo- wie auch
das Tandem-Verfahren. Im Gegensatz zu den früheren Windfrisch-
Verfahren wird in den modernen Sauerstoffblaskonvertern reiner
Sauerstoff entweder mit Hilfe wassergekühlter Blaslanzen von
oben auf die Schmelze aufgeblasen (LD-, LD/AC-Verfahren)
oder auch durch im Konverterboden angebrachte, schutzgas-
umströmte Düsen von unten in das Metallbad eingebracht (OBM-

Schb. 1.10

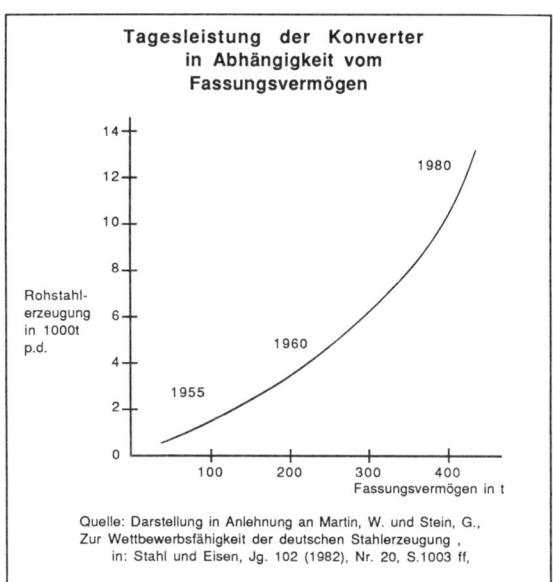

Quelle: Darstellung in Anlehnung an Martin, W. und Stein, G.,
Zur Wettbewerbsfähigkeit der deutschen Stahlerzeugung ,
in: Stahl und Eisen, Jg. 102 (1982), Nr. 20, S.1003 ff,

---

[1]Vgl. daneben Tabelle 1.1 im Anhang dieser Untersuchung.

[2]Das in den Stahlwerken Linz (L) und Donawitz (D) zur Betriebsreife entwickelte Verfahren eignet sich für die Verarbeitung phosphorarmen Roheisens. Der durch das Aufblasen von reinem Sauerstoff hergestellte LD-
Stahl ist dem hochwertigen SM-Stahl gleichwertig.

[3]Eine durch die Arbed (A) und das Centre (C) National de Recherches Me-
tallurgiques, Lüttich, abgewandelte Form des LD-Verfahrens. Durch das
zusätzliche Aufblasen von Kalkstaub kann auch phosphorreiches Roheisen
verarbeitet werden.

Verfahren). Das Fassungsvermögen der dabei verwandten Konverter liegt zwischen etwa 50 bis 400 t je Schmelze.

Schb. 1.11

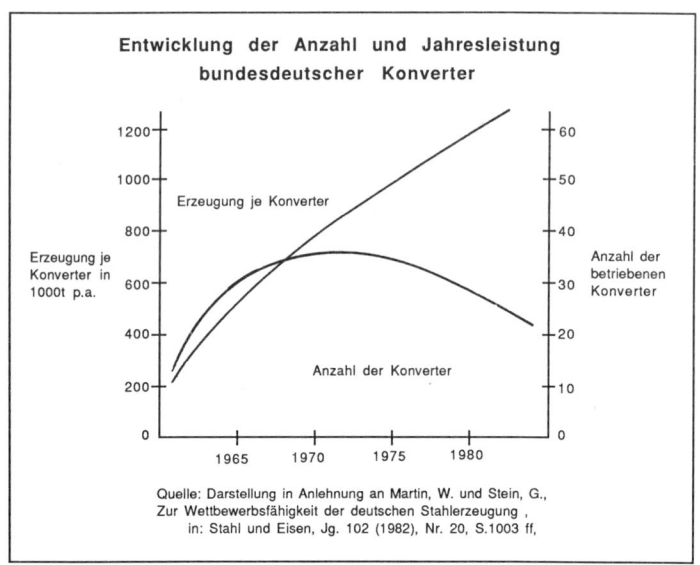

Entwicklung der Anzahl und Jahresleistung bundesdeutscher Konverter

Quelle: Darstellung in Anlehnung an Martin, W. und Stein, G.,
Zur Wettbewerbsfähigkeit der deutschen Stahlerzeugung ,
in: Stahl und Eisen, Jg. 102 (1982), Nr. 20, S.1003 ff,

Unter den Oxygenstahl-Verfahren kommt gegenwärtig die größte Bedeutung den Aufblas-Verfahren zu. Dabei ist das LD-Verfahren dem LD/AC-Verfahren insofern überlegen, als zum einen größere Konverter zur Verwendung gelangen können und zum anderen die Blaszeiten mit etwa 10 bis 20 min. erheblich kürzer sind. In bezug auf den als Rohstoff und Kühlmittel dienenden Stahlschrott können mit Hilfe des LD-Konverters Anteile von bis zu 35 vH Schrott verarbeitet werden, während der Anteil in LD/AC-Anlagen lediglich bis auf etwa 30 vH ausgedehnt werden kann. Das ebenfalls zu den Sauerstoffblas-Verfahren zählende OBM-Verfahren zeigt im Vergleich dazu seit seiner Einführung in der Maxhütte/Oberpfalz einen zunehmend wirtschaftlicheren Betrieb. Es ist davon auszugehen, daß dieses Verfahren in bezug auf die Qualität des erzeugten Stahls wie auch hinsichtlich der Produktivität mit den modernen Aufblas-Verfahren verglichen werden kann[1].

---

[1]Vgl. OETERS, F., Vom Rohstoff zum Stahlblock, in: Stahl und Eisen, Nr. 12, Jg. 99, 1979, S. 603.

Beschränkte sich in den vergangenen Jahren der Stahlgewin-
nungsprozeß im Oxygenstahlwerk überwiegend auf den Betrieb des
Konverters, so gilt dies Mitte der 80er Jahre nicht mehr un-
eingeschränkt. In zunehmendem Maße machen die erhöhten Ansprüche an die Qualität der Fertigerzeugnisse wie auch an die
Wirtschaftlichkeit der Herstellung eine Nachbehandlung des
Stahls notwendig. Im Rahmen dieser Sekundärmetallurgie werden
aus diesem Grund eine Reihe von Teilreaktionen häufig aus dem
Blaskonverter in nachgeschaltete Einheiten verlagert. Der
Zweck dieser als Pfannenmetallurgie[1] bezeichneten Vorgehensweise besteht dabei in dem Umstand, daß die Qualitätsarbeit zu
einem großen Teil in die Pfanne verlegt wird und es auf diese
Weise zu einer Leistungssteigerung der Schmelz- und Frisch-
stufen kommt, der Blaskonverter somit verstärkt seiner eigentlichen Aufgabenstellung dient.

Für den Stoffeinsatz eines Sauerstoffblaskonverters lassen
sich die in Tabelle 1.2 wiedergegebenen durchschnittlichen
Werte anführen. Als Grundlage dieser Stoffbilanz dienen Angaben für die in der europäischen Stahlindustrie zumeist verwandten LD-Konverter mit einem Fassungsvermögen von etwa 200 -
220 t. Für die dabei bedeutsame Fragestellung des spezifischen
Schrotteinsatzes ergibt sich zwar ein maximal möglicher Einsatz von etwa 350 kg/t Rohstahl[2] unter Zusatz von rund 750 kg
Roheisen/t Rohstahl. Der tatsächlich realisierte Schrotteinsatz weicht hingegen zumeist von diesem Maximalwert ab; so lag
beispielsweise der spezifische Schrotteinsatz in westdeutschen
Oxygenstahlwerken im Zeitraum von 1979 bis 1983 bei durch-

---

[1]Neben dem Entschwefeln, Desoxidieren und Entgasen werden in der Pfanne
die nichtmetallischen Bestandteile der Schmelze abgeschieden, Legierungselemente zugesetzt und die gewünschte Schmelztemperatur eingestellt. Vgl.
dazu u.a. PAULS, H.-R., Sekundärmetallurgische Anlagen in Stahlwerken und
Stahlgießereien, Vortrag anläßlich der METEC '84, vom 22. bis 28. Juni
1984, Düsseldorf.

[2]Vgl. SPRINGORUM, D., Möglichkeiten der Erhöhung des Schrotteinsatzes im
Konverter, in: Recycling, Nr. 4, 1982, S. 26 ff.

schnittlich etwa 218 kg/t Rohstahl unter Zusatz von im Mittel rund 887 kg Roheisen/t Rohstahl[1].

Tab. 1.2

Spezifischer Stoff- und Energieeinsatz zweier LD-SAUERSTOFFBLASKONVERTER (jeweils 200t Fassungsvermögen, 2/2-Betrieb)		
Roheisen (Fe 93,5 vH)	kg/t RS	796
Stahlschrott (Fe 96,0 vH)	kg/t RS	310
insgesamt	kg/t RS	1106
Legierungselemente	kg/t RS	11
Metallischer Einsatz insg.	kg/t RS	1117
Kalk	kg/t RS	69
Dolomitischer Kalk	kg/t RS	20
Sauerstoff	Nm³/t RS	48
Elektrizität	kwh/t RS	25
Quelle: v. Bogdandy, L., Brotzmann, K. u.a., Economics and Technology of K-OBM and KMS compared to BOF with and without bottom stirring, Sonderdruck.		

Da der im Stahlwerk erschmolzene und vergossene Stahl noch nicht die für den Verbraucher verwendbare Endform besitzt, schließt sich als weiterer Verarbeitungsschritt das Umformen des Rohstahls mit Hilfe von Walzwerksanlagen an. Ähnlich wie auf der Roheisen- bzw. Rohstahlstufe kennzeichnet die Walzwerksbetriebe eine fortwährende Entwicklung sowohl der Produktionstechniken als auch der auf ihnen erzeugten Fertigprodukte. Und so haben hier gestiegende Qualitätsansprüche wie auch die Zielsetzung, zu wettbewerbsfähigen Kosten produzieren zu können, die Entwicklung der Walztechnik in vielfältiger Weise beeinflußt[2]. Eine beachtliche Erhöhung der Anlagenleistungen wie auch die weitere Steigerung der Erzeugungsqualität bei gleichzeitiger Senkung der Herstellungskosten stellen die in

---

[1]Vgl. dazu Statistisches Bundesamt, Außenstelle Düsseldorf, Eisen und Stahl, 1984, Fachserie 4, Reihe 8.1, S. 22.

[2]Vgl. MOMMERTZ, K.-H., a.a.O., S. 859.

diesem Rahmen bereits erreichten und für die Zukunft weiter angestrebten Verbesserungen dar. In bezug auf den Energieverbrauch bieten sich gleichwohl keine derart herausragenden Fortschritte der Energieeinsparung, wie sie in den Bereichen der Hochofen- und Stahlwerke bereits realisiert bzw. zu erwarten sind[1].

Bei den Walzstahlfertigerzeugnissen sind eine Vielzahl von Produkten zu unterscheiden, wobei - je nach Endprodukt - das Walzprogramm genau auf das zu fertigende Erzeugnis ausgerichtet werden muß. Aus diesem Grund existieren eine ganze Reihe verschiedener Walzanlagen, die je nach Temperaturbereich[2] des Einsatzes in Warm- bzw. Kaltwalzstraßen[3] unterteilt werden. Die zu den modernen Anlagen hoher Leistung zählenden kontinuierlichen - d.h. die einzelnen Walzgerüste liegen auf einer Linie nacheinander angeordnet - Walzstraßen sind dabei durch einen hohen Grad der Mechanisierung und Automatisierung gekennzeichnet.

Wie bereits Abbildung 1.4 verdeutlichte, hat sich das Schwergewicht der Walzstahlerzeugung in der Vergangenheit von den Profilstählen hin zu den Flachprodukten verlagert. Die Herstellung von Flacherzeugnissen gliedert sich heute meist in das Walzen von Grobblechen bzw. von Warmbreitband. Zur Anwen-

---

[1]Dies liegt zum einen in dem Umstand begründet, daß bereits von jeher auf dem Gebiet der Wärmeöfen sämtliche sich ergebende Möglichkeiten zur Wärmeersparnis genutzt wurden. Zum anderen wurden die Vorteile, die sich aus der Vergrößerung der Walzanlagen und der Erhöhung der Walzstückgewichte ergaben, größtenteils durch eine zunehmende Mechanisierung wie auch eine größere Verarbeitungstiefe ausgeglichen. Vgl. dazu VOIGT, H., Energieeinsatz im Walzwerk und Möglichkeiten von Einsparungen, in: Stahl und Eisen, Nr. 20, Jg. 99, 1979, S. 1111 ff.

[2]Durch die Rekristallisation nach der Umformung bei Temperaturen von etwa 800 - 1150° C und durch die Verfestigung des Walzgutes bei einem Temperaturniveau unterhalb der Rekristallisationstemperatur lassen sich Warm- und Kaltumformung gegeneinander abgrenzen.

[3]Die Benennung ergibt sich aus den zu walzenden Erzeugnissen. Block-, Brammen-, Block-Brammen-, Knüppel-, Formstahl-, Stabstahl-, Draht-, Grobblech-, Warm(breit)band-, Kalt(breit)band-, (Breit-)Bandnachwalzstraßen.

dung gelangen hier vorzugsweise Vierwalzen-(Quarto-)Gerüste, die bei der Grobblechproduktion in einfacher oder auch doppelter Aufstellung bis zu 60 Walzdurchläufe benötigen, während sich zum Walzen von Warmbreitband kontinuierliche und weitgehend automatisierte Warmbreitbandstraßen durchgesetzt haben. Demgegenüber werden die für den Bereich der Profilstahlerzeugung genutzten Formstahlstraßen fast auschließlich kontinuierlich und automatisiert ausgelegt. Einen ähnlichen Aufbau weisen die für die übrige Profilproduktion genutzten Stabstahl- und Drahtstraßen auf.

Aufgrund der Tatsache, daß eine Reihe von Qualitäten nicht den auf besonderen Anwendungen beruhenden Anforderungen an die Oberflächengüte, die Abmessungsgenauigkeit oder auch den Festigkeitsgrad entsprechen, bedarf es häufig des Kaltwalzens[1]. Hauptanwendungsbereiche sind hier die Erzeugung von Flachprodukten, wie z.B. Tiefziehbleche und nichtrostende Qualitäten, wobei das Kaltwalzen von Bändern im Gegensatz zum kaum noch praktizierten Tafelwalzen weitgehende Verbreitung gefunden hat. Zur Anwendung gelangen hier Zwei-, Vier- oder auch Vielwalzengerüste, die aufgrund ihrer Konstruktion für beliebig kleine Abmessungen eine Glättung der Oberfläche, Maßgenauigkeit sowie, infolge der Kaltverformung, eine erhöhte Festigkeit bewirken.

Aufgrund der zahlreichen Anlagenformen bzw. Konfigurationen ergeben sich erhebliche Schwierigkeiten, durchschnittliche Angaben zum spezifischen Stoffeinsatz eines Walzwerkes zu machen. Berücksichtigt man ferner die Vielfalt mit Hilfe derartiger Anlagen produzierter Fertigerzeugnisse, so stellt sich dieses Unterfangen als gänzlich unmöglich dar. Aus diesen Gründen muß an dieser Stelle von einer Übersicht des spezifischen Stoffeinsatzes abgesehen werden.

---

[1]Weitere Möglichkeiten der Kaltumformung bestehen im Kaltziehen, Fließpressen, Tiefziehen etc..

§ 2   Das Lagerungsbild der EG-Hüttenindustrie

Regionale Entwicklung der EG-Stahlerzeugung

Nachdem in den vorausgegangenen Überlegungen die Grundlagen
für die beabsichtigte Standortbewertung aus produktionstechnischer Sicht erarbeitet worden sind, wird es im folgenden die
Aufgabe sein, das sich in seiner räumlichen Verteilung mehr
oder weniger weit verstreut darstellende Lagerungsbild der
Eisenschaffenden Industrie derart zu geeigneten Standortkomplexen zusammenzufassen, daß der Umfang der geplanten Untersuchung einen sinnvollen Rahmen nicht verläßt. Diese Vorgehensweise legitimiert sich dabei zum einen durch den Umstand,
daß eine räumliche Konzentration dieses Industriezweiges für
die Europäische Eisen- und Stahlindustrie eher die Regel darstellt und zudem die Unterschiede in den werksspezifischen
Standortbedingungen konzentriert liegender Industrieansied-
lungen vergleichsweise geringe Ausmaße zeigen. Auf der anderen
Seite ist es nicht die Absicht, jene Stahlstandorte in eine
eingehende Untersuchung zu integrieren, die sich im europäischen Maßstab aufgrund ihres Produktionsumfanges lediglich
durch eine geringe Größenordnung auszeichnen[1].

Eine Besonderheit gegenüber früheren Untersuchungen der räumlichen Verteilung in der Eisenschaffenden Industrie stellt dabei nicht die Betrachtung der tatsächlichen Produktion dieses
Zweiges dar, sondern die Berücksichtigung der vorhandenen Produktionsmöglichkeiten. Aufgrund der hier vergleichsweise weniger umfangreichen Datenlage ergeben sich zwar einige Nachteile
gegenüber der Heranziehung vorhandener Produktionszahlen. Doch
im Gegensatz zu früheren Jahren, in denen vornehmlich konjunk-
turelle Schwankungen die Ursache für eine sich wandelnde Kapa-

---

[1]Damit ist nicht daran gedacht, verschiedenen Werken mit vergleichsweise
geringeren Produktionsvolumina ihre Bedeutung für die Marktversorgung
abzusprechen, vielmehr erwächst diese häufig aus der Versorgung eines
speziellen, eng abgegrenzten Marktsegmentes bzw. Absatzgebietes. Doch die
Vielzahl vereinzelt angesiedelter Werke kann aus technischen Gründen keine Berücksichtigung finden.

zitätsauslastung der Europäischen Stahlindustrie darstellten, sind es seit etwa Ende der 60er Jahre in zunehmendem Maße strukturelle Einflußgrößen, die wachsende Diskrepanzen zwischen den vorhandenen Produktionsmöglichkeiten und der tatsächlichen Produktion zur Folge hatten[1] und im Hinblick auf den zu untersuchenden Fragenkomplex damit das Augenmerk eher auf den Umfang der Produktionsmöglichkeiten lenken. Das zudem als Antwort auf diese Problematik eingeführte EG-Stahlkrisenmanagement entzieht dabei, speziell in seiner Ausgestaltung des im Jahre 1980 eingeführten Quotensystems, der Betrachtung von Produktionsvolumina vollends die nötige Eignung[2].

Als aufschlußreich für die folgenden Untersuchungen ergibt sich im Vorwege einer rein quantitativen Betrachtung von Kapazitätszahlen die Berücksichtigung der Frage nach den qualitativen Entwicklungslinien. Denn aufgrund des sich grob in drei Schritte gliedernden Produktionsprozesses ergibt sich nicht auch zwangsläufig eine technisch notwendige räumliche Konzentration in der Herstellung von Roheisen, Rohstahl oder auch Walzstahlfertigerzeugnissen, vielmehr ist eine vollständige räumliche Deckung der genannten Produktionsstufen nicht unbedingt die Regel. Zwar stellen in erster Linie die Hochofenwerke gleichzeitig auch die Zentren für die Roh- und Walzstahlerzeugung dar. Gleichwohl sind eine ganze Reihe demgegenüber kleinerer, ausschließlich auf die Herstellung von Roh- und Walzstahl spezialisierter Werke durch eine ausgeprägte räumliche Streuung gekennzeichnet. Diesen Umständen folgend werden im Anschluß die jeweiligen regionalen Kapazitätsangaben, sofern es die Datenlage erlaubt, nach den drei Produktionsstufen getrennt aufzuführen sein.

---

[1]Vgl. dazu JÜRGENSEN, H., Anpassungsprobleme der deutschen Stahlindustrie -Ursachen und Lösungschancen, in: Probleme der Ordnungs- und Strukturpolitik, Festschrift für Seidenfus, H.St., (Hrsg.) EWERS, H.-J. und SCHUSTER, H., Göttingen 1984, S. 113 ff.

[2]Es kann gegenwärtig kein Zweifel daran bestehen, daß aus diesen Gründen die Untersuchung einer derart gelagerten Fragestellung, wenn sie sich ausschließlich auf die Angaben zur tatsächlichen Produktion stützt, in ihren Ergebnissen weit weniger aussagekräftig sein dürfte.

In bezug auf eine hilfreiche regionale Systematisierung der quantitativen Analyse bietet sich zunächst die von PREDÖHL[1], SCHEUNEMANN[2], JÜRGENSEN[3] UND KUNZE[4] entwickelte und verfeinerte Gliederung des europäischen Produktionsraumes an. Zu unterscheiden sind zum einen die Gebiete Kerneuropas[5], das sich aus einem britischen wie auch einem kontinentalen Teilkern zusammensetzt. Dem stehen die Räume Randeuropas gegenüber, das seinerseits die Trennung in einen westlichen und einen östlichen Teil erfährt.

Ausgerichtet auf die diesem Paragraphen zugrundeliegende Zielsetzung erscheint eine darüber hinausgehende, den zurückliegenden Entwicklungen Rechnung tragende Erweiterung der räumlichen Systematik sinnvoll. Entgegen der seinerzeit zwangsläufig vorzunehmenden Zweiteilung in einen britischen sowie einen kontinentalen Teilkern, erweist sich heute aufgrund der im Vergleich sprunghaften Entwicklung des südeuropäischen, speziell norditalienischen Produktionsraumes vielmehr die Abgrenzung in einen zusätzlichen südeuropäischen Teilkern mit dem Zentrum Norditalien als aufschlußreich. Mithin ergeben sich bei der Unterteilung des europäischen Produktionsraumes der

---

[1]Vgl. PREDÖHL, A., Außenwirtschaft. Weltwirtschaft, Handelspolitik und Währungspolitik, in: Grundriß der Sozialwissenschaft, Nr. 17, Göttingen 1949.

[2]Vgl. SCHEUNEMANN, F., Tendenzen in der Veränderung des Lagerungsbildes der westeuropäischen Eisen- und Stahlindustrie 1854 - 1950, Diss., Kiel 1952.

[3]Vgl. JÜRGENSEN, H., Die westeuropäische Montanindustrie und ihr gemeinsamer Markt, a.a.O.

[4]Vgl. KUNZE, H.-J., a.a.O.

[5]Auf eine ausführliche Beschreibung der angesprochenen Teilkerne, d.h. ihre weitere Unterteilung in sog. Teilräume, soll an dieser Stelle verzichtet werden. Soweit sich ihre Zusammensetzung nicht aus den Tabellen 2.1 bis 2.3 ergibt, wird dieser eine für die Untersuchung maßgebliche Bedeutung nicht beigemessen. Ganz abgesehen von den in bezug auf die Kapazitätsangaben für einige Gebiete Randeuropas nicht erhältlichen Daten.

britische Teilkern sowie die Teilkerne nördlicher wie auch
südlicher kontinentaler Lage[1].

Diese für eine erste Analyse der geographischen Verteilung
ausreichend fein gegliederte Unterteilung bietet hingegen
nicht die nötigen Aufschlüsse für die angestrebte spezielle
Standortanalyse der EG-Stahlindustrie. Hier ist eher die in
ihrem Aussagewert höher einzustufende und zudem in die oben
beschriebene Systematik integrierbare Aufteilung durch die
Europäische Gemeinschaft für Kohle und Stahl (EGKS) heranzuziehen. In ihren alljährlich durch die EG-Kommission durchgeführten Erhebungen[2] bietet sich hier zudem in bezug auf die
regionale Entwicklung der Erzeugungskapazitäten eine geeignete
Datengrundlage für die nachfolgenden Untersuchungen.

Wendet man sich solchermaßen der regionalen Verteilung der
Europäischen Eisen- und Stahlindustrie zu, so lassen sich die
Teilräume je nach Umfang der Produktionsmöglichkeiten zu verschiedenen Größenklassen zusammenfassen. In Anlehnung an die
Überlegungen von PREDÖHL[3] sowie die Ausführungen von BRÜHLING[4]
können so im wesentlichen vier Größenklassen unterschieden
werden[5]. Aufgrund der Tatsache, daß die Erzeugung von Rohstahl

---

[1]Im Hinblick auf die i.w.S. ans Mittelmeer grenzenden Produktionsräume
Südfrankreichs - insbesondere sei hier an das integrierte Hüttenwerk von
Fos-sur-Mer gedacht - wäre eine Zuordnung zum südlichen kontinentalen
Teilkern denkbar. Die hier notwendige Aufgliederung des Datenmaterials
verhindert indes eine derartige sinnvolle Zurechnung.

[2]Vgl. Kommission der Europäischen Gemeinschaft für Kohle und Stahl (EGKS),
Die Investitionen in den Kohle- und Stahlindustrien der Gemeinschaft,
versch. Jg.

[3]Vgl. PREDÖHL, A., Die örtliche Verteilung der amerikanischen Eisen- und
Stahlindustrie, a.a.O., Bd. 27, 1928 I, S. 240 ff.

[4]Vgl. BRÜHLING, U.C., Neuere Entwicklungen im Lagerungsbild der europäischen Eisen- und Stahlindustrie, a.a.O., S. 17 f.

[5]Aufgrund der im Verlauf der Entwicklung insgesamt ausgeweiteten Produk-
tionskapazitäten bieten sich nicht die von BRÜHLING gewählten niedrigeren
Grenzwerte für die einzelnen Größenklassen an. Die nachfolgend gewählten
Intervalle tragen insofern dieser Entwicklung Rechnung.

den im Vergleich dominierenden Abschnitt im Produktionsprozeß bildet[1], soll sich an dieser Stelle die Klassifizierung der räumlichen Einheiten zunächst an der Rohstahlstufe ausrichten. Die entsprechende Einteilung der verbleibenden Produktionsstufen ergibt sich sodann auf der Basis der jeweiligen Verhältnisse von EG-Roheisen- und EG-Walzstahlherstellung zur EG-Rohstahlproduktion im Durchschnitt des zurückliegenden Zeitraums 1980 bis 1984[2]. Demzufolge werden zu unterscheiden sein:

Größenklassen	Produktionskapazitäten (in Mio. t)		
	Roheisen	Rohstahl	Walzstahl-erzeugnisse
Konzentrationsgebiete	über 10,5	über 15	über 12
Ballungsgebiete	7 bis 10,5	10 bis 15	8 bis 12
Häufungsgebiete	3,5 bis 7	5 bis 10	4 bis 8
Gebiete verstreuter Ansiedlung	unter 3,5	unter 5	unter 4

Entsprechend der durch die EGKS gewählten räumlichen Systematisierung für die Eisen- und Stahlindustrie der Gemeinschaft ergibt sich somit in den Tabellen 2.1 bis 2.3 das sowohl nach Umfang wie auch Lage dargestellte regionale Verteilungsbild der Produktionsmöglichkeiten[3]. Eine uneingeschränkte Vergleichbarkeit der aufgeführten Daten ist dabei für den britischen Produktionsraum erst mit dem Beitritt zur Europäischen Gemeinschaft gegeben. Wie auf Anfrage[4] bestätigt wurde, sind die

[1]Während der bei weitem größte Anteil der Roheisenherstellung für die Rohstahlerzeugung Verwendung findet, wird andererseits ausschließlich Rohstahl einer Weiterverarbeitung im Walzwerk zugeführt.

[2]Für die Zeitspanne 1980-1984 ergeben sich danach für die Europäische Gemeinschaft die folgenden Produktionsrelationen:
Roheisen (t)/Rohstahl (t) : 69 vH.
Walzstahl (t)/Rohstahl (t): 78 vH.

[3]Leider stellen sich die aufgeführten Zahlenangaben der EGKS-Erhebungen nur in sehr stark gerundeter Form dar. Doch nach Auskunft der EG-Kommission liegen genauere Angaben weiter zurückliegender Jahre nicht vor. Aus diesem Grunde wurde die Rundung in den vorliegenden Tabellen durchgehend beibehalten; zumal, von vereinzelten Regionen niedriger Produktionskapazitäten abgesehen, der aufgrund der Rundung entstehende Fehler vergleichsweise gering ausfällt.

[4]Anfrage beim Iron und Steel Statistics Bureau, Crydon, London.

Tab. 2.1

Entwicklung der PRODUKTIONSMÖGLICHKEITEN für ROHEISEN in regionaler Gliederung												
		- in Mio. t und vH der EG -								Veränderung 1970 = 100		
		1970		1975		1980		1985[1]		1970	1975	1980	1985[1]
Gebiet		Mio.t	vH	Mio.t	vH	Mio.t	vH	Mio.t	vH				
nördl. kont. Teilkern		73,9	64,3	87,0	63,6	87,8	63,5	75,6	62,7	100	117,7	118,7	102,3
Konzentrationsgebiete:													
Nordrhein-Westf.	NW	25,7	22,4	29,3	21,4	30,5	22,1	25,8	21,4	100	114,0	118,7	100,4
Belgien	B	13,1	11,4	15,5	11,3	15,8	11,4	13,4	11,1	100	118,3	120,6	102,3
Ostfrankreich	OF	14,0	12,2	14,0	10,2	11,2	8,1	11,1	9,2	100	100,0	80,0	79,3
Ballungsgebiete:													
Nordfrankreich	NF	6,3	5,5	9,6	7,0	10,2	7,4	9,1	7,5	100	152,4	161,9	144,4
Häufungsgebiete:													
Saarland	S	5,7	5,0	7,3	5,3	7,7	5,6	4,6	3,8	100	128,1	135,1	80,7
Luxemburg	Lux	5,3	4,6	6,3	4,6	5,3	3,8	5,0	4,1	100	118,9	100,0	94,3
Niederlande	NL	3,8	3,3	5,0	3,7	7,0	5,1	6,6	5,5	100	131,6	184,2	173,7
südl. kont. Teilkern		10,7	9,3	16,8	12,3	17,4	12,6	17,0	14,1	100	157,0	162,6	158,9
Konzentrationsgebiete:													
Küstengebiete Italiens	KI	10,0	8,7	16,3	11,9	16,4	11,9	16,4	13,6	100	163,0	164,0	164,0
Gebiete verstreuter Ansiedlung:													
übrige Gebiete Italiens	ÜI	0,7	0,6	0,5	0,4	1,0	0,7	0,6	0,5	100	71,4	142,9	85,7
britischer Teilkern		20,7[2]	18,0	18,4	13,5	16,6	12,0	14,5	12,0	100	88,9	80,2	70,0
Häufungsgebiete:													
Nordengland	NE	8,8[2]	7,7	8,9	6,5	8,0	5,8	6,4	5,3	100	111,0	90,9	72,7
Wales	W	6,9[2]	6,0	5,4	3,9	5,6	4,1	5,3	4,4	100	78,3	81,2	76,8
Gebiete verstreuter Ansiedlung:													
Schottland	SCH	2,2[2]	1,9	1,9	1,4	2,7	2,0	2,7	2,2	100	86,4	122,7	122,7
übrige Gebiete Großbritanniens	ÜE	2,8[2]	2,4	2,2	1,6	0,3	0,2	-	-	100	78,6	10,7	-
übrige Gebiete der EG		9,8	8,5	14,6	10,7	16,4	11,9	13,4	11,1	100	149,0	167,3	136,7
Ballungsgebiete:													
Norddeutschland	ND	7,4	6,4	9,4	6,9	11,4	8,3	7,4	6,1	100	127,0	154,1	100,0
Häufungsgebiete:													
übrige Gebiete Frankreichs	UF	0,9	0,8	3,9	2,9	3,6	2,9	4,3	3,6	100	433,3	400,0	477,8
Gebiete verstreuter Ansiedlung:													
Süddeutschland	SD	1,3	1,1	1,3	1,0	1,4	1,0	0,9	0,7	100	100,0	107,7	69,2
Dänemark	D	-	-	-	-	-	-	-	-	-	-	-	-
Griechenland	G	-	-	-	-	-	-	0,8	0,7	-	-	-	-
Irland	I	-	-	-	-	-	-	-	-	-	-	-	-
Europäische Gemeinschaft		114,9	100,0	136,8	100,0	138,1	100,0	120,6	100,0	100	119,1	120,2	105,0

Anmerkungen: 1 Vorläufig
2 Geschätzt

Quelle: Kommission der Europäischen Gemeinschaft für Kohle und Stahl (EGKS), die Investitionen in den Kohle- und Stahlindustrien der Gemeinschaft, Luxemburg, versch. Jg. sowie eigene Berechnungen.

Tab. 2.2

Entwicklung der PRODUKTIONSMÖGLICHKEITEN für ROHSTAHL in regionaler Gliederung

		- in Mio. t und vH der EG -								Veränderung 1970 = 100			
		1970		1975		1980		1985[1]		1970	1975	1980	1985[1]
Gebiet		Mio.t	vH	Mio.t	vH	Mio.t	vH	Mio.t	vH				
nördl. kont. Teilkern		90,9	57,0	108,4	57,1	110,7	54,1	86,8	50,2	100	119,3	121,8	95,5
Konzentrationsgebiete:													
Nordrhein-Westf.	NW	34,8	21,8	39,6	20,9	42,0	20,5	30,3	17,5	100	113,8	120,7	87,1
Ballungsgebiete:													
Belgien	B	14,8	9,3	19,0	10,0	19,7	9,6	14,8	8,6	100	128,4	133,1	100,0
Ostfrankreich	OF	15,3	9,6	15,6	8,2	13,3	6,5	10,2	5,9	100	102,0	86,9	66,7
Nordfrankreich	NF	7,9	5,0	11,8	6,2	13,7	6,7	11,3	6,5	100	149,4	173,4	143,0
Häufungsgebiete:													
Saarland	S	6,8	4,3	8,6	4,5	7,1	3,5	6,8	3,9	100	126,5	104,4	100,0
Luxemburg	Lux	6,0	3,8	7,5	3,9	6,4	3,1	5,4	3,1	100	125,0	106,7	90,0
Niederlande	NL	5,3	3,3	6,3	3,3	8,5	4,2	8,0	4,6	100	118,9	160,4	150,9
südl. kont. Teilkern		21,3	13,4	32,7	17,2	39,4	19,2	37,1	21,4	100	153,5	185,0	174,2
Konzentrationsgebiete:													
Küstengebiete Italiens	KI	11,0	6,9	18,2	9,6	19,4	9,5	19,2	11,1	100	165,5	176,4	174,5
übrige Gebiete Italiens	ÜI	10,3	6,5	14,5	7,6	10,0	9,8	17,9	10,3	100	140,8	194,2	173,8
britischer Teilkern		32,3[2]	20,3	27,0	14,2	28,0	13,7	23,9	13,8	100	83,6	86,7	74,0
Ballungsgebiete													
Nordengland	NE	14,9[2]	9,3	13,0	6,8	13,9	6,8	11,3	6,5	100	87,2	93,3	75,8
Häufungsgebiete:													
Wales	W	9,8[2]	6,1	7,4	3,9	9,3	4,5	8,6	5,0	100	75,5	94,9	87,8
Gebiete verstreuter Ansiedlung:													
Schottland	SCH	3,9[2]	2,4	2,9	1,5	5,2	1,6	3,2	1,8	100	74,4	82,1	82,1
übrige Gebiete Großbritanniens	ÜE	3,7[2]	2,3	3,7	1,9	1,6	0,8	0,8	0,5	100	100,0	43,2	21,6
übrige Gebiete der EG		15,0	9,4	21,8	11,5	26,8	13,1	25,1	14,5	100	145,3	178,7	167,3
Ballungsgebiete:													
Norddeutschland	ND	9,1	5,7	11,8	6,2	14,1	6,9	11,0	6,4	100	129,7	154,9	120,9
Häufungsgebiete:													
übrige Gebiete Frankreichs	ÜF	2,9	1,8	6,3	3,3	5,5	2,7	5,9	3,4	100	217,2	189,7	203,4
Gebiete verstreuter Ansiedlung:													
Süddeutschland	SD	2,4	1,5	2,9	1,5	3,7	1,8	2,9	1,7	100	120,8	154,2	120,8
Dänemark	D	0,5	0,3	0,7	0,3	1,1	0,5	0,8	0,5	100	140,0	220,0	160,0
Griechenland	G	-	-	-	-	2,3	1,1	4,2	2,4	-	-	-	-
Irland	I	0,1	0,1	0,1	0,1	0,1	0,0	0,3	0,2	100	100,0	100,0	300,0
Europäische Gemeinschaft		159,5	100,0	189,9	100,0	209,8	100,0	173,0	100,0	100	119,1	131,5	108,5

Anmerkungen: 1 Vorläufig
2 Geschätzt

Quelle: Kommission der Europäischen Gemeinschaften für Kohle und Stahl (EGKS), die Investitionen in den Kohle- und Stahlindustrien der Gemeinschaft, Luxemburg, versch. Jg. sowie eigene Berechnungen.

Tab. 2.3

Entwicklung der PRODUKTIONSMÖGLICHKEITEN für WALZSTAHLERZEUGNISSE[1] in regionaler Gliederung

Gebiet		\- in Mio. t und vH der EG \-								Veränderung 1970 = 100			
		1970		1975		1980		1985[2]		1970	1975	1980	1985[1]
		Mio.t	vH	Mio.t	vH	Mio.t	vH	Mio.t	vH				
nördl. kont. Teilkern		68,6	56,1	81,6	57,2	82,8	53,7	66,2	42,2	100	119,0	120,7	96,5
Konzentrationsgebiete:													
Nordrhein-Westf.	NW	27,0	22,1	29,7	20,8	30,4	19,7	22,1	16,4	100	110,0	112,6	81,9
Ballungsgebiete:													
Belgien	B	10,3	8,4	14,3	10,0	13,2	8,6	10,1	7,5	100	138,8	128,2	98,1
Ostfrankreich	OF	13,2	10,8	13,6	9,5	11,9	7,7	8,3	6,2	100	103,0	90,2	62,9
Nordfrankreich	NF	5,3	4,3	7,3	5,1	10,4	6,7	10,4	7,7	100	137,7	196,2	196,2
Häufungsgebiete:													
Saarland	S	5,0	4,1	6,8	4,8	6,1	4,0	5,6	4,2	100	136,0	122,0	112,0
Luxemburg	Lux	4,5	3,7	5,5	3,9	5,2	3,4	4,3	3,2	100	122,2	115,6	95,6
Niederlande	NL	3,3	2,7	4,4	3,1	5,6	3,6	5,4	4,0	100	133,3	169,7	163,6
südl. kont. Teilkern		15,9	13,0	24,0	16,8	31,8	20,6	32,0	23,8	100	150,9	200,0	201,3
Konzentrationsgebiete:													
übrige Gebiete Italiens	ÜI	10,1	8,3	14,3	10,0	21,6	14,0	23,0	17,1	100	141,6	213,9	227,7
Küstengebiete	KI	5,8	4,7	9,7	6,8	10,2	6,6	9,0	6,7	100	167,2	175,9	155,2
britischer Teilkern		26,4[3]	21,6	20,4	14,3	18,9	12,3	15,3	11,4	100	77,3	71,6	58,0
Häufungsgebiete:													
Nordengland	NE	-	-	8,1	5,7	8,4	5,5	6,7	5,0	-	-	-	-
Wales	W	-	-	6.9	4,8	5,9	3,8	5,7	4,2	-	-	-	-
Gebiete verstreuter Ansiedlung:													
Schottland	SCH	-	-	1,5	1,1	1,5	1,0	1,2	0,9	-	-	-	-
übrige Gebiete Großbritanniens	ÜE	-	-	3,9	2,7	3,1	2,0	1,6	1,2	-	-	-	-
übrige Gebiete der EG		11,4	9,3	16,6	11,6	20,8	13,5	21,0	15,6	100	145,6	182,5	184,2
Häufungsgebiete:													
Norddeutschland	ND	6,0	4,9	6,8	4,8	7,6	4,9	6,2	4,2	100	113,3	126,7	103,3
Süddeutschland	SD	3,2	2,6	4,9	3,4	5,6	3,6	5,5	4,1	100	153,1	175,0	171,9
Griechenland	G	-	-	-	-	2,6	1,7	5,7	4,2	-	-	-	-
Gebiete verstreuter Ansiedlung:													
übrige Gebiete Frankreichs	ÜF	2,2	1,8	4,2	2,9	3,9	2,5	2,4	1,8	100	190,9	177,3	109,1
Dänemark	D	-	-	0,6	0,4	0,9	0,5	0,9	0,7	-	-	-	-
Irland	I	-	-	0,1	0,1	0,2	0,1	0,3	0,2	-	-	-	-
Europäische Gemeinschaft		122,3	100,0	142,6	100,0	154,1	100,0	134,5	100,0	100	116,6	126,0	110,0

Anmerkungen: 1 Ohne Coil Fertigerzeugnisse
2 Vorläufig
3 Geschätzt

Quelle: Kommission der Europäischen Gemeinschaft für Kohle und Stahl (EGKS), die Investitionen in den Kohle- und Stahlindustrien der Gemeinschaft, Luxemburg, versch. Jg. sowie eigene Berechnungen.

allgemein vor 1973 erhobenen britischen Angaben zur Eisen- und
Stahlerzeugung z.T. nicht vollständig vergleichbar oder, wie im
speziellen Fall der Produktionskapazitäten, nicht erfaßt worden[1]. Die hier aufgrund eigener Schätzungen für die Erzeugungsstufen Roheisen und Rohstahl trotzdem angeführten Werte stellen
somit lediglich die Grundlage für einen groben Vergleich dar.

Neben der ausschließlichen Kenntnis von Ausmaß und geographischer Lage der Produktionsmöglichkeiten ist die Frage nach
der Entwicklung im Zeitablauf von besonderem Interesse. Ihre
Bedeutung erwächst dabei aus dem Umstand, Hinweise auf mögliche schwerpunktartige Veränderungen des Lagerungsbildes finden bzw. u.U. Aussagen über die Beständigkeit derartiger Entwicklungslinien treffen zu können. Die raumspezifische Entwicklung der Produktionskapazitäten, insbesondere auch in
qualitativer Hinsicht, stellt sich nämlich in äußerst differenzierter Form dar und ist solchermaßen Ausdruck des sich mit
unterschiedlicher Intensität vollziehenden Strukturwandels
in der Eisen- und Stahlindustrie. Aus diesem Grunde werden in
den Tabellen 2.1 bis 2.3 in Verbindung mit den Schaubildern
2.1 bis 2.3 die jeweiligen Verteilungen der in Fünfjahresab-
schnitten gegliederten Jahre 1970 bis 1985 gegenübergestellt,
wobei das Jahr 1970 als Basis dieses Vergleichs dient. Diese
Wahl erklärt sich aus der Überlegung, daß die mit dem Ende der
50er Jahre auslaufende nachkriegsbedingte Wiederaufbauphase[2]
gleichsam in eine Phase der geordneten Expansion eintrat, die
ihrerseits wiederum nur rd. ein Jahrzehnt währte. Zu vermuten
ist, daß gerade innerhalb dieses Zeitabschnittes die Verbindung aus gesamtwirtschaftlichem Wachstum und den eher optimi-

---

[1]Gleichwohl wurde in der vorliegenden Untersuchung versucht, durch eigene
Schätzungen eine gewisse Vergleichbarkeit herzustellen. Aufgrund der
vorhandenen Daten zur Roheisen- und Rohstahlproduktion konnte mit Hilfe
der durchschnittlichen Kapazitätsauslastung europäischer Hersteller ein
grober Näherungswert ermittelt werden.

[2]Vgl. dazu u.A. PLUMPE, G., Ökonomische Entwicklung und technologische
Veränderungen in der westdeutschen Eisen- und Stahlindustrie seit dem
zweiten Weltkrieg, in: Konjunktur, Krise, Gesellschaft, (Hrsg.) PETZINEN,
D. und ROON, G.v., Stuttgart 1981, S. 180 ff.

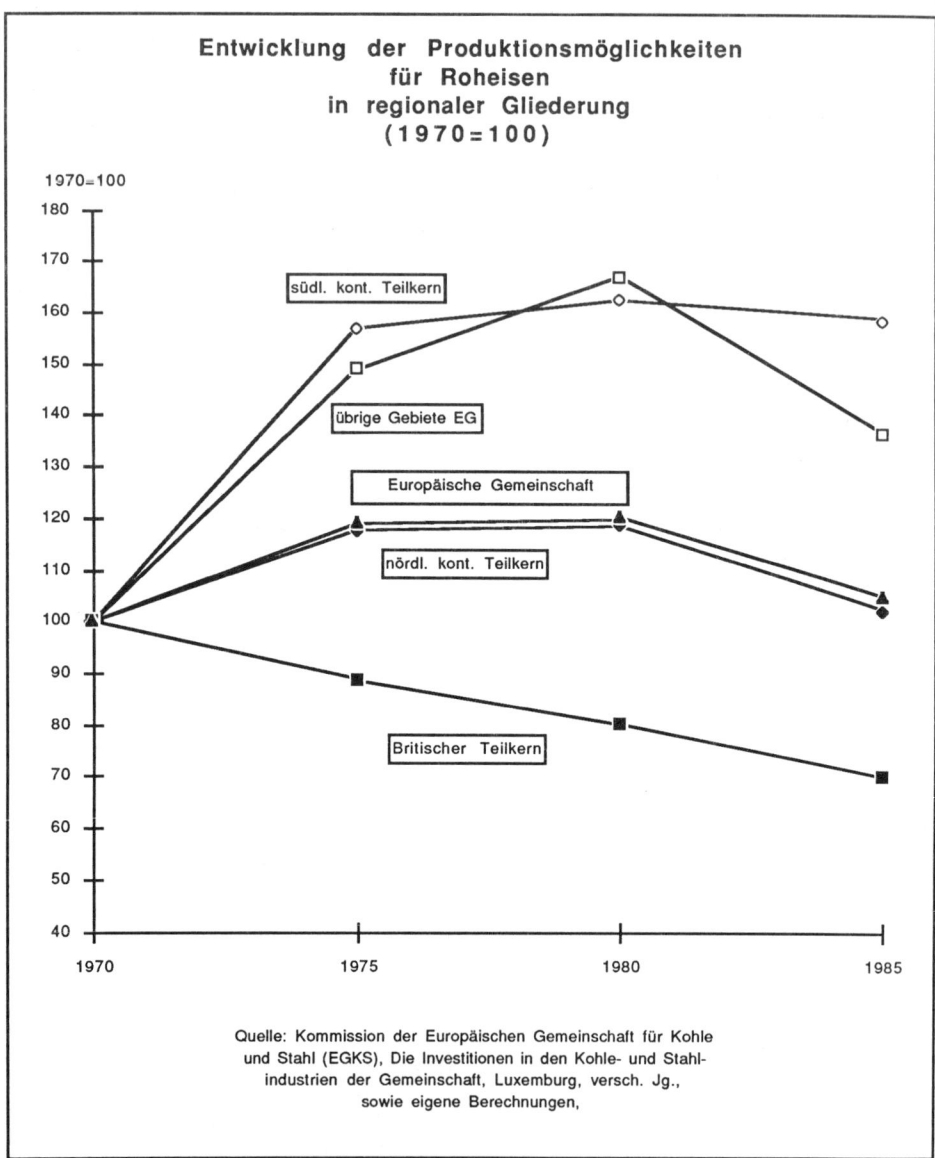

**Entwicklung der Produktionsmöglichkeiten
für Roheisen
in regionaler Gliederung
(1970=100)**

1970=100

südl. kont. Teilkern

übrige Gebiete EG

Europäische Gemeinschaft

nördl. kont. Teilkern

Britischer Teilkern

Quelle: Kommission der Europäischen Gemeinschaft für Kohle
und Stahl (EGKS), Die Investitionen in den Kohle- und Stahlindustrien der Gemeinschaft, Luxemburg, versch. Jg.,
sowie eigene Berechnungen,

Schb. 2.2

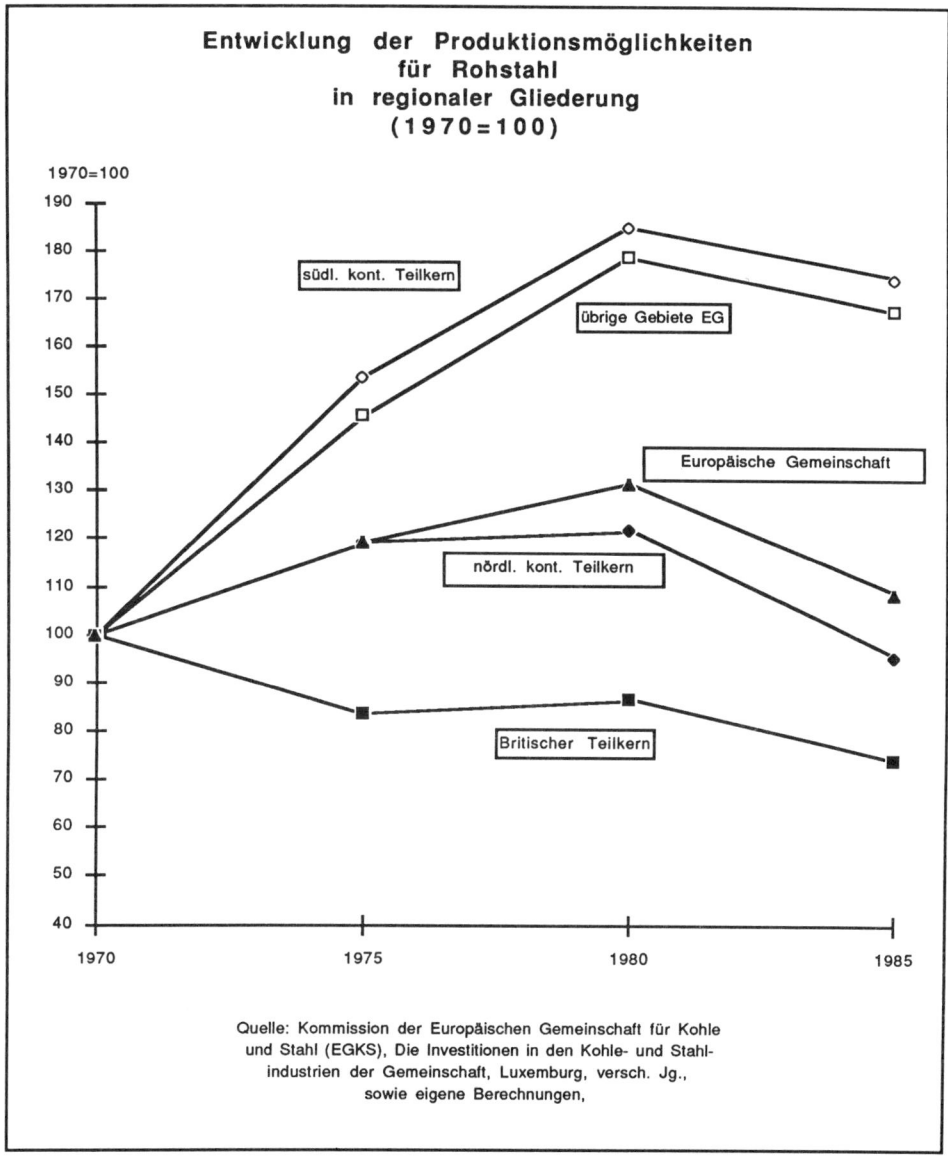

Entwicklung der Produktionsmöglichkeiten für Rohstahl in regionaler Gliederung (1970=100)

1970=100

| südl. kont. Teilkern |

| übrige Gebiete EG |

| Europäische Gemeinschaft |

| nördl. kont. Teilkern |

| Britischer Teilkern |

1970   1975   1980   1985

Quelle: Kommission der Europäischen Gemeinschaft für Kohle
und Stahl (EGKS), Die Investitionen in den Kohle- und Stahlindustrien der Gemeinschaft, Luxemburg, versch. Jg.,
sowie eigene Berechnungen,

55

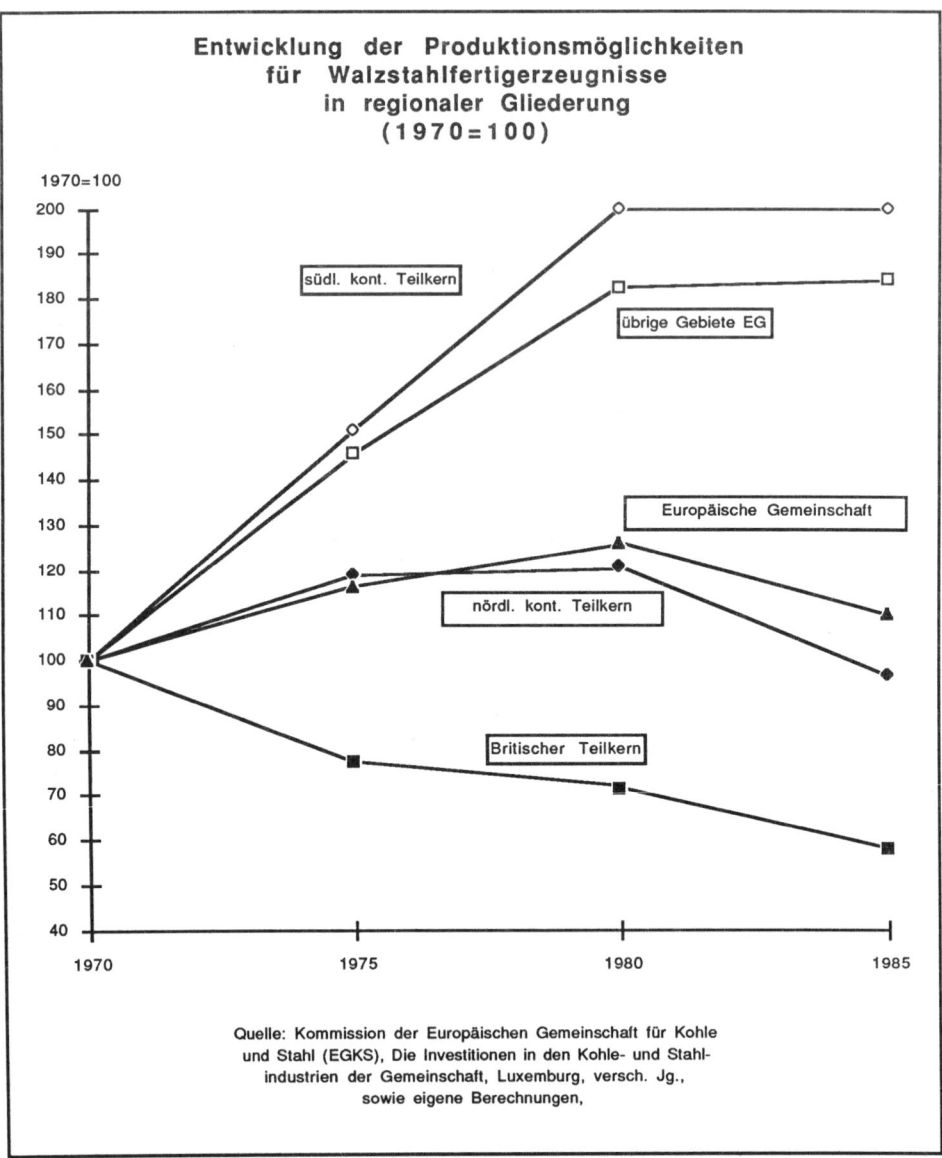

Entwicklung der Produktionsmöglichkeiten
für Walzstahlfertigerzeugnisse
in regionaler Gliederung
(1970=100)

1970=100

südl. kont. Teilkern

übrige Gebiete EG

Europäische Gemeinschaft

nördl. kont. Teilkern

Britischer Teilkern

Quelle: Kommission der Europäischen Gemeinschaft für Kohle
und Stahl (EGKS), Die Investitionen in den Kohle- und Stahlindustrien der Gemeinschaft, Luxemburg, versch. Jg.,
sowie eigene Berechnungen,

stischen Wachstumsprognosen jener Jahre[1] die Grundlage für die
sich mit Beginn der 70er Jahre andeutende europäische Stahlkrise bildete. Berücksichtigt man ferner sowohl die hohe Kapi-
talintensität innerhalb der Eisenschaffenden Industrie als auch
die im Verhältnis zu anderen Industriezweigen ungleich langen
Ausreifzeiten der Investitionen, so wird insgesamt deutlich,
daß mit dem Jahr 1970 die geeignete Grundlage für die Gegenüberstellung gewählt ist.

Damit sei sich nunmehr der Entwicklung der (zusammengefaßten)
EG-Teilräume zugewandt. Zunächst zeigt hier die Gesamtbetrachtung der Europäischen Gemeinschaft im Hinblick auf die
sowohl absolute als auch relative Kapazitätsentwicklung ein
vergleichsweise weniger interessantes Bild. Nach einem durchweg
über sämtliche Produktionsstufen zu verzeichnenden Zwischenhoch
(1980), gefolgt von einschneidenden Kapazitätsrückgängen auf
nahezu das Ausgangsniveau, verlief die Erweiterung der Pro-
duktionsmöglichketien bis 1985 innerhalb einer Bandbreite von
5 vH (Roheisen) und 10 vH (Walzstahl). Entgegen der Vermutung
deutlicher struktureller Veränderungen läßt dieser nahezu parallele Verlauf indes kaum einen Hinweis darauf zu.

Doch bestehen augenfällige Entwicklungsunterschiede bei der
Betrachtung der jeweiligen Teilgebiete. Verwiesen sei hier zunächst auf die Kapazitätszuwächse des nördlichen kontinentalen
Teilkerns. Zeigt dieser bereits bei der Herstellung des Roheisens einen eng am EG-Durchschnitt ausgerichteten Verlauf,
so weisen ebenso die Rohstahl- wie auch die Walzstahlstufe eine
vergleichsweise starke Orientierung am Gemeinschaftsdurchschnitt auf. In der Folge davon konnte der Kapazitätsanteil
dieses Teilraumes an den Gesamtkapazitäten der Gemeinschaft im
Bereich der Roheisenerzeugung zwar gehalten werden, für die
Stufen der Rohstahl- bzw. Walzstahlherstellung hingegen bedeutete dies Anteilsverluste von knapp sieben (Rohstahl) und
vierzehn (Walzstahl) Prozentpunkten.

---

[1]Vgl. WIENERT, H., Ein Ende der Krise ist nicht in Sicht, in: Wirtschaftsdienst, 1983, Nr. 2, S. 72 ff.

Abweichungen von weit deutlicherem Ausmaß verzeichnen demgegenüber die verbleibenden Teilräume. So der britische Teilkern, der im Gegensatz zu den Entwicklungsmustern der übrigen Räume eine im betrachteten Zeitraum auch zwischenzeitlich bereits eindeutig abwärtsgerichtete und zudem weit überdurchschnittlich ausgeprägte Tendenz aufweist. Damit zwangsläufig verbunden ergaben sich so Bedeutungsverluste, die im Bereich der Roheisen- und Rohstahlerzeugung zu Anteilseinbußen von etwa sechs und in der Walzstahlherstellung von gut zehn Prozentpunkten führten. Bemerkenswert erscheint zudem die im Vergleich zum bereits deutlichen Abbau der Kapazitäten zur Roheisen- (- 30 vH) und Rohstahlherstellung (- 26 vH) weit darüber hinausgehende Rücknahme der Walzstahlkapazitäten (-42vH).

Erweiterungen der Produktionsmöglichkeiten von überdurchschnittlichem Ausmaß sind demgegenüber für die "übrigen Gebiete der Europäischen Gemeinschaft" wie auch den südlichen kontinentalen Teilkern zu notieren. Insbesondere der Kapazitätsaufbau im südlichen Teilraum verzeichnet imposante Zuwachsraten und solchermaßen deutliche Anteilsgewinne. Infolge einer Ausweitung der Rohstahlkapazitäten um fast 75 vH sowie einer Verdoppelung der Walzstahlkapazitäten belaufen sich heute (1985) die Kapazitätsanteile dieses Teilraumes auf gut 21 vH (Rohstahl) bzw. knapp 24 vH (Walzstahl). Die im Vergleich dazu bescheideneren Erweiterungen auf der Roheisenstufe um knapp 60 vH lassen hier den Kapazitätsanteil seit 1970 auf lediglich 14 vH ansteigen.

Wenn auch von geringerem Bedeutungsniveau, so doch kaum weniger bemerkenswert stellt sich die Entwicklung der "übrigen Gebiete der Europäischen Gemeinschaft" dar. Anteilszuwächse von rd. fünf (Rohstahl) bzw. gut sechs Prozentpunkten (Walzstahl) ergeben sich ebenso hier als Ergebnis der überdurchschnittlichen Kapazitätserweiterungen. Lediglich im Bereich der Roheisenerzeugung führten die in der Nachfolge einer drastischen Ausweitung der Herstellungsmöglichkeiten (1970-1980) eingeleiteten Kapazitätsschnitte zu einer insgesamt vergleichsweise moderaten Erweiterung um nunmehr 37 vH.

In weit differenzierterer Form stellen sich die Entwicklungsmuster der (speziellen) EG-Teilräume dar. Wendet man sich
solchermaßen den entsprechenden Angaben der Tabellen 2.1 bis
2.3 zu, so fällt zunächst der seit 1980 allgemein vorgenommene
Kapazitätsabbau auf. Zwar zeigt sich dieser mit jeweils stark
unterschiedlichen Intensitäten und auch die Ausgangsbasis
stellt sich durch den seit 1970 betriebenen Kapazitätsaufbau
für die einzelnen Regionen in differenzierter Form dar. Doch
bedeutsam erscheint hier der seit 1980 mit einigen wenigen
Ausnahmen in nahezu sämtlichen Gebieten der Europäischen Gemeinschaft wie auch auf allen Herstellungsstufen vorgenommene
Abbau der Produktionsmöglichkeiten.

Die durchweg umfangreichsten Rückgänge, und zwar m.E. auf
sämtlichen Stufen, verzeichneten dabei der britische Teilkern
sowie die Gebiete Ostfrankreichs, wobei hier im Zeitablauf
seit 1970 fast ausschließlich Rücknahmen der Kapazitäten zu
verzeichnen waren. Daneben existiert eine Reihe von EG-Regionen, die einen deutlichen Kapazitätsaufbau seit 1970 zu
einem Großteil durch den seit 1980 betriebenen Abbau nahezu
ausglichen oder sogar teilweise überkompensierten, so daß insgesamt der Stand von 1970 annähernd erreicht wurde. Diese Entwicklung verzeichneten beispielsweise, und zwar auf sämtlichen
Produktionsstufen, hauptsächlich die Produktionsgebiete Belgiens, Luxemburgs und des Saarlandes sowie, mit Ausnahme der
Rohstahlerzeugung, die Standorte Norddeutschlands. Demgegenüber zeichnen sich die niederländischen Standorte, die Küstengebiete Italiens wie auch, mit Ausnahme des Bereichs der Walzstahlerzeugung, das "übrige Frankreich" durch einen beinahe
uneingeschränkten Kapazitätsaufbau seit 1970 auf sämtlichen
Herstellungsstufen aus. In ganz ähnlicher Form zeigt sich die
Entwicklung der Walzstahlkapazitäten für die Gebiete des nördlichen Frankreichs sowie des "übrigen Italiens". Innerhalb
dieser Teilräume führten jedoch deutliche Kapazitätsschnitte
nach 1980 zu einer seit 1970 insgesamt vergleichsweise moderaten Ausweitung der übrigen Produktionsmöglichkeiten
bzw. im Falle der Roheisenerzeugung im "übrigen Italien" zu
Rückgängen noch unter das Niveau von 1970. Interessant erweist

sich daneben die Entwicklung Nordrhein-Westfalens. Zeigt die
Verlaufslinie der Roheisenkapazitäten noch eine deutliche Pa-
rallelität mit dem EG-weiten Entwicklungsmuster, fällt dieser
Teilraum in der Roh- und Walzstahlherstellung im Beobachtungs-
zeitraum zusehends hinter die Zuwachsraten der Gemeinschaft
zurück. Unter einer ganzen Reihe bietet sich damit ein Gegen-
beispiel zu denjenigen Teilräumen, deren Entwicklung doch vornehmlich durch eine relative Bedeutungszunahme von Roh- und
Walzstahlkapazitäten gekennzeichnet ist.

Angesichts der sich damit bietenden Vielfalt in den jeweiligen
Entwicklungslinien der (speziellen) EG-Teilräume erscheint
eine weiterführende Systematisierung zweckdienlich. In Anlehnung an die von BRÜHLING[1] vorgeschlagene Bildung sogenannter
Expansionstypen wird nunmehr, ähnlich der Vorgehensweise wie
im Bereich der quantitativen Klassifizierung, die Abgrenzung
regionaler Entwicklungsklassen vorgenommen. Unter Berücksichtigung der - im Gegensatz zu dem von BRÜHLING untersuchten
Zeitraum - nicht ausschließlich durch Zuwachsphasen gekennzeichneten Zeitspanne ergibt sich mithin die folgende Systematik. Ihre Ausrichtung erfahren die zu unterscheidenden Wachs-
tumsklassen dabei an dem EG-durchschnittlichen Kapazitätszuwachs und stellen somit keinen absoluten Maßstab dar, sondern
bilden vielmehr Bereiche relativen Wachstums (Anteilszunahme)
bis hin zu Bereichen relativer Schrumpfung (Anteilsabnahme).

- Bereich hohen relativen Wachstums
  mit einer Wachstumsrate von mehr als 50 Prozentpunkten oberhalb des EG-
  Durchschnitts

- Bereich mittleren relativen Wachstums
  mit einer Wachstumsrate von 11 bis 50 Prozentpunkten oberhalb des EG-
  Durchschnitts

- Bereich relativer Stagnation
  mit einer Wachstumsrate von ± 10 Prozentpunkten um den EG-Durchschnitt

- Bereich mittlerer relativer Schrumpfung
  mit einer Wachstumsrate von 11 bis 50 Prozentpunkten unterhalb des EG-
  Durchschnitts

---

[1]Vgl. BRÜHLING, U.C., Neuere Entwicklungen im Lagerungsbild der europäischen Eisen- und Stahlindustrie, a.a.O., S. 25 ff.

- Bereich hoher relativer Schrumpfung
  mit einer Wachstumsrate von mehr als 50 Prozentpunkten
  unterhalb des EG-Durchschnitts.

Um die Vielfalt der betreffenden Angaben anschaulicher zu gestalten, stellt Tabelle 2.4 die Zuordnung der abgegrenzten
Teilräume auf die verschiedenen Bereichsklassen in übersichtlicher Form dar. Aufgeführt werden hier einmal die rein an-
zahlenmäßige Zugehörigkeit der einzelnen Regionen sowie andererseits das durch den Kapazitätsanteil bedingte Gewicht einer
jeden Expansionsklasse. Hinzuweisen ist dabei auf die besondere Datenlage des britischen Teilkerns im Bereich der Herstellung von Walzstahl. Die fehlende regionale Gliederung des britischen Produktionsraumes bewirkt hier eine Unterbesetzung der
Bereichsklassen für den Fall, daß lediglich der britische
Teilkern in seiner Gesamtheit seine Zuordnung findet. Auf der
anderen Seite jedoch führt die Unterstellung, daß sämtliche
britischen Teilräume in bezug auf den Kapazitätszuwachs dem ge-

Tab. 2.4

Mächtigkeit der EXPANSIONSKLASSEN						
Expansions- klassen	Produktionsstufen (in Mio.t)					
	Roheisen		Rohstahl		Walzstahl	
	Anzahl	in vH[1]	Anzahl	in vH[1]	Anzahl	in vH[1]
Hohes relatives Wachstum	2	6,6	3	20,3	4	26,1
Mittleres relatives Wachstum	2	8,6	5	25,8	1	5,8
Relative Stagnation	3	39,6	3	15,4	3	10,9
Mittlere relative Schrumpfung	7	32,8	4	37,1	4	40,3
Hohe relative Schrumpfung	2	12,4	1	1,4	1(4)[2]	16,9
insgesamt	16	100,0	16	100,0	13(16)[2]	100,0

Anmerkungen: 1 Im Durchschnitt der Jahre 1970 und 1985.
2 Annahme einer im GB-Durchschnitt verlaufenden Entwicklung der GB-Teilräume.

Quelle: Eigene Berechnungen.

samtbritischen Durchschnitt entsprechen, ebenfalls nur zu
einer Näherungslösung[1].

Widmet man sich vor diesem Hintergrund der Tabelle 2.4, so ist
zunächst der Umstand bemerkenswert, daß der bereits vermutete
Strukturwandel unter den einzelnen Produktionsstufen hier seinen deutlichen Beweis findet. Denn während auf EG-Ebene die
Zuwachsraten der einzelnen Produktionsstufen nicht unbedingt
deutlich voneinander abweichen[2], ergeben sich doch für die
verschiedenen Teilräume zusätzliche, weitaus offensichtlichere
Unterschiede. So ist in bezug auf die Roheisenkapazitäten die
auch anteilsmäßig bedeutende Mehrzahl der Teilräume den Bereichen relativer Stagnation bzw. relativer mittlerer Schrumpfung
zuzuordnen[3]. M.a.W. bedeutet dies letztendlich, daß die Ausweitung der Produktionsmöglichkeiten für Roheisen überwiegend
im europäischen Gleichschritt bzw. mit der Tendenz zur relativen Schrumpfung verlief. Ein vergleichsweise geringes Gegen-
gewicht stellen hier lediglich die Küstengebiete Italiens, die
Niederlande wie auch die "übrigen Gebiete Frankreichs" mit
einer weit überdurchschnittlichen Kapazitätsausdehnung dar.

Abweichend von diesem Muster verläuft demgegenüber die Entwicklung im Rohstahlbereich. Abgesehen von dem im Vergleich
nur gering besetzten Bereich hoher relativer Schrumpfung, ist
hier vielmehr eine m.E. fast gleichmäßige Verteilung - sowohl
der Anzahl nach als auch anteilsmäßig - über die Bereichsklassen festzustellen. Ganz offensichtlich mischen sich in dieser

---

[1]Aus diesen Gründen wurden in Tabelle 2.4 beide Möglichkeiten aufgeführt.
Die in Klammern gesetzten Werte entsprechen dem Fall, daß sämtliche britischen Teilräume eine dem britischen Durchschnitt entsprechende Schrumpfung aufweisen.

[2]Wie die Tabellen 2.1 bis 2.3 zeigen, ergeben sich auf die Europäische Gemeinschaft bezogen die folgenden durchschnittlichen Zuwächse (1970-1985):
Roheisen (+ 5,0 vH), Rohstahl (+ 8,5 vH), Walzstahl (+ 10,0 vH).

[3]Natürlich müssen sich aufgrund der Orientierung am EG-Durchschnitt sämtliche Werte um diesen Mittelwert gruppieren. Allein die Frage ist an
dieser Stelle von Interesse, inwieweit sich die Verteilung der Werte über
sämtliche Bereichsklassen gleichmäßig verteilt oder es zur Bildung von
Schwerpunkten kommt.

Stufe ausgesprochene Wachstumsregionen, Regionen i.w.S. gleichbleibender Kapazititätsanteile sowie Teilräume mit (mittelmäßig) schrumpfenden Anteilswerten. Bedeutsam ist lediglich, daß erneut Italien sowie die "übrigen Gebiete Frankreichs", aber daneben auch Irland sowie Dänemark dem Bereich der höchsten Zuwachsraten zuzuordnen sind. Zu den Regionen mit Anteilsverlusten zählen die Teilräume Großbritannien, Luxemburg sowie Ostfrankreich und Nordrhein-Westfalen.

Ein wiederum gänzlich abweichendes Bild stellt sich bei der Betrachtung der Walzstahlstufe dar. Hier konzentrieren sich die verschiedenen Entwicklungslinien auf die Bereiche hohen relativen Wachstums und im groben auf die Schrumpfungsbereiche. Wie nicht anders zu erwarten, zählen wiederum die Gebiete Italiens zu den Regionen höherer Zuwachsraten. Daneben sind es aber auch die Gebiete Nordfrankreichs, Süddeutschlands wie auch die Niederlande, die hier entsprechend hohe Wachstumsraten aufweisen. Zu den Teilräumen mit z.T. erheblichen Anteilsverlusten gehören demgegenüber erneut die Gebiete des britischen Teilkerns sowie das östliche Frankreich, aber auch das Gebiet Nordrhein-Westfalens.

Um die bisher angesprochenen Entwicklungslinien auch in anschaulicher Weise graphisch abzubilden, wurde die in Schaubild 2.4 gewählte Darstellungsform herangezogen. Hier werden einmal die jeweiligen Produktionsmöglichkeiten der Jahre 1970 und 1985 in regionaler Gliederung aufgeführt, wie auch darüber hinaus die Zugehörigkeit zu den verschiedenen Größen- und Bereichsklassen. Recht anschaulich stellt sich dabei der unter den Produktionsstufen vollzogene Strukturwandel dar. Unterschiedliche Lagen in horizontaler Sicht bzw. abweichende Steigerungsgrade für die einzelnen Teilräume und die dazugehörenden Erzeugungsstufen weisen auf diese Entwicklung hin.

Besonders deutlich zutage tritt dieser strukturelle Wandel einmal bei dem Vergleich zwischen den eher traditionell bedeutend zu nennenden Stahlregionen und den übrigen Gebieten der Europäischen Gemeinschaft. Sieht man einmal davon ab, daß das

Schb. 2.4

Entwicklung der Produktionsstufen in regionaler Gliederung
1970/1985
(in Mio t und Indexform)

Roheisenerzeugung

Rohstahlerzeugung

1970=100

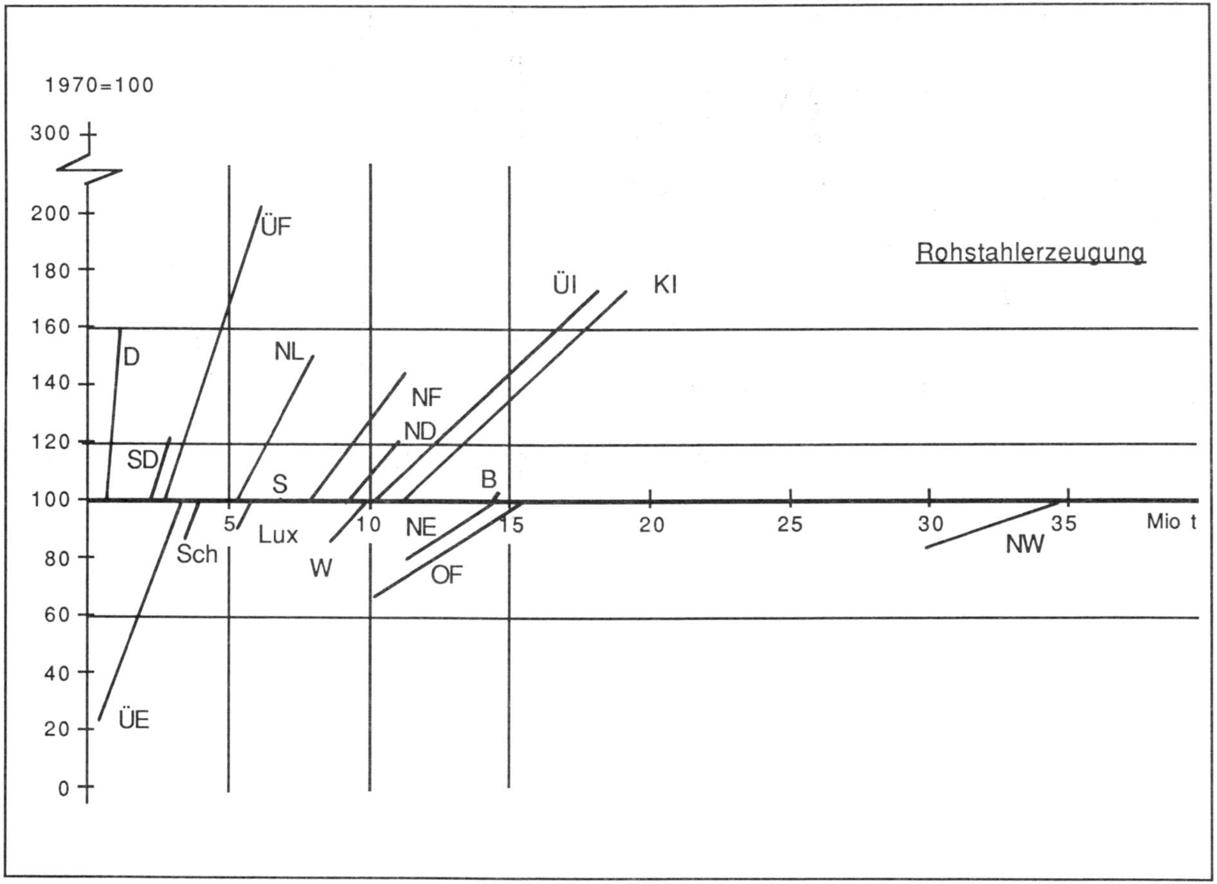

Forts. Schb. 2.4

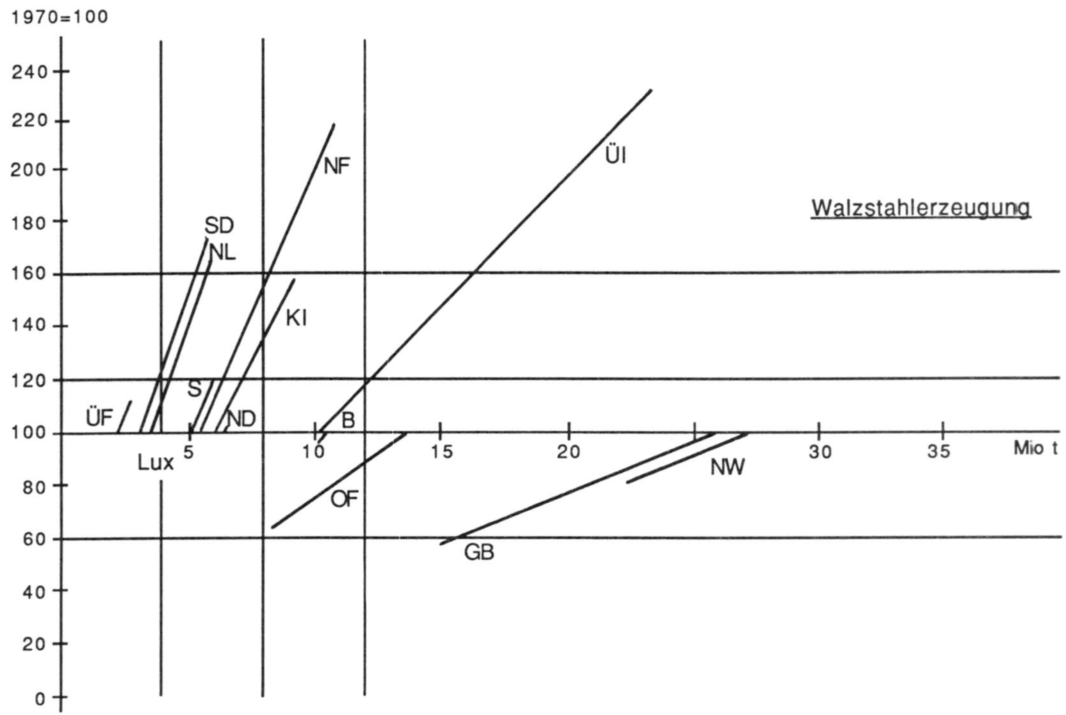

66

Quelle: EG-Kommission, Die Investitionen in den Kohle- und Stahlindustrien der Gemeinschaft, Luxemburg, versch. Jg., sowie eigene Berechnungen.

Saarland oder auch Luxemburg aufgrund ihrer vergleichsweise
geringen Größe eine derartige Bedeutung nicht erlangen konnten, so konzentrieren sich die übrigen traditionellen Produktionsgebiete Nordrhein-Westfalens, Nordenglands, Ostfrankreichs sowie Belgiens zwischen 1970 und 1985 auf allen Herstellungsstufen zwar überwiegend auf die höheren Größenklassen. In bezug auf die Entwicklung der Produktionsmöglichkeiten jedoch, finden sich diese Standorte sämtlichst in den
mittleren bis unteren Expansionsklassen.

Die unterschiedliche Zugehörigkeit dieser Gebiete zu den verschiedenen Größen- und Expansionsklassen auf den jeweiligen
Produktionsstufen weist zudem auf den auch innerhalb dieser
Standorte vollzogenen Wandel hin. Als deutliches Beispiel halten z.B. die Produktionsgebiete Nordrhein-Westfalens bei der
Herstellung von Roheisen in etwa ihre EG-Anteile, wobei jedoch
auf der Roh- und Walzstahlstufe deutliche Einbußen zu verzeichnen sind.

Ganz anders zeigt sich demgegenüber die Entwicklung der übrigen EG-Regionen, zu denen Nord- und Süddeutschland, die Gebiete Italiens, des "übrigen Frankreichs" sowie Nordfrankreichs
und auch die Niederlande zu zählen sind. Abgesehen von der
Roheisenherstellung, bei der, mit Ausnahme der Küstengebiete
Italiens, alle übrigen Stahlregionen überwiegend den niedrigeren Größenklassen zuzuordnen sind, verteilen sich diese bei
Roh- und Walzstahl eher gleichmäßig auf sämtliche Bereiche. In
weit konzentrierterer Form stellt sich hingegen das Bild in
der Entwicklung der Produktionsmöglichkeiten dar. Hier über-
wiegt eindeutig die Zugehörigkeit der ausgewählten Gebiete zu
den Expansionsklassen mit mittleren bis deutlichen Anteilszu-
wächsen. Eine besonders ausgeprägte Entwicklung zeigen dabei
die Produktionsgebiete Italiens. Verläuft die Entwicklung des
"übrigen Italiens" bei der Herstellung von Roheisen sowohl
nach der Größenordnung wie auch in bezug auf die Zuwachsraten
deutlich hinter den Küstengebieten Italiens, so ändert sich
diese spürbar auf den nachfolgenden Produktionsstufen. Durch

einen deutlichen Ausbau[1] der Produktionsmöglichkeiten für die
integrierte Rohstahlerzeugung an den Küstenstandorten sowie
die Elektrostahlerzeugung in den "übrigen Gebieten Italiens"
konnte der Kapazitätsumfang beider Teilregionen in spürbarem
Ausmaß vergrößert werden. In bezug auf die Walzstahlerzeugung
übertrifft sodann das "übrige Italien" die Küstengebiete sowohl hinsichtlich der Größenordnung als auch der Zuwachsraten
um ein Vielfaches.

Mit den Gebieten des "übrigen Italien", deren Bedeutung vornehmlich aus der Entwicklung des norditalienischen Raumens
erwächst, bietet sich so ein Beispiel für die Entwicklung einer Reihe traditionell weniger bedeutender Stahlstandorte. Im
Gegensatz zu einigen Mitgliedern der Gruppe traditioneller
Produktionsgebiete tragen in erster Linie diese Gebiete den
sich, wenn auch EG-weit weniger deutlich abzeichnenden Trend
zu einer im Vergleich stärkeren Zunahme der Produktionsmöglichkeiten für Rohstahl und Walzstahlfertigerzeugnisse. Demgegenüber sind es zumeist die eher traditionellen Standorte, die
den beschriebenen Strukturwandel nicht in dieser deutlichen
Form vollzogen haben. Die jeweiligen Entwicklungsmuster der
übrigen EG-Stahlstandorte sind aus den angesprochenen Tabellen
und Schaubildern im einzelnen zu entnehmen.

Ausgewählte Produktionsstandorte

Nach diesen Ausführungen zur räumlichen Entwicklung der Eisenschaffenden Industrie erhebt sich nunmehr die Frage nach
der in bezug auf die Problemstellung geeigneten detaillierten
Standortabgrenzung. Die bisher benutzte geographische Gliederung stellt zwar den geeigneten Rahmen für eine weitgespannte
Untersuchung der räumlichen Verteilung dar. Für die nunmehr zu

---

[1]Vgl. dazu die Entwicklung der Produktionsmöglichkeiten für die Erzeugung
von Oxygenstahl und Elektrostahl anhand der EGKS-Angaben, Kommission der
Europäischen Gemeinschaft für Kohle und Stahl (EGKS), Die Investitionen
in den Kohle- und Stahlindustrien der Gemeinschaft, Luxemburg, versch.
Jg.

behandelnde Fragestellung nach der geeigneten Standortauswahl
jedoch bildet diese ein nicht ausreichend fein gegliedertes
Bild. Da zudem neben der genannten EGKS-Erhebung im Hinblick
auf die kapazitätsmäßige Ausstattung der verschiedenen Standorte keine sonstigen, direkt verwendbaren Angaben zur geographischen Lage der Europäischen Eisen- und Stahlindustrie
vorliegen, ist es an dieser Stelle mithin unumgänglich, eine
eigene Zusammenstellung zu erarbeiten. Als Grundlage dienen
dabei die Angaben des Metal Bulletin, London. Im Rahmen der
Erhebung "Iron and Steel Works of the World"[1] werden hier zu
einem Großteil die weltweit bestehenden, für die Erzeugung bis
hin zu Walzstahlfertigerzeugnissen notwendigen Produktionsanlagen mit deren - soweit vorliegend - produktionstechnischen
Kennzahlen aufgeführt. In Ergänzung dazu werden für den Fall
der Bundesrepublik Deutschland ebenso die Angaben des Vereins
Deutscher Eisenhüttenleute (VDEh)[2] herangezogen.

Trotz dieser vergleichsweise umfangreichen Informationsquellen
muß dennoch davon ausgegangen werden, daß der Anspruch auf
eine vollständige und gänzlich widerspruchsfreie Erfassung
sämtlicher europäischer Produktionsanlagen damit nicht voll
erfüllt werden kann. Dies begründet sich durch teilweise un-
vollständige Angaben zu den jeweiligen Produktionsanlagen oder
auch die bisweilen differierenden Abgrenzungen in den technischen Kennzahlen. Zudem ist darauf hinzuweisen, daß sich aufgrund der unterschiedlichen zugrundeliegenden Stichtage u.U.
abweichende Kapazitätsangaben ergeben und gerade angesichts
der in der jüngsten Vergangenheit EG-weit vollzogenen Kapazitätsanpassungen darüber hinaus eine Reihe von Angaben nicht
mehr dem aktuellen Stand entsprechen dürften[3]. Gleichwohl

---

[1]Metal Bulletin, Iron and Steel Works of the World 1983, 8th Edition,
London 1983.

[2]Vgl. Jahrbuch Stahl 1984, (Hrsg.) Verein Deutscher Eisenhüttenleute
(VDEh), Düsseldorf 1983.

[3]Daneben darf nicht unberücksichtigt bleiben, daß der wachsende Konkur-
renzdruck zu einer ständigen und intensiven Nutzung des technischen Fort-
schritts geführt hat.

stellt diese Vorgehensweise eine geeignete Grundlage für die Standortabgrenzung dar, wird doch die Zielsetzung, eine feiner gegliederte räumliche Verteilung von Ansiedlungsschwerpunkten zu erstellen, nicht tiefgreifend dadurch verfälscht, daß einige Angaben nicht mehr gänzlich der Realität entsprechen.

Vor dem Hintergrund dieser Überlegungen und auf der Grundlage der oben genannten Datenquellen ergibt sich so die in dem Schaubild 2.5 aufgeführte regionale Verteilung der Europäischen Stahlindustrie (EG-10) i.e.S., d.h. die geographische Lage der zu operablen Standortkomplexen zusammengefaßten Ansiedlungen integrierter Hüttenwerke. Der zugrundeliegenden Fragestellung entsprechend werden hier die Kapazitätsangaben zur Rohstahlproduktion über den Verfahrensweg Hochofen/Oxygenkonverter, d.h. der Koksmetallurgie, herangezogen. Diese Vorgehensweise bietet sich nicht nur aufgrund der bereits erwähnten dominierenden Rolle der Rohstahl- gegenüber der Roheisenherstellung an. Eine alternative Darstellung der regionalen Verteilung speziell der Walzstahlkapazitäten scheitert hier bereits an der mangelnden Verfügbarkeit eines aussagekräftigen und zudem vollständigen Datenmaterials[1].

Mehr noch als im Rahmen der bereits behandelten EG-Rohstahlkapazitäten insgesamt, d.h. einschließlich der Elektrostahlerzeugung, zeigt sich demgegenüber in Schaubild 2.5 eine starke Verdichtung in der Ansiedlung integrierter Hüttenwerke. Entsprechend den für das Jahr 1983 veröffentlichten jeweiligen werksspezifischen Angaben wird hierin die geographische Lage der Rohstahlkapazitäten innerhalb der Europäischen Gemeinschaft als Kreisfläche ausgewiesen, und zwar in Abhängigkeit vom Umfang der standortspezifischen Produktionsmöglichkeiten.

---

[1] Selbst vereinzelt erhältliche Angaben zum Umfang standortspezifischer Walzstahlkapazitäten erlauben nur z.T. einen direkten Vergleich. Nicht nur, daß aufgrund produktionstechnischer Veränderungen oder auch Variationen im Produktionsprogramm eine genaue Angabe der Produktionsmöglichkeiten nur eher kurzfristigen Charakter haben kann. Auch die angesichts des Systems von Produktionsquoten unter einer Reihe von EG-Herstellern verbreitete Übung einer zu "großzügigen Einschätzung" eigener Produktionskapazitäten führt zu einer weiteren Einschränkung der Aussagekraft.

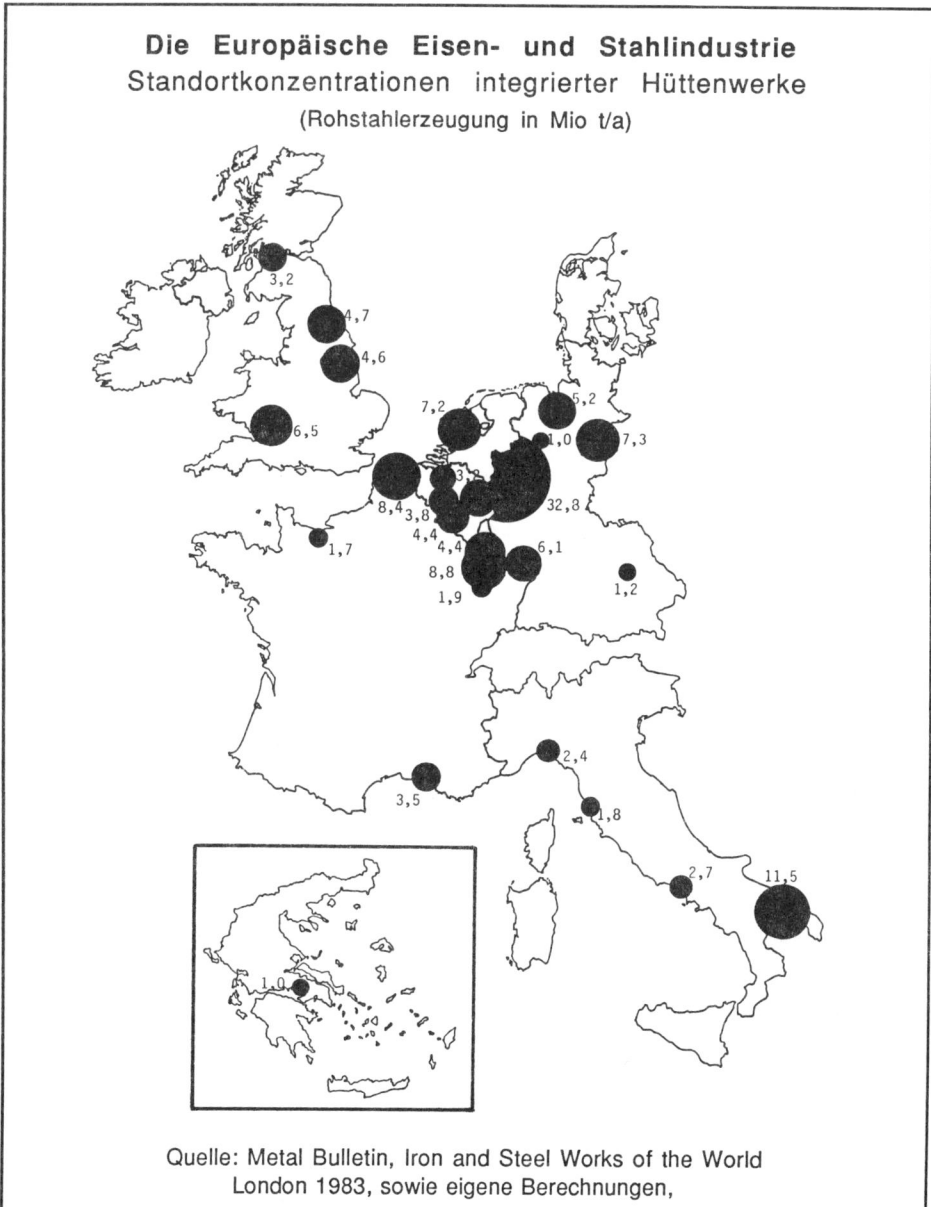

Die Europäische Eisen- und Stahlindustrie
Standortkonzentrationen integrierter Hüttenwerke
(Rohstahlerzeugung in Mio t/a)

Quelle: Metal Bulletin, Iron and Steel Works of the World
London 1983, sowie eigene Berechnungen,

Das Hauptaugenmerk richtet sich dabei zunächst auf den durch
Jahreskapazitäten von rd. 100 Mio. t Rohstahl gekennzeichneten
nördlichen kontinentalen Teilkern. Mit einem Anteil an diesem
von annähernd einem Drittel nimmt das Ruhrgebiet (32,8 Mio.
t/a) die auch im Vergleich zu den übrigen Teilräumen der Europäischen Gemeinschaft eindeutige Spitzenstellung ein. In un-
mittelbarer Nachbarschaft dazu befindet sich eine ganze Reihe
von Ansiedlungskonzentrationen, die sich daneben deutlich
bescheidener ausnehmen. Hierzu zählen neben dem Standort der
Georgsmarienhütte (Osnabrück) vornehmlich die belgischen
Standortkomplexe mit den jeweiligen Schwerpunkten etwa im Raume von Liege, Charleroi, La Louviere oder auch Gent. Insgesamt
beschreiben die letztgenannten belgischen Produktionszentren
einen Kapazitätsumfang von etwa 16 Mio. t/a und damit etwa 11
vH der EG-Gesamtkapazitäten.

Förmlich eingerahmt werden die genannten Standortkomplexe
durch eine Vielzahl weiterer Ballungszentren von im Vergleich
zu den belgischen Produktionszentren durchweg deutlich umfang-
reicherer Anlagenausstattung. Zu nennen wären hier einmal die
innerhalb Norddeutschlands gelegenen Standorte Bremen wie auch
Peine/Salzgitter mit jeweiligen Herstellungsmöglichkeiten von
rd. 5,2 und 7,3 Mio. t Rohstahl pro Jahr. Demgegenüber an der
Nordsee bzw. am Kanal gelegen schließen sich die Werke IJmuiden mit einer Kapazität von etwa 7,2 Mio. t sowie Dünkirchen
mit 8,4 Mio. t möglicher Jahresleistung an.

Aufgrund der Kapazitätsausstattung von knapp 11 Mio. t bildet
daneben der Raum Lothringen, als ein weiterer französischer
Ansiedlungskomplex, eine Art Zentrum eines südlich zum Ruhrgebiet gelegenen Gegenpols. Im Verein mit den Hüttenwerken in
Völklingen und Dillingen (6,1 Mio. t/a) sowie den Ansiedlungen
im Süden Luxemburgs (6,8 Mio. t/a), d.h. im Gebiet Differ-
dange, Esch und Dudelange, verkörpert dieser Gegenpol eine
Größenordnung von insgesamt fast 24 Mio. t/a Rohstahlkapazität
und bestreitet damit einen Anteil an den EG-Gesamtherstel-
lungsmöglichkeiten von immerhin gut 16 vH.

Von einem demgegenüber weit geringeren Verdichtungsgrad zeigen
sich die Ansiedlungskomplexe des britischen Teilkerns, auf den
insgesamt rd. 13 vH der EG-Gesamtkapazitäten entfallen. Sowohl
regional als auch vom Umfang der Anlagenausstattung her ver-
teilen sich die Produktionsmöglichkeiten der British Steel
Corporation (BSC) von 19 Mio. t/a über das gesamte Kerngebiet.
Angefangen im Norden des Vereinigten Königreichs mit dem Werk
Ravenscraig (3,2 Mio. t/a) bei Glasgow folgen, jeweils in
Küstennähe gelegen, die weiteren Hüttenstandorte wie Middles-
brough (4,7 Mio. t/a) und Scunthorpe (4,6 Mio. t/a) an der
Ostküste Großbritanniens sowie die Werke bei Port-Talbot (3,0
Mio. t/a) und Newport (3,5 Mio. t/a) am Bristol-Kanal.

Weit verstreuter und mit deutlichen Gewichtsunterschieden
zeigt sich die regionale Verteilung im Süden der Europäischen
Gemeinschaft, d.h. im Mittelmeerraum. Einmal abgesehen von den
recht bescheidenen griechischen Kapazitäten von etwa 1 Mio.
Jahrestonnen, verteilen sich die bemerkenswerten Produktionszentren dieses Raumes zum einen mit etwa 3,5 Mio. t/a auf den
französischen Standort Fos-sur-Mer bei Marseille sowie eine
Reihe weiterer an der italienischen Küste gelegene Werke.
Einen auch im europäischen Vergleich beachtlichen Kapazitätsumfang verzeichnet dabei das Küstenwerk bei Taranto mit Produktionsmöglichkeiten von nahezu 12 Mio. t/a. Daneben verzeichnen die verbleibenden italienischen Standorte wie Genua
und Piombino im Norden Italiens (4,4 Mio. t/a) sowie Neapel
(2,7 Mio. t/a) eine jeweils deutlich geringere Größenordnung.
Gleichwohl entfallen damit allein auf die Apennin-Halbinsel
Kapazitätsanteile von annähernd 13 vH.

Mit dieser Reihe bisher vorgestellter Produktionszentren ergibt sich so eine erste Eingrenzung für die im Rahmen des geplanten Standortvergleichs vorzunehmende regionale Auswahl
charakteristischer Produktionsregionen. Zur Vermeidung unnö-
tiger, weil unergiebiger Paralleluntersuchungen regional vergleichbar gelagerter Standortkomplexe bietet es sich allerdings an, den Umfang dieser Auswahl weiter zu reduzieren. Als
Beispiel diene hier der Fall Italiens, für den die Beschrän-

kung auf jeweils einen Küstenstandort im Norden sowie Süden[1]
des Landes sinnvoll erscheint. Übertragen auf die übrigen
Teilgebiete der Europäischen Gemeinschaft ergibt sich somit
die folgende Auswahl zu untersuchender Standortkomplexe. Aufgrund der z.T. doch deutlichen räumlichen Ausdehnung einiger
Ansiedlungskonzentrationen beschränkt sich die Untersuchung in
diesem Fall auf jeweils speziell ausgewählte charakteristische
Produktionsstandorte.

Auswahl der EG-Stahlstandorte

EG-Mitgliedstaat	Region	Standort
Bundesrepublik Deutschland	Norddeutschland	Bremen
		Salzgitter
	Nordrhein-Westf.	Duisburg
	Saar	Völklingen
Frankreich	Nord-Pas-de-Calais	Dünkirchen
	Provence	Fos-sur-Mer
	Lorraine	Thionville
Italien	Liguria	Genua
	Campania	Neapel
Niederlande	Noord-Nederland	IJmuiden
Belgien	Hainaut	Charleroi
Luxemburg	Luxemburg	Esch/Belval
Großbritannien	North	Glasgow
	Humberside	Scunthorpe
	Wales	Port-Talbot

---

[1]Obwohl die Kapazitätsausstattung des Küstenwerkes Taranto für eine Berücksichtigung dieses Standortes sprechen würde, ist für den Bereich Süd-
italiens dennoch von Neapel-Bagnoli auszugehen. Aufgrund eines im Vergleich zum Standort Neapel speziell in verkehrstariflichen Fragen nur
unzureichend zugänglichen Datenmaterials muß hier von einer Untersuchung
des Standortes Taranto abgesehen werden.

KAP. II BRANCHENSPEZIFISCHE STANDORTFAKTOREN IM EUROPÄISCHEN VERGLEICH

§ 3   Regionale Unterschiede des Faktorangebots

Die Versorgung mit eisenführenden Rohstoffen

Eisenerz

Naturgemäß stellt die Versorgung der Eisenschaffenden Industrie mit den verschiedenen Eisenträgern die eigentliche
Grundlage einer jeden Stahlproduktion dar. Abgesehen vom
Stahlschrott, der letztendlich nur eine bereits weiterverar-
beitete Form eines Fe-Trägers repräsentiert, bildet das vorwiegend im Hochofenprozeß verwandte Eisenerz den an sich wichtigsten Einsatzstoff. Berücksichtigt man daneben den Umstand,
daß weltweit gut 99 vH[1] der gesamten Eisenerzförderung durch
die Eisen- und Stahlindustrie eingesetzt wird, so ergibt sich
zwangsläufig die in der Vergangenheit zu beobachtende Abhängigkeit der Eisenerzmärkte von der Entwicklung der Weltstahlproduktion. Und so waren es vornehmlich die Entwicklungslinien
dieser Branche, die für den mit dem Ende der 60er Jahre einsetzenden deutlichen Strukturwandel auf den Welteisenerzmärk-
ten verantwortlich waren und solchermaßen einen erheblichen
Einfluß auch auf die europäischen Standorte haben mußten. Die
aufgrund des niedrigen Erzpreises relativ hohe Transportko-
stenabhängigkeit des Eiseneinsatzes war angesichts in der
Vergangenheit weniger gut entwickelter Verkehrsmittel und Verkehrsbeziehungen die Ursache für eine traditionelle geographische Orientierung der Roheisenerzeugung an den inländischen
bzw. den kontinentalen Erzlagerstätten. Aus diesen Gründen
deckte sich noch während der 50er Jahre die Eisenerzförderung
der westlichen Welt im wesentlichen mit den Zentren der Eisen-
und Stahlproduktion, d.h. den Gebieten Europas und Nordameri-

---

[1]Die restlichen Mengen von weniger als einem Prozent finden demgegenüber
z.B. bei der Kohlenwäsche, der Gasreinigung, in der Zement- und Refrak-
tärindustrie, der Chemischen- und Farbenindustrie sowie bei der Herstellung von Medikamenten, Magnetbändern usw. Verwendung.

kas, die zu jener Zeit fast 85 vH der damaligen Erzproduktion
sowie der Stahlherstellung auf sich vereinten[1].

Erste Veränderungen dieser traditionellen Versorgungslage zu
Beginn der 60er Jahre deuteten daraufhin den in den beiden
nachfolgenden Jahrzehnten in zunehmendem Maße zu erwartenden
Strukturwandel auf den internationalen Eisenerzmärkten an.
Neben einer infolge der erhöhten Weltstahlproduktion deutlichen Steigerung der Welteisenerzförderung waren es im wesentlichen die folgenden Entwicklungen, die diesen Wandel hauptsächlich bestimmten. Zumindest sei hier auf die japanischen
Importe, überwiegend aus australischen Vorkommen, hingewiesen,
die angesichts der fehlenden inländischen Rohstoffquellen und
der mit Beginn der 60er Jahre vermehrt betriebenen Anstrengungen zum Ausbau der japanischen Hüttenindustrie in einem
zuvor kaum erwarteten Ausmaß für eine Belebung des Welteisenerzhandels sorgten. Daneben erwuchs aus der Erschließung einer
Reihe neuer Reicherz-Vorkommen[2], vornehmlich in den Ländern
Südamerikas, aber auch in Australien, und der daraufhin insbesondere in der Europäischen Gemeinschaft seither tendenziell
betriebenen Abkehr von den kontinentalen Armerzvorkommen eine
insgesamt zunehmende Importabhängigkeit der großen westlichen
Stahlproduzenten in bezug auf die Versorgung mit Übersee-
Erzen. Darüber hinaus haben sich in jüngerer Zeit einige zusätzliche Entwicklungslinien abgezeichnet, die inzwischen
einen deutlichen Einfluß auf die internationalen Lieferbeziehungen ausüben. Dazu zählen

-       die nach dem Stahlboom 1974/75 vorwiegend in den In-
        dustrieländern, aber auch im Weltmaßstab weit hinter
        den Erwartungen zurückliegende Beschäftigung der Eisen-
        und Stahlindustrien,

---

[1]Vgl. Statistisches Jahrbuch der Eisen- und Stahlindustrie, a.a.O.

[2]Vgl. dazu u.a. Bundesanstalt für Geowissenschaften und Rohstoffe sowie
Deutsches Institut für Wirtschaftsforschung (DIW), Eisenerz, aus der Rei-
he "Untersuchungen über Angebot und Nachfrage mineralischer Rohstoffe",
Nr. 12, Hannover/Berlin 1979.

- die inzwischen deutlich gewachsene Konkurrenz sog. 'junger Stahlnationen', die aufgrund ihrer zunehmenden Erzbezüge für strukturelle Änderungen innerhalb der Erznachfrage sorgen,

- die weltweit zunehmende Anwendung des Elektrostahlverfahrens, das sich durch einen im Vergleich höheren maximalen Schrotteinsatz auszeichnet und

- die aufgrund wirtschaftlicher Zwänge noch weiter zunehmende Notwendigkeit zum Einsatz von Erzen mit hohem Fe-Gehalt[1] und der demzufolge weiter nachlassenden Attraktivität von Armerzlagerstätten.

Schb. 3.1

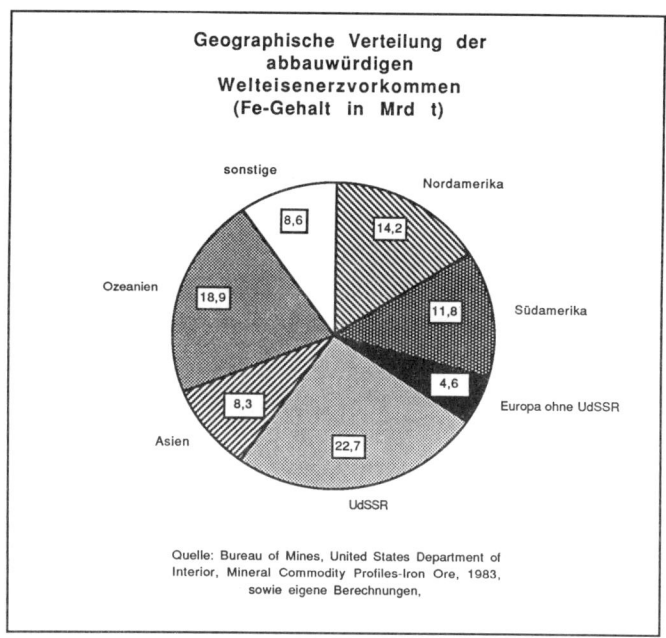

Geographische Verteilung der abbauwürdigen Welteisenerzvorkommen (Fe-Gehalt in Mrd t)

Quelle: Bureau of Mines, United States Department of Interior, Mineral Commodity Profiles-Iron Ore, 1983, sowie eigene Berechnungen.

---

[1]Aufgrund der zunehmenden Förderung von Reicherzen sowie der Aufbereitung der geringwertigen Erze nahm der durchschnittliche Fe-Gehalt im Erzverbrauch von 1960 mit ca. 48 vH über 1972 mit ca. 56 vH auf inzwischen etwa 60 vH zu.

Nach Angaben des US-State Department[1] belaufen sich die weltweit bekannten Eisenerzvorkommen auf einen Umfang von etwa 89
Mrd. t (Fe-Gehalt). Diese konzentrieren sich dabei zu knapp 95
vH auf lediglich zehn Förderstaaten, unter denen allein die
UdSSR, Brasilien sowie Australien und Nordamerika mit einem
Weltanteil von insgesamt knapp drei Viertel eindeutig dominieren (siehe Schaubild 3.1). Entsprechend ihrer Erzvorkommen
führen diese Förderländer auch die Gruppe der Produzenten an.
Angaben der Association of Iron Ore Exporting Countries (APEF)[2]
zufolge belief sich die weltweite Förderung von Eisenerzen in
den vergangenen Jahren auf eine Größenordnung von insgesamt
etwa 780 bis 920 Mio. (Stoff-)Tonnen, wobei sich aus einer
Gruppe von insgesamt über 50 Förderstaaten[3] die Produktion zu
rund 90 vH auf eine Auswahl von etwa zwölf Hauptförderländer
konzentriert. Sieht man dabei einmal von den Zentralverwal-
tungswirtschaften ab, die aufgrund der im Vergleich zur eigenen
Nachfrage zu geringen Produktion wohl auch zukünftig nahezu
ausschließlich für die Versorgung eigener Industriestandorte
aufkommen werden, so ergibt sich in bezug auf die Erzförderung
der westlichen Welt das in Tabelle 3.1 dargestellte Bild.

Danach produzierten die hier angeführten zehn wichtigsten westlichen Förderländer im vergangenen Jahrzehnt - mit abnehmender
Tendenz - etwa die Hälfte der Weltfördermengen. Mit einer
Produktion von knapp 345 Mio. t im Jahre 1983 konnte dabei
erstmals das vormals im Durchschnitt erreichte Förderniveau
von etwa 450 bis 500 Mio. t/a nicht mehr erreicht werden, so
daß bei gleichzeitig abnehmender Weltproduktion nurmehr et-

---

[1]Vgl. Bureau of Mines, United States Department of Interior, Mineral
Commodity Profiles - Iron Ore, 1983. Zu den Vorkommen im einzelnen siehe
Tabelle 3.1 im Anhang dieser Untersuchung.

[2]Association of Iron Ore Exporting Countries (APEF), Iron Ore Statistics,
Heft 1, 1986, S. 5 ff.

[3]Einen Überblick über die in der Erzförderung tätigen Gesellschaften vermittelt die Aufstellung des Mining Magazine, Mining Activity in Western
World, in: Mining Magazine, Januar 1983, S. 40 ff.

Tab. 3.1

Entwicklung der EISENERZFÖRDERUNG ausgewählter Förderländer (in Mio Stoff-t)								
	1974	1980	1981	1982	1983	1984	1985	1986
Brasilien	80,0	97,2	97,9	93,1	92,1	112,1	128,2	132,0
Australien	97,0	98,4	87,2	90,3	73,2	97,2	95,7	94,9
Vereinigte Staaten	86,2	70,7	75,5	37,1	38,6	52,1	49,5	39,6
Kanada	50,0	48,8	50,6	33,0	29,9	37,8	39,8	37,3
Indien	35,6	40,7	41,1	42,0	37,6	40,8	44,2	48,8
Südafr. Rep.	11,6	26,3	29,3	24,6	16,6	24,7	24,4	24,5
Schweden	36,2	27,2	23,4	16,1	13,5	18,1	20,3	20,5
Frankreich	54,3	29,2	21,8	19,7	16,2	15,0	14,5	12,6
Liberia	25,0	18,3	19,5	18,0	15,4	16,1	16,1	15,6
Venezuela	26,7	16,1	15,5	11,7	9,5	13,1	14,8	16,7
Welt insg.	902,9	917,0	892,5	814,8	777,8	877,8	905,2	903,3

Quelle: Association of Iron Ore Exporting Countries (APEF), Iron Ore Statistics, versch. Jg.

wa 44 vH auf diese Ländergruppe entfielen. Im Gefolge der seither eingetretenen verhaltenen Nachfragebelebung ergab sich zwar
eine Zunahme des Förderumfanges um etwa 100 Mio. t., gleichwohl konnte mit einem Förderniveau von 443 Mio. t im Jahre 1986
nicht ganz an vergangene Zeiten angeknüpft werden.

Vor diesem Hintergrund vollzog sich ein nicht unerheblicher
Wandel in der Bedeutung einzelner Förderländer. Wenn auch auf
die Lagerstätten der bedeutendsten Produzenten Brasilien, Australien und Nordamerika im Verlauf des letzten Jahrzehnts
durchweg knapp zwei Drittel[1] der innerhalb der beschriebenen
Ländergruppe geförderten Erzmengen entfielen, so ergaben sich
doch deutliche Gewichtsveränderungen. Während Australien seine
Position noch in etwa halten konnte, büßte der US-amerikani-
sche Erzbergbau erhebliche Marktanteile ein. Der hier zu ver-

---

[1]Seit 1974 entspricht dies einem Anteil an der Weltfördermenge von ungefähr einem Drittel.

zeichnende Förderrückgang seit 1974 um nahezu 54 vH steht dabei in etwa der Zunahme in der brasilianischen Förderung um 64 vH gegenüber.

Nennenswerte Positionsveränderungen verzeichnen daneben auch die nachfolgenden Förderstaaten. So büßten z.B. die überwiegend durch die Minette-Vorkommen gestellten französischen Erze wie auch die durchweg phosphorreichen Schwedenerze durch einen Förderrückgang seit 1974 etwa 77 vH bzw. knapp 45 vH ihrer einstmaligen Förderung ein und spielen heute eine nur noch untergeordnete Rolle in der Welteisenerzproduktion. Demgegenüber sind es Länder wie Indien oder auch Südafrika, die in demselben Zeitraum ihre Förderung mehr oder minder sukzessive erhöhen konnten und nunmehr ebenfalls einen bedeutenden Anteil an der Welterzversorgung bestreiten.

Strukturelle Veränderungen, wie sie im Bereich der Produktion von Eisenerz zu beobachten waren, zeichnen naturgemäß in ähnlicher Form ebenso die Handelsströme für diesen Rohstoff aus. Dabei zählen, abgesehen von den Vereinigten Staaten[1], deren eigene bedeutende Eisenschaffende Industrie zu einem überwiegenden Teil die inländische Förderung abnimmt, die bereits genannten Hauptförderländer auch zu den wichtigsten Exportnationen (siehe Tabelle 3.2). Allein Brasilien und Australien vereinen dabei gegenüber 1974 mit etwa 35 vH inzwischen knapp die Hälfte der weltweit exportierten Erzmengen. Bedeutungsverluste von unterschiedlichem Ausmaß mußten demgegenüber einige nachfolgende Produzenten verzeichnen. Allen voran Schweden, dessen Anteil von noch knapp 10 vH (1974) auf in der Zwischenzeit bescheidene 5 vH zurückging. Anteilseinbußen von allerdings geringerem Umfang weisen demgegenüber Kanada und Liberia auf. Zu den Gewinnern zählt neben Indien die Republik Südafrika. Machte ihr gemeinsamer Anteil im Jahre 1974 noch verschwindend

---

[1]Als Nettoimporteur sind die USA auf erhebliche Erzeinfuhren angewiesen. Diese machten bisher einen Anteil am inländischen Verbrauch zwischen etwa 25 vH und 35 vH aus.

Tab. 3.2

Entwicklung der EISENERZAUSFUHREN ausgewählter Förderländer (in Mio Stoff-t)								
	1974	1980	1981	1982	1983	1984	1985	1986
Brasilien	59,4	79,0	81,0	72,7	70,0	88,6	92,3	92,3
Australien	83,7	82,8	73,9	74,8	76,3	88,0	87,3	81,9
Vereinigte Staaten	2,4	5,8	5,6	3,2	3,8	5,1	5,1	4,6
Kanada	37,4	39,0	41,5	30,1	25,5	30,7	32,2	31,0
Indien	22,2	26,2	23,9	25,4	22,0	25,7	28,8	32,2
Südafr. Rep.	2,9	13,8	14,0	11,3	7,8	11,9	10,2	8,9
Schweden	33,1	21,0	17,7	12,6	14,3	17,6	18,2	17,1
Frankreich	19,8	8,7	6,4	5,8	5,0	4,7	4,6	4,2
Liberia	25,4	17,4	20,7	16,3	15,4	16,8	16,1	14,5
Venezuela	26,3	11,8	12,4	6,6	6,2	8,5	9,0	10,0
Welt insg.	410,4	383,9	372,3	328,7	314,5	371,7	374,0	363,6

Quelle: Association of Iron Ore Exporting Countries (APEF), Iron Ore Statistics,
          versch. Jg.

geringe 0,6 vH aus, so beläuft sich dieser 1986 auf bereits
gut 11 vH.

Stärker noch als im Bereich der Exporte zeigt sich in bezug
auf die Einfuhr von Eisenerzen eine Konzentration auf eine
kleine Gruppe von Importländern. Vereinen auf der einen Seite
vier der bereits genannten Hauptförderländer knapp zwei Drittel der weltweiten Erzausfuhren, so sind es demgegenüber
hauptsächlich Japan sowie die Europäische Gemeinschaft, die
zusammen rd. 60 vH dieser Mengen abnehmen[1]. Gänzlich voneinander abweichend zeigen sich dabei die Lieferbeziehungen beider
Importregionen. Denn während sich die japanischen Bezüge zu
rd. 64 vH aus australischen bzw. indischen und zu etwa 25 vH
aus brasilianischen Bezügen zusammensetzen, konzentriert sich
die Einfuhr der EG-Mitgliedstaaten vornehmlich auf Brasi-

[1]Vgl. Tabelle 3.2 im Anhang dieser Untersuchung.

lien zu etwa 30 vH, Liberia mit gut 11 vH sowie Australien und Kanada mit jeweils rd. 13 bzw. 16 vH.

Die im Verlauf der Entwicklung zunehmende Öffnung Japans sowie der EG-Mitgliedstaaten, aber auch verschiedener weiterer Stahlnationen wie z.B. die Vereinigten Staaten, hin zu den neuen Überseelagerstätten war dabei nicht durch eine kurzfristige Abwendung von den traditionellen Erzförderstätten zu bewerkstelligen. Die mit der Erschließung neuer Vorkommen verbundenen umfangreichen Investitionskosten[1] konnten größtenteils nicht durch die entsprechenden Förderstaaten allein aufgebracht werden, so daß z.T. in nicht unerheblichem Maße finanzielle Hilfestellungen durch die großen Erzabnehmer gewährt werden mußten, sei es in der Form langfristiger Abnahmeverpflichtungen[2] wie auch durch die Gründung von joint ventures. Auf der anderen Seite jedoch zeigten gerade die Erfahrungen US-amerikanischer Unternehmen in den 60er und 70er Jahren, bis zu welchem Grad erzfördernde Tochtergesellschaften von der Verstaatlichung in einigen Entwicklungsländern bedroht sind. Abgesehen von den unter alleiniger staatlicher Kontrolle ste-

---

[1]Bei einer Jahresförderung von nicht weniger als 10 Mio. t sind die Investitionskosten auf etwa 20 bis 30 US-$/t anzusetzen, wobei eventuell zu erstellende Bahn- und Hafenanlagen für den Abtransport der gewonnenen Erze zusätzlich zu berücksichtigen sind. Vgl. u.a. Bundesanstalt für Gewissenschaften und Rohstoffe sowie Deutsches Institut für Wirtschaftsforschung (DIW), a.a.O., S. 194; demgegenüber liegen seit 1979 die bisherigen Investitionsaufwendungen für das aufgrund seiner im Amazonas-Gebiet wenig transportgünstig gelegene brasilianische Carajas-Projekt mit einer geplanten Förderkapazität von etwa 35 Mio. t/a bei inzwischen etwa 5 Mrd. US-$, wobei allein rd. 40 vH auf die Errichtung von Eisenbahn- und Hafenanlagen entfallen. Vgl. dazu u.a. WENS, H.G. und WEIL, K.-O., Der Eisenerzbergbau in den für die Europäische Gemeinschaft wichtigsten Förderländern, in: Glückauf, Nr. 6, Jg. 119, 1983, S. 274 f.

[2]Als Beispiel sei an dieser Stelle erneut auf das brasilianische Carajas-Projekt hingewiesen, das mit einer für das Jahr 1987 geplanten Förderung von rd. 35 Mio. t/a sowohl technisch als auch finanziell bisher bekannte Größenordnungen übersteigt. Als Voraussetzung für die nötigen enormen Finanzierungsmittel waren u.a. langfristig abgeschlossene Lieferverträge im Umfang von 25 Mio. t/a abzuschließen. Vgl. WENS, H.G. und WEIL, K.-O., a.a.O., S. 277.

henden Förderstätten[1] ergaben sich auf dieser Grundlage etli-
che Projekte[2], die in unterschiedlichem Ausmaß durch eine Be-
teiligung ausländischer Stahl- und Bergbauunternehmen gekennzeichnet sind und auf diese Weise zu einer Einschränkung
des finanziellen Risikos für die ausländischen Teilhaber führten, bei gleichzeitig nachhaltiger Sicherung ihrer Rohstoffbezüge[3].

In dem Maße, wie sich die europäischen Stahlproduzenten zunehmend der Einfuhr von Übersee-Erzen zuwandten, verlor demgegenüber die Versorgung mit Eisenerzen aus dem EG-Raum zusehends
an Bedeutung[4]. Die schwindende Nachfrage führte auf diese Weise innerhalb der erzfördernden Mitgliedstaaten zu einer ganzen
Reihe von Grubenschließungen. So wurde z.B. Mitte 1982 die
Förderung der zur Stahlwerke Peine-Salzgitter AG gehörende
Grube Haverlahwiese eingestellt, so daß heute in der Bundesrepublik Kapazitäten von insgesamt nur noch etwa 1,3 Mio. t/a

---

[1]Rund 35 vH der Welteisenerzexporte aus nichtsozialistischen Staaten werden in derart staatlich kontrollierten Förderstätten abgebaut. Neben der
CVRD (Brasilien) und der ISCOR (Südafrika) sind es beispielsweise die
Erzbergbaugesellschaften in Venezuela, Chile, Peru, Mauretanien, Schweden, Norwegen und zu einem Großteil in Indien, die zu dieser Kategorie zu
zählen sind. Vgl. United Nations Conference on Trade and Development
(UNCTAD), Marketing, distribution and transport of iron ore: Areas for
international co-operation, July 1982, S. 12.

[2]Einige Beispiele derartiger Beteiligungen finden sich z.B. in Brasilien,
Liberia, aber auch im australischen und kanadischen Eisenerzbergbau. Vgl.
z.B. SUBAH, P., Iron Ore in Liberia: Past Production and Future Pro-
spects, in: Mining Magazine, September 1981, S. 204 ff; RICHMOND, W.H.,
Economic Structure, in: Mining and Australia; (Hrsg.) RICHMOND, W.H. und
SHARMA, P.C., St. Lucia, London, New York, 1983, S. 81 ff.

[3]Vgl. TEGEN, A., The Iron Ore Industry, in: Raw Materials Report, (Hrsg.)
AMARASINGAM, S.P., DESTANNE de BERMS, G. u.a., Nr. 1., Vol. 3, S. 11.

[4]Ursache dieser Entwicklung sind die nur begrenzt anreicherbaren EG-Erze
mit Fe-Gehalten von höchstens 30 bis 40 vH und den daraufhin notwendigen
Mehrkosten bei der Roheisenerzeugung. Nach Einschätzung der EG-Kommission
wird die Eisenerzgewinnung innerhalb der Europäischen Gemeinschaft, die
1984 noch bei 18 Mio. t lag, bis 1990 auf nurmehr 12 Mio. t zurückgehen
(ohne Spanien und Portugal). Aufgrund des niedrigen Fe-Gehaltes wird dies
einem Fe-Gehalt von lediglich 4 Mio. t entsprechen und damit vergleichsweise bedeutungslose 5 vH zum Erzverbrauch der Gemeinschaft beitragen.

verbleiben. Mit den Gruben von Thillenberg (1981) und Scunthorpe (1982) wurden überdies die letzte luxemburgische bzw.
britische Grube geschlossen, so daß infolgedessen die Erzversorgung dieser Länder ausschließlich über Einfuhren zu erfol-
gen hat. Aber auch französische Förderstätten blieben von dem
Nachfragerückgang nach EG-Erzen nicht unberührt. Betroffen
sind dabei in erster Linie die im lothringer Gebiet geförderten, qualitativ geringerwertigen Minette-Erze, die jedoch rd.
95 vH der französischen Produktion ausmachen. Aufgrund sta-
gnierender bzw. rückläufiger Lieferungen an die inländischen
Hütten sowie die benachbarten Stahlreviere Belgiens, Luxemburgs und des Saarlandes kam es in der Vergangenheit auch hier
zu zahlreichen Grubenschließungen[1]. Abgesehen von den in Lothringen gelegenen Förderstätten existieren somit nur noch einige wenige kleine Gruben von lediglich regionaler Bedeutung[2].

Insgesamt betrachtet betrug (1984) der Anteil von Übersee-
Erzen am EG-Erzverbrauch (Fe-Gehalt) rd. 95 vH, gegenüber bereits knapp 80 vH im Jahre 1974[3]. Dabei bestehen für die einzelnen Mitgliedstaaten durchaus erhebliche Unterschiede hinsichtlich der Anteile von Überseeimporten wie auch in deren
Zusammensetzung. So betrug z. B. der westdeutsche Anteil von
Übersee-Erzen am Fe-Gehalt in den Sinteranlagen und Hochöfen
1984 nahezu 99 vH, während selbst die französische Hüttenindustrie, trotz der mit 15 Mio. t (1984) vergleichsweise umfangreichen inländischen Förderung, schon rd. 70 vH ihres Fe-
Bedarfs durch Einfuhren aus Übersee bestritt. Als Übersicht

---

[1]Es ist dabei wohl zu einem Großteil auf den Einfluß des französischen
Staates zurückzuführen, daß Grubenstillegungen in noch größerem Umfang
bisher ausgeblieben sind.

[2]Aufgrund besonderer Standortgegebenheiten wie etwa im Fall der Maximi-
lianshütte/Sulzbach-Rosenberg oder auch einiger lothringer Hüttenwerke
bzw. angesichts sozialer Überlegungen wie im Fall des Eisenbergbaus auf
der Insel Elba bestehen einige wenige Gruben auch heute noch fort.

[3]Vgl. darüber hinaus die Ausführungen von PIEPER, K.-J. und PLÜCKER, F.,
Wandlungen in der Erzversorgung der westlichen Welt seit Mitte der 70er
Jahre, in: Glückauf, Nr. 6, Jg. 1984, S. 336.

vermittelt das Schaubild 3.2 einen Eindruck von den 1985 insgesamt durch die EG-Mitgliedstaaten aus Drittländern impor-
tierten Erzmengen. Mit einer Menge von etwa 42 Mio. t im Jahre
1985 lieferten die südamerikanischen Staaten Brasilien und
Venezuela allein knapp 35 vH der gesamten EG-Drittlandsein-
fuhren, gefolgt von den afrikanischen Förderstaaten Liberia,
Mauretanien und Südafrika mit zusammen 24 Mio. t, d.h. rd. 20
vH der EG-Importe. Daneben sind es die Produzenten Kanadas und
Australiens sowie in stark abnehmendem Maße schwedische Lieferungen, die im Verein mit den bereits erwähnten Förderstaaten
für etwa 95 vH des gesamten EG-Imports aufkommen.

Schb. 3.2

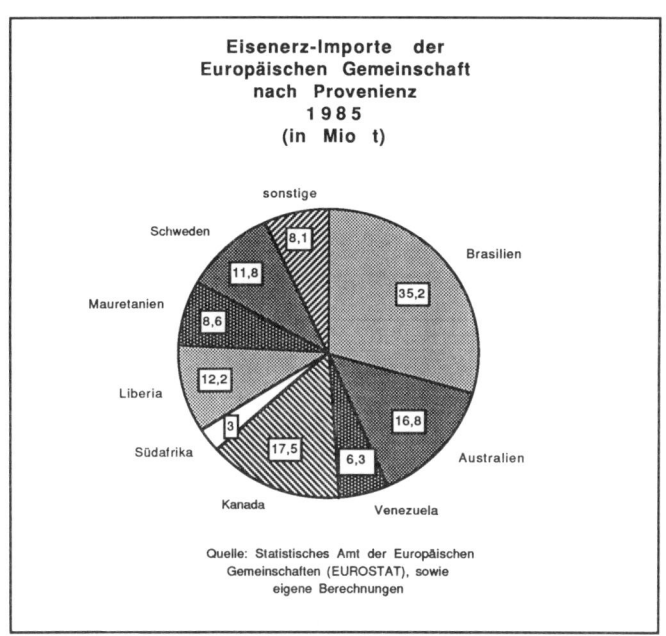

Wie die Zahlen bisher haben deutlich werden lassen, vollziehen
sich die Wandlungen auf den internationalen Eisenerzmärkten in
eher weit gesteckten Zeitabständen. Dies gilt dabei weniger
für die absolut gehandelten Mengen, die trotz vorwiegend langfristig abgeschlossener Verträge den konjunkturellen Nachfrageschwankungen der Eisen- und Stahlindustrie aufgrund ihrer

besonderen Konstruktion[1] in etwa folgen können. Geltung besitzt diese Einschätzung vielmehr im Hinblick auf die Zusammensetzung der weltweiten Erzströme. Denn obwohl in der jüngeren Vergangenheit der Erzeinkauf bisweilen einen kurzfristigen Charakter aufwies, waren es in den zurückliegenden Jahren die eher üblichen langen Fristigkeiten der abgeschlossenen Verträge im Verein mit den z.T. kapitalmäßigen Verflechtungen, die für vergleichsweise dauerhafte Handelsbeziehungen sorgten.

Im Rahmen dieser Verträge kommt neben anderen Vereinbarungen[2] naturgemäß den Preisabsprachen eine dominierende Stellung zu. Für den europäischen Raum hat sich in der Vergangenheit dabei eine besondere Form der Preisfindung eingebürgert. Da nämlich die Erzterminals des Rotterdamer Hafens den europaweit bedeutendsten Umschlagplatz für Übersee-Erze darstellen, bildete sich ein innerhalb Europas allgemein akzeptiertes Referenzsystem, das sich an den cif-Erzpreisen frei Rotterdam orientiert. Die Tabelle 3.3 vermittelt insofern einen Überblick über die Preisentwicklungen für die zurückliegenden Jahre. Angeführt sind hier die Werte für die Qualität 'Sinter-Fines', die zur Herstellung des in der europäischen Stahlindustrie[3] überwiegend eingesetzten Eisenerzsinters nötig ist[4].

Neben den beschriebenen Veränderungen in den weltweiten Bezügen von Eisenerzen verlief ein ebenso deutlicher Strukturwan-

---

[1]Vgl. United Nations Conference on Trade and Development (UNCTAD), a.a.O., S. 15 ff.

[2]Ebenda.

[3]Daneben sei darauf hingewiesen, daß in Zeiten schwacher Beschäftigung zur Auslastung der in der EG zumeist in eigener Regie betriebenen Sinteranlagen der Anteil des Einsatzes von Eisenerzsinter bei der Roheisenerzeugung zusätzlich erhöht wird.

[4]Im Gegensatz dazu beruht der Erzeinsatz in US-amerikanischen Hochöfen zu einem überwiegenden Teil aus Pellets. Die Ursachen liegen dabei in der Verfügbarkeit inländischer Erzqualitäten begründet. Nach Erschöpfung der hochwertigen Mesabi-Erze wurde zu der Verwertung der reichlich vorhandenen, aber armen Taconit-Erze übergegangen, die sich jedoch aufgrund ihres niedrigen Fe-Gehalts zu einer Agglomerierung im Sinterprozeß nicht eignen.

Tab. 3.3

Entwicklung der EISENERZPREISE (Sinter Fines) ausgewählter Provenienzen (in US-$/Fe-t und US-$/Stoff-t)								
	1977	1979	1980	1981	1982	1983	1984	1985
Brasilien (CVRD) 64,5 vH. Fe, FOB	23,0[1] (14,8)[2]	23,5 (15,2)	28,1 (18,1)	28,1 (18,1)	32,5 (21,0)	29,0 (18,7)	26,2 (16,9)	26,6 (17,2)
Schweden (LKAB) 66,0 vH. Fe, FOB	27,3 (18,0)	26,6 (17,6)	34,5 (22,8)	34,5 (22,8)	36,2 (23,9)	31,6 (20,9)	29,2 (19,3)	29,8 (19,7)
Südfr. Rep. (ISOCOR) 65,0 vH. Fe, FOB	20,0 (13,0)	22,4 (14,6)	26,9 (17,5)	26,9 (17,5)	31,4 (20,4)	27,9 (18,1)	20,6 (13,4)	23,5 (15,3)
Australien Hamerslay Fines 64,0 vH. Fe, CIF Kont.	28,5 (18,2)	29,1 (18,6)	39,6 (25,3)	38,6 (24,7)	40,4 (25,9)	34,9 (22,3)	32,9 (21,1)	34,9 (22,0)

Anmerkungen: 1 Preis pro Fe-Tonne

2 Preis pro Stoff-Tonne

Quelle: The Tex-Report, The Tex Report Ltd., Tokyo, versch. Jg.

del im Bereich des Transportwesens. Die das Eisenerz kennzeichnende Transportkostenempfindlichkeit war dabei aus-
schlaggebendes Moment für die notwendige Verfügbarkeit eines
insgesamt leistungsfähigen und zu günstigen Kosten arbeitenden
Verkehrsnetzes. Da zudem heute über 80 vH des international
gehandelten Eisenerzes zur See abgewickelt werden, kam somit
der Erzverschiffung ein zunehmend bedeutender Stellenwert zu.

Im Verlauf des zurückliegenden Jahrzehnts nahm die in Tonnen-
meilen angegebene Seetransportleistung im Eisenerzverkehr von
etwa 1.500 Mrd. tm der Jahre 1973/74 auf heute rd. 1.700 Mrd.

tm zu[1]. Bei in etwa gleichem Niveau der zu befördernden Tonnage bedeutete dies eine deutliche Steigerung der durchschnittlichen Transportentfernungen[2]. Die dabei innerhalb ökonomisch sinnvoller Größenordnungen angesiedelten Transportaufwendungen waren vor dem Hintergrund einer Hinwendung zu den Überseelagerstätten nur durch einen erheblichen strukturellen Wandel innerhalb des Schiffahrtssektors zu realisieren. Tabelle 3.3 im Anhang macht dabei deutlich, in welch zügigem Tempo sich der Einsatz von Massengutfrachtern oberhalb der 100.000 dwt-Grenze durchzusetzen vermochte[3]. Machten nämlich noch 1973 die Größenklassen bis zu 100.000 dwt etwa 75 vH des seewärtigen Erzverkehrs aus, so sind es 1986 die Schiffstypen über 100.000 dwt[4], die mit ihrerseits 63 vH am Erztransport teilhaben. Anzumerken ist zudem, daß der Einsatz von derartigen Großschiffen überwiegend im Verkehr zwischen den Exportregionen Skandinaviens, Nordamerikas bzw. Australiens und den Importregionen des westlichen Europas sowie Japans zu beobachten ist[5].

Das auf den Markt für Trockenmassengut-Transporte drängende Tonnageangebot wurde überdies zusätzlich durch den Teil von Kombi-Carriern vergrößert, die im Rahmen des nunmehr geringe-

---

[1]Vgl. Fearnley & Egers Chartering Co. Ltd., World Bulk Trades, versch. Jg..

[2]Belief sich die durchschnittliche Entfernung der Transportwege im Jahre 1973/74 noch auf rd. 4.750 sm, so waren es im Jahre 1985 bereits fast 5.200 sm, die zurückzulegen waren.

[3]Natürlich bestand in den angewachsenen Entfernungen nicht die einzige Ursache für den zunehmenden Einsatz von größeren Schiffstypen. Erhöhte Bunkerkosten wie auch steigende Aufwendungen für die Besatzungen stellen daneben bedeutende Bestimmungsfaktoren dar.

[4]Die im Überseeverkehr zum Einsatz kommenden Standardgrößen nahmen dabei während der letzten Jahre von 120.000 - 150.000 dwt auf inzwischen 200.000 - 250.000 dwt zu, wobei die derzeit wohl größten Einheiten ca. 300.000 dwt messen. Der Erztransport erfolgt dabei nahezu ausschließlich mit Bulk-Carriern (einschließlich Erz-Carrier) sowie Kombi-Carriern des Erz-Öl- bzw. Bulk-Öl-Typs.

[5]Vgl. Fearnley & Egers Chartering Co. Ltd. a.a.O..

Schb. 3.3

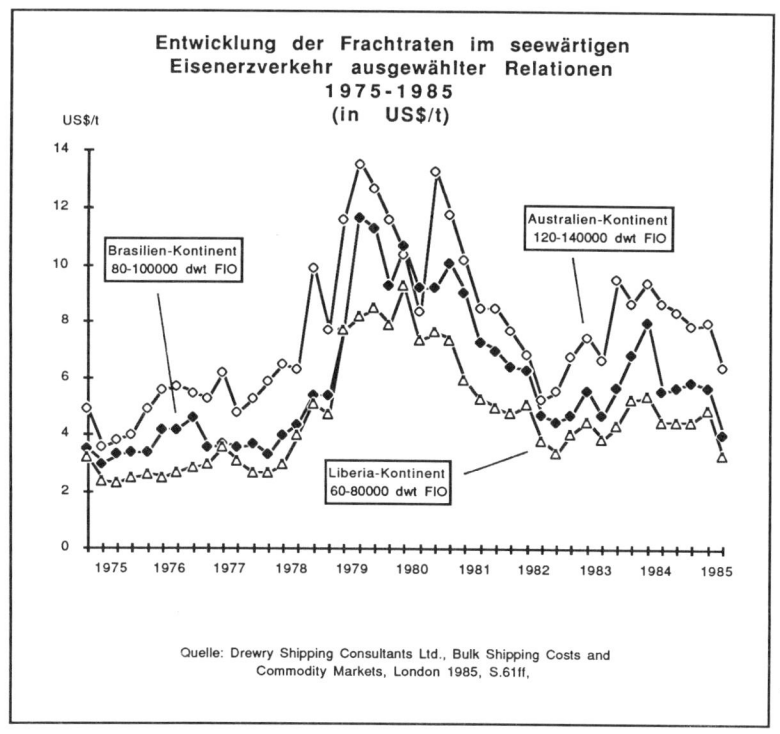

Entwicklung der Frachtraten im seewärtigen
Eisenerzverkehr ausgewählter Relationen
1975-1985
(in US$/t)

US$/t

Brasilien-Kontinent
80-100000 dwt FIO

Australien-Kontinent
120-140000 dwt FIO

Liberia-Kontinent
60-80000 dwt FIO

1975 1976 1977 1978 1979 1980 1981 1982 1983 1984 1985

Quelle: Drewry Shipping Consultants Ltd., Bulk Shipping Costs and
Commodity Markets, London 1985, S.61ff,

ren Ölverkehrs andernorts Beschäftigung suchten. Angesichts
eines auch insgesamt weniger stark anwachsenden Ladungsaufkom-
mens und des daraus resultierenden allgemeinen Überangebots an
Schiffsraum konte der Einsatz immer größerer Schiffstypen
nicht ohne Einfluß auf die Entwicklung der Frachtraten bleiben. Das Schaubild 3.3 vermittelt einen Eindruck von der seit
1975 zu beobachtenden Entwicklung der Raten für drei ausgewählte Relationen im EG-Eisenerzverkehr[1]. Zu bemerken ist
dabei, daß infolge des Tonnage-Überangebots die anfänglichen
Frachtratenunterschiede zwischen den verschiedenen Schiffsgrößenklassen zusehends abnahmen.

Rückschlüsse allerdings auf die hier bedeutende Frage nach den
standortspezifischen Frachtkostendifferenzen einzelner EG-Ein-

---

[1]Siehe daneben Tabelle 3.4 im Anhang dieser Untersuchung.

fuhrhäfen in bezug auf bestimmte Provenienzen lassen sich daraus nicht ableiten. Die Analyse der dazu in geographischer Hinsicht wie auch in Abhängigkeit von der Ladungsgröße weit detaillierteren Angaben[1] ergibt dabei insbesondere seit 1984 keine nennenswerten Frachtratenunterschiede für die größeren EG-Einfuhrhäfen. Insbesondere für vergleichsweise große Verschiffungen sind die Unterschiede von nur geringem Umfang, wobei je nach Marktlage spezielle Sonderabmachungen bisweilen die mediterranen oder auch die nordeuropäischen Anlaufhäfen begünstigen. Diese Situation resultiert dabei zunächst aus der Tatsache, daß nunmehr in nahezu sämtlichen bedeutenden Einfuhrhäfen der EG Terminalanlagen von ausreichender Größenordnung zur Verfügung stehen und damit die Abwicklung größerer Schiffspartien nicht mehr die Ausnahme darstellt. Angesichts des derzeitigen Ratenniveaus erlaubt zudem die Größenordnung tatsächlich auf bestimmten Routen bestehender Unterschiede in der Transportentfernung keine deutlicheren Marktratenunterschiede[2].

Unter den verschiedenen Determinanten des Frachtratenniveaus dominiert insofern seit geraumer Zeit weniger das Kostenmoment als vielmehr die durch Überkapazitäten geprägte Marktlage.

Als notwendige Voraussetzung für den beschriebenen Wandel der im Überseeverkehr eingesetzten Schiffsgrößen erwies sich der entsprechende Ausbau der angebundenen Hafen- und Terminalanla-

---

[1]Vgl. insbesondere die Angaben in: Lloyd's Shipping Economist, Lloyd's of London Press Ltd., London versch. Jg. sowie Chartering Annual, Maritime Research Inc., Parlin/New Jersey, versch. Jg.

[2]Auf der Basis der innerhalb der DREWRY-Studie, Bulk Shipping Costs and Commodity Markets, unternommenen Reisekostenkalkulation wurden parallel dazu die Reisekosten ausgewählter Transportrelationen für eine Reihe bedeutender EG-Erzeinfuhrhäfen berechnet (Stand Ende 1985). Traten darin schon für Bulker mittlerer Größenordnung kaum nennenswerte Kostenunterschiede (für Erze gleicher Provenienz) auf, so nahmen diese erwartungsgemäß mit zunehmender Schiffsgröße noch weiter ab. Vgl. DREWRY, H.P., Shipping Consultants Ltd., Bulk Shipping Costs and Commodity Markets, London, 1985.

gen[1]. Von den weltweit vorhandenen Lade- und Löschterminals
sind gegenwärtig etwa 31 Lade- sowie ca. 48 Löschplätze auf
die Abwicklung von Einheiten über 100.000 dwt eingerichtet[2].
In bezug auf den Erzversand konzentrieren sich dabei die bedeutendsten Verladeanlagen auf die Förderregionen Ozeaniens
(Australien) und Südamerikas (Brasilien)[3]. Aber auch die Förderländer in den übrigen Kontinenten verfügen über Hafenanlagen von z.T. beträchtlichen Größenordnungen. Von den angesprochenen Löschplätzen mit Terminals oberhalb der 100.000
dwt-Grenze entfallen insgesamt 19 allein auf die Mitgliedstaaten der Europäischen Gemeinschaft, von denen sich wiederum
die Hafenanlagen in Rotterdam, Hunterston, Taranto und Dünkirchen in der Lage zeigen, Schiffe mit einer Größe von
200.000 bis 300.000 dwt abzuwickeln. Unter diesen nimmt allerdings der Hafen Rotterdam mit einem Anteil von knapp einem
Drittel an den gesamten Übersee-Eisenerzeinfuhren die mit
Abstand bedeutendste Stellung ein[4] - Hauptabnehmer der hier
angelandeten Erzlieferungen sind dabei in erster Linie westdeutsche Hüttenwerke. Der Anteil der über diesen Einfuhrhafen
abgewickelten Importe an den gesamten See-Einfuhren beträgt
hier rd. drei Viertel (siehe Schaubild 3.4). Demgegenüber
nimmt sich die Bedeutung Rotterdams für die Gruppe nachfolgender französischer und belgisch/luxemburgischer Hersteller mit Anteilen von jeweils 7 vH und 11 vH (1982) weit
bescheidener aus[5].

---

[1]Vgl. DREWRY, H.P., Shipping Consultants Ltd., The Prospects for Seaborne
iron Ore Trade and Transportation, London 1979, S. 31 ff.

[2]Vgl. van der BURG, J., Massentransporte von Erzen und Kohle: neue Entwicklungen, Zukunftserwartungen, in: Rotterdam Europort Delta, (Hrsg.)
Hafenbetrieb der Stadt Rotterdam, 1984, Nr. 5, S. 42 f.

[3]Der im Zusammmenhang mit dem Carajas-Projekt unter japanischer Finanz-
hilfe in Ponta da Madeira errichtete Terminal ist in seinen Größenordnungen ausgelegt für die Beladung von Schiffen mit bis zu 350.000
dwt.

[4]Tabelle 3.5 im Anhang verzeichnet die für die Europäische Gemeinschaft im
Eisenerzverkehr bedeutenden Häfen.

[5]Vgl. van der BURG, J., Positie en Betekenis van de Rotterdamse Haven op
het Gebied van het Transport van Ertsen en Kolen, (Hrsg.) Hafenbetrieb
der Stadt Rotterdam, 1985, S. 33.

Schb. 3.4

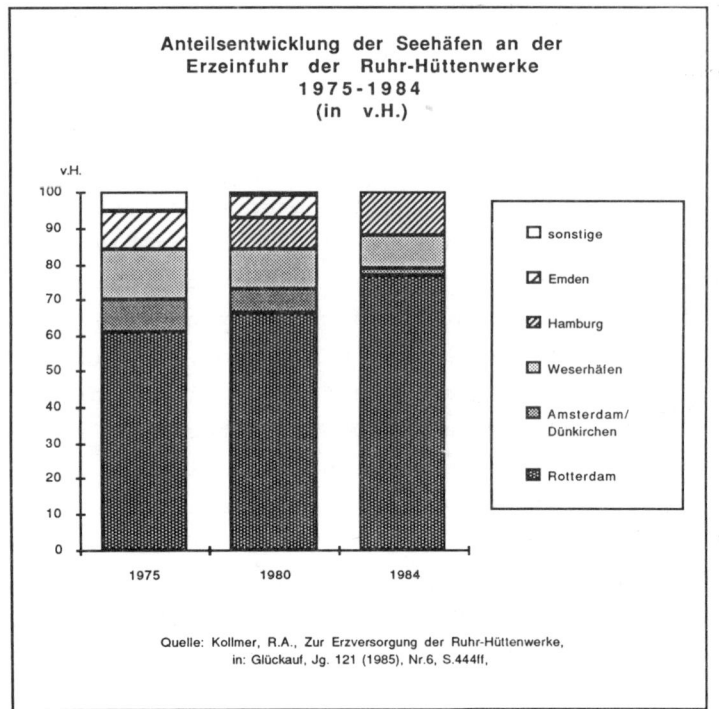

Anteilsentwicklung der Seehäfen an der
Erzeinfuhr der Ruhr-Hüttenwerke
1975-1984
(in v.H.)

Quelle: Kollmer, R.A., Zur Erzversorgung der Ruhr-Hüttenwerke,
in: Glückauf, Jg. 121 (1985), Nr.6, S.444ff,

Die herausragende Bedeutung Rotterdams für die Erzversorgung
der westdeutschen Hüttenwerke gilt dabei nicht für sämtliche
Standorte gleichermaßen. Gleichwohl haben sich hier jeweils
eigene, stark verdichtete Transportströme in der Vergangenheit
herausgebildet[1]. Unter den westdeutschen Standorten sind es
dabei vornehmlich die Hütten an der Ruhr[2], die ihren Erzbezug
fast ausschließlich über Rotterdam abwickeln. Wie dabei aus
Tabelle 3.6 im Anhang zusätzlich hervorgeht, bedienen sich die

---

[1]Vgl. SEIDENFUS, H.St., Möglichkeiten der Transportrationalisierung zur
Sicherung der internationalen Wettbewerbsfähigkeit der deutschen Montan-
industrie, Beiträge aus dem Institut für Verkehrswissenschaft an der
Universität Münster, (Hrsg.) Seidenfus, H.St., Bd. 18, Göttingen 1985,
S. 116 ff.

[2]Nähere Einzelheiten vermittelt hier der Aufsatz von KOLLMER, R.A., Zur
Erzversorgung der Ruhr-Hüttenwerke, in: Glückauf, Nr. 6, Jg. 121, 1985,
S. 442 ff.

Standorte der Westruhr dazu ausschließlich der Schubschiff-
fahrt[1], während im Falle der an der Ostruhr verkehrstechnisch
ungünstiger gelegenen Werke überwiegend auf den gebrochenen
Verkehr Binnenschiff/Bahn zurückgegriffen wird.

Ähnliche Verhältnisse kennzeichnen die Versorgung der Saarhütten[2]. Gegenüber der lange genutzten Bahnanbindung an Dünkirchen stellt seit 1979 auch hier der gebrochene Verkehr ab
Rotterdam mit Umschlag in Duisburg bzw. Orsoy den inzwischen
kostengünstigeren Bezug sicher. Obwohl auch weiterhin nicht
unerhebliche Mengen (18 vH in 1982) über dritte Häfen, wie
Dünkirchen und Emden abgewickelt werden, wird doch insbesondere mit Beendigung der Saarkanalisierung eine Versorgung über
Rotterdam auch künftig vorherrschend sein.

Deutliche Veränderungen weisen hingegen die Erzbezüge des
Standortes Peine/Salzgitter auf. Liefen die Transporte bis
etwa 1976 fast ausschließlich über die Weserhäfen und weiter
per Bahn, kommt heute nur noch der Hansaport-Hamburg zur Verwendung. Trotz der Eröffnung des Elbe-Seitenkanals wird sich
hier nahezu ausschließlich des Bahnverkehrs bedient. Im Falle
der Bremer Hütte bieten sich demgegenüber naturgemäß nur einige wenige Alternativen. Neben den Bezügen aus Rotterdam und
Emden, von allerdings vernachlässigbar geringem Umfang, konzentriert sich die Erzversorgung insofern nahezu vollständig
auf den Bremer Weserport mit anschließendem Bahntransport zur
Hütte selbst.

Nach diesen Ausführungen weist Tabelle 3.4 nunmehr, soweit
erhältlich, die für das Jahr 1985 durchschnittlich anzusetzen-

---

[1]Durch den Einsatz von Schubverbänden mit sechs Leichtern im Binnen-
schiffsverkehr zwischen Rotterdam und dem Rhein ergibt sich eine weitere
Möglichkeit zur Kostensenkung. Zu den sich daraus ergebenden Transport-
kostenvorteilen siehe u.a. van der BURG, H., Massentransporte von Erzen
und Kohle: neue Entwicklungen, Zukunftserwartungen, a.a.O., S. 44 f.

[2]Eine eher historische Betrachtung der saarländischen Erzversorgung unternimmt LENARTZ, A., Wandel in der Erzversorgung der Saarhütten, in: Stahl
und Eisen, Nr. 13/14, Jg. 101, 1981, S. 55 ff.

den Frachtkosten in den Hauptverkehren zwischen EG-Einfuhrhäfen und der Auswahl westdeutscher Hüttenstandorte aus. Auch
für die daneben angeführten Binnenstandorte Lothringens sowie
Belgiens und Luxemburgs ergeben sich im allgemeinen die darin
ausgewiesenen Werte. Dem Vernehmen nach konzentrieren sich die
Transportrelationen in diesen Fällen auf die hierin angegebe-
nen Verkehrsbeziehungen.

Tab. 3.4

Durchschnittliche FRACHTKOSTEN[1] ausgewählter EG-Binnenstandorte im Bezug von ÜBERSEERZEN über Nordseehäfen, 1985 (in DM/t)			
	ARA-Häfen	Weser-Häfen	Hamburger-Hafen
Bremen	-	9,00 B	-
Duisburg	7,75 BS	19,00 B	-
Salzgitter	-	14,00 B	11,00 BS
Völklingen/Dillingen[2]	22,00 BS/B	23,00 B	24,00 B
Thionville	17,75 BS	-	-
Charleroi	12,25 BS	-	-
Esch/Belval	19,50[3]		

Anmerkungen: 1 Einschließlich Umschlagkosten (Seehafen 2,50 DM/t, Werkshafen 1,50 DM/t).
              2 Im Falle Dillingens wird mit der Saarkanalisierung ein der Zulauffracht
                 Thionvilles vergleichbares Transportkostenniveau zu erwarten sein.
              3 Geschätzt

Quelle: Office Régulateur de la Navigation Intérieur (ORNI), Antwerpen; Verband der
         Saarhütten, Völkingen; Bundesverband der Deutschen Binnenschiffahrt e.V.,
         Geschäftsstelle Hamburg; verschiedene Binnenschiffahrtsreedereien sowie die
         Bahntarife AT 244, AT 246, AT 249 ohne Berücksichtigung von Sonderfrachtsätzen.

Stahlschrott

Neben den bisher angesprochenen Einsatzstoffen stellt der
Fe-Träger Schrott eine weitere wichtige Grundlage für die Ei-
sen- und Stahlherstellung dar. Schätzungen zufolge kamen Anfang der 80er Jahre weltweit rund 350 Mio. t/a Schrott zum
Einsatz, wobei der mit 90 vH bei weitem größte Anteil allein
in der Eisen- und Stahlindustrie verarbeitet wird, während der
verbleibende Rest innerhalb der Gießereiindustrie Verwendung
findet. Gegenüber dem Eisenerz oder auch der Kokskohle erwächst dem Schrott dabei eine besondere Bedeutung dadurch, daß
innerhalb eines weiten Umfeldes die verschiedenen technologischen und auch wirtschaftlichen Veränderungen einen weit
deutlicheren Einfluß auf die speziellen Schrottmarktverhält-
nisse ausüben. Dies gilt dabei umso mehr, als seine Bedeutung
in dem Umstand begründet ist, daß der Schrott aufgrund der bereits durch den vorangegangenen Erzeugungsprozeß gespeicherten
Energie quasi selbst als Energieträger zu betrachten ist[1].

Hinsichtlich der verschiedenen Herkunftsarten läßt sich der
Einsatzstoff Stahlschrott grundsätzlich in die folgenden drei
Kategorien zusammenfassen, und zwar:

-       Kreislaufschrott, der innerhalb der stahlerzeugenden
        wie auch der Gießereiindustrie als Eigenschrott an-
        fällt,

-       Verarbeitungs- oder auch Neuschrott, wie er in den
        stahlverarbeitenden Industriezweigen in erheblichen
        Mengen anfällt, sowie

-       Altschrott als Endstufe des Produktlebenszyklus.

---

[1]Auf diese Weise ergibt sich bei der Stahlherstellung ein im Vergleich
niedrigerer Primärenergieeinsatz. Einen Vergleich der Primärenergiever-
bräuche verschiedener Verfahrensrouten unternehmen ROSENBLECK, W., KREUT-
ZER, H.W., u.a., Schrott und Eisenschwamm als Rohstoff für die Stahlerzeugung, in: Stahl und Eisen, Nr. 7, Jg. 101, 1981, S. 61.

Sieht man einmal von den besonderen Anforderungen an die einzusetzenden Schrottmengen in bezug auf die speziell angestrebten Stahlqualitäten ab und zieht zudem die heute mehr und mehr
notwendige Aufbereitung des angefallenen Schrotts in Betracht,
so sind gegenwärtig im großen und ganzen gesehen nahezu sämtliche Schrotte zur Stahlherstellung geeignet[1]. Dabei sind in
der Vergangenheit eine Reihe bemerkenswerter Veränderungen zu
verzeichnen gewesen, die sowohl im Hinblick auf den absoluten
Einsatz dieses Rohstoffes als auch in bezug auf den Stellenwert der verschiedenen Herkunftsquellen deutliche Wirkungen
zeigten.

Zunächst sei hier auf den nachhaltigen Rückgang des Siemens-
Martin-Verfahrens bei der Rohstahlerzeugung hingewiesen, das
sich wie bereits erwähnt[2] aufgrund seiner im Vergleich zu den
modernen Oxygen-Blasstahlverfahren und zum Elektrolichtbogen-
ofen weniger wirtschaftlichen Betriebsweise nicht länger behaupten konnte und somit heute innerhalb der westlichen Welt
nahezu kaum mehr eine Rolle spielt. In dem Maße, wie der überwiegend schrottintensiv gefahrene SM-Ofen[3] nicht mehr zum Einsatz kam, konnten die zwangsläufig verbleibenden Schrottmengen
nunmehr für eine Belebung des Angebots sorgen. Auf der anderen

---

[1]Vgl. o.V., Viele Faktoren bestimmen den Schrotteinsatz, Bericht über die
Frühjahrstagung des Bureau International de la Recuperation (B.I.R.) in
Venedig 1984, in: Rohstoff-Rundschau, Nr. 16, 39. Jg., 1984, S,. 450.

[2]Siehe die Ausführungen in Paragraph eins.

[3]Die Flexibilität des Siemens-Martin-Verfahrens erlaubt es, bis zu 100 vH
Schrott einzusetzen. Nach Angaben des International Iron and Steel Institute (IISI) jedoch bewegte sich der Anteil zugesetzten Schrotts in der
Vergangenheit zwischen 10 und 60 vH des gesamten Ofeneinsatzes. Vgl. Iron
and Steel Institute (IISI), Scrap and the Steel Industry, Trends and
prospects, Committee on Raw Materials, Berlin 1983, S. 55.

Seite aber zeigten sich die Hochofen-Konverter-Route[1] mit ihren doch weit niedrigeren möglichen Schrottanteilen sowie der Elektroofen[2] aufgrund seiner jedenfalls in Europa geringeren Flexibilität im Schrotteinsatz als wesentlich weniger anpassungsfähig.

Von Bedeutung in diesem Zusammenhang erweist sich zudem die in der jüngeren Vergangenheit verstärkt betriebene Einführung moderner Technologien in Herstellung und Verarbeitung des Rohstahls, die im Ergebnis zu einer merklichen Abnahme des spezifischen Eigenschrottanfalls führten. Abgesehen von dem ganz allgemein verbesserten Stoffnutzungsgrad in den Weiterverar-

Schb. 3.5

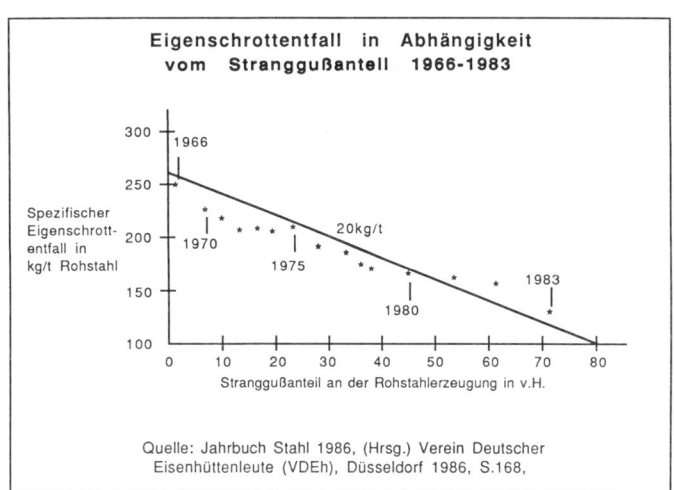

Quelle: Jahrbuch Stahl 1986, (Hrsg.) Verein Deutscher Eisenhüttenleute (VDEh), Düsseldorf 1986, S.168,

---

[1]Wesentlich begrenzter stellt sich die mögliche Bandbreite des Einsatzes beim Oxygen-Blasstahlkonverter dar. Die maximal möglichen Einsatzmengen belaufen sich hier lediglich auf bis zu 30 vH, wobei jedoch, den Ausführungen des IISI zufolge, der Schrotteinsatz in der Vergangenheit zumeist in einer Größenordnung um 20 vH angesiedelt war. Moderne Technologien, wie die kombinierten Blasverfahren oder auch das Vorwärmen des einzusetzenden Schrotts, lassen allerdings für die Zukunft höhere Einsatzmengen erwarten; hier dürfte sich mit einer Steigerung des maximal möglichen Einsatzes auf Werte zwischen 35 und 40 vH auch allgemein ein höherer Einsatz abzeichnen.

[2]Angesichts der innerhalb Europas mit der Produktion von Eisenschwamm verbundenen hohen Energiekosten besteht hier die Ofenzustellung nahezu gänzlich aus Schrott.

beitungsstufen wurde diese Entwicklung maßgeblich durch die bereits angesprochene zunehmende Durchsetzung des Stranggießens[1] geprägt. Schaubild 3.5 macht dabei deutlich, inwieweit der Übergang auf diese Technologie den Anfall des Eigenschrotts z.B. in westdeutschen Stahl- und Walzwerken nachhaltig reduzieren konnte[2]. Im Zeitraum zwischen 1966 und 1983 führte hier die zunehmende Anwendung der Stranggußtechnik zu einem Rückgang um rd. 130 kg/t Rohstahl, d.h. die Erhöhung des Stranggußanteils um jeweils zehn Prozentpunkte ließ den Schrottanfall um knapp 20 kg zurückgehen.

Der so gegenüber dem traditionellen Blockguß um etwa 50 vH geringere Schrottanfall war demzufolge in vielen Fällen nur durch eine den spezifischen Schrotteinsätzen der verschiedenen Stahlherstellungsverfahren entsprechende Steigerung der Zukaufsmengen auszugleichen[3]. War diesbezüglich die Elektrostahlerzeugung auch vom angewandten Gießverfahren unabhängig, weil hier stets die Kaufschrottmenge der Walzstahlerzeugung entspricht, so stellen sich die Zusammenhänge bezüglich des Sauerstoff-Blaskonverters weitaus komplexer dar.

Die in diesem Fall entscheidende Größe stellt sich in dem Verhältnis von eingesetzter Roheisenmenge und dem zugeführten Kühlschrott dar, wobei die Fülle der sich hierbei ergebenden möglichen Einsatzverhältnisse durch die folgende grundsätzliche Überlegung[4] verdeutlicht werden kann. Soll nämlich das vor Einführung des Stranggießens bereits praktizierte Einsatzverhältnis (Schrott/Roheisen) auch weiterhin beibehalten werden, so kann letztendlich die Reaktion des Stahlwerkers nur in einer zusätzlichen Chargierung von Zukaufsschrott bei gleich-

---

[1]Vgl. die Ausführungen in Paragraph eins.

[2]Vgl. ROSENBLECK, W., KREUTZER, H.W. u.a., a.a.O., S. 58 f.

[3]Vgl. ebenda, S. 57 f sowie International Iron and Steel Institute (IISI), Scrap and the Steel Industry, a.a.O., S. 5.10 ff.

[4]Vgl. dazu International Iron and Steel Institute (IISI), Scrap and the Steel Industry, a.a.O., speziell S. 5.11 ff.

zeitigem Rückgang des vom Hochofen her eingesetzten Roheisens bestehen. Soll aber demgegenüber die bisherige Auslastung des Hochofens aufrechterhalten bleiben, d.h. die zugeführten Roheisenmengen nicht zurückgeführt werden, so muß dies über eine Verringerung des Schrotteinsatzverhältnisses bewerkstelligt werden, der dann je nach Schrottanteil zu entsprechend geringeren Zukäufen führt.

Inwieweit sich diesen Überlegungen zufolge der Verfahrensweg Hochofen-Konverter in bezug auf den Schrotteinsatz als somit doch weniger flexibel erweist, macht dabei die ganz allgemein verbreitete Übung deutlich, selbst bei einem niedrigeren Schrottpreisniveau auch weiterhin eher eine möglichst hohe Auslastung der Hochofenanlagen anzustreben, als die (eventuell kurzfristigen) Kostenvorteile des billigen Stahlschrotts zu nutzen[1]. Angesichts der anhaltenden guten und auch für die Zukunft als vorteilhaft eingestuften Versorgungslage auf den Schrottmärkten zeichnet sich hier indes langsam ein Wandel ab, der das International Iron and Steel Institute (IISI) zu der Vermutung bewegt, in der Zukunft würden tendenziell verstärkt Anstrengungen unternommen werden, den spezifischen Schrotteinsatz im Konverter zu erhöhen[2].

Diese bisher beschriebenen Entwicklungslinien sind dabei durch ihre jeweils unterschiedlichen Ausprägungen innerhalb der verschiedenen Stahlnationen zu einem maßgeblichen Teil verant-

---

[1]Ihre Erklärung findet diese Vorgehensweise in mehreren Umständen begründet. Zum einen stellen die installierten Groß-Hochöfen aufgrund ihrer nur mangelhaften Anpassungsfähigkeit ein entscheidendes Argument für eine möglichst konstante Roheisenerzeugung dar. Darüber hinaus bilden diese im Rahmen des Energieverbundes eine wichtige Grundlage für die Energieversorgung eines modernen Hüttenwerkes und zu guter Letzt sind es daneben die zumeist langfristigen Abnahmeverpflichtungen für Eisenerze und Steinkohlen, die zu einer derart eingeschränkten Flexibilität führen.

[2]Vgl. International Iron and Steel Institute (IISI), Scrap and the Steel Industry, S. 10.5. In diesem Zusammenhang sei auch auf das von der Klöckner-Werke AG entwickelte sog. KS-Verfahren hingewiesen, das eine weitere Möglichkeit für den Einsatz größerer Mengen Schrotts eröffnet.

99

wortlich für ein überaus heterogenes Bild in bezug auf die
Nachfrage nach Stahlschrott. Gerade auch die Mitgliedsländer
der Europäischen Gemeinschaft zeigen in diesem Zusammenhang
auf, inwieweit sich die unterschiedlichen technologischen Ent-
wicklungsstände der jeweiligen Stahlindustrien in den spezifischen Schrottbedarfen spiegeln. So sind es z.B. die Länder
Italien und Großbritannien, die sich in Anbetracht ihrer umfangreichen Elektrostahlkapazitäten durch einen vergleichsweise hohen spezifischen Schrotteinsatz auszeichnen. Demgegenüber ist es im Falle der westdeutschen Hersteller eher der mit
ca. 80 vH (1985) sehr hohe Stranggußanteil, der infolge des
nunmehr geringeren Eigenschrottanfalls zum Zukauf externer
Schrottmengen zwingt.

In der Summe ergibt sich daraus für die Europäische Gemeinschaft als Konsequenz eine zu den vergangenen Jahren gegen-
läufige Entwicklung von Rohstahlerzeugung und Schrottverbrauch
gegenüber den getätigten Schrottzukäufen[1]. Verringerte sich
nämlich von 1972 bis 1982 die Rohstahlproduktion in den sieben
größeren EG-Stahlländern[2] von annähernd 155 Mio. t auf knapp
119 Mio. t, d.h. um 23 vH, so ging demgegenüber der Schrottverbrauch in den Hochofen-, Stahl- und Walzwerken dieser Länder lediglich um etwa 21 vH zurück, bzw. verringerten sich
gleichzeitig die Mengen zugekauften Schrotts um vergleichsweise geringe 4,2 vH.

Zur Sicherstellung einer sowohl quantitativ als auch qualitativ ausreichenden Schrottversorgung erweisen sich die jeweiligen regionalen Aufkommen dabei nicht immer als geeignet, so
daß trotz der deutlichen Transportkostenempfindlichkeit des

---

[1]Vgl. u.a. HITZBLECK, H., Wandlungen auf dem internationalen Schrottmarkt,
Vortrag anläßlich des 1. Europäischen Elektrostahl-Congresses in Aachen,
12. bis 14. Sept. 1983 sowie Statistisches Amt der Europäischen Gemeinschaften (EUROSTAT), Eisen und Stahl 1985, Luxemburg 1985, S. 31 ff.

[2]Dazu zählen Belgien, Luxemburg, Niederlande, Dänemark, Frankreich, Italien, Großbritannien und die Bundesrepublik Deutschland.

Stahlschrotts ein seit Jahren reger Außenhandel[1] für diesen
Rohstoff zu verzeichnen ist[2]. Wird auch über die Hälfte des
Weltschrotthandels infolge dieser Transportkostenempfindlichkeit intra-regional abgewickelt, so verbleiben doch erhebliche Mengen, die im inter-regionalen Verkehr ausgetauscht werden. Dabei ist für das zurückliegende Jahrzehnt festzustellen,
daß neben Südost-Asien und Latein-Amerika das westliche Europa insgesamt durch eine Defizitlage gekennzeichnet war, während Nordamerika, Ozeanien und auch Ost-Europa Überschüsse
auswiesen. Und so wurde auch bis zum Ende der 70er Jahre der
Weltschrottmarkt noch eindeutig durch die Exporte der Vereinigten Staaten, auch nach Übersee, dominiert, wobei allerdings die 1979/80 noch rd. 10 Mio. t betragenden Ausfuhrmengen
zwischenzeitlich deutlich gesunken sind.

Gehörte die Europäische Gemeinschaft jahrelang zu den großen
Netto-Importregionen für Stahlschrott, so erreichte diese
erstmals mit den Jahren 1981/82 einen nennenswerten Export-

---

[1]Bestehende Nachfrageüberhänge auf den nationalen Schrottmärkten veranlaß-
ten in der Vergangenheit eine Reihe von Ländern, den Abfluß des benötigten Inlandsschrotts durch mehr oder weniger weitreichende staatliche
Eingriffe zu bremsen. Wie im Fall z.B. Südafrikas, Spaniens oder auch
Schwedens wurde der Export seit jeher strikt untersagt, während andererseits - als Beispiele gelten hier neben anderen Österreich und Brasilien - entsprechend der inländischen Versorgungslage mitunter Ausfuhr-
lizenzen zu erteilen waren. Herrscht auch innerhalb der Europäischen
Gemeinschaft ein von jeglicher Regelung freier Austausch, so existieren
hier im Rahmen des Drittlandsexports gleichwohl legislative Möglichkeiten, die Schrottausfuhren in Zeiten angespannter Marktlagen zu beschränken. Vor dem Hintergrund der gegenwärtig weitgehend ausreichenden Versorgungslage aber zeigt sich der internationale Schrotthandel, von einzelnen Ausnahmen abgesehen, überwiegend frei von Handelsbeschränkungen.

[2]Die dabei zu beobachtenden Handelsströme sind das Ergebnis von nicht nur
temporär auftretenden Disparitäten zwischen Angebot und Nachfrage. Die
Ursachen für eine dauerhafte Defizit- oder auch Überschußlage sind dabei
hauptsächlich in verschiedenen Punkten begründet. Zum einen bestimmt sich
diese nach den jeweilig angewandten Produktionstechniken der hier ansässigen Stahlindustrie, daneben durch den allgemeinen Entwicklungsstand
der betreffenden Region, dem traditionell üblichen Konsumniveau von Erzeugnissen der Eisenschaffenden Industrie, wie auch zu guter Letzt durch
die Frage, ob sich diese Region durch Nettoim- oder -exporte auszeichnet.
Vgl. dazu International Iron and Steel Institute (IISI), Scrap and the
Steel Industry, Chapter VII.

überschuß von knapp 3,2 bzw. 2,6 Mio. t/a (ohne Griechenland
und Irland) und etwa 4,5 Mio. t in den Jahren 1983/84[1].
Gleichwohl stellt sich das Bild, betrachtet man die einzelnen
Mitgliedstaaten, überaus vielschichtig dar. Angesichts umfangreicher inländischer Schrottaufkommen und den demgegenüber
vergleichsweise niedrigen Niveaus in der Stahlherstellung entwickelten sich Großbritannien, Frankreich sowie die Niederlande und die Bundesrepublik zu den bedeutenden europäischen
Schrottexporteuren. Hervorstechend nimmt sich dabei die Entwicklung des Vereinigten Königreichs aus, auf das noch 1974
eine Nettoausfuhr von lediglich etwa 225.000 t entfiel und
dessen Überschuß sich 1989 bereits auf etwa 4,3 Mio. t belief.
Auch die Bundesrepublik verzeichnete in demselben Zeitraum mit
einem Anstieg ihrer Nettoausfuhren von knapp 1 Mio. t/a auf
inzwischen fast 1,7 Mio. t (1983/84) eine deutliche Bedeutungszunahme. Demgegenüber verbleiben die Nettoexporte der
französischen Schrottwirtschaft in den letzten Jahren bei
durchschnittlich etwa 3 Mio. t/a.

Als eindeutige Importländer haben dagegen sowohl Belgien und
Luxemburg als auch Italien zu gelten. Infolge des inzwischen
höheren Industrialisierungsgrades Italiens und angesichts der
hier zwischenzeitlich zu beobachtenden Verbrauchszunahme von
Konsumgütern führte allerdings ein in den letzten Jahren stei-
gendes Inlandsaufkommen zu einer gewissen Entlastung, so daß
gegenüber dem Importbedarf von in der Spitze rd. 7,3 Mio. t
(1980) nunmehr nur noch etwa 5,6 Mio. t (1984) einzuführen
waren.

Vor dem Hintergrund dieser Zusammenhänge ist nun die Frage von
Interesse nach den innerhalb Europas und speziell der Europäischen Gemeinschaft getätigten Austauschbeziehungen. Das Schau-

---

[1]Vgl. Statistisches Amt der Europäischen Gemeinschaft (EUROSTAT), Jahrbuch
Eisen und Stahl, Luxemburg, versch. Jg.; vgl. daneben Recycling, Vom
Stahl zum Schrott, (Hrsg.) Verband der Deutschen Schrottwirtschaft e.V.
(BDS) in Zusammenarbeit mit dem Verein Deutscher Eisenhüttenleute (VDEh)
u.a., Düsseldorf 1984, S. 15 ff.

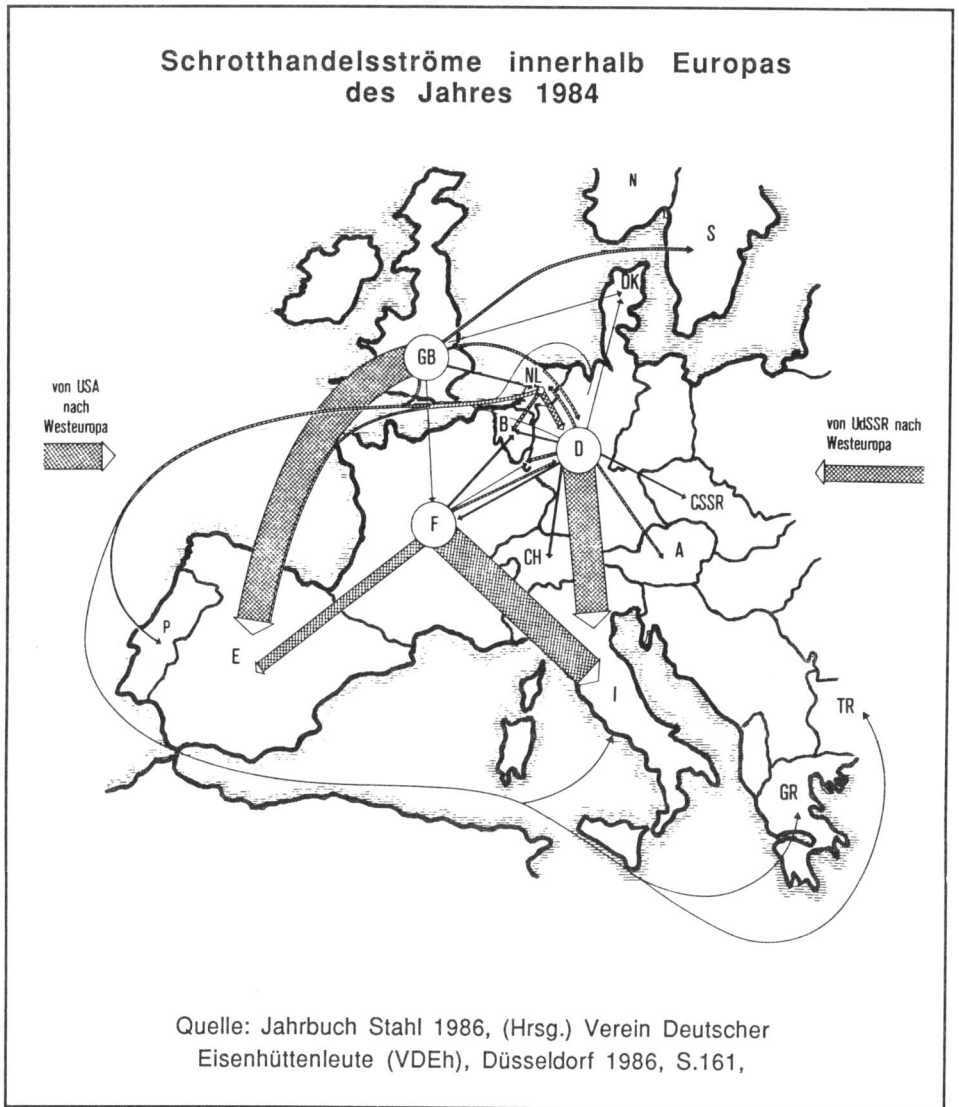

Schrotthandelsströme innerhalb Europas des Jahres 1984

Quelle: Jahrbuch Stahl 1986, (Hrsg.) Verein Deutscher
Eisenhüttenleute (VDEh), Düsseldorf 1986, S.161,

bild 3.6 vermittelt hier in anschaulicher Weise die im europäischen Rahmen wesentlichen Schrottexportströme für das Jahr 1984. Deutlich auszumachen ist darin die starke Anziehungskraft der beiden weltweit größten Netto-Importeure Spanien und Italien, die ihren Einfuhrbedarf vornehmlich durch britische bzw. französische und süddeutsche Quellen, d.h. die Hauptexportnationen innerhalb der Europäischen Gemeinschaft, decken.

Nachdem damit nun die hauptsächlichen Bestimmungsfaktoren für die Preisbildung auf den EG-Schrottmärkten angeführt worden sind, gilt es nunmehr, sich der tatsächlichen Entwicklung der Stahlschrottpreise zuzuwenden. Hier ist dabei zunächst grundsätzlich festzustellen, daß sich aufgrund der beschriebenen Veränderungen in den Rahmenbedingungen die Preisbildung inzwischen in anderer Weise darstellt, als dies noch im Verlauf der 50er und 60er Jahre der Fall war[1]. Zu jener Zeit bewirkte nämlich die vorwiegende Verwendung des SM-Verfahrens und die daraus resultierende Abhängigkeit von den verfügbaren Schrottmengen eine in bezug auf die zu erzielenden Höchstpreise ausgeprägte Orientierung des Schrottpreises am allgemeinen Stahlpreisniveau. Vornehmlich aufgrund der beschriebenen verfahrenstechnischen Veränderungen gilt diese Beziehung nicht mehr in derselben deutlichen Form. Abgesehen von dem Schrottgroßverbraucher Elektroofen führte mit der Verbreitung der Oxygen-Blasverfahren der hier in gewissen Grenzen variable Schrotteinsatz zu einer verstärkten Wechselbeziehung zwischen den Einsatzstoffen Stahlschrott und Roheisen, so daß die Herstellungskosten des Roheisens eine Art Preisobergrenze für den einzusetzenden Stahlschrott darstellen[2].

---

[1]Vgl. HITZBLECK, H., a.a.O., S. 5.

[2]Diesem Substitutionsverhalten erwächst dabei aufgrund des folgenden Umstandes eine erhebliche Bedeutung. Die zwischen beiden Einsatzstoffen bestehende positive Kreuzpreiselastizität führt nämlich dazu, daß es bei relativ sinkenden (steigenden) Roheisenpreisen zu einer Abnahme (Zunahme) des Schrotteinsatzes kommt und daraus solchermaßen eine Anpassung des Schrottpreisniveaus resultiert. Folgt man zudem der von BRÜHLING erarbeiteten Einschätzung, daß im Falle einer gegebenen Substituierbarkeit die Preisführerschaft eindeutig beim Roheisen liegt, so ist bei der Frage nach dem Einsatzverhältnis im Konverter vornehmlich vom Roheisenpreis auszugehen.

Aus diesem Grunde kann es kaum verwundern, daß die Schrottpreise in ihrer Entwicklung seit den 70er Jahren deutlich hinter den Erwartungen zurückgeblieben sind (siehe Schaubild
3.7)[1]. Am Beispiel des westdeutschen Schrottmarktes ist dabei
ersichtlich, wie trotz der allgemeinen Teuerungen und selbst
angesichts der Ende der 70er Jahre weltweit wieder angezogenen
Stahlkonjunktur bzw. den zu jener Zeit beachtlichen Produktionszahlen der Elektrostahlhersteller der Schrottpreis - mit
Zwischenhochs - stets unterhalb des Niveaus von 1974 mit annähernd 300 DM/t verweilte. Nach einem letzten Preisrückgang
von Mitte 1980 bis Ende 1982 scheint sich nunmehr eine steigende Tendenz durchzusetzen, wobei diese letztendlich zurückzuführen ist auf die bereits beschriebenen zunehmenden Netto-
Exporte durch die EG-Mitgliedstaaten[2] sowie die seither betriebenen verfahrenstechnischen Änderungen[3].

Eine mit mehr oder minder deutlichen Abweichungen ähnliche
Preisentwicklung (in DM/t) ergibt sich ebenfalls für die Auswahl der übrigen EG-Mitgliedsländer. Bemerkenswert daran zeigt
sich insbesondere die Entwicklung in Belgien und Frankreich.
Während das belgische Preisniveau weitgehend die obere Grenze
der sich im Zeitablauf zusehends verengenden Bandbreite darstellt, bewegt sich demgegenüber das französische zumeist am
unteren Ende der Skala. Der für das erste Quartal des Jahres
1985 zu verzeichnende überdurchschnittliche Preisanstieg für
die britischen Hüttenwerke auf annähernd 360 DM/t ergibt sich

---

[1]Siehe auch Tabelle 3.7 im Anhang dieser Untersuchung.

[2]In welch starkem Ausmaß die europäischen Verhältnisse durch den Weltschrottmarkt beeinflußt werden können, zeigt dabei das Beispiel Italiens.
Als Reaktion auf die durch die Dollarstärke (1984) angewachsenen EG-
Schrott-Exporte nach Fernost via die niederländischen Seehäfen waren hier
vor allem die im Oberitalienischen gelegenen Bresciani-Werke gezwungen,
die benötigten Zukaufsmengen durch zusätzliche Importe aus dem Ostblock
sowie den Vereinigen Staaten zu tätigen.

[3]Erinnert sei hier an den sinkenden spezifischen Eigenschrottentfall, das
Anwachsen der Elektrostahlerzeugung, das Bemühen der Stahlwerke, ihren
spezifischen Schrotteinsatz aufgrund des günstigen 83er Preisniveaus tendenziell zu erhöhen sowie die zwischenzeitlich eingetretene Zunahme der
Rohstahlproduktion.

vornehmlich als Ergebnis des drastischen Kursverfalls des britischen Pfundes gegenüber der Deutschen Mark. Hier steht einer Zunahme des Pfund-Preises von Januar bis März 1985 von 17 vH eine Erhöhung des DM-Preises um etwa 43 vH gegenüber.

Schb. 3.7

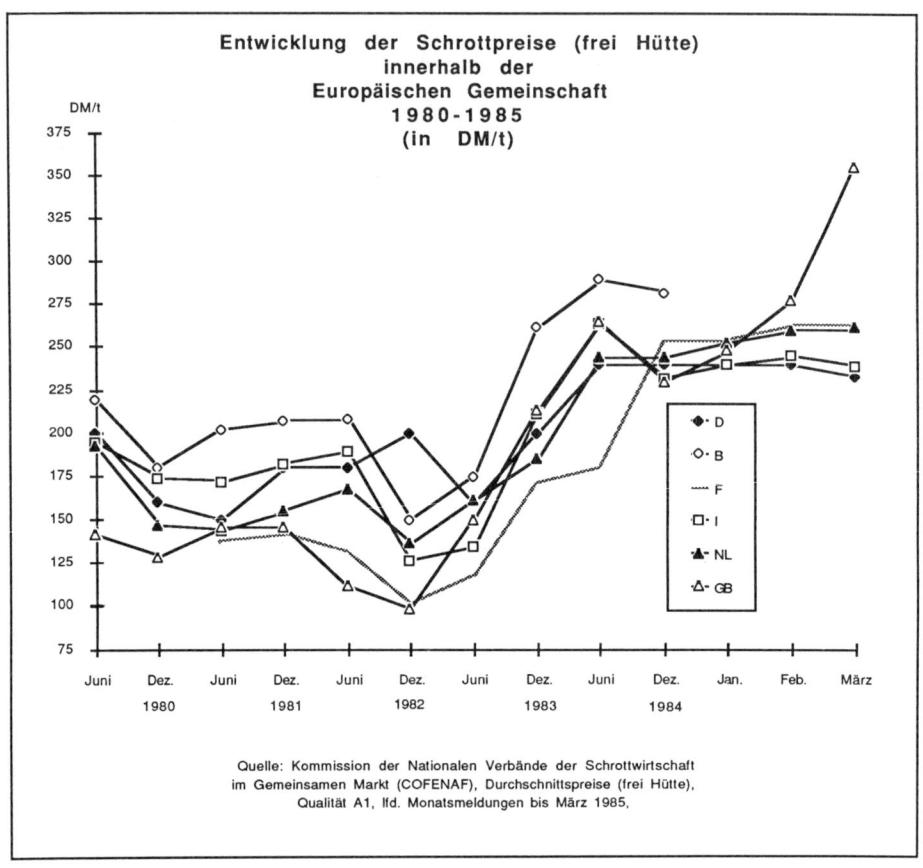

Entwicklung der Schrottpreise (frei Hütte)
innerhalb der
Europäischen Gemeinschaft
1980-1985
(in DM/t)

Quelle: Kommission der Nationalen Verbände der Schrottwirtschaft
im Gemeinsamen Markt (COFENAF), Durchschnittspreise (frei Hütte),
Qualität A1, lfd. Monatsmeldungen bis März 1985,

Die Energieversorgung

Kokskohlen

Umfangreicher noch als die Aufwendungen für die Versorgung mit
Eisenerzen stellt sich, im Gegensatz zu der Zeit bis vor etwa
zehn Jahren, die Bereitstellung der Kohle bei der Rohstoffversorgung für die Roheisenerzeugung dar. Die kostengünstige Versorgung der europäischen Hüttenwerke mit geeigneten Kohlenqualitäten trägt solchermaßen ihren Anteil an der nachhaltigen
Sicherung einer wettbewerbsfähigen europäischen Stahlindustrie. Und so besteht aufgrund der sich in der Vergangenheit
weltweit vollzogenen geographischen Trennung zwischen den
Schwerpunkten der Kohlenförderung sowie den Zentren des Koh-
leneinsatzes die notwendige Versorgungspolitik der Eisenschaffenden Industrie zwangsläufig in einer auf die lang-
fristige Bereitstellung ausreichender Mengen geeigneter Kokskohlen ausgerichteten Rohstoffpolitik[1].

Widmet man sich dem für die Stahlindustrie demzufolge so bedeutsamen Problemkreis der Kokskohlenversorgung, stellt sich
dabei zunächst die Frage nach der Abgrenzung des Begriffs
"Kokskohle". Wie sich zeigt, mangelt es hier an einer international einheitlichen und hinreichend exakten Definition, da
eine ganze Reihe von z.T. deutlich voneinander abweichenden
Abgrenzungen im weltweiten Handel und Einsatz von Kokskohlen[2]

---

[1]Einen Eindruck von den für die Eisenschaffende Industrie typischen unter-
nehmenspolitischen Versorgungsstrategien vermitteln die Ausführungen von
HARMS, J., Die Rohstoffversorgung der Eisen- und Stahlindustrie in der
Bundesrepublik Deutschland unter besonderer Berücksichtigung unternehmensstrategischer Überlegungen, in: Erschöpfbare Ressourcen, Verhandlungen auf der Arbeitstagung des Vereins für Socialpolitik in Mannheim im
Sept. 1979; (Hrsg.) SIEBERT, H., Berlin 1980, insbesondere die Seiten
659 ff.

[2]Unter Kokskohlen sind in ganz allgemeiner Abgrenzung diejenigen Kohlen-
qualitäten zusammengefaßt, die nach Erhitzung (bis zu weit mehr als
900° C) unter Luftabschluß zunächst erweicht und nach Abkühlung in einer
Mischung verschiedenster Stückgrößen eine feste poröse Form annehmen.
Vgl. u.a., RUMBERGER, M., Und WETTIG, E., Bedingungen für Angebot und
Nachfrage nach Kokskohle in der Welt bis 1985, Beiträge zur Struktur-
politik des Deutschen Instituts für Wirtschaftsforschung (DIW), Heft 44,
Berlin, 1976, S. 7 f sowie Ruhrkohlenhandbuch, 6. neubearbeitete Auflage,
Essen 1984.

vorherrschen. Wesentliche Unterschiede ergeben sich z.B. aus
dem Umstand, daß die als notwendig erachteten Anforderungen an
die Qualität zu verkokender Kohlen je nach Standort oder auch
Verwendungszweck mehr oder weniger erhebliche Abweichungen
voneinander aufweisen. So ist es beispielsweise in den Ländern
mit vergleichsweise geringerwertigen Kokskohlenqualitäten
üblich, die Einsatzmengen inländischer Kohlensorten unter Zusatz höherwertiger Importkohlen zu verschneiden. Wobei diese
Vorgehensweise zumeist durch devisenwirtschaftliche Erwägungen
dominiert wird und ihre Begründung weit weniger in der besonderen technischen Notwendigkeit findet[1].

In bezug auf die durch den Verwendungszweck bestimmten Anforderungen an den einzusetzenden Koks und die demzufolge notwendigen Qualitätsanforderungen an die zu diesen Zwecken verwandten Kokskohlen sind im groben die verschiedenen Handels-
klassen wie etwa Hochofen-, Gießerei-, Generator-, Sinter-,
Heizungs- oder auch Elektrodenkoks zu unterscheiden. Als für
die vorliegende Untersuchung jedoch von Bedeutung erweist sich
demgegenüber der metallurgische Koks, der aufgrund der bei der
Roheisenerzeugung vorauszusetzenden hohen Qualitätsansprüche
lediglich aus einer begrenzten Auswahl von Kokskohlensorten
herzustellen ist.

Daneben bilden die Fortschritte im Bereich der Verkokungstech-
nik[2] die Grundlage für eine zunehmende Ausweitung der zur
Koksherstellung verwendbaren Qualitäten. Der bereits angesprochene Verschnitt hochwertiger Sorten mit nichtmetallurgischen
Sorten gehört dabei heute zur gängigen Betriebspraxis wie auch
zunehmend der Einsatz von vorerhitzten Kohlenmischungen. In-
tensive Bemühungen innerhalb der zurückliegenden zwei Jahrzehnte zielen darüber hinaus auf kontinuierliche Verfahren zur

---

[1]Vgl. International Iron and Steel Institute (IISI), Future Supplies of
Coking Coal, Committee on Raw Materials, Brüssel 1981, S. 1.

[2]Einen Überblick über den Kokereibetrieb bieten die Ausführungen von
SMIRNOW, S., Heutiger Koksofenbetrieb im Ruhrrevier, in: Glückauf, Nr. 8,
Jg. 115, 1979, S. 339 ff.

Formkoksherstellung[1] ab, die es in der Zukunft ermöglichen
sollen, eine erheblich weitergehende Unabhängigkeit von den
gegenwärtig als Kokskohlen bezeichneten Qualitäten zu erreichen[2].

Neben den bisher angesprochenen Anforderungen an die Verkokungseigenschaften sind es zudem niedrige Gehalte an Asche,
Schwefel und Phosphor, die aufgrund ihrer nachteiligen metallurgischen Auswirkungen für die Eignung der einzusetzenden
Kokskohlen von erheblicher Bedeutung sind[3]. Insgesamt läßt
sich somit festhalten, daß zur Herstellung von Hochofenkoks
als Mischungsgrundlage weitgehend auf Kohlen mit geringen Verunreinigungen sowie guten Koksbildungs- und Koksfestigkeits-
eigenschaften zurückgegriffen wird[4], wobei jedoch technisch
wie wirtschaftlich vertretbare Qualitätseinbußen durch das
Zumischen geringwertiger Kokskohlen bewußt in Kauf genommen
werden.

Nach diesen einführenden Bemerkungen stellt sich nunmehr die
Frage nach den besonderen Voraussetzungen für die Versorgung

---

[1]Von den bis heute bekannten rund 25 verschiedenen Verfahrensvorschlägen
wurden einige bereits großtechnischen Versuchen unterzogen. Trotz einer
Reihe technischer wie ökonomischer Vorteile hat sich die kommerzielle
Nutzung des Formkoks-Verfahrens aufgrund des im Vergleich komplizierteren
Verfahrensweges sowie verbleibender technischer Probleme bis heute nicht
in dem erwarteten Maß durchsetzen können.

[2]Aufgrund der bei manchen Formkoks-Verfahren zur Erzeugung metallurgischen Kokses bis zu 90 vH einsetzbaren Kohlen mit schlechtem bis hin zu
völlig fehlendem Verkokungsvermögen wird das Ausmaß für die Zunahme ver-
wendbarer Kohlenvorkommen deutlich. Vgl. GLATZEL, G., a.a.O., S. 915.

[3]Diese Verunreinigungen wirken sich insbesondere bei der Herstellung von
Hochofenkoks nachteilig aus, indem diese eine Verlängerung der Schmelz-
zeiten, einen erhöhten Schlackenanfall sowie insgesamt eine deutliche
Verringerung der Ofenleistung zum Ergebnis haben.

[4]Das bedeutet insbesondere gut backende Qualitäten der Gas- und Fett-
kohlensorten mit einem Anteil flüchtiger Bestandteile von 19 bis 35 vH
(bezogen auf die wasser- und aschefreie Substanz), einem Feuchtigkeitsge-
halt von 8 bis etwa 12 vH, einem Aschegehalt zwischen 5 und 7 vH sowie
Anteilen von Schwefel und Phosphor in den Größenordnungen von maximal 1
bzw. 0,5 vH. Vgl. dazu RUMBERGER, M. und WETTIG, E., a.a.O., S. 8.

der Europäischen Eisen- und Stahlindustrie. Das sich heute
bietende Bild weicht dabei in erheblichem Maße von den Lieferbeziehungen früherer Jahre ab. Die ursprünglich engen Bin-
dungen der europäischen Hersteller an die gemeinschaftlichen
Kohlengruben schwanden zunächst mit dem Ausbau küstennaher
Hüttenwerke wie etwa in Italien und den Niederlanden sowie
später auch in weiteren Mitgliedsländern. Begünstigt durch die
Entwicklung der Seefrachten gelang es der Drittlandskokskohle
rasch, ihren Anteil am EG-Bedarf auszuweiten. Deckte die Ge-
meinschaftskokskohle im Jahre 1974 mit 88 Mio. t noch rd.
84 vH des EG-Bedarfs, so beläuft sich 1985 der Drittlandsbezug
der Gemeinschaft auf einen Anteil von inzwischen 41 vH, d.h.
rd. 33 Mio. t. Aufgrund dieser engen Verknüpfung mit dem übrigen Weltmarkt sei ein allgemeiner Überblick vorangestellt.

Im Gegensatz zu den Energieträgern Erdöl und Erdgas konzentrieren sich die Kohlenvorkommen der Erde überwiegend auf die
industrialisierten Länder sowie daneben auf eine Reihe von
Entwicklungsländern, die über keine eigenen nennenswerten Öl-
und Gaslagerstätten verfügen. Berücksichtigt man die vergleichsweise weniger intensiv betriebene Explorationstätigkeit
in den Staaten der südlichen Halbkugel, so konzentrieren sich
die heute nachgewiesenen abbauwürdigen Kohlenlagerstätten mit
einem Umfang von runden 700 Mrd. t zu einem Großteil auf die
Gebiete Nordamerikas, West- bzw. Osteuropas, der Sowjetunion
sowie der Volksrepublik China.

Und so nimmt es auch kaum wunder, daß es überwiegend die Länder dieser Staatengruppe sind, die damit den entscheidenden
Beitrag zur weltweiten Steinkohlenförderung und -versorgung
leisten. Wie aus Tabelle 3.5 ersichtlich, lag die Weltsteinkohlenförderung der letzten Jahre mit deutlichen Schwankungen
auf einem Niveau von rund 2,7 bis 3,2 Mrd. t. Mit einem Anteil
von etwa zwei Dritteln im Jahre 1986 waren darunter die Hauptförderländer USA, die Sowjetunion sowie China. Auf die Länder
Polen, Großbritannien und die Bundesrepublik Deutschland entfielen dagegen vergleichsweise bescheidene 12 vH. In ganz ähn-

Tab. 3.5

Entwicklung der STEINKOHLENFÖRDERUNG nach ausgewählten Regionen (in Mio.t)							
	1978	1981	1982	1983	1984	1985	1986
Kanada	17,1	21,7	22,4	22,6	32,1	34,3	30,5
Vereinigte Staaten	576,8	701,3	712,4	656,6	750,3	741,1	739,6
Australien	69,9	85,8	89,5	98,3	104,6	117,5	133,3
Bundesrepublik	90,1	95,5	96,3	89,6	84,9	88,8	87,1
Großbritannien	123,6	127,5	124,7	119,3	51,2	94,0	103,8
Übrige OECD	66,9	67,1	67,2	65,2	64,8	63,9	61,9
OECD insg.	944,4	1099,0	1112,4	1051,5	1087,8	1139,7	1156,3
Polen	192,6	163,0	189,3	191,1	191,6	191,6	192,1
Übriges Ost-Eur.[1]	40,4	39,6	38,3	38,2	38,1	38,2	37,6
UDSSR	501,5	481,3	488,0	486,8	483,3	494,4	509,2
Südafr. Rep.	90,4	131,4	144,2	145,2	162,9	173,7	181,0
Übriges Afrika	4,8	4,8	4,9	4,8	4,8	5,0	4,8
Zentral- und Südamerika	17,1	20,1	20,6	23,3	24,8	27,0	29,5
Welt insg.	2550,9	2728,3	2836,9	2834,1	2969,2	3104,5	3178,9

Anmerkungen: 1 Bulgarien, DDR, Ungarn, Rumänien, Jugoslawien und Tschechoslowakei

Quelle: International Energy Agency (IEA), Coal Information, Paris, versch. Jg. sowie eigene Berechnungen.

licher Form stellt sich dabei die Reihe der bedeutendsten Exportnationen dar[1]. An der Spitze stehen, wie auch in den vergangenen Jahren, die Vereinigten Staaten von Amerika und Australien, gefolgt von Polen sowie der Südafrikanischen Republik. Damit machen diese vier Förderstaaten in den zurückliegenden Jahren rund 75 vH des Welthandelsvolumens aus. Gleichwohl waren damit z.T. erhebliche Anteilsverschiebungen in-

---

[1]Vgl. dazu die Tabelle 3.8 im Anhang dieser Untersuchung.

nerhalb dieser Ländergruppe, insbesondere im Hinblick auf Australien und Polen, zu verzeichnen[1].

Das Bild einer ähnlich ausgeprägten geographischen Konzentration bietet sich ebenso für den Bereich der Steinkohleneinfuhren, denn knapp zwei Drittel des weltweiten Handelsvolumens entfallen bereits auf das westliche Europa sowie Japan. Deutlich dahinter zurück liegen der asiatische Raum sowie die Gebiete Nordamerikas, was angesichts der geographischen Verteilung der Förderanteile kaum verwundert. Bemerkenswert allerdings ist, daß - setzt man die bedeutenden Steinkohlenimportregionen der Welt zu der Weltsteinkohlenförderung in Beziehung - seit jeher der eigentliche Welthandel einen nur vergleichsweise geringen Wert annimmt.

Unter den weltweiten Steinkohlenvorräten dürfte das Ausmaß der verfügbaren und abbauwürdigen Kokskohlenvorkommen eine Größenordnung von etwa 350 Mrd. t ausmachen. In ihrer geographischen Verteilung entfallen davon etwa jeweils ein Drittel der Vorkommen auf die Vereinigten Staaten und die UdSSR, zu runden 13 vH auf die Volksrepublik China und in einem Umfang von jeweils knapp 6 vH auf Australien und Ozeanien sowie die Europäische Gemeinschaft[2]. Vor dem Hintergrund dieser Verteilung der Kokskohlenvorräte stellt Schaubild 3.8 die für die Versorgung der westlichen Welt bedeutsamen Kokskohlenförderländer dar[3].

---

[1]Anhand dieser Entwicklung wird erneut die Rolle der Vereinigten Staaten als "Swing Supplier" deutlich. Aufgrund der hohen Elastizität des US-amerikanischen Exportangebots sind es in erster Linie die US-Exporte, die in der Vergangenheit für einen Ausgleich der verschiedenen Nachfrageschwankungen gesorgt haben. Vgl. dazu u.a. SCHULTEN, R., Der mögliche Beitrag der Kohle für die Energieversorgung, in: Zeitschrift für Energiewirtschaft, (Hrsg.) SCHNEIDER, H.K., Jg. 7, 1983, Nr. 3, S. 211; bezüglich der Grundlagen für die besondere Flexibilität des US-Steinkohlenbergbaus siehe BELLISSANT, M., The Point of View of the Consumer of Metallurgical Coal, Vortrag anläßlich der Second US/Europa Coal Conference, 22.-24. April 1985, The Hague, Niederlande, S. 14 ff.

[2]Vgl. Tabelle 3.9 im Anhang dieser Untersuchung.

[3]Vgl. daneben Tabelle 3.10 im Anhang dieser Untersuchung.

Schb. 3.8

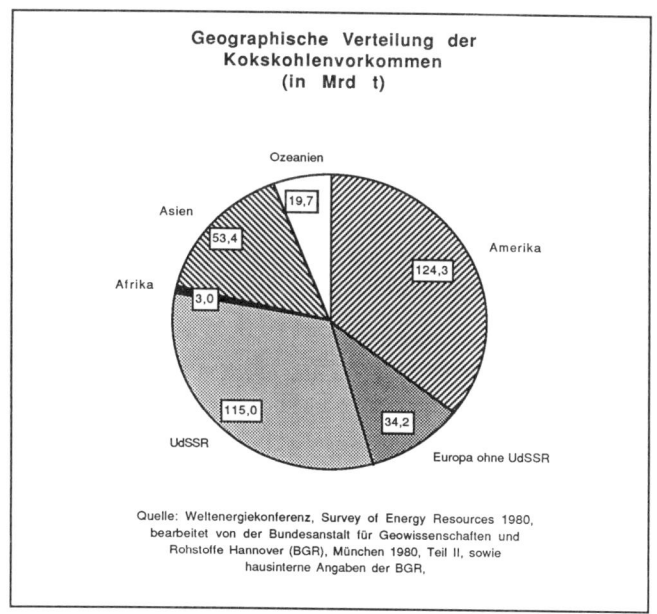

Geographische Verteilung der
Kokskohlenvorkommen
(in Mrd t)

Ozeanien 19,7

Asien 53,4

Afrika 3,0

Amerika 124,3

UdSSR 115,0

Europa ohne UdSSR 34,2

Quelle: Weltenergiekonferenz, Survey of Energy Resources 1980,
bearbeitet von der Bundesanstalt für Geowissenschaften und
Rohstoffe Hannover (BGR), München 1980, Teil II, sowie
hausinterne Angaben der BGR.

Als größter Steinkohlenproduzent nehmen die Vereinigten Staaten ebenso eine bedeutende Stellung bei der Förderung von
Kokskohlen ein. Mit einem Anteil der Kokskohlenproduktion an
der gesamten Steinkohlenförderung von gut 11 vH (1986) bestreitet die US-Produktion rd. 37 vH der OECD-Kokskohlenför-
derung, gefolgt von der Bundesrepublik und Australien mit
deutlich geringeren Beiträgen von jeweils etwa rd. 23 vH.
Die bei weitem bedeutendsten Kokskohlenfördermengen, hauptsächlich metallurgischer Qualität, haben dabei ihren Ursprung
im Osten der Vereinigten Staaten, und zwar in der Appalachen-
region, insbesondere der Staaten West-Virginias, Ost-Kenn-
tuckys, Pennsylvanias, Ohios und Virginias[1]. Obwohl die im
Appalachen-Becken lagernden abbauwürdigen Lagerstätten nur
rund einem Viertel der US-amerikanischen Vorkommen entspre-

[1]Einen Überblick über die regionalen Kokskohlenvorkommen der bedeutendsten
 Förderländer gewähren die Ausführungen von JAMES, P., The Future of Coal,
 zweite Auflage, London 1984, im Fall der USA insbesondere S. 99 ff sowie
 RUMBERGER, M. und WETTIG, E., a.a.O., S. 57 ff.

chen, so stellen diese doch über die Hälfte der US-Förderung
und bilden zudem die Hauptquelle der gesamten US-Kokskohlen-
exporte. Die verbleibenden Mengen des gesamten US-Aufkommens
haben demgegenüber ihren Ursprung in einer Reihe weiterer Lagerstätten, die sich über die Staaten des Mittelwestens und
des Westens der Vereinigten Staaten verteilen.

Neben den Vereinigten Staaten stellen die kanadischen Lagerstätten einen, wenn auch geringeren Anteil an den nordamerika-
nischen Steinkohlenvorkommen dar[1]. Vor allem aufgrund der mitunter hohen Schwefel- und Aschenanteile erweisen sich dabei
die im Osten Kanadas gelegenen Vorkommen als für die Verkokung
nur zu einem derart geringen Teil geeignet, daß in der Vergangenheit kaum die hier angesiedelten Industrien in einem
ausreichenden Maße beliefert werden konnten und solchermaßen
die Hauptursache für die zu beobachtenden kanadischen Importe
von US-Kohlen darstellen. Die weitaus umfangreicheren Vorkommen im Westen Kanadas weisen demgegenüber einen erheblich höheren Anteil verkokbarer Kohlenqualitäten auf, die jedoch
aufgrund ihrer geographischen Lage weniger im Inland Verwendung als vielmehr ihren Absatz im Export - in der Vergangenheit vornehmlich nach Japan - finden.

Eine weitere Grundlage für die Kokskohlenversorgung der westlichen Welt stellen die bis heute noch nicht vollständig ex-
plorierten Lagerstätten des australischen Kontinents dar.
Ihren Stellenwert erlangten diese insbesondere aufgrund der
hauptsächlich im Verlauf der 60er und 70er Jahre rasch zuge-
nommenen Kokskohlenlieferungen an die japanischen Hüttenwerke[2]. Die Zentren der Kohlenförderung erstrecken sich dabei zu
etwa 60 vH der Gesamtförderung auf das Gebiet von New South

---

[1]Vgl. JAMES, P., a.a.O., S. 172 ff sowie RUMBERGER, M. und WETTIG, E.,
a.a.O., S. 67 ff.

[2]Vgl. dazu u.a. RICHMOND, W.H., a.a.O., S. 78 f.

Wales[1]. Daneben sind es die Vorkommen in Queensland, die mit einem Anteil von gut 35 vH[2] einen weiteren entscheidenden Anteil an der australischen Steinkohlenförderung tragen. In bezug auf die Kokskohlenlagerstätten konzentrieren sich die Vorkommen verschiedener Qualitäten dabei überwiegend auf das Gebiet des Bowens-Beckens.

Wenn auch die bekannten Steinkohlenreserven der EG-Mitgliedstaaten nicht das Ausmaß der bedeutendsten Produzenten erreichen, so stellen aufgrund der entwickelten und auf hohem technischen Standard befindlichen Abbautechnik die hier erreichten Fördermengen von rd. 200 Mio. t (1986) einen im Weltmaßstab wie auch insbesondere in bezug auf eine gesicherte Versorgung der eigenen Industrien bedeutenden Faktor dar. Die innerhalb der EG seit jeher mit Abstand dominierenden Förderstaaten Großbritannien und die Bundesrepublik Deutschland decken dabei rund 90 vH der gesamten EG-Produktion und tragen auf diese Weise - in Verbindung mit dem nachrangigen französischen und belgischen Kohlenbergbau - so gut wie gänzlich die EG-weite Kohlenförderung[3]. Dabei zeichnen sich im Gegensatz zu den Weltkohlenvorkommen die Reviere innerhalb der Europäischen Gemeinschaft überwiegend durch hohe Förderanteile von allein verkokbaren Qualitäten (z.B. Ruhrgebiet, Aachen, Limburg, Wales) bzw. als Mischungsgrundlage dienende Sorten aus (z.B. Aachen, Lothringen, Durham, Schottland)[4].

Die Steinkohlenvorräte des mit einer Förderung von etwa 104 Mio. t (1986) größten EG Produzenten Großbritannien verteilen

---

[1]Vgl. dazu JAMES, P., a.a.O., S. 161 ff; über die genaue geographische Lage der verschiedenen Kohlenqualitäten siehe RUMBERGER, M. und WETTIG, E., a.a.O., S. 64 ff.

[2]Vgl. RICHMOND, W.H., a.a.O., S. 74.

[3]Nachdem in den 70er Jahren die letzten Gruben aufgrund mangelnder Wirtschaftlichkeit stillgelegt wurden, wird in den Niederlanden kein Steinkohlenbergbau mehr betrieben.

[4]Vgl. POLOMSKI, H., Mehr Vorrat als Bedarf, in: Energiewirtschaftliche Tagesfragen, Nr. 1/2, 35 Jg. (1985), S. 14 ff.

sich aufgrund der tektonischen Besonderheiten auf eine Vielzahl von Lagerstätten, die sich von Schottland über das Gebiet von Northumberland/Durham, die East-Midlands bzw. York-
shire bis hin nach Süd-Wales und Kent erstrecken[1]. Im allgemeinen weisen die britischen Vorkommen überwiegend Kohlen
mit schlechten Verkokungseigenschaften aus, so daß angesichts
sich erschöpfender Ressourcen sowie der zurückgehenden Stahl-
produktionen im Nordosten Englands wie auch in Süd-Wales nur
zunehmend geringere Mengen von mehr oder weniger allein verkokbaren Sorten lediglich in den Gebieten Northumberland/Dur-
ham und von Süd-Wales gefördert werden[2]. Als Folge dieser Entwicklung war so die britische Stahlindustrie für den Verschnitt der inländischen Kohlenqualitäten in der Vergangenheit
in wachsendem Umfang auf die Einfuhr höherwertiger Qualitäten
angewiesen.

Der nach dem Vereinigten Königreich wichtigste EG-Produzent,
die Bundesrepublik, zeichnet sich demgegenüber zu einem großen
Teil durch gut bis sehr gut verkokbare Qualitäten aus, wobei
sich die Hauptfördergebiete auf die Reviere im Ruhrgebiet, im
Raum Aachen sowie im Saarland konzentrieren. Der dabei bei
weitem bedeutendste Anteil kommt dem Ruhrgebiet mit ca. 80 vH
der westdeutschen Steinkohlenförderung zu, gefolgt vom Saar-
bergbau mit einem Anteil von etwa 10 vH und dem Aachener Re-
vier mit 6 vH[3]. Gleichwohl allen Revieren gemeinsam sind die
im internationalen Vergleich weit höheren Förderkosten westdeutscher Zechen aufgrund der in größerer Teufe gelegenen und
zudem doch stark gestörten Kohlenvorkommen.

Der im EG-Vergleich weit weniger umfangreiche französische
Steinkohlenbergbau verteilt sich auf insgesamt etwa zehn La-

---

[1]Vgl. National Coal Board (NCB), A Report on the efficiency and costs in
the development, production and supply of coal by NCB, Vol. II, London
1983.

[2]Vgl. JAMES, P., a.a.O., S. 179 f sowie RUMBERGER, M. und WETTIG, E.,
a.a.O., S. 84 f.

[3]Vgl. JAMES, P., a.a.O., S. 190 f.

gerstätten, die aufgrund sehr unterschiedlicher geologischer
Verhältnisse mit Hilfe verschiedenster Abbauverfahren ausge-
beutet werden[1]. Mit rund 50 vH der französischen Produktion
und etwa zwei Dritteln der inländischen Vorkommen nimmt dabei
das lothringer Steinkohlenrevier, einem Ausläufer der Saar-
Vorkommen, die bedeutendste Stellung ein. Obwohl die hier gewonnenen Steinkohlen in bezug auf ihre Verkokungseigenschaften
nur von vergleichsweise geringer Qualität sind, wird durch
Verschnitt mit Importkohlen ein Großteil zu metallurgischen
Zwecken eingesetzt.

Rund 27 vH an der Inlandsförderung trägt demgegenüber eine
Anzahl kleinerer, im Centre-Midi gelegener Lagerstätten[2], wobei die gewonnenen Kohlen überwiegend in der hier ansässigen
Industrie Verwendung finden. Aufgrund der häufig zur Verkokung
geeigneten Qualitäten des daneben verbleibenden nordfranzösischen Steinkohlenreviers kommt diesem ein in bezug auf metallurgische Zwecke ähnlicher Versorgungscharakter zu[3]. Ebenso
aber wie in den Gebieten des Centre-Midi konnten die im Verlauf der 70er Jahre vorgenommenen Investitionen zur Modernisierung einer Reihe von Zechen nicht die mit den besonderen
geologischen Verhältnissen verbundenen Nachteile ausgleichen,
so daß auch weiterhin die Leistungfähigkeit der hier betriebenen Gruben z.T. deutlich hinter denen der westdeutschen bzw.
britischen Zechen zurücksteht[4].

Obwohl der Steinkohlenbergbau in Belgien zu den ältesten seiner Art in der Welt zählt, kommt dennoch den zutage geförderten Mengen von inzwischen lediglich etwa 6 Mio.t pro Jahr eine
nur geringe Bedeutung zu. Über 90 vH der Produktion stammt da-

---

[1]Vgl. dazu BIEAU, J., Abbauverfahren und Abbaubetriebsmittel im französischen Steinkohlenbergbau, in: Glückauf, Nr. 8, Jg. 118, 1982, S. 401
ff.

[2]Ders., a.a.O., S. 401.

[3]Vgl. JAMES, P., a.a.O., S. 199.

[4]Ebenda.

bei aus den Vorkommen des limburger Raumes im Nord-Osten Belgiens, die übrigen Mengen dagegen rühren von den Ausläufern der nordfranzösischen Kohlenfelder (Nord-Pas-de-Calais) her. Neben der inländischen Kokskohlenförderung werden die für die Versorgung der eigenen Stahlindustrie nötigen Mengen von Kokskohlen aus den Nachbarländern, vornehmlich der Bundesrepublik, eingeführt.

Ähnlich wie im Falle des Welteisenerzhandels verdeutlichen diese Ausführungen eine z.T. erhebliche räumliche Diskrepanz zwischen den Kokskohlenlagerstätten und den Verbrauchsorten. Und so weisen die Angaben zur regionalen Gliederung des Welthandelsvolumens von Kokskohlen[1] für eine Reihe von Einfuhrregionen auch eine deutliche Abhängigkeit von jenen Überseeimporten auf. Dies trifft dabei insbesondere für die japanischen Hersteller zu, die ihren Importbedaf zu fast 90 vH (1984/85) über die Förderländer in Nordamerika sowie Australien decken. Eine deutliche Orientierung ihrer Lieferbeziehungen nach den Überseelagerstätten verzeichnen ebenso die europäischen OECD-Mitgliedstaaten mit einem Anteil der US-amerikanischen sowie australischen Lieferungen an den Gesamteinfuhren von rd. 70 vH.

Die notwendige Konsequenz dieser Hinwendung zu den Überseelagerstätten bestand damit in einer deutlichen Zunahme des zur See abgewickelten Handelsvolumens (Schaubild 3.9). Wie auch im Verkehr von Eisenerzen bildet somit das Seeschiff die entscheidende Komponente in der Transportkette der Stein- bzw. Kokskohlenverkehre. Überwiegend zum Einsatz gelangen hierbei spezielle Dry-Cargo-Vessel, die sogenannten Dry-Bulk-Carrier. Aber auch eine Reihe von Kombischiffen, die zum Transport sowohl von Öl als auch von trockenen Massengütern geeignet sind, konkurrieren hier um das Frachtenaufkommen. Der bereits be-

---

[1]Vgl. Tabelle 3.11 im Anhang dieser Untersuchung.

Schb. 3.9

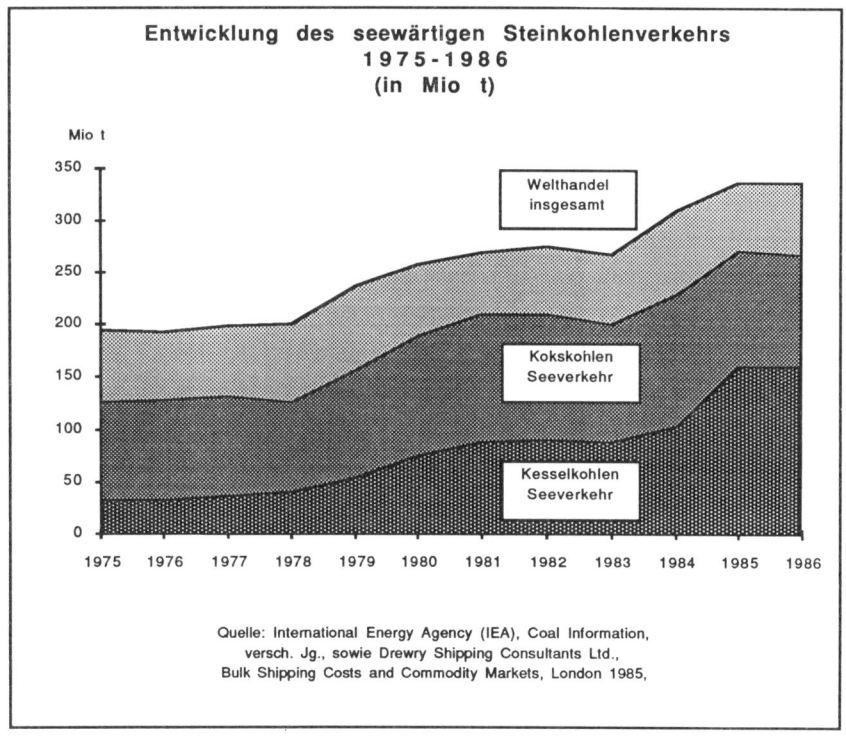

**Entwicklung des seewärtigen Steinkohlenverkehrs
1975-1986
(in Mio t)**

Mio t

350
300
250
200
150
100
50
0

Welthandel
insgesamt

Kokskohlen
Seeverkehr

Kesselkohlen
Seeverkehr

1975 1976 1977 1978 1979 1980 1981 1982 1983 1984 1985 1986

Quelle: International Energy Agency (IEA), Coal Information,
versch. Jg., sowie Drewry Shipping Consultants Ltd.,
Bulk Shipping Costs and Commodity Markets, London 1985,

schriebene strukturelle Wandel im Bereich des Seetransport-
wesens zeigt sich dabei ebenso in der Kohlenverschiffung[1].
Naturgemäß konzentriert sich dieser auf die Verkehre zwischen
den Hauptausfuhr- bzw. -einfuhrregionen, denn erst die Verdichtung der Ladungsströme auf einige wenige bedeutende Relationen in Verbindung mit einer deutlichen Zunahme der Transportentfernungen erfordern bzw. ermöglichen den Einsatz von
Großschiffseinheiten. So erhöhten insbesondere die Schiffstypen mit einer Tragfähigkeit von mehr als 100.000 dwt ihren
Anteil am weltweiten Ladungsaufkommen, und zwar überproportional. Wenn auch deutliche, so doch aber weit geringere Zuwächse erzielte die Größenklasse von 60.000 bis 80.000 dwt,

---

[1]Siehe Tabelle 3.12 im Anhang dieser Untersuchung.

d.h. im weitesten Sinne die Panamax-Klasse. Demgegenüber weisen die Schiffseinheiten in der Größenordnung bis 60.000 dwt insgesamt nachhaltige Bedeutungsverluste auf. Insbesondere im Verkehr nach dem Kontinent bzw. in den Mittelmeerraum ist hier eine ausgeprägte Hinwendung zu den größeren Schiffseinheiten zu vermerken.

Der zu verzeichnende Zuwachs der Ladungsmengen sowie die Größenentwicklung der Bulk-Carrier waren demgegenüber nur über einen entsprechenden Ausbau der Hafen- und Terminalanalgen zu realisieren. Ermöglichen auch die größten Ausfuhrhäfen beispielsweise im Westen Kanadas die Abfertigung von Schiffseinheiten mit über 200.000 dwt Tragfähigkeit, so fällt doch noch immer die hohe Konzentration der Ladeterminals für Einheiten der Panamax-Klasse auf. Nach Angaben der International Energy Agency (IEA) bieten die für den Kokskohlenverkehr nach Europa bedeutenden Exporthäfen Australiens (Newcastle, Hay Point, Port Kembla) oder auch Ost-Kanadas (Sept Isles, Quebec) Terminalanlagen für Bulker der Größenklasse von etwa 150.000 dwt[1]. Demgegenüber zeigen sich die US-amerikanischen Hafenanlagen (Hampton Roads, Baltimore, Philadelphia, Mobile) von vergleichsweise bescheidener Größenordnung und damit vornehmlich für die Abfertigung von Panamax-Schiffen geeignet[2].

Vor dem Hintergrund dieser Entwicklung auf der Exportseite stehen die Einfuhrhäfen der Europäischen Gemeinschaft kaum zurück. Mit Terminalanlagen für Bulk-Carrier von 200.000 bis 300.000 dwt stehen in Rotterdam, Hunterston, Taranto und Dünkirchen Fazilitäten auch für die größen Kohlenfrachter zur Verfügung. Gleichwohl zählen aufgrund der jährlichen Einfuhrzahlen die Häfen Rotterdam, Dünkirchen und Antwerpen zu den wichtigsten Anlaufstellen. Insbesondere Rotterdam avancierte

---

[1] siehe Tabelle 3.13 im Anhang dieser Untersuchung.

[2] Mit Hilfe des Topping-off außerhalb der eigentlichen Hafenanlagen können allerdings, wie das Beispiel der Lower Mississippi Area zeigt, auch größere Einheiten (bis 170.000 dwt) abgefertigt werden.

hier - ähnlich wie im Erzverkehr - zu einem Zentrum der EG-
Kohleneinfuhren. Trotz der inzwischen geringeren Frachtratenunterschiede zwischen den einzelnen Schiffsgrößenklassen und
auch angesichts des insgesamt niedrigeren Ratenniveaus wirkt
Rotterdam teilweise als Verteilerzentrum für eine Reihe westeuropäischer Häfen, die ihrerseits nur von kleineren Schiffseinheiten angelaufen werden können[1].

Im Zuge der mit dem Ende der 70er Jahre für den Massengutverkehr wachsenden Diskrepanz zwischen Ladungsaufkommen und dem
zur Verfügung stehenden Schiffsraum blieb die Hinwendung zu
immer größeren Schiffseinheiten nicht ohne Wirkung auf die

Schb. 3.10

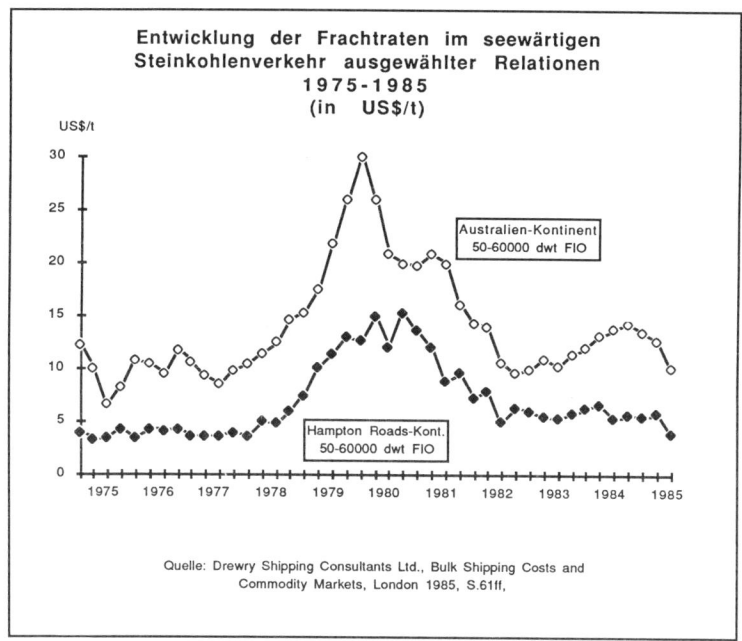

Entwicklung der Frachtraten im seewärtigen
Steinkohlenverkehr ausgewählter Relationen
1975-1985
(in US$/t)

Quelle: Drewry Shipping Consultants Ltd., Bulk Shipping Costs and
Commodity Markets, London 1985, S.61ff,

[1]In den Jahren 1982/83 betrug der Anteil der auf diese Weise dritten Be-
stimmungshäfen zugeführten Kohlenlieferungen an den Kohlen-Gesamtein-
fuhren Rotterdams rd. 20 vH (832.000 t) bzw. knapp 16 vH (521.000 t). Von
offizieller Seite her wird dabei die Vermutung vertreten, daß unter der
Voraussetzung allgemein fester tendierender Seefrachtraten damit eine
Ausweitung dieser Verteilerfunktion verbunden sein dürfte.

Frachtratenabschlüsse. Nach Angaben der Drewry Shipping Consultants Ltd. zeigt die Entwicklung der Frachtraten für eine
Reihe ausgewählter Transportrelationen den in Schaubild 3.10
abgebildeten Verlauf. Wenn auch aufgrund unterschiedlicher
Transportentfernungen auf verschiedenen Niveaus, so zeigen
sich dennoch nahezu parallele Verlaufsmuster. Insbesondere der
Tonnageüberhang macht sich im Beginn der 80er Jahre deutlich
bemerkbar. Obwohl der Seetransport von Kohlen in der Regel auf
der Basis langfristiger Charterverträge abgewickelt wird,
stellen diese Angaben zur Single-Voyage-Charter angesichts der
gegebenen Interdependenzen zwischen Spot- und Langfristab-
schlüssen ein geeignetes Abbild des Frachtratenniveaus dar[1].

Ähnlich wie im Erzverkehr erlauben diese Angaben allerdings
keine Aussagen hinsichtlich der standortspezifischen Fracht-
kostenunterschiede für jeweilige EG-Einfuhrhäfen. Auch in
diesem Fall ergibt die Analyse des detaillierteren Datenmaterials[2] keine nennenswerten Frachtratendifferenzen für die
verschiedenen EG-Tiefwasserhäfen. Gilt dies auch in erster
Linie für die Verkehre zwischen Australien und Westeuropa,
so zeigen sich doch auch die US-Verschiffungen via Kontinent
von in etwa einheitlichem Ratenniveau. Insbesondere für vergleichsweise große Schiffsladungen liegen die Unterschiede bei
weniger als einem US-Dollar pro Tonne. Wie bereits im Rahmen
des Erzverkehrs ausgeführt, dominiert angesichts der Überkapazitäten im Massengutverkehr auch hier die Marktlage gegenüber den Kostenfaktoren[3].

---

[1]Vgl. DREWRY, H.P., Shipping Consultants Ltd., Shipping Costs and Commodity Markets, a.a.O., S. 33. Siehe daneben Tabelle 3.14 im Anhang dieser
Untersuchung.

[2]Vgl. insbesondere die ausgewiesenen Abschlüsse in Coal Week International, McGraw-Hill Publication, Washington D.C., versch. Jg.; Lloyd's
Shipping Economist, a.a.O., versch. Jg. sowie Chartering Annual, a.a.O.,
versch. Jg.

[3]Wie bereits im Falle des Seetransports von Eisenerzen, wurden in Anlehnung an die besagte Drewry Studie die kalkulatorischen Reisekosten zum
Vergleich berechnet.

Bei der nunmehr entscheidenden Frage nach den für die jeweiligen EG-Einfuhrhäfen zu unterstellenden Importpreise für Kokskohlen erlaubt sich aus diesen Gründen die Verwendung der durch die EG-Kommission ausgewiesenen cif-Preis frei ARA-Häfen. Dieser von der Kommission vierteljährlich erhobene sogenannte Indikativpreis entspricht dabei dem cif-Durchschnittspreis in den großen EG-Tiefseehäfen umgerechnet auf eine einheitliche Qualität[1].

Tab. 3.6

Entwicklung der KOKSKOHLENPREISE, 1970-1986			
	Indikativpreis cif-ARA (Jahresdurchschnitt)		Listenpreis der RAG (jeweils 1. Januar)
	US- /t	DM/t	DM/t
1970	18,75	68,60	74,00
1971	23,75	86,90	84,60
1972	23,90	77,10	92,00
1973	26,40	79,50	96,00
1974	45,30	118,00	108,70
1975	61,70	151,30	158,00
1976	63,10	159,50	165,50
1977	62,10	144,30	165,50
1978	61,90	125,00	175,50
1979	65,30	119,60	179,00
1980	69,20	125,70	187,00
1981	81,70	184,50	217,00
1982	81,40	196,80	244,50
1983	69,60	177,30	253,50
1984	65,00	183,90	263,50
1985	62,40	187,80	263,50
1986	58,50	130,10	261,00
Quelle: EG-Kommission, Ruhrkohle AG.			

[1]Dieser Preis ergibt sich durch die Verrechnung auf eine Standardqualität mit den folgenden Spezifikationen: Feuchtigkeit (5 vH), Aschegehalt (6 vH trocken), Anteil flüchtiger Bestandteile (24 vH trocken), Schwefelgehalt (1 vH trocken). Die Berechnung basiert dabei sowohl auf US-amerikanischen und australischen Lieferungen auf Nichtspotmarktbasis als auch den tatsächlichen Dollarpreisen cif-Europa.

Schb. 3.11

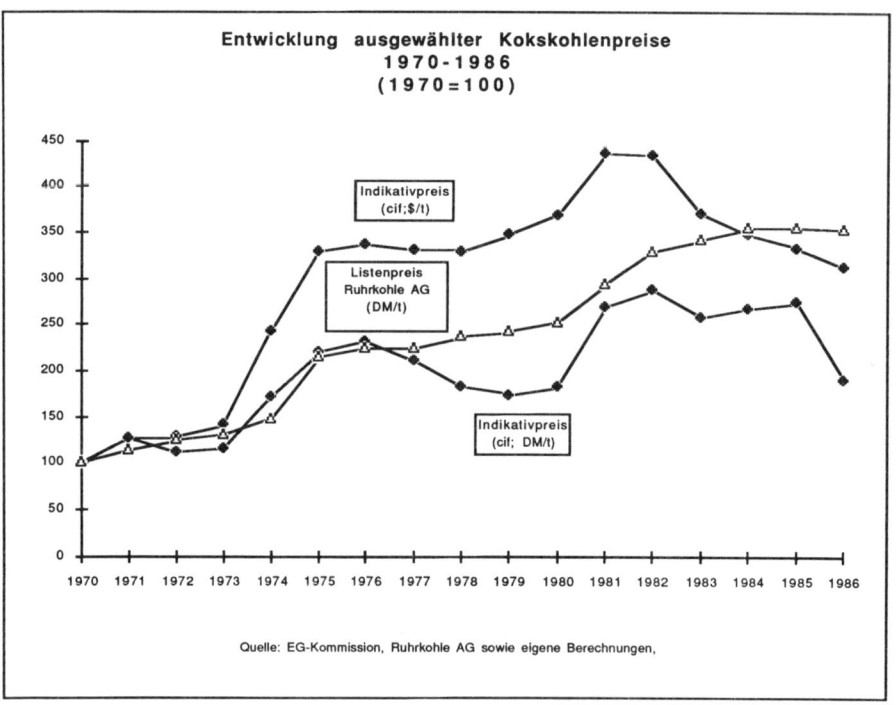

Entwicklung ausgewählter Kokskohlenpreise
1970-1986
(1970=100)

Indikativpreis
(cif;$/t)

Listenpreis
Ruhrkohle AG
(DM/t)

Indikativpreis
(cif; DM/t)

Quelle: EG-Kommission, Ruhrkohle AG sowie eigene Berechnungen,

Wie aus Tabelle 3.6 sowie Schaubild 3.11 zu ersehen ist, belief sich der Indikativpreis zu Beginn der 70er Jahre noch auf
dem verhältnismäßig niedrigen Niveau von unter 30 US-$/t. In-
folge der ersten Energiekrise erhöhte sich dieser innerhalb
von nur zwei Jahren auf nicht weniger als knapp 62 US-$/t
(1975) und verblieb seither in etwa auf diesem Niveau. Die
Ereignisse in Polen sowie die daraus resultierenden hohen
Überliegegelder in den US-amerikanischen und australischen
Ausfuhrhäfen sorgten dabei nur kurzfristig (1980/82) für ein
deutliches Emporschnellen des Indikativpreises auf Höchstwerte
von über 80 US-$/t. Die nunmehr weitgehend beseitigten An-
spannungen erlaubten seither einen deutlichen Rückgang auf das
bereits Mitte der 70er Jahre zu verzeichnende Preisniveau.

Diese gleichwohl geradezu in geordneten Bahnen verlaufende
Preisentwicklung zeigt sich in gänzlich abweichender Form un-

ter Berücksichtigung der Wechselkursrelationen. Der gleichfalls in Schaubild 3.11 abgebildete Verlauf des DM-Indikativ-
preises weist so neben den eigentlichen Schwankungen der Dol-
larpreise die Abhängigkeit der DM-Werte von der Entwicklung
des Dollarkurses aus. Deutlich zeigt sich dies beispielsweise
im Vergleich der jeweiligen Preise für die Jahre 1980 und
1984. Obwohl der Dollarpreis 1984 gegenüber 1980 um immerhin
noch vier US-Dollar sinkt, sorgt die Aufwertung der US-Währung
unterdessen für eine Zunahme des DM-Wertes um nahezu 60 DM.

Zieht man überdies die Entwicklung der Kokskohlenpreise des
Gemeinschaftskohlenbergbaus am Beispiel des wichtigsten EG-
Produzenten für Kokskohle, der Ruhrkohle AG, mit in die Betrachtung ein, so ergeben sich nunmehr Rückschlüsse auf die
Wettbewerbsstellung der Gemeinschaftskohlen im Vergleich zu
den Importkohlen. Auch unter Berücksichtigung der darin ent-
haltenen Qualitätsunterschiede wie auch des Umstandes, daß
naturgemäß die Preisverhältnisse am Verbrauchsort mit seinen
standortspezifischen Zulaufkosten maßgeblich sind, ergaben
sich in der Vergangenheit dennoch nur kurze Zeitspannen, in
denen die Gemeinschaftskohlen konkurrenzfähig waren, deutliche
Preisnachteile gegenüber den Drittlandsimporten sind dagegen
eher die Regel gewesen. Um aber die EG-Stahlhersteller in den
Brennstoffkosten nicht hoffnungslos hinter die Drittlandskon-
kurrenz zurückfallen zu lassen, wird der Unterschied zwischen
Förderkosten und Weltmarktpreisniveau innerhalb der EG durch
Beihilfen gedeckt[1]. Insofern entspricht der Indikativpreis
quasi einer Preisuntergrenze für die Preisangleichungen im
Absatz von EG-Kokskohlen. Tatsächlich gleichen sich die Bergbauunternehmen der Gemeinschaft in ihrer Preisgestaltung in
der Regel den Einstandspreisen für Drittlandskohlen weitgehend
an.

---

[1]Für den Absatz von Kokskohlen an die Eisen- und Stahlindustrie gelten
dabei spezielle gemeinschaftliche Regelungen, wie sie in der Entscheidung
Nr. 73/287/EGKS (1973), der sogenannten Kokskohlenregelung, zugrundege-
legt sind. Vgl. BUDDEE, K., Determinaten und Entwicklungstendenzen des
Absatzes der Ruhrkohle AG und die Problematik einer absatzorientierten
Produktion, Diss. Köln, 1974.

Tab. 3.7

Entwicklung des "WETTBEWERBSPREISES" im bundesdeutschen Kokskohlenbergbau (in DM/t)

	1977	1978	1979	1980	1981	1982	1983	1984	1985	1986
Kostendeckender Preis RAG	160,00	168,00	171,00	195,00	212,00	220,00	235,00	240,50	238,00	243,50
KKB[1]	13,50	38,40/ 48,90	49,70/ 45,00	53,00	17,50	21,70	56,70	45,30	38,00	105,20
Selbstbehalt Kohle	2,15	1,50	1,50/ 5,40	12,50	14,00	4,00	4,00	8,10	14,70	9,90
Selbstbehalt Stahl	3,45	1,50	1,50/ 5,40	5,80	1,50	1,50	1,00	1,90	2,80	1,90
Wettbewerbspreise	140,90	126,60 116,10	118,30/ 115,20	123,70	179,00	192,80	173,30	185,20	182,50	126,50
Abnahmepreis[2] Stahl	144,35	128,10/ 117,60	119,80/ 120,60	129,50	180,50	194,30	174,30	187,10	185,30	128,40
Indikativpreis	144,79	125,00	119,57	125,65	184,48	196,78	177,32	183,88	187,75	130,10

Anmerkungen: 1 Kokskohlenbeihilfe
2 Frei Zeche

Quelle: Verschiedene Publikationen sowie persönliche Auskünfte durch die EG-Kommission wie auch durch das Bundesministerium für Wirtschaft (BMWi).

Dies trifft allerdings nicht gänzlich für den westdeutschen
Steinkohlenbergbau zu. Aufgrund des hier geltenden Kohle-Zoll-
kontingentgesetzes sowie der im Rahmen des Hüttenvertrages[1]
bestehenden Bezugsverpflichtungen der Vertragshüttenwerke im
Bereich des Kokskohlenhandels besteht hier de facto ein nur
stark eingeschränkter Wettbewerb. Aufgrund einer Reihe von
Eckdaten, die im Zusammenwirken zwischen der Ruhrkohle AG, den
Vertragspartnern aus der deutschen Stahlindustrie sowie dem
Bundesministerium für Wirtschaft erstellt werden, kommt es im
Rahmen des Hüttenvertrages zu jährlichen Preisvereinbarungen
für den Kokskohlenbezug[2]. Neben den Gestehungskosten, den
durchschnittlichen Einfuhrpreisen konkurrierender EG-Hütten
sowie den maßgeblichen Wechselkursrelationen bestimmt sich
danach der jeweilige, für die westdeutschen Bergbauunternehmen
geltende sogenannte Wettbewerbspreis. Für den Zeitraum ab 1977
weist Tabelle 3.7 die Komponenten der Preisfindung im einzelnen auf. Unter Berücksichtigung des von der Stahlindustrie zu
tragenden Selbstbehaltes wird zudem der von den Hüttenwerken
zu entrichtende Abnahmepreis ausgewiesen. Ein Vergleich mit
dem Indikativpreis cif-ARA zeigt dabei den Grad der preis-
lichen Übereinstimmung.

Ist damit auch die Frage nach den innerhalb dieser Untersuchung zugrundezulegenden Kokskohlenpreisen beantwortet, zur
Ermittlung der tatsächlichen Einstandskosten bedarf es für die
Auswahl binnenländischer Hüttenwerke schließlich der zusätzlichen Berücksichtigung der jeweiligen Anschlußfrachten. Tabelle
3.8 weist hier die für das Jahr 1985 durchschnittlich anzuset-

---

[1]Grundlage der im Rahmen der Ruhrkohle-AG-Gründung getroffenen Vereinba-
rung ist der im Juli 1969 zwischen den bisherigen Bergbaugesellschaften
(Muttergesellschaften, Altgesellschaften), der Ruhrkohle AG und der
Bundesrepublik Deutschland abgeschlossene Grundvertrag, wonach das Berg-
bauvermögen der Altgesellschaften sowie die darauf ruhenden Schulden auf
eine Gesamtgesellschaft, die Ruhrkohle AG, übertragen werden sollten.
Vgl. BUDDEE, K., a.a.O..

[2]Der Beihilferegelung unterliegen danach lediglich die Kokskohlenmengen,
die zur Erzeugung von Hochofenkoks für den Einsatz in Hochöfen der Eisen-
und Stahlindustrie Verwendung finden. Davon ausgeschlossen sind demgegenüber die zur Herstellung des Sinterkokses notwendigen Kokskohlenbezüge.

zenden Frachtkosten auf. Obwohl für die Gruppe der westdeutschen Werke ein Bezug von Drittlandskokskohlen aus besagten
Gründen tatsächlich nicht besteht, werden gleichwohl aus Ver-
gleichsgründen die hypothetischen Nachlaufkosten auch des
Überseeimports angeführt. Die Wahl der hier zu berücksichtigenden Transportrelationen wie auch der genutzten Verkehrsträger orientiert sich dabei an den bereits für den Erzverkehr
beschriebenen Charakteristika.

Tab. 3.8

Durchschnittliche FRACHTKOSTEN[1] ausgewählter EG-Binnenstandorte im Bezug von STEINKOHLEN über
Nordseehäfen sowie von Ruhr und Saar, 1985 (in DM/t)

	ARA-Häfen	Weser-Häfen	Hamburger-Hafen	Ruhr	Saar
Bremen	-	9,00[3]B	-	21,00 BS	-
Duisburg	8,00 BS	-	-	8,50 B	-
Salzgitter	-	-	13,00 BS	21,00 BS	-
Völklingen/Dillingen[2]	22,00 BS/B	-	-	35,50 B	8,50 B
Thionville	17,50 BS	-	-	22,00 BS	-
Charleroi	12,25 BS	-	-	-	-
Esch/Belval	19,50[3]BS/B	-	-	-	-

Anmerkungen: 1 Einschließlich Umschlagkosten (Seehafen 2,50 DM/t, Werkshafen 1,50 DM/t).
2 Im Falle Dillingens wird mit der Saarkanalisierung ein der Zulauffracht
   Thionvilles vergleichbares Transportkostenniveau zu erwarten sein.
3 Geschätzt

Quelle: EG-Kommission, Brüssel; Office Régulateur de la Navigation Intérieur (ORNI),
   Antwerpen; Verband der Saarhütten, Völklingen; Bundesverband der Deutschen
   Binnenschiffahrt e.V., Geschäftsstelle Hamburg; verschiedene Binnenschiffahrts-
   reedereien sowie die westdeutschen Bahntarife AT 192, AT 206, AT 215 ohne Berücksichtigung von Sonderfrachtsätzen.

Elektrizität

Mit einem, wenn auch gegenüber der Kohle eindeutig geringeren
Stellenwert kommt gleichwohl auch der elektrischen Energie
eine besondere Bedeutung innerhalb der Europäischen Stahlindustrie zu. Betrug der spezifische Stromverbrauch im Jahre
1974 noch knapp 400 kwh/t Rohstahl, so ist dieser Wert 1986
auf bereits rd. 450 kwh/t zu beziffern. Zurückzuführen ist
diese Entwicklung dabei auf die deutliche Zunahme der Elektrostahlerzeugung innerhalb der Gemeinschaftsländer. Aber auch
die daneben in starkem Maße vorangetriebene Mechanisierung,
die Zunahme der Verarbeitungstiefe wie auch die wachsenden
Anforderungen im Rahmen des Umweltschutzes führten hier zu der
beschriebenen Verbrauchszunahme. Insbesondere für den Bereich
der integrierten Hüttenwerke vollzogen sich dabei gleichermaßen entscheidende Bezugsveränderungen.

Im Anschluß an die Ölpreisschocks und die in der Folge davon
auch auf die übrigen Energieträger übergreifenden Preissteigerungen vollzogen sich innerhalb der Stahlindustrie Anpas-
sungsprozesse, die sich, angefangen bei der Resubstitution
teurer Energieträger, über den verstärkten Einsatz von Kuppel-
produktenergien, bis hin zur Rückgewinnung bisher ungenutzter
Restenergiemengen erstrecken[1]. Für ein integriertes Hüttenwerk
moderner Auslegung mit den Verfahrensstufen Hochofen/LD-Stahl-
werk kann dies bei eigener Kokserzeugung oder im Energiever-
bund mit einer Kokerei zu einer weitgehenden Energieautar-
kie führen. Die vom International Iron and Steel Institute
(IISI) erstellte Modellstudie[2] weist in diesem Zusammenhang
den Umfang von fremdbezogener elektrischer Energie mit lediglich rd. 5 vH des insgesamt zugekauften Energievolumens aus,
d.h. etwa 30 vH des gesamten Elektrizitätseinsatzes. Gleichwohl verzeichnen die verschiedenen Beispiele europäischer Her-

---

[1]Vgl. AICHINGER, H.M., HOFFMANN, G.W., a.a.O.

[2]Vgl. International Iron and Steel Institute (IISI), Energy and the Steel
Industry, a.a.O., S. 2-37 ff.

steller eine Bandbreite zwischen einem vollständigen Fremdbezug bis hin zu einer nahezu vollständigen Eigenversorgung.

In Anbetracht dieses breiten Spektrums gilt es, bei dem nunmehr zu unternehmenden Vergleich der Strompreise einige besondere Umstände innerhalb der Europäischen Gemeinschaft zu
berücksichtigen. Zwar beruhen die Angaben der EG-Kommission[1]
auf den Erhebungen der Internationalen Union der Erzeuger und
Verteiler elektrischer Energie (UNIPEDE), Paris, und damit auf
einem umfangreichen und zudem vergleichbaren Datenmaterial.
Doch auch innerhalb der EG-Mitgliedsländer besteht nur eine
geringe Anzahl von Betrieben, deren Leistungsbedarf in der
hier zu berücksichtigenden Kategorie von über 10.000 kw
liegt[2].

Für die im vorliegenden Fall jedoch zu vergleichenden Elektrizitätspreise von industriellen Großabnehmern bestehen in
der Regel besondere Abnahmeverhältnisse, die sich z.B. infolge
der Laststeuerung einer Schematisierung entziehen und damit
einen realistischen internationalen Preisvergleich nennenswert
erschweren. Die auf nationaler Ebene ausgewiesenen Preise
stellen zudem reine Durchschnittswerte dar und erlauben damit
auch im innerstaatlichen Vergleich keinerlei Hinweis auf die
z.T. deutlichen regionalen Niveauunterschiede. Gleichwohl sollen innerhalb des Schaubilds 3.12 die für den Kreis der industriellen Großabnehmer ausgewiesenen Daten mangels genauerer
Angaben zum Vergleich herangezogen werden.

Deutlich zutage treten hierin die erheblichen Preisdifferenzen
zwischen den einzelnen EG-Mitgliedstaaten. Das mit 15,25 DM/
100 kwh höchste Preisniveau benachteiligt dabei die niederlän-

---

[1]Vgl. EG-Kommission, Bulletin of Energy Prices, No. 1/2-1985, Luxemburg
1985.

[2]Die betreffende Untersuchung bezieht sich im Industriebereich auf Abnehmer im mittleren Spannungsbereich mit vergleichbaren Abnahmeverhält-
nissen. Vgl. LANG, G., Problematik, Methoden und Anpassungsmöglichkeiten
beim Vergleich der Strompreise verschiedener Länder, in: Elektrizitäts-
wirtschaft, Heft 7, Jg. 83, 1984, S. 296 ff.

Schb. 3.12

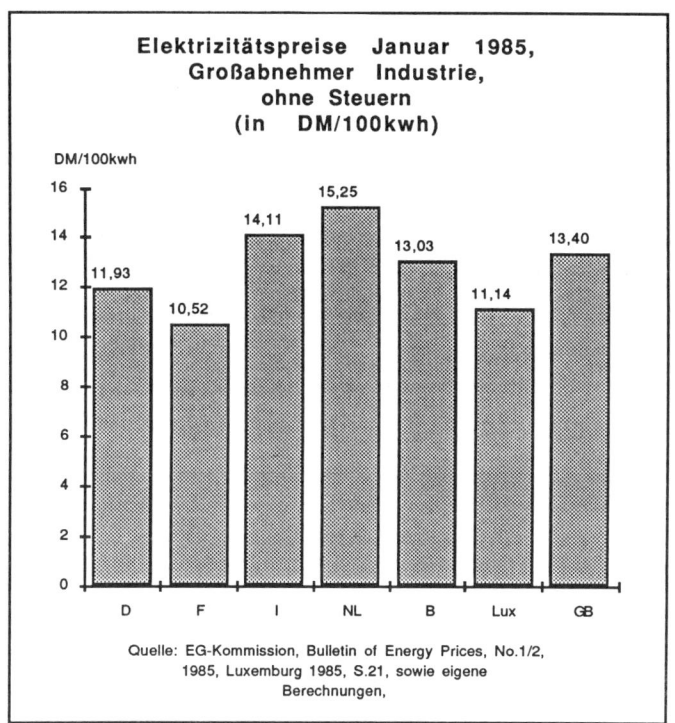

**Elektrizitätspreise Januar 1985,
Großabnehmer Industrie,
ohne Steuern
(in DM/100kwh)**

DM/100kwh

Quelle: EG-Kommission, Bulletin of Energy Prices, No.1/2,
1985, Luxemburg 1985, S.21, sowie eigene
Berechnungen,

dischen Industrieabnehmer in ihrer Wettbewerbsfähigkeit gegenüber den EG-Konkurrenten in z.T. extremer Weise. Von in etwa
mittlerem Niveau zeigt sich danach die Preisgestaltung in der
Bundesrepublik. Mit einem Preis von knapp 12 Pf/kwh ergeben
sich gegenüber den übrigen angeführten EG-Staaten Abweichungen
zwischen - 12 vH bzw. + 28 vH. Zu vermerken ist ebenso der
Umstand, daß im Rahmen dieser Auswahl das niedrigste Preisniveau (Frankreich) um rd. ein Drittel unter dem des höchsten
Preisniveaus (Niederlande) angesiedelt ist.

Der Faktor Arbeit

Neben den bisher genannten Aufwendungen für Energieträger und
Einsatzstoffe kommt als weiterem Faktor den Arbeitskosten eine
entscheidende Bedeutung zu. Inwieweit der Kostenfaktor Arbeit
in der Vergangenheit hier an Bedeutung gewonnen hat, macht dabei die Tatsache deutlich, daß sich, zumindest in der Bundesrepublik, insbesondere aufgrund überproportional gestiegener
Lohnnebenkosten deren Anteil an den Gesamtkosten innerhalb der
zurückliegenden zwanzig Jahre in etwa verdoppelt hat. Abgesehen von den ständig betriebenen Bemühungen zur Senkung des
spezifischen Energie- und auch sonstigen Stoffeinsatzes, kam
somit einem deutlich produktivitätsorientierten Beschäftigten-
einsatz ein in zunehmendem Maße entscheidender Stellenwert zu.

Seinen deutlichen Ausdruck findet dieser auch in den übrigen
EG-Mitgliedsländern zu verzeichnende Bedeutungszuwachs in der
Entwicklung des Verhältnisses von Belegschaft und Produktion.
Denn wie aus Schaubild 3.13 zu ersehen ist, stehen dem Beleg-
schaftsrückgang innerhalb der Gemeinschaft seit 1974 von
durchschnittlich 47 vH weit geringere Einbußen im Bereich der
Rohstahlproduktion mit einem Rückgang von durchschnittlich
etwa 23 vH gegenüber. Der Verlust von insgesamt rd. 375.000
Arbeitsplätzen verteilt sich dabei in erheblich voneinander
abweichender Form auf die großen EG-Stahlhersteller.

Mit etwa 135.000 Arbeitsplätzen verzeichnete die britische
Stahlindustrie seit 1974 die bei weitem umfangreichsten Ein-
schnitte. Wurde hier die Rohstahlproduktion bereits überdurchschnittlich um 29 vH gekürzt, büßten bis 1985 nahezu 70 vH der
noch 1974 beschäftigten Arbeitnehmer ihren Arbeitsplatz ein.
Umfangreiche Rückgänge, sowohl hinsichtlich der Beschäftigten
als auch der Produktionszahlen, weisen daneben die französischen und luxemburgischen Hersteller auf. Gestalten sich
hier die Belegschaftskürzungen bereits über EG-Durchschnitt,
so fällt allerdings die Rohstahlproduktion in diesen Fällen
noch weit stärker zurück. Demgegenüber zeichnen sich solche
Stahlnationen wie Italien oder auch die Niederlande durch im

Schb. 3.13

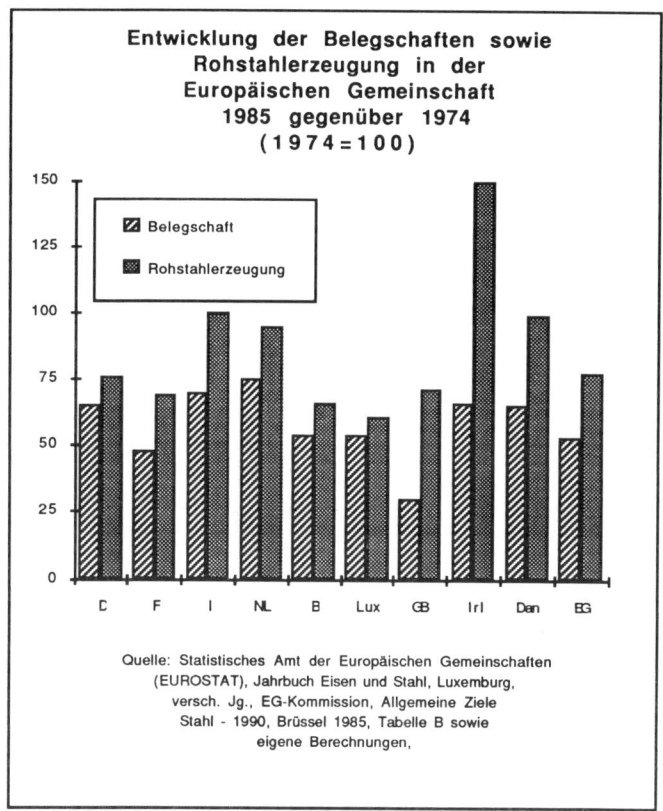

Entwicklung der Belegschaften sowie
Rohstahlerzeugung in der
Europäischen Gemeinschaft
1985 gegenüber 1974
(1974=100)

Quelle: Statistisches Amt der Europäischen Gemeinschaften
(EUROSTAT), Jahrbuch Eisen und Stahl, Luxemburg,
versch. Jg., EG-Kommission, Allgemeine Ziele
Stahl - 1990, Brüssel 1985, Tabelle B sowie
eigene Berechnungen,

Vergleich äußerst moderate Rückgänge aus. Doch selbst vor dem
Hintergrund, wenn auch bescheidener Produktionsausweitungen
oder zumindest nur geringer Rückgänge sahen sich auch jene
Stahlhersteller zu allerdings unterdurchschnittlichen Belegschaftskürzungen genötigt.

Vor dem Hintergrund eines sowohl konjunkturell als auch strukturell bedingten Beschäftigungsrückgangs bestand das Hauptan-
liegen europäischer Stahlhersteller u.a. in einer Reduzierung
des spezifischen Arbeitseinsatzes und solchermaßen in einer
nachhaltigen Kürzung des Personalaufwands. Ein Blick auf die
Entwicklung der Arbeitskosten pro Stunde, die unter Berücksichtigung der Lohnnebenkosten bei den bedeutenden EG-Stahl-
produzenten anfallen, läßt eine weitgehende Differenzierung

133

erkennen. Zum Vergleich stellt dazu das Schaubild 3.14[1] die
Entwicklung der jeweils in D-Mark umgerechneten durchschnittlichen Arbeitskosten in den Eisen- und Stahlindustrien dar,
wobei zusätzlich die Arbeitskosten der westdeutschen Hersteller für 1978 gleich 100 gesetzt werden.

Schb. 3.14

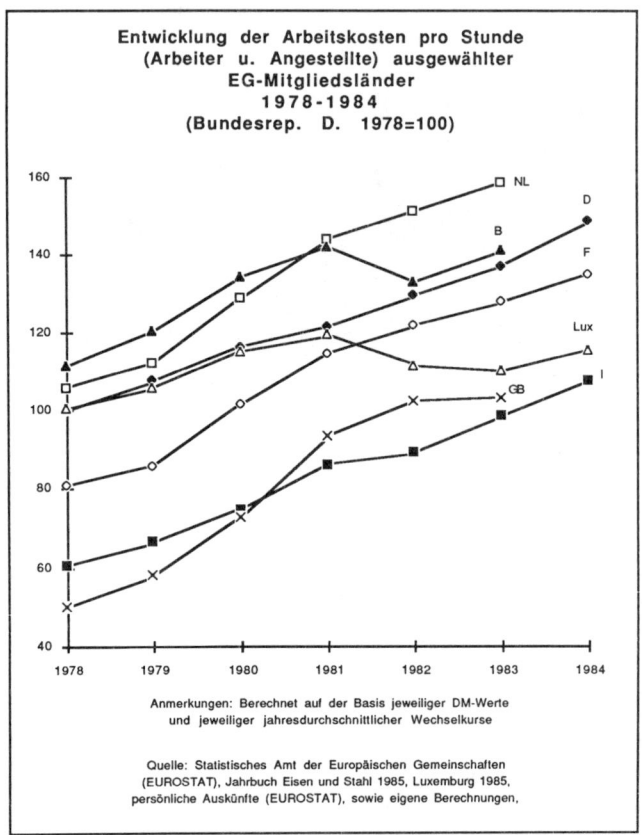

Entwicklung der Arbeitskosten pro Stunde
(Arbeiter u. Angestellte) ausgewählter
EG-Mitgliedsländer
1978-1984
(Bundesrep. D. 1978=100)

Anmerkungen: Berechnet auf der Basis jeweiliger DM-Werte
und jeweiliger jahresdurchschnittlicher Wechselkurse

Quelle: Statistisches Amt der Europäischen Gemeinschaften
(EUROSTAT), Jahrbuch Eisen und Stahl 1985, Luxemburg 1985,
persönliche Auskünfte (EUROSTAT), sowie eigene Berechnungen,

Zeigt sich nach dieser Rechnung auch eine m.E. in etwa gleich-
gerichtete Entwicklung in den EG-Mitgliedstaaten, so bleibt
die bereits für das Jahr 1978 zu verzeichnende breite Streuung
auch bis in die Gegenwart bestehen. Allerdings ergaben sich im

[1]Siehe daneben Tabelle 3.15 im Anhang dieser Untersuchung.

134

Verlaufe der Zeit doch einige deutliche Verschiebungen in der
Rangfolge der Kostenniveaus, die z.T. auch auf Veränderungen
in den Währungsparitäten zurückzuführen sind. Lagen solchermaßen die Aufwendungen pro Stunde in der belgischen Stahlindustrie im Jahre 1978 noch an der Spitze der Vergleichs-
länder, so bestreiten heute die niederländischen Hersteller
mit Abstand das höchste Kostenniveau. Eine im Vergleich deutliche Verbesserung der Kostenlage verzeichnet überdies die
Industrie Luxemburgs. Gegenüber einem Ausgangsniveau im Jahre
1978 in der Höhe des westdeutschen Kostenniveaus konnte der
Kostenanstieg in engen Grenzen gehalten werden, so daß neben
Italien und Großbritannien die nunmehr zu verzeichnenden Aufwendungen pro Stunde zu den niedrigsten innerhalb der Gemeinschaft zählen.

Gleichwohl erlauben die Angaben zu den Aufwendungen pro Arbeitsstunde noch keinen endgültigen Vergleich in bezug auf die
letztendlich maßgebliche Frage nach der Wettbewerbsstellung
und somit nach der Kostenbelastung in Abhängigkeit vom Pro-
duktionsergebnis. Erst die Einbeziehung der ebenfalls stark
unterschiedlichen Produktivitäten ermöglicht einen endgültigen
Kostenvergleich des Standortfaktors Arbeit. Allerdings ergeben
sich auch hier einige Besonderheiten, die der näheren Aufmerksamkeit bedürfen.

Hinsichtlich des Produktivitätsvergleichs sei zunächst auf die
Problematik eines häufig verwandten Meßkonzeptes, und zwar der
Rohstahl- bzw. Walzstahlerzeugung pro geleisteter Arbeitsstunde, verwiesen[1]. Erlauben sich danach auch hinreichend aussage-
kräftige Hinweise zur Produktivitätsentwicklung innerhalb der
jeweiligen nationalen Stahlindustrie, vermag diese Kenngröße
jedoch keine Auskunft über die Entwicklung der spezifischen
Leistungsfähigkeit im internationalen Vergleich zu geben. Abgesehen schon von dem Umstand, daß innerhalb der veröffentlichten Statistiken lediglich Angaben zu den Stammbelegschaft-

_____

[1] Zur Entwicklung dieser Produktivitätskennzahlen siehe Tabelle 3.16 im
Anhang dieser Untersuchung.

ten gemacht werden, wobei für einige europäische Hersteller in erheblichem Umfang auch Fremdfirmenkräfte Beschäftigung finden, ist es in erster Linie der folgende Aspekt, der noch zu weitaus deutlicheren Verzerrungen beiträgt. Angesichts EG-weit unterschiedlicher Produktionsstrukturen sei hier auf die Tatsache hingewiesen, daß der Arbeitseinsatz in der Herstellung von Edelstählen bis zu etwa 30 vH über dem Arbeitsvolumen für einfache Betonstahlqualitäten in der Elektrostahlerzeugung liegen kann. Insofern wird deutlich, welche Bedeutung sowohl der Qualitätsstruktur aber auch insbesondere der Verarbeitungstiefe im Herstellungsprozeß beizumessen ist und diese solchermaßen in einer Produktivitätsanalyse zu berücksichtigen, eine notwendige Voraussetzung darstellt.

Ein Verfahrensweg, der diese Problematik demgegenüber nicht aufwirft, bietet sich in der Berücksichtigung der Wertschöpfung pro Arbeitsstunde. Im Rahmen der vom Statistischen Amt der Europäischen Gemeinschaften (EUROSTAT) unternommenen koordinierten Jahreserhebung über die Tätigkeit der Industrien[1] in den EG-Mitgliedstaaten bietet sich dazu die geeignete Datengrundlage. Differenziert nach den verschiedenen Industriezweigen[2] werden hier auf nationaler Ebene Angaben zur Berechnung der verschiedenen Wertschöpfungs-Abgrenzungen erhoben.

Der zunächst nachteilige Begleitumstand, daß aufgrund des hohen Disaggregationsgrades lediglich jüngste Angaben für die Jahre 1981/82 vorliegen, relativiert sich allerdings durch das Vorliegen der gleichfalls in verwandter Abgrenzung zuletzt für das Jahr 1981 vom Statistischen Amt unternommenen Arbeitskostenuntersuchung[3]. Die darin ausgewiesenen durchschnittlich

---

[1]Vgl. Statistisches Amt der Europäischen Gemeinschaften (EUROSTAT), Struktur und Tätigkeit der Industrie, Koordinierte Jahreserhebung über die Tätigkeit der Industrien in den Mitgliedstaaten, Methoden und Definitionen, Luxemburg 1979.

[2]Vgl. Ders. Allgemeine Systematik der Wirtschaftszweige in den Europäischen Gemeinschaften (NACE), Luxemburg 1970.

[3]Vgl. Ders., Arbeitskosten 1981, Band 1 u. 2, Luxemburg 1984.

geleisteten Arbeitsstunden erlauben aufgrund des nahezu identischen Erhebungsbereichs[1] sowie derselben Wirtschaftszweig-
systematik[2] eine direkte Kombination mit den Wertschöpfungs-
bzw. Beschäftigungsangaben der bereits erwähnten koordinierten
Jahreserhebung über die Tätigkeit der Industrien. Insofern
vermittelt Tabelle 3.9 zunächst ein vergleichsweise realisti-

Tab. 3.9

PRODUKTIVITÄTSKENNZAHLEN der Stahlindustrien ausgewählter EG-Mitgliedstaaten
(Bundesrepublik Deutschland = 100)

	D	F	I	NL	B	Lux	GB
1981[1]	100,0	107,3	72,4	103,3[3]	119,1	104,5	75,5
1984[2]	100,0	101,0	73,2	94,1	108,5	135,4	95,0

Anmerkungen: 1 Berechnet auf der Basis der Wertschöpfung pro Arbeitnehmerstunde.
2 Fortschreibung der 1981er Werte auf der Basis der Entwicklung von
Rohstahl- bzw. Walzstahlerzeugung pro Arbeitnehmerstunde.
3 Berechnet auf der Basis der Rohstahl- bzw. Walzstahlerzeugung pro
Arbeitnehmerstunde in Relation zur bundesdeutschen Stahlindustrie.

Quelle: Statistisches Amt der Europäischen Gemeinschaften (EUROSTAT), zur
Verfügung gestellte Angaben im Rahmen der Erhebung zur Struktur und
Tätigkeit der Industrie; ders., Arbeitskosten 1981, Bd. 1 und 2,
Luxemburg 1983; ders., Jahrbuch Eisen und Stahl, versch. Jg. sowie
eigene Berechnungen.

[1]Im Gegensatz zur Arbeitskostenuntersuchung, deren Erhebungsbereich sich
auf Betriebe mit 10 und mehr Beschäftigten erstreckt, berücksichtigt die
koordinierte Jahreserhebung über die Tätigkeit der EG-Industrien Betriebe mit 20 und mehr Beschäftigten, deren Haupttätigkeit ebenso in eine der
(dreistelligen) Gruppen der allgemeinen Systematik der Wirtschaftszweige
in den Europäischen Gemeinschaften (NACE) fällt. Die Vergleichbarkeit
ergibt sich dabei aufgrund der Tatsache, daß die Unternehmen innerhalb
der Eisen- und Stahlindustrie durchweg durch Großbetriebe gekennzeichnet
sind.

[2]Vgl. Statistisches Amt der Europäischen Gemeinschaften (EUROSTAT), Allgemeine Systematik der Wirtschaftszweige in den Europäischen Gemeinschaften
(NACE), a.a.O..

sches Abbild der für das Jahr 1981 gegebenen relativen Produktivitätsstellung der bedeutenden EG-Stahlhersteller[1].

Deutlich zutage tritt dabei die doch erhebliche Bandbreite der spezifischen Leistungserstellung. Um ein Mittelfeld, gebildet aus den westdeutschen sowie niederländischen[2] und luxemburgischen Herstellern, gruppieren sich 1981 die übrigen Produzenten mit z.T. deutlichen Abweichungen. Mit einer gegenüber den westdeutschen Stahlherstellern etwa um eine Viertel geringeren Leistungsfähigkeit bilden danach die italienische wie auch die britische Stahlindustrie das Ende der Rangskala. Demgegenüber zeichnen sich die französischen und insbesondere die belgischen Hersteller durch eine im Vergleich zur Bundesrepublik mehr oder weniger deutlich höhere Wertschöpfung pro Arbeitsstunde aus.

Die darüber hinaus in Tabelle 3.9 aufgeführten Werte für das Jahr 1984 sind aufgrund mangelnder Daten nicht direkt zu ermitteln. Diese ergeben sich vielmehr auf der Grundlage der 81er Werte durch Fortschreibung entsprechend der jeweils inländischen Produktivitätsentwicklung. Wie bereits erwähnt, zeigen sich hier die Kennzahlen zur Entwicklung der Roh- bzw. Walzstahlerzeugung pro Arbeitsstunde[3] als für den jeweiligen nationalen Vergleich hinreichend geeignet. Wie sich zeigt, er-

---

[1]Zur weitestmöglichen Beschränkung des Produktionsergebnisses auf die tatsächliche Leistungserstellung beruhen im Hinblick auf die gegebene Datenlage die hier für 1981 verwandten Angaben zur Wertschöpfung auf dem Konzept der Bruttowertschöpfung zu Marktpreisen abzüglich der Mehrwertsteuer. Vgl. dazu Statistisches Amt der Europäischen Gemeinschaften (EUROSTAT), Struktur und Tätigkeit der Industrie, Methoden und Definitionen, a.a.O., S. 30.

[2]Aufgrund mangelnder Daten ist im Falle der niederländischen Stahlindustrie auf die Rohstahl- bzw. Walzstahlproduktion pro Arbeitnehmerstunde im Vergleich zur westdeutschen Eisenschaffenden Industrie zurückzugreifen.

[3]An dieser Stelle sei auf den mit Ausnahme der Niederlande in sämtlichen genannten Mitgliedsländern nahezu parallelen Verlauf beider Kenngrößen seit 1978 hingewiesen. Im Hinblick auf die abzuleitenden Arbeitskosten pro Tonne Walzstahlfertigprodukt sei sich im folgenden auf die Angaben zur Walzstahlproduktion pro Stunde zu beschränken.

geben sich danach in der Zeitspanne zwischen 1981 und 1984
einige wesentliche Veränderungen in der relativen Produktivitätsstellung. Aufgrund der im Vergleich nur unterdurchschnittlichen Fortschritte in der Produktivitätsentwicklung
vermochten die französischen und niederländischen sowie vornehmlich die belgischen Hersteller ihre Position nicht zu behaupten. Eine deutliche Verbesserung ihrer Stellenwerte erfuhren demgegenüber die britische Stahlindustrie sowie insbesondere die luxemburgischen Produzenten, die ihrerseits aufgrund eines weit überdurchschnittlichen Produktivitätszu-
wachses nunmehr eindeutig die Spitzenstellung bekleiden.

Schb. 3.15

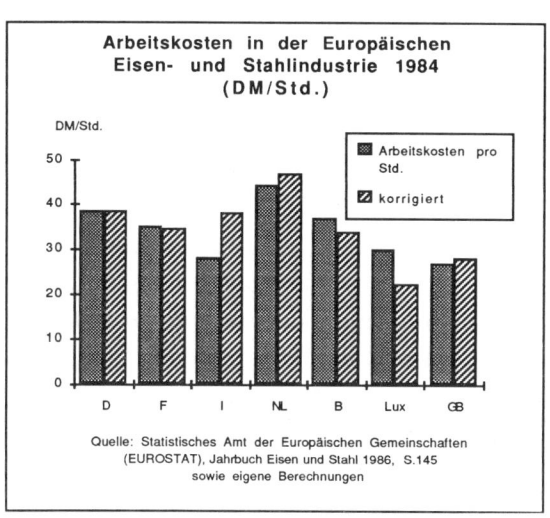

Quelle: Statistisches Amt der Europäischen Gemeinschaften
(EUROSTAT), Jahrbuch Eisen und Stahl 1986, S.145
sowie eigene Berechnungen

Damit bietet sich nun unmittelbar die Möglichkeit zu einem direkten Arbeitskostenvergleich des Jahres 1984[1], und zwar auf

---

[1]Die für das Jahr 1984 im Falle der Niederlande vom Statistischen Amt
nicht ausgewiesenen Angaben zu den Arbeitskosten ergeben sich hier näherungsweise auf der Basis der 1983 im Verhältnis zur Bundesrepublik bestehenden Relationen. Wie das Beispiel der übrigen EG-Mitgliedstaaten
zeigt, ergeben sich auch hier für das Jahr 1984 ähnliche Relationen wie
für 1983. Darüber hinaus gilt es den Umstand zu berücksichtigen, daß aus
der Heranziehung der Arbeitskosten für das Jahr 1983 im Rahmen der an
späterer Stelle zu unternehmenden Gesamtkostenanalyse eine nur noch
deutlichere Unterrepräsentierung des Standortfaktors Arbeit resultieren
würde.

der Basis der tatsächlichen spezifischen Leistungserstellung.
Zur Verdeutlichung verzeichnet Schaubild 3.15 die jeweiligen
nationalen Arbeitskosten sowohl mit als auch ohne Berücksichtigung der Leistungskomponente. Vornehmlich in den beiden Fällen Italiens und Luxemburgs lassen sich die Auswirkungen der
Produktivitätsentwicklung deutlich ausmachen. Die bereits im
Vergleich niedrigen absoluten Arbeitskosten in der Stahlindustrie Luxemburgs erfahren auf der Basis einer für das Jahr
1981 in etwa durchschnittlichen Produktivität nunmehr eine
deutliche Reduzierung durch die seither zu verzeichnenden
überdurchschnittlichen Produktivitätsfortschritte.

Anders im Falle Italiens. Hier erfährt das an sich niedrige
Arbeitskostenniveau eine deutliche Steigerung, und zwar nicht
aufgrund etwa bestehender Nachteile in der Entwicklung der
spezifischen Leistungsfähigkeit, sondern des bereits 1981 weit
unterdurchschnittlichen Produktivitätsniveaus. In ganz ähnlicher Weise trifft es dabei die niederländischen Hersteller.
Nehmen diese schon in den absoluten Arbeitskosten pro Stunde
eindeutig die Spitzenposition ein, so ergibt sich noch zusätzlich die Notwendigkeit einer Korrektur nach oben. Bei einem
etwa durchschnittlichen Produktivitätsniveau im Jahre 1981
reichten einfach die seither betriebenen Bemühungen zur Pro-
duktivitätssteigerung nicht für eine Stärkung der relativen
Wettbewerbsstellung aus. Ganz im Gegenteil, die doch eher unterdurchschnittlichen Produktivitätsfortschritte haben hier in
Verbindung mit den seither zu verzeichnenden Kostensteigerun-
gen zu einer weiteren Verschlechterung der relativen Wettbewerbsstellung beigetragen.

§ 4   Regionale Unterschiede nachfrageorientierter
           Faktoren

Determinanten des Stahlverbrauchs

Neben den Aufwendungen für den reinen Herstellungsprozeß
stellt der Absatz der verschiedenen Halb- und Fertigerzeugnisse aufgrund seiner spezifischen Besonderheiten einen seit jeher bedeutenden Faktor für den wirtschaftlichen Betrieb der
Hüttenindustrie dar[1]. Insofern zeichnen sich die in der Vergangenheit größtenteils auf der Basis eines reinen Produk-
tionskostenvergleichs erstellten Standortuntersuchungen streng-
genommenen nicht durch ein hinreichend umfassendes Unter-
suchungsspektrum aus[2]. Denn gerade der Umstand, daß im Falle
der Stahlindustrie nicht von einer ausgeprägten Absatzorientierung gesprochen werden kann und zudem der Frachtkostenbelastung der Fertigprodukte aufgrund höherer Transporttarife
ein maßgeblicher Stellenwert zukommt, macht gerade auch die
Einbeziehung dieses Komplexes unumgänglich.

Angesichts dieses Bedeutungsgrades wird es mithin Aufgabe der
sich nunmehr anschließenden Ausführungen sein, die für die
Fragestellung diesbezüglich relevanten Zusammenhänge einer
näheren Betrachtung zu unterziehen. Zielsetzung wird es dabei
weniger sein, die Nachfrage nach den Erzeugnissen der Eisen-
und Stahlindustrie in absoluten Größenordnungen abzuschätzen.
Vielmehr gilt es, an dieser Stelle eine Systematik zu entwik-

---

[1]Aus diesem Grunde verwundert es kaum, daß speziell die Absatzkomponente
in der Vergangenheit einer ganzen Reihe von wissenschaftlichen Untersuchungen als Grundlage diente. Erinnert sei in diesem Zusammenhang z.B.
an die folgenden Studien: FABER, J.P., Strukturuntersuchungen der Produktion und des Verbrauchs von Stahl in der Bundesrepublik Deutschland,
Diss. Aachen, 1976; FEGER, F.P., Der Edelstahlabsatz, Diss. Köln, 1971;
BARICH, D., Markt und Absatz der Massenstahl- und der Edelstahlindustrie,
Diss. Mannheim, 1959; LAMMERT, F., Das Verhältnis zwischen der Eisen
schaffenden und der Eisen verarbeitenden Industrie seit dem zweiten
Weltkrieg, Diss. Köln, 1960; u.a.m.

[2]Bereits KUNZE verweist auf den Umstand, daß nur in einer geringen Auswahl
von Fällen allein die Einstandskosten der Produktion eine erschöpfende
Aussage zur Standortgüte zulassen. Vgl. KUNZE, H.-J., a.a.O., S. 73.

keln, die es erlauben wird, die für den Vergleich heranzuziehende spezifische Transportkostenbelastung jeweiliger EG-
Standorte abzuleiten. Die sich in sowohl qualitativer[1] wie
auch quantitativer Hinsicht äußerst heterogen darstellende
geographische Verteilung der Nachfrage bildet dabei die zu
erarbeitende Grundlage eines Gewichtungsschemas, mit dessen
Hilfe die Vergleichbarkeit einer Vielzahl von Transportrelationen wie auch schließlich den damit verbundenen -kosten her-
beigeführt werden soll.

Der weitere Gang der Untersuchung wird es dabei nötig machen,
zwischen der Nachfrage durch die Europäische Gemeinschaft
selbst und der Drittlandsnachfrage zu differenzieren. Um einerseits dem Drittlandsabsatz, und solchermaßen der Standortgüte der hierin zweifellos bevorteilten Küstenstandorte, keinen unangemessenen Stellenwert beizumessen, bieten sich im
Falle der Drittlandsausfuhren sinnvollerweise die in der jüngeren Vergangenheit durchschnittlich getätigten EG-Exporte als
Grundlage an.

Im Hinblick auf die EG-Nachfrage selbst würde zwar eine ana-
loge Vorgehensweise für eine Verwendung des EG-Eigenbeitrages
an der EG-Marktversorgung[2] sprechen. Doch verhindert bereits
der Umstand, daß Angaben zur regionalen Aufgliederung der EG-
Drittlandsimporte lediglich auf nationaler Ebene vorliegen und
somit die mangelnde Tiefe der regionalen Gliederung zwangsläufig zu Verzerrungen der darauf aufbauenden Schätzungen zur
Nachfragestruktur führen müßte, eine derartige Vorgehensweise.
Daneben sind es aber insbesondere die folgenden Aspekte, die

---

[1]"Qualitativ" ist in diesem Zusammenhang in zweierlei Hinsicht zu verstehen. Zum einen gliedert sich die Nachfrage in die verschiedenen Erzeugnisse bzw. Erzeugnisgruppen, während sich andererseits der Absatz auf
eine Reihe zu unterscheidender Wirtschaftszweige verteilt.

[2]Die Marktversorgung mit Rohstahl oder auch der sichtbare Stahlverbrauch
(EGKS-Erzeugnisse) berechnet sich als: Rohstahlerzeugung + Schrottver-
brauch in den Walzwerken + direkte Nettoeinfuhr ± Lagerbewegungen bei
Werken und Händlern. Vgl. dazu Statistisches Amt der Europäischen Ge-
meinschaften (EUROSTAT), Erläuterungen Eisen und Stahl, Luxemburg 1981,
S. 20.

eher eine Verwendung des Marktversorgungskonzeptes an dieser Stelle sinnvoll erscheinen lassen.

So spricht z.B. einiges für die Überlegung, daß im Falle einer sowohl optimalen Standortwahl wie auch Anlagenausstattung, unter der Voraussetzung einer wirtschaftlichen Kapazitätsauslastung, bisher für die EG-Stahlhersteller verlorengegangenes Terrain im Bereich der EG-Marktversorgung wieder zurückgewonnen werden könnte. Denn von Ausnahmen[1] abgesehen, erwachsen für eine Vielzahl von Herstellern Wettbewerbsnachteile aufgrund einer suboptimalen Kombination von Standort, Produktpalette und Anlagenausstattung bzw. -auslastung[2]. Einmal ganz davon abgesehen, daß die Distribution der EG-Stahlproduktion teilweise auf traditionellen Lieferbeziehungen beruht und somit nicht unbedingt ausschließlich wirtschaftlichen Kriterien unterliegt.

Ergibt sich solchermaßen die Möglichkeit für eine Ausweitung der Anteile an der EG-Marktversorgung, so bestehen gleichermaßen einige Gründe für eine derartige Notwendigkeit. Vor dem Hintergrund einer auch weltweit nur verhaltenen Dynamik in der Stahlnachfrage sei hier an die zunehmenden Absatzschwierigkeiten auf den Weltmärkten erinnert, wenn nicht gar an die wachsende Neigung zu protektionistischen Maßnahmen[3]. Zu denken ist hier nicht nur an traditionelle Stahlhersteller wie etwa die

---

[1] Wie die Untersuchung von GROßMANN, J.R. zeigt, erweist sich u.U. der Bezug von Roheisen und Rohstahl aus Überseeländern auch für günstig gelegene EG-Standorte als vorteilhaft. Vgl. dazu GROßMANN, J.R., Technische und wirtschaftliche Faktoren der partiellen Versorgung westeuropäischer Warmbreitbandstraßen mit überseeisch erzeugtem Halbzeug, Europäische Hochschulschriften, Reihe V, Bd. 306, 1981.

[2] Vgl. u.a. WETTIG, E., Die Stahlindustrie in der Europäischen Gemeinschaft, Derzeitige Situation und Aussichten für die Zukunft, in: Vierteljahreshefte zur Wirtschaftsforschung, Heft 3, 1985, S. 333 f sowie Kommission der Europäischen Gemeinschaften, Allgemeine Ziele Stahl - 1990, Brüssel 31.7.1985, S. II 5 f.

[3] Vgl. Kommission der Europäischen Gemeinschaften, Allgemeine Ziele Stahl - 1990, a.a.O., S. II 5 ff.

Vereinigten Staaten[1] oder die Europäische Gemeinschaft selbst[2]. Zum Schutze ihrer eigenen im Aufbau befindlichen Stahlindustrie bedienen sich eine ganze Reihe von Entwicklungs- bzw. Schwellenländern einer Beschränkung ihrer Importe auf die Differenz zwischen der inländischen Nachfrage und dem Inlandsangebot. In all den genannten Fällen läßt dabei die Zukunft kaum eine nennenswerte Verbesserung der Exportmöglichkeiten erwarten. In dem Maße nämlich, wie die Ursachen der protektionistischen Maßnahmen tatsächlich fortfallen[3], erwächst den europäischen Herstellern zwangsläufig eine Konkurrenz, die nunmehr aus eigener Kraft in der Lage sein dürfte, die in der Zwischenzeit angestammten Absatzmärkte zu verteidigen.

Gerade der Kreis der Entwicklungs- bzw. Schwellenländer bildet ein Beispiel dafür, inwieweit den traditionellen Herstellern hier ein Konkurrenzpotential gegenübersteht. Gilt dies zunächst auch weniger für die besonders technologieintensiven Bereiche, so handelt es sich zumindest in der Herstellung von Massenstählen bereits heute um eine derart ausgereifte Technologie, daß z.B. dem Bedarf an hochqualifiziertem Personal, dem bisherigen Engpaßfaktor, nicht mehr eine derart entscheidende Bedeutung wie noch in der Vergangenheit zukommt. In Anbetracht der gerade auf der Rohstoffseite so ausgeprägten Transportko-

---

[1]Vgl. u.a. Rheinisch Westfälisches Institut für Wirtschaftsforschung (RWI), Stahlkrise - Ist der Staat gefordert?, Berlin 1985; MESTMÄKER, E.-J., Europäische Kartellpolitik auf dem Stahlmarkt, aus der Reihe: Wirtschaftsrecht und Wirtschaftspolitik, (Hrsg.) Mestmäker E.-J. Bd. 72, Baden Baden 1983 sowie STOTZ, R., Die EG-Stahlkrise im Lichte der Wirtschaftsverfassung des EGKS-Vertrages, aus der Reihe: Wirtschaftsrecht und Wirtschaftspolitik, (Hrsg.) Mestmäker E.-J., Bd. 73, Baden Baden 1983.

[2]Vgl. u.a. ORTMAYER, L.L., Conflict in Steel: Transatlantic Responses to an Industry in Crisis, Paper presented to the 26th Annual Convention of the International Studies Association, Washington 1985 sowie HARRIS, A.W., U.S. Trade Problems in Steel - Japan, West Germany & Italy, New York 1983.

[3]Zu denken ist hier z.B. an die vergleichsweise überalterte oder doch zumindest weniger konkurrenzfähige Anlagenausstattung der US-Stahlindustrie oder auch die noch im Aufbau befindlichen Stahlindustrien in einigen Schwellenlängen.

stenempfindlichkeit der Eisen- und Stahlerzeugung bieten überdies die u.U. vorhandenen Rohstoffvorkommen einen natürlichen
Wettbewerbsvorteil dieser Ländergruppe und damit den Anstoß
zum Auf- bzw. Ausbau der ersten Verarbeitungsstufe, um solchermaßen eine Erhöhung der inländischen Wertschöpfung zu realisieren. Weitere Vorteile erwachsen aus den mitunter geringeren Energiekosten und dem vergleichsweise niedrigeren Lohnni-
veau, wobei allerdings eine zumeist nur mangelhafte Infrastruktur sowie die im Vergleich doch geringere Arbeitsproduk-
tivität die Vorteilhaftigkeit bisher erheblich relativiert
haben.

Gleichwohl lassen sich für die Europäische Gemeinschaft einige
Vermutungen für die zukünftigen Handelsbeziehungen ableiten. So
wird davon auszugehen sein, daß ebenso wie andere traditionelle
Stahlhersteller auch die EG-Stahlindustrie in Zukunft eine
weitere Beschneidung ihrer Absatzmöglichkeiten in den weniger
entwickelten Ländern wird hinnehmen müssen. Dürfte dies auch
zunächst weniger für Spezialstähle gelten, so doch vermehrt für
die Bereiche geringerer Qualitäten, und zwar in dem Maße, wie
der Ausbau in den noch jungen Stahlindustrien diese in die Lage
versetzen wird, die Lücke zwischen Eigenbedarf und Inlands-
produktion zu schließen oder sogar eine Belieferung der Welt-
märkte nach sich zu ziehen[1]. Wie jedoch die Entwicklung in den
bereits fortgeschrittenen Volkswirtschaften aufzeigt, kommt dem
Spezial- und Edelstahlabsatz nicht eine derart entscheidende
Bedeutung zu, um auch nur annähernd für eine Kompensation der
bisher verlorenen und wohl auch zukünftig einzubüßenden Absatzmöglichkeiten im Bereich einfacherer Qualitäten zu sorgen.

Vor dem Hintergrund dieser Entwicklungstendenzen läge nun die
Vermutung nahe, eine stärkere Konzentration auf die indirekte

---

[1]Gemeint sind hier in erster Linie Schwellenländer wie etwa Brasilien,
Indien, Korea oder auch Taiwan.

Stahlausfuhr[1] und damit auf die Nachfrage der stahlverarbeitenden Industrien innerhalb der Europäischen Gemeinschaft könnte u.U. für Abhilfe sorgen. Für eine derartige Sichtweise scheinen dabei zunächst die Ausführungen der EG-Kommission im Rahmen der "Allgemeinen Ziele Stahl - 1985"[2] zu sprechen. Aus der hier unternommenen Gegenüberstellung von Roheisen- und Rohstahlexporten einerseits und den Ausfuhren einer Reihe ausgewählter stahlintensiver Güter andererseits gelangt die Kommission für die Gemeinschaft, die Vereinigten Staaten wie auch Japan zur Ableitung einer speziellen Industriestrategie. Diese sei darin begründet, diejenigen stahlintensiven Güter bei der Ausfuhr vorrangig zu berücksichtigen, die sich durch einen im Vergleich höheren Mehrwert und solchermaßen durch eine größere Verarbeitungstiefe auszeichnen.

Allerdings ist diese Feststellung im Rahmen des an dieser Stelle zu analysierenden Problemkreises nur von vergleichsweise geringerem Aussagewert. Versucht man nämlich, den abgeleiteten Sachverhalt für die Europäische Gemeinschaft auf eine Betrachtung in Rohstahlgewicht zu übertragen - und dies ist schließlich die für die vorliegende Fragestellung entscheidende Sichtweise -, so ergibt sich keine derart eindeutige Entwicklungslinie. Schaubild 4.1 verdeutlicht dabei die Entwicklung der in diesem Zusammenhang relevanten Indices.

Die Vermutung eines relativen Bedeutungszuwachses des indirekten gegenüber dem direkten Stahlexport findet dabei nur eingeschränkt ihre Bestätigung. Abgesehen von den starken Schwankungen beider Indexreihen, ergibt sich offensichtlich nur für den Zeitraum von 1974 bis etwa 1978 ein deutlicher Bedeutungs-

---

[1]Im Gegensatz zum Begriff des direkten Stahlaußenhandels, d.h. dem Außenhandel mit EGKS-Erzeugnissen, setzt sich der indirekte Außenhandel aus den Ein- und Ausfuhren von Erzeugnissen der stahlverarbeitenden Industrien zusammen. Zur Berechnungsmethode siehe Statistisches Amt der Europäischen Gemeinschaften (EUROSTAT), Erläuterungen Eisen und Stahl, a.a.O., S. 19.

[2]Kommission der Europäischen Gemeinschaften, Allgemeine Ziele Stahl - 1985, Brüssel 22.4.1983, S. 28 f.

Schb. 4.1

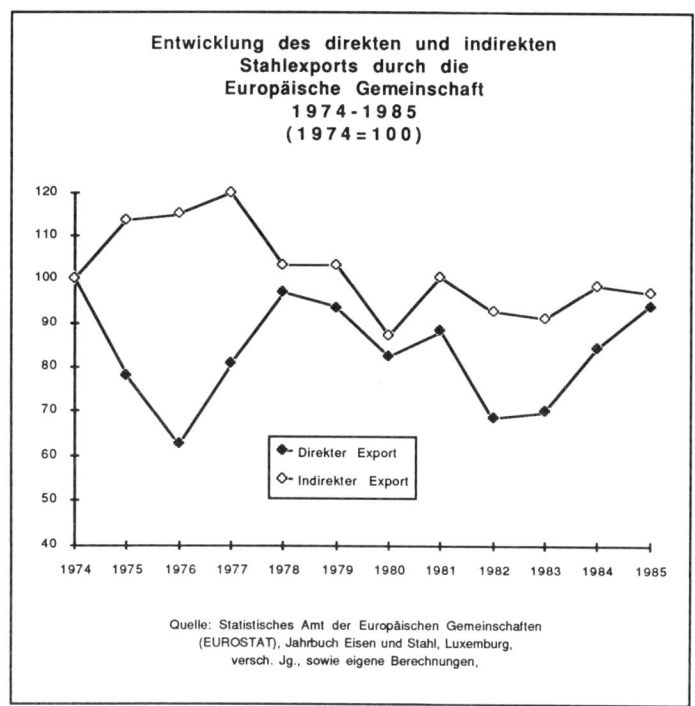

**Entwicklung des direkten und indirekten
Stahlexports durch die
Europäische Gemeinschaft
1974-1985
(1974=100)**

Direkter Export
Indirekter Export

1974 1975 1976 1977 1978 1979 1980 1981 1982 1983 1984 1985

Quelle: Statistisches Amt der Europäischen Gemeinschaften
(EUROSTAT), Jahrbuch Eisen und Stahl, Luxemburg,
versch. Jg., sowie eigene Berechnungen.

unterschied zwischen beiden Größen. Nivelliert sich dieser
annähernd vollständig im Jahre 1980, erwächst daraufhin erneut ein relativer Bedeutungszugewinn der indirekten Ausfuhr.
Wie aber der Verlauf beider Reihen in den letzten Jahren
zeigt, kann nicht unbedingt von einer nachhaltig stetigen Tendenz zur Bedeutungszunahme des indirekten Stahlexports gegenüber den direkten Ausfuhren gesprochen werden. Gleichwohl
zeigt sich insgesamt in Zeiten rückläufiger direkter Lieferungen eine demgegenüber doch deutlich beständigere Entwicklung des indirekten Drittlandsabsatzes.

Eine Reihe ausgewählter EG-Außenhandelsrelationen verdeutlicht diese Entwicklungslinien in etwas abgewandelter Form
(siehe Schaubild 4.2). Zunächst sei hier auf den Verlauf der

147

sogenannten direkten Exportquote (DEQ)[1] verwiesen. Diese bemißt sich als Anteil der direkten Stahlausfuhren an der inländischen bzw. in diesem Fall, der innergemeinschaftlichen Produktion[2] (jeweils gemessen in Rohstahlgewicht). Verläuft diese
Kenngröße seit 1960 auch insgesamt mit deutlich ansteigender
Tendenz, so zeigt sich diese Entwicklung im Anschluß an das
Tief der Jahre 1975/77 doch nur von weit geringerer Deut-

Schb. 4.2

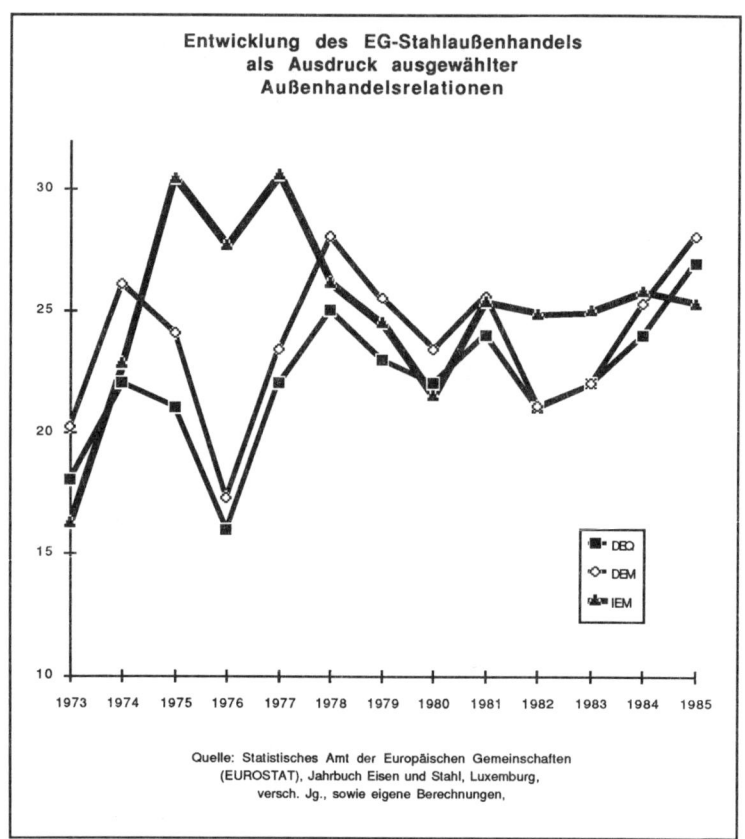

[1]Vgl. LOMMEL, A., Der indirekte Stahlaußenhandel und der Stahlverbrauch
von ausgewählten Schwellenländern, Diss. Aachen, 1982, S. 10 f.

[2]Vgl. Statistisches Amt der Europäischen Gemeinschaften (EUROSTAT), Statistisches Jahrbuch Eisen und Stahl, Luxemburg 1985, Tabelle 5.1, Fußnote
(3).

lichkeit. Dies gilt insbesondere für die Jahre nach 1978, d.h.
einer Phase schwankender Produktionsniveaus mit deutlich wech-
selnden Ausfuhranteilen.

Ein ganz ähnliches Bild zeigt sich im Verhältnis von direkter
Ausfuhr und EG-Binnenverbrauch (DEM). Als Quotient von direkter Ausfuhr und EG-Marktversorgung vermittelt diese Größe
einen Eindruck von der Bedeutung des (direkten) Drittlandsabsatzes im Vergleich zum Umfang des gesamten EG-Binnenmarktes.
Wie das Schaubild 4.2 aufzeigt, verläuft die Entwicklung auch
dieser Kennziffer, zumindest nach dem drastischen Rückgang in
den Jahren 1975/77, ebenso ohne eindeutige Tendenz.

Zur Vervollständigung des Bildes zeigt Schaubild 4.2 überdies
auf, inwieweit der Bereich der indirekten Stahlausfuhren betroffen ist. Die hier heranzuziehende indirekte Exportquote
(IEM) weist dabei den Anteil der indirekten Stahlexporte an
der EG-Marktversorgung (jeweils gemessen in Rohstahlgewicht)
aus und spiegelt damit den Grad der Außenhandelsverflechtung
über die verschiedenen Zweige der stahlverarbeitenden Industrie wider. Zwar konnten danach in Zeiten stark rückläufiger
Direktausfuhren deutliche Zuwächse der indirekten Lieferungen
für einen, wenn auch nur mäßigen Ausgleich sorgen. Mit den
Jahren 1977/78 setzte hier jedoch ein Wandel ein, der, nach
einem zunächst deutlichen Rückgang der indirekten Lieferungen
(1980), eine in den letzten Jahren vergleichsweise konstante
Tendenz aufweist (1981-1985).

Angesichts dieser Entwicklungsmuster und in Verbindung mit den
angeführten Überlegungen zu den Exportaussichten erwächst
förmlich die Notwendigkeit für eine zukünftig verstärkte Konzentration des Absatzes europäischer Hersteller auf den EG-
Raum. Für den weiteren Verlauf der Untersuchung rechtfertigt
sich damit die Absicht, die Abgrenzung des EG-Absatzmarktes
unter Verwendung des Konzeptes der Marktversorgung vorzunehmen. Allerdings darf in diesem Zusammenhang nicht übersehen
werden, daß nicht nur die Produktionsbedingungen, sondern auch
die Absatzmöglichkeiten in der Europäischen Gemeinschaft einem

erheblichen Wandel unterzogen waren. Die Erfahrungen seit etwa
Anfang der 70er Jahre zeigen mit aller Deutlichkeit, daß die
nur verhaltene Nachfrage neben den angesichts zweier Ölpreisschocks rezessionsbedingten starken Einbußen auf z.T. erhebliche strukturelle Nachfrageveränderungen zurückzuführen ist[1].

So vermochte der Stahlboom von 1973/74 lediglich kurzfristig
die sich bereits in den 60er Jahren vereinzelt abzeichnende
Problematik zu verdecken. Der noch in den Jahren vor 1974 geltende enge Zusammenhang zwischen dem Wachstum des realen
Bruttoinlandsproduktes und dem Stahlverbrauch verlor damit
seine ursprüngliche Geltung. Unterstellt man nämlich auf der
Basis der tatsächlichen Wachstumsraten für das reale Bruttoinlandsprodukt den noch für die Jahre zwischen 1960 und 1974
geltenden Zusammenhang, so ergibt sich für die Europäische
Gemeinschaft in dem Zeitraum seit 1974 eine zunehmend größere
Differenz zwischen dem geschätzten und dem tatsächlichen Ausmaß des Stahlkonsums[2].

Diese Diskrepanz erklärt sich aus dem für die Europäische Gemeinschaft wie auch andere hochentwickelte Industriewirtschaf-
ten seit Beginn der 70er Jahre in nunmehr deutlicher Form zu
verzeichnenden Rückgang des spezifischen Stahlverbrauchs[3]. Zu
einem Großteil ist dieser Rückgang in der Stahlintensität des
Bruttoinlandsproduktes (siehe Schaubild 4.3) auf jeweilige
intersektorale Anteilsverschiebungen im Rahmen des Entwicklungsprozesses einer Volkswirtschaft zurückzuführen. Läßt der
zu Beginn des Industrialisierungsprozesses erforderliche hohe

---

[1]Vgl. JÜRGENSEN, H., Anpassungsprobleme der deutschen Stahlindustrie -
Ursachen und Lösungschancen, in: Probleme der Ordnungs- und Struktur-
politik, Festschrift für Seidenfus, H.St., (Hrsg.) EWERS, H.-J., SCHU-
STER, H., Münster 1984, S. 113 ff.

[2]Vgl. dazu die Ausführungen von PORSCHEN, D., HEINEMANN, W., Auswirkungen
der europäischen Stahlkrise auf das Land Bremen, in: Bremer Zeitschrift
für Wirtschaftspolitik, (Hrsg.) Bremer Ausschuß für Wirtschaftsforschung,
Heft 3/4, 1982, S. 33 ff.

[3]Der spezifische Stahlverbrauch errechnet sich aus dem Verhältnis von
sichtbarem Stahlverbrauch und realem Bruttoinlandsprodukt.

150

Anteil infrastruktureller sowie produktionstechnischer Auf-
und Ausbaumaßnahmen den Stahlverbrauch noch überproportional
anwachsen, schwächt sich in der Folge die Bedeutung stahlintensiver Produktionen mit zunehmendem Entwicklungsgrad der
Volkswirtschaft mehr und mehr ab[1]. Mit zunehmender "Reife"
einer Volkswirtschaft verlagert sich so die Produktion auf
weniger stahl- als vielmehr Know-How-intensive Erzeugnisse wie

Schb. 4.3

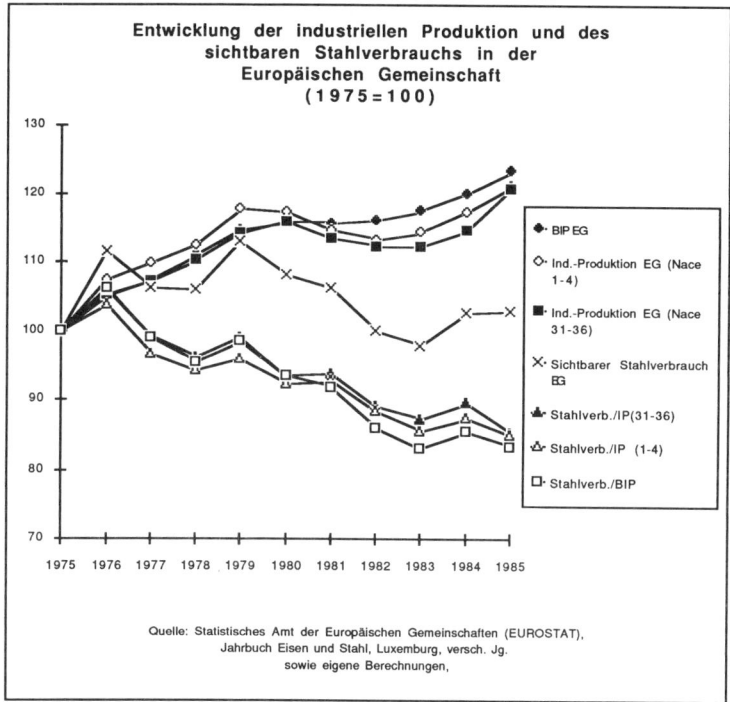

_____

[1]Eine empirische Untersuchung dieser Zusammenhänge unternimmt u.a. WIE-
NERT, H., Zum Einfluß der wirtschaftlichen Entwicklung in verschiedenen
Regionen der Welt auf das Wachstum des Stahlverbrauchs bis 1990, in: Mit-
teilungen des Rheinisch-Westfälischen Instituts für Wirtschaftsforschung
(RWI), Jg. 30, Essen 1979, S. 82 f.

auch insgesamt der Beitrag des Dienstleistungssektors zum
Bruttoinlandsprodukt anwächst[1].

Die These allein jedoch scheint für eine hinreichend vollständige Erklärung des Sachverhaltes nicht auszureichen. So
ergeben sich, wie Schaubild 4.3 weiter ausweist, bei der Gegenüberstellung von Stahlverbrauch und industrieller Produktion ebenfalls seit Jahren deutlich abnehmende Intensitäts-
werte[2]. Neben dem im Verlauf des Entwicklungsprozesses zu
beobachtenden sektoralen Strukturwandel läßt dies auf weitere
gewichtige und zudem nachhaltig wirkende Bestimmungsgründe
schließen. Hinzuweisen ist hier auf die zunehmende Durchsetzung moderner Stahlherstellungsverfahren, die aufgrund ihrer
verbesserten Materialnutzung[3] eine weit geringere Rohstahlerzeugung nötig machen. Darüber hinaus zeichnen sich die
weiterverarbeitenden Bereiche infolge von Produktinnovationen
und verbesserten Produktionstechniken seit jeher durch eine
Verringerung des spezifischen Stahleinsatzes aus. Ein deutliches Beispiel bildet hier die Fahrzeug- bzw. insbesondere
die Automobilindustrie. In dem Bemühen, sowohl die Kostenbelastung des reinen Stahleinsatzes möglichst niedrig zu gestalten
als auch das Gesamtgewicht der Fahrzeuge im Hinblick auf den
heute so bedeutenden Kraftstoffverbrauch so weit wie möglich
zu reduzieren, werden hier in ausgeprägter Form die Möglichkeiten zur Materialeinsparung genutzt[4].

---

[1]Vgl. KLEMMER, P., SCHRUMPF, H., Die Auswirkungen der Stahlpolitik auf die
Wirtschaftsstruktur des Ruhrgebietes, (Hrsg.) Kommunalverband Ruhrgebiet,
Essen 1982, S. 82 f.

[2]In seinen Ausführungen zu den Zukunftsaussichten der Eisen- und Stahlindustrie weist BIRD u.a. darauf hin, daß sich innerhalb der OECD-Mitgliedstaaten die Stahlintensität der industriellen Herstellung seit 1970
um nahezu 30 vH verringert hat. Vgl. BIRD, T., Steel - Is there a
Future?, (Hrsg.) Financial Times Business Information Ltd., London 1984,
S. 14 ff.

[3]Erinnert sei hier beispielsweise an die Stranggußtechnik oder auch die
modernen Anlagen im Walzwerkbereich.

[4]Vgl. KLEMMER, P., SCHRUMPF, H., a.a.O., S. 83 sowie BIRD, T., a.a.O.,
S. 18.

Einen weiteren Beitrag zu diesen Bemühungen leistet die zunehmende Verwendung anderer Werkstoffe[1]. Eine Vielzahl der verschiedensten, ursprünglich vornehmlich aus Stahl gefertigten
Produkte werden inzwischen aus Materialien wie etwa Aluminium
oder anderen Nichteisenmetallen, Kunststoffen, Asbestzement
oder auch Beton hergestellt. Berücksichtigt man den dabei bisher erreichten Grad der Substitution bzw. die in Abhängigkeit
vom Verwendungszweck z.T. noch deutlich höheren Herstellungskosten für die auf technischem Gebiet konkurrierenden Materialien, so scheint die Stellung des Rohstahls auch für die Zukunft jedoch im wesentlichen nicht gefährdet.

Die Nachfrage ausgewählter Industriezweige innerhalb der Europäischen Gemeinschaft

Neben den bisher angeführten Aspekten erweist sich die Aufteilung auf die jeweiligen Verbrauchergruppen, und zwar gegliedert nach den verschiedenen Erzeugnisgruppen, von besonderem
Interesse. Derartige Angaben zum produktspezifischen Absatz
nach Abnehmergruppen ermöglichen erste Hinweise auf die an
späterer Stelle zu klärende Frage nach einer regionalen Gliederung der erzeugnisspezifischen Nachfrageschwerpunkte. Denn
angesichts der diesbezüglich mangelhaften Datenlage ist ein
umfassendes Bild für die regionale Verteilung des EG-Stahl-
verbrauchs nicht direkt zu erstellen, so daß hier zunächst
eine Nachfrageschätzung in sowohl regionaler wie auch produktspezifischer Hinsicht vorzunehmen ist. Dieses Vorhaben gliedert sich dabei grob in zwei Schritte. Zunächst wird dem Problem der branchenspezifischen Nachfragestruktur dadurch Rechnung zu tragen sein, daß anhand ausgewählter Industriezweige
der durchschnittliche produktspezifische Absatz zu ermitteln
sein wird. Darüber hinaus wird im Hinblick auf die Untersu-

---

[1]Vgl. u.a. BALDEAU, K.-H., Der Wettbewerb von Stahl und Kunststoff im
Automobilbau, in: Stahl und Eisen, Nr. 12, Jg. 101, 1981, S. 81 ff sowie ders. und FLOßDORF, F.-J., Der Wettbewerb von Stahl und Aluminium
im Automobilbau, in: Stahl und Eisen, Nr. 4, Jg. 101, 1981, S. 71 ff.

chung der relevanten Transportrelationen der regionalen Verteilung stahlverarbeitender Industrien nachzugehen sein.
Hier sieht man sich allerdings der Schwierigkeit ausgesetzt, daß die vom Statistischen Amt der Europäischen Gemeinschaften (EUROSTAT) veröffentlichten Angaben zwar die "Lieferungen von Walzstahlerzeugnissen in die Neuner-Gemeinschaft nach Abnehmergruppen"[1] ausweisen. Gleichwohl liefert diese Quelle keine Aufteilung nach den verschiedenen Produktgruppen[2]. Wendet man sich solchermaßen den entsprechenden, für jeweils einzelne Länder erstellten Statistiken der Economic Commission for Europe (ECE)[3], Genf, zu, ergeben sich diesbezüglich zwar keine Probleme. Doch ebenso wie die Angaben des EUROSTAT sind diese durch einen zusätzlichen entscheidenden Nachteil gekennzeichnet. Mit einem auf EG-Ebene durchschnittlichen Anteil an den Bezügen von etwa einem Viertel stellt der Stahlhandel, als Bindeglied zwischen Herstellern und Stahlverarbeitern, eine maßgebliche Größe in der EG-Stahlversorgung dar. Da jedoch auf EG-Ebene keinerlei Angaben zu dem diesbezüglich nach Produktgruppen gegliederten Absatz des EG-Stahlhandels an die stahlverarbeitenden Industriezweige vorliegen und ebenso für die einzelnen Mitgliedstaaten derlei Angaben nicht in Gänze zu erhalten sind, ergibt sich unter Vernachlässigung dieser Komponente ein nur beschränkt aussagefähiges Bild der jeweiligen industriespezifischen Nachfragestrukturen.

Abhilfe schafft hier die vom westdeutschen Eisen- und Stahlhandel geführte Statistik[4] (im folgenden Händlerstatistik). In Verbindung mit den durch die Wirtschaftsvereinigung Eisen-

---

[1]Zitiert in: Statistisches Jahrbuch der Eisen- und Stahlindustrie, a.a.O., versch. Jg.

[2]Die bisher diesbezüglich vom Statistischen Amt der Europäischen Gemeinschaften unternommenen Bemühungen haben hier den Bereich vertraulicher Voruntersuchungen noch nicht verlassen.

[3]Zitiert in: Statistisches Jahrbuch der Eisen- und Stahlindustrie, a.a.O., versch. Jg.

[4]Monatsbericht des Eisen- und Stahlhandels über Lieferungen ab Lager und über die Lagerbewegungen, zur Verfügung gestellt durch die Wirtschaftsvereinigung Eisen- und Stahlindustrie, Düsseldorf, versch. Jg.

und Stahlindustrie veröffentlichten Angaben zu dem "Absatz von Walzstahlerzeugnissen nach Abnehmergruppen" (im folgenden Abnehmergruppenstatistik) legitimiert sich die Verwendung dieser Zahlen aufgrund folgender Überlegung. Der Umstand nämlich, daß - von geringeren Abweichungen abgesehen - die Nachfragestruktur der verschiedenen verarbeitenden Zweige in produktspezifischer Hinsicht charakteristische Züge aufweist, erlaubt es, die für die westdeutschen Stahlhersteller und -händler zu verzeichnenden Absatzstrukturen auch für den EG-weiten Absatz an die stahlverarbeitenden Industriezweige zu unterstellen.

Als Grundlage der auf diese Weise zu erstellenden Aufteilung dienen somit ausschließlich die angeführten westdeutschen Quellen. Zur Vermeidung zufallsbedingter jährlicher Abweichungen wird zudem die durchschnittliche Nachfragestruktur der Jahre 1980 bis 1984 abgeleitet. Die lediglich bis 1982 in der nötigen detaillierten Form vorliegenden Angaben zur Händlerstatistik allerdings lassen in diesem Bereich nur die Berücksichtigung des Zeitraumes zwischen 1980 und 1982 zu.

Eine weitere Problematik erwächst im Bereich der Abnehmergruppenstatistik für den Verarbeitungszweig "Stahl für weitere Umwandlungen". Die hierin aufgeführten aggregierten Lieferungen an nicht meldepflichtige Werke[1] sowie an Händler zur weiteren Umwandlung oder weiteren Bearbeitung in ein Stahlerzeugnis verhindern die an späterer Stelle wünschenswerte Unterteilung der Bezüge auf einerseits sowohl die Ziehereien und Kaltwalzwerke wie auch andererseits die Röhrenwerke. Vergegenwärtigt man sich jedoch den Umstand, daß die Lieferungen an die nicht meldepflichtigen Werke innerhalb der oben genannten Gruppierung den dominierenden Anteil stellen und unter diesen wiederum die genannten Zweige den Großteil der Nachfrage auf sich vereinen, so ergibt die angeführte Abnahmestruktur für diesen Kreis der Verarbeiter zumindest eine geeignete erste Orientierung. Als weiter hilfreich erweisen sich darüber hinaus die

---

[1] Wie etwa Ziehereien, Kaltwalzwerke, Röhrenwerke oder auch Freiformschmieden etc.

Ausführungen von FABER[1] im Rahmen seiner Strukturuntersuchung
von Stahlherstellung und -verbrauch innerhalb der Bundesrepublik Deutschland. Unterstellt man die hier abgeleitete Nachfragestruktur beider Verarbeitungszweige[2], so lassen sich
hieraus Rückschlüsse auf die infragestehenden Strukturunter-
schiede ziehen.

Einer ähnlichen Vorgehensweise bedarf es dabei im Falle der
Rubrik Stahlbau. Wird auch im Bereich der Händlerstatistik ein
expliziter Ausweis vorgenommen, so faßt doch demgegenüber die
Abnehmergruppenstatistik die Bereiche Stahlbau und Baugewerbe
zusammen. Aus diesem Grunde wird auch an dieser Stelle auf die
Untersuchung FABERs zurückgegriffen und für den Fall der Abnehmergruppenstatistik die hier angeführte Nachfragestruktur
zugrundegelegt[3].

Ihren Ausdruck finden diese Überlegungen nunmehr in dem Schaubild 4.4, das insbesondere auch für den Bereich der Ziehereien
und Kaltwalzwerke (ZK) wie auch der Röhrenwerke (RW) den
durchschnittlichen Bezug nach Erzeugnisgruppen anteilig ausweist. Deutlich zutage tritt dabei die bereits angedeutete,
mehr oder weniger stark ausgeprägte charakteristische Struktur
des Bezuges[4]. Konzentriert sich dabei die Nachfrage der Röhrenwerke auch ausschließlich auf das sogenannte Röhrenvormate-
rial, so sind es doch zumeist nur zwei bzw. drei Erzeugnis-

---

[1] Vgl. FABER, J.P., a.a.O..

[2] Unter der sinnvollen Annahme weitgehend unveränderter Nachfragestrukturen
erlaubt sich eine Verwendung der hier für das Jahr 1975 abgeleiteten
branchenspezifischen Nachfragegewichte für die infragestehenden stahlverarbeitenden Zweige. Vgl. FABER, J.P., a.a.O., S. 22 f.

[3] Auch im Fall des Stahlbaus kann davon ausgegangen werden, daß die Struk-
turveränderungen in der Nachfrage seit 1975 nicht von entscheidender Größenordnung sind.

[4] Zu vermerken ist an dieser Stelle, daß sich aus datentechnischen Gründen
die Rubrik Eisen-, Blech- und Metallwaren (EBM) zusätzlich aus den Bereichen Stahlverformung, Verpackungsindustrie wie auch dem Kessel- und
Behälterbau zusammensetzt. Dies gilt dabei gleichwohl für die im folgenden
verwandte Gliederung der stahlverarbeitenden Industriezweige.

156

gruppen, auf die sich die Nachfrage der übrigen verarbeitenden Zweige schwerpunktmäßig verteilt. Eine weitere Ausnahme bildet hier die Elektroindustrie (EL), die ihren Bezug zu 75 vH durch Fein- und Feinstbleche der verschiedensten Qualitäten deckt.

Schb. 4.4

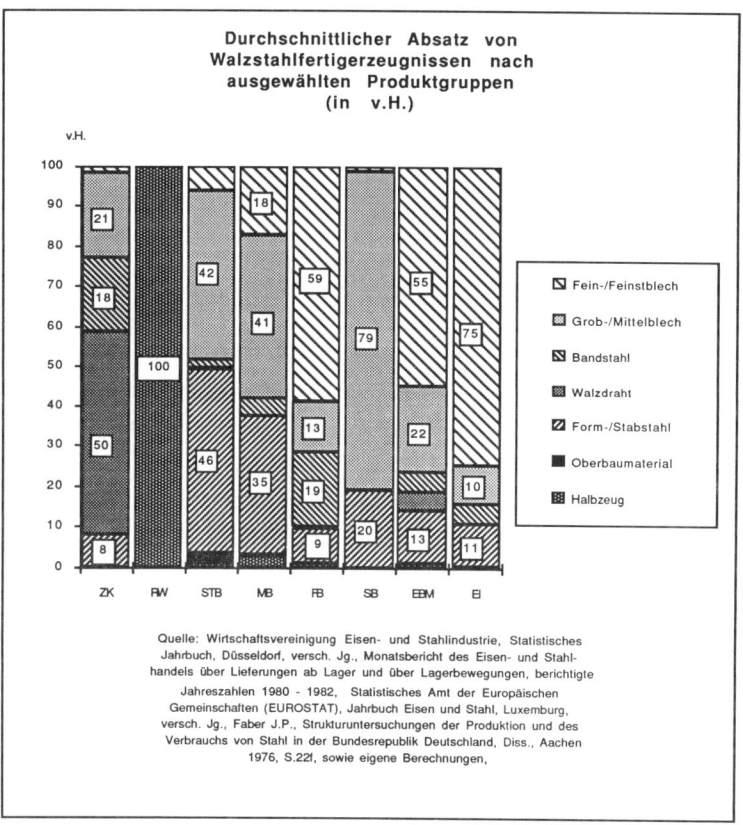

Durchschnittlicher Absatz von Walzstahlfertigerzeugnissen nach ausgewählten Produktgruppen (in v.H.)

Quelle: Wirtschaftsvereinigung Eisen- und Stahlindustrie, Statistisches Jahrbuch, Düsseldorf, versch. Jg., Monatsbericht des Eisen- und Stahlhandels über Lieferungen ab Lager und über Lagerbewegungen, berichtigte Jahreszahlen 1980 - 1982, Statistisches Amt der Europäischen Gemeinschaften (EUROSTAT), Jahrbuch Eisen und Stahl, Luxemburg, versch. Jg., Faber J.P., Strukturuntersuchungen der Produktion und des Verbrauchs von Stahl in der Bundesrepublik Deutschland, Diss., Aachen 1976, S.22f, sowie eigene Berechnungen,

Da jedoch die vorliegende Aufstellung nicht geeignet ist, im Hinblick auf die einzelnen Erzeugnisgruppen Aussagen auch zur relativen Bedeutung der verschiedenen verarbeitenden Zweige zu treffen, bedarf es einer zusätzlichen Überlegung. Denn nur vor dem Hintergrund der tatsächlich nachgefragten Stahlmengen läßt sich aus der Kombination mit der Abnehmergruppenstatistik die produktspezifische Aufgliederung des Bezugs auch im Vergleich unter den stahlverarbeitenden Branchen ableiten. Als Grundlage

dienen hier die durch das Statistische Amt (EUROSTAT) veröffentlichten Angaben zum tatsächlichen EG-Stahlverbrauch nach
Industriezweigen[1]. Dabei zeigt sich, daß der im Rahmen dieser
Untersuchung zu berücksichtigende Kreis ausgewählter Industriezweige einen Anteil am gesamten Verbrauch von etwa 75 vH
hält und damit ein hinreichend großes Nachfragepotential verkörpert. Zu bedenken ist dabei überdies, daß im Gegensatz zu
den übrigen stahlverarbeitenden Industriezweigen eine Deckung
von Unternehmenssitz und dem Standort der stahlverarbeitenden
Bautätigkeit für den Bereich des Baugewerbes eher nicht die
Regel ist und damit eine umfassende Lokalisierung des Verbrauchs so gut wie unmöglich macht. Vernachlässigt man solchermaßen die Nachfrage dieser Abnehmergruppe, so beläuft sich
der Verbrauchsanteil der ausgewählten Industriezweige gar auf
rd. 85 vH.

Das Schaubild 4.5 verdeutlicht nunmehr die Kombination der
bisher angeführten Teilaspekte. Im Gegensatz zum Schaubild 4.4
wird sich allerdings einer davon abweichenden Darstellungsform
bedient. Ausgewiesen wird hierin der durchschnittliche Absatz
von Walzstahlerzeugnissen nicht nach ausgewählten Produkt-,
sondern nun nach ausgewählten Abnehmergruppen. Im Hinblick auf
die angestrebte Ableitung einer standortspezifischen Transportkostengewichtung bietet diese Form den Vorteil, unmittelbar Aussagen über die relative Nachfragestärke der jeweiligen
Industriezweige für die einzelnen Produktgruppen treffen zu
können. In Verbindung mit der im Anschluß zu erarbeitenden
geographischen Verteilung europäischer stahlverarbeitender Industriezweige erlaubt diese Aufstellung sodann eine Abschätzung der produktspezifischen Bedeutung stahlverarbeitender
Industriestandorte für die Stahlnachfrage innerhalb der Europäischen Gemeinschaft. So wird zur Verdeutlichung im Schaubild
4.4 beispielsweise u.a. darauf verwiesen, daß innerhalb des

---

[1]Vgl. Tab. 4.1 im Anhang. Zur Vermeidung zufallsbedingter Verbrauchs-
schwankungen wie auch zur Berücksichtigung des sukzessiv sinkenden
Stahlverbrauchs wurde ein gewichteter Jahresdurchschnitt des Zeitraumes
1980 bis 1984 verwendet (Gewichtung der Jahrgänge 1980-84: 1:2:3:4:5).

Schb. 4.5

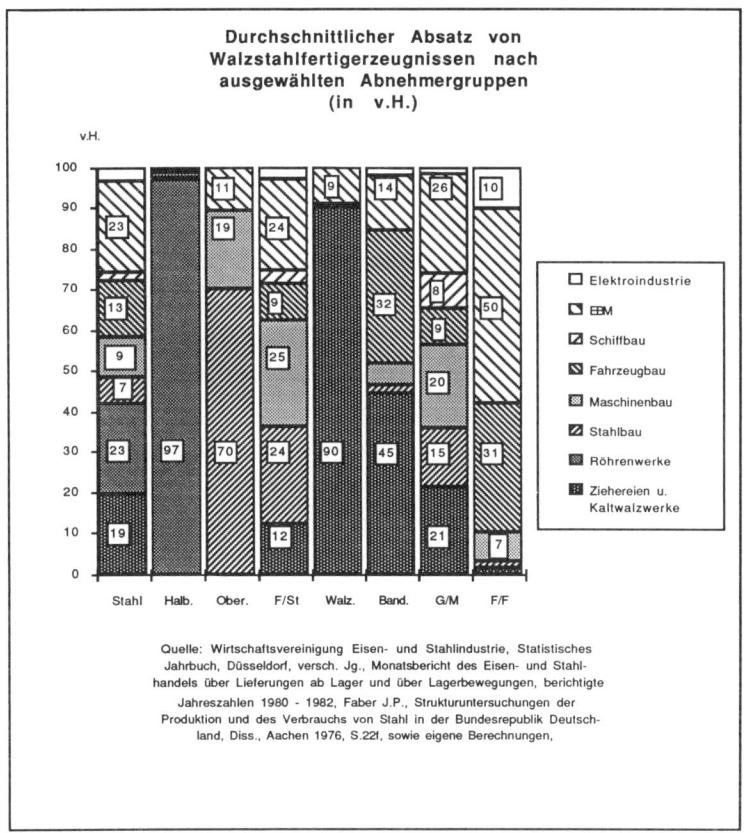

Durchschnittlicher Absatz von
Walzstahlfertigerzeugnissen nach
ausgewählten Abnehmergruppen
(in v.H.)

Quelle: Wirtschaftsvereinigung Eisen- und Stahlindustrie, Statistisches
Jahrbuch, Düsseldorf, versch. Jg., Monatsbericht des Eisen- und Stahl-
handels über Lieferungen ab Lager und über Lagerbewegungen, berichtigte
Jahreszahlen 1980 - 1982, Faber J.P., Strukturuntersuchungen der
Produktion und des Verbrauchs von Stahl in der Bundesrepublik Deutsch-
land, Diss., Aachen 1976, S.22f, sowie eigene Berechnungen,

EG-Verbrauchs von Walzdraht rd. 90 vH durch Ziehereien und
Kaltwalzwerke nachgefragt werden. Dies bedeutet wiederum, daß
für den Bereich des Walzstahlabsatzes die Standorte der Ziehereien und Kaltwalzwerke durch ein entsprechendes relatives
Nachfragegewicht gekennzeichnet sind.

Kann damit die Frage nach der produktspezifischen Nachfragestärke einzelner Industriezweige als geklärt gelten, gilt es
doch nunmehr, auch der geographischen Verteilung stahlverarbeitender Zweige innerhalb der EG nachzugehen. Diese Vorgehensweise begründet sich einmal aus der Frage nach den tatsächlich infragestehenden Transportrelationen wie auch zum
anderen durch den Umstand, daß neben dem jeweiligen Industrie-

zweig auch der Umfang der Industrieansiedlung einen wesentlichen Bestimmungsgrad für die relative Nachfragestärke eines Industriestandortes darstellt.

Zur Beantwortung dieses Fragenkomplexes wären dabei in erster Linie Angaben zur regionalen Verteilung der branchenspezifischen Wertschöpfung von geeigneter Aussagekraft. In der Veröffentlichungsreihe "Regionale Konten"[1] des Statistischen Amtes (EUROSAT) finden sich dazu Angaben zur Bruttowertschöpfung (zu Marktpreisen) untergliedert nach sowohl EG-Regionen als auch Produktionsbereichen. Dabei ergibt sich allerdings der nachteilige Umstand, daß die darin verwandte Systematik der Wirtschaftszweige einen zu hohen Aggregationsgrad aufweist und somit den bereits erarbeiteten Teilergebnissen nur unzureichend dienlich sein kann. Ein Ausweg bietet sich hier in der Verwendung einer sowohl regional wie auch branchenspezifisch aufgegliederten Verteilung der Beschäftigten. Unter Einbeziehung quasi eines Wertschöpfungs-Korrekturfaktors[2] läßt sich auf diesem Umweg eine Näherungslösung für die geographische Verteilung einzelner Industriezweige innerhalb der Europäischen Gemeinschaft herleiten.

Im Rahmen der vom Statistischen Amt (EUROSTAT) im Vierjahreszeitraum durchgeführten Erhebung zu den Arbeitskosten[3] im Verarbeitenden- sowie Dienstleistungsgewerbe ergeben sich die gewünschten Hinweise zur regionalen Verteilung der Beschäftigten. Die hier zuletzt für das Jahr 1981 veröffentlichten Ergebnisse weisen u.a. die Anzahl der Beschäftigten in Vollzeit-

---

[1]Vgl. Statistisches Amt der Europäischen Gemeinschaften (EUROSTAT), Regionale Konten ESVG 1981, aufgegliedert nach Produktionsbereichen, Luxemburg 1985.

[2]Dieser entspricht dem jeweils auf nationaler Ebene für eine Branche errechneten Verhältnis von Wertschöpfung und der Anzahl der beschäftigten Arbeitnehmer und erlaubt damit in Verbindung mit der regionalen Verteilung der Arbeitskräfte eine Näherunglösung für die regionale Verteilung der verschiedenen EG-Industriezweige.

[3]Vgl. Statistisches Amt der Europäischen Gemeinschaften (EUROSTAT), Arbeitskosten 1981, a.a.O..

einheiten aus, gegliedert sowohl nach EG-Regionen (NUTS)[1] als auch einer Reihe ausgewählter Wirtschaftszweige (NACE)[2]. Die dabei nicht stets gewahrte Vollständigkeit der Angaben macht es dabei nötig, die Schließung etwaig vorhandener Datenlücken mit Hilfe der jeweiligen nationalen Beschäftigtenstatistiken vorzunehmen. Diese Notwendigkeit ergibt sich in einigen wenigen Fällen im Bereich der westdeutschen[3] sowie niederländischen[4], aber insbesondere britischen[5] Verarbeitenden Industrie. Zwar lassen die verwandten Erhebungsmodalitäten keine unmittelbare Vergleichbarkeit mit der Arbeitskostenerhebung zu. Die Tatsache jedoch, daß in eben diesen Ausnahmefällen die jeweiligen, auf nationaler Ebene durch das EUROSTAT ausgewiesenen Angaben auf diese Weise lediglich einer innerstaatlichen regionalen Verteilung zugeführt werden, reduziert den Umfang möglicher Abweichungen auf ein vergleichsweise erträgliches Maß. Der Vorteil dieser Vorgehensweise ergibt sich somit nicht zuletzt aus dem Umstand, daß die alternative Vernachlässigung eben dieser Angaben zu weit größeren Gewichtsverschiebungen auf zwischenstaatlichem Niveau führen müßte.

Daneben ist auf eine weitere Vorüberlegung hinzuweisen. Wie das Schaubild 4.5 bereits auswies, zeichnen sich die stahlverarbeitenden Zweige der Ziehereien und Kaltwalzwerke bzw. die Herstellung von Stahlrohren durch derart deutlich voneinander abweichende Nachfragestrukturen aus, daß eine Gesamtbetrach-

---

[1]Vgl. Statistisches Amt der Europäischen Gemeinschaften (EUROSTAT), Nomenclature of territorial units for statistics (NUTS), Internal Publication, June 1985.

[2]Vergl. ders., Allgemeine Systematik der Wirtschaftszweige in den Europäischen Gemeinschaften (NACE), a.a.O..

[3]Vgl. Statistisches Bundesamt, Regionale Verteilung der Betriebe im Bergbau und im Verarbeitenden Gewerbe und deren Beschäftigten - 1982, Fachserie 4, Reihe 4.1.3, Mainz 1984.

[4]Vgl. Centraal bureau voor de statistick, Department for statistics of employment and wages, Werknemers naar Nace-code in de industrie per provincie, 1981, Auf Anfrage zur Verfügung gestellt.

[5]Vgl. Department of Employment, Employment Gezette, Census of employment - final results of September 1981, December 1983, Vol. 91, Nr. 12.

tung eher ungeraten erscheint. Da jedoch keine entsprechend
differenzierten Angaben zur innerstaatlichen regionalen Verteilung der hier beschäftigten Arbeitnehmer vorliegen, soll an
dieser Stelle kurz auf die zugrundegelegte Näherungslösung
eingegangen werden. Das im Rahmen der Arbeitskostenerhebung
vorliegende Datenmaterial ermöglicht dabei zumindest die Herleitung der regionalen Arbeitnehmerverteilung für den zusammengefaßten Bereich beider fraglichen NACE-Gruppen[1]. Eine weitere Hilfestellung leisten hier die durch das Statistische Amt
(EUROSTAT) im jährlichen Abstand erhobenen Daten zur Struktur
und Tätigkeit der EG-Industrie[2]. Neben einer ganzen Reihe von
Tatbestandsmerkmalen zur Charakterisierung der Industrietätigkeit finden sich so auf nationaler Ebene Angaben zu den Beschäftigtenzahlen aufgegliedert nach Wirtschaftsbereichen
(NACE)[3]. Unter der zugegeben restriktiven Annahme, daß sich
die regionale Aufteilung der Beschäftigten auf beide Branchen
jeweils im Landesdurchschnitt bewegt, erlaubt sich sodann eine
näherungsweise Ableitung der innerstaatlichen regionalen Arbeitnehmerverteilung auch für diese beiden stahlverarbeitenden
Zweige[4]. Lediglich für die beiden Mitgliedstaaten Irland sowie
die Niederlande konnten aufgrund mangelnder Daten keine Aussagen getroffen werden. In Anbetracht der vergleichsweise

---

[1]Errechnet auf der Basis der Bereiche Erzeugung und erste Bearbeitung von
Metallen (NACE-22), abzüglich der Teilbereiche Erzeugung von Eisen und
Stahl gemäß EGKS-Vertrag (NACE-221) sowie Erzeugung und erste Bearbeitung
von NE-Metallen (NACE-224).

[2]Vgl. Statistisches Amt der Europäischen Gemeinschaften (EUROSTAT), Struktur und Tätigkeit der Industrie - 1981/1982, Jahreserhebung - wichtigste
Ergebnisse, Luxemburg 1985.

[3]Da im Falle Belgiens zu beiden Bereichen keine Angaben vorliegen, konnte
hier nur mit Hilfe der branchenweise ausgewiesenen Wertschöpfungsgrößen
verfahren werden. Unter der Annahme eines konstanten Verhältnisses von
Wertschöpfung pro Arbeitnehmer innerhalb der NACE-Gruppe-22 (abzüglich
NACE-224) lassen sich die Beschäftigtenzahlen für beide infragestehenden
Zweige grob abschätzen.

[4]Neben der mangelhaften Datenlage rechtfertigt sich diese Vorgehensweise
nicht zuletzt durch den Umstand, daß beide stahlverarbeitenden Zweige
eine geographisch zumeist enge Beziehung zur Eisenschaffenden Industrie
aufweisen und, von Ausnahmen abgesehen, damit im EG-Maßstab deutliche
Schwerpunkte bilden.

Regionale Aufteilung der Europäischen Gemeinschaft

Quelle: Übernommen und in regionaler Abgrenzung an die vorliegende
Untersuchung angepaßt aus: Statistisches Amt der Europäischen Gemeinschaften (EUROSTAT), Jahrbuch Regionalstatistik, 1985.

geringeren Bedeutung erscheint eine Vernachlässigung der fraglichen Branchen beider Länder jedoch unerheblich.

Darüber hinaus wird der Versuch unternommen, die im Falle der Bundesrepublik sowie Frankreichs relativ grob gestaltete regionale Gliederung weiter zu unterteilen. Grundlage dessen bilden die vom Statistischen Amt (EUROSTAT) veröffentlichten Beschäftigtenangaben im Rahmen der Regionalstatistik[1]. Im Gegensatz zu den innerhalb der Arbeitskostenerhebung zumeist ausgewiesenen NACE-Gruppen (3-steller), müssen die innerhalb der Regionalstatistik aufgeführten übergeordneten NACE-Klassen (2-steller) als Basis für die weitere regionale Untergliederung[2] dienen. Entsprechend der geographischen Verteilung dieser Industrie-Klassen ergibt sich innerhalb der fraglichen Regionen die nunmehr zu unterstellende Gebietseinteilung und damit die der weiteren Untersuchung zugrundeliegende regionale Gliederung der Europäischen Gemeinschaft (EG-9) insgesamt.

Damit verbleibt an dieser Stelle die Frage nach dem geeigneten Korrekturfaktor zur Transformierung der bisherigen Ergebnisse zur regionalen Beschäftigtenverteilung in eine regionale Aufteilung auf Basis der industriellen Leistungserstellung. Da diese letztendliche Zielsetzung, wie bereits begründet, mangels Daten nicht direkt zu verwirklichen ist, wird nunmehr nach einer geeigneten Größe zu suchen sein, die unter Verwendung der Angaben zur Arbeitskräfteverteilung zur gesuchten Industrieverteilung führt. In diesem Falle erweisen sich die durch das Statistische Amt (EUROSTAT) im jährlichen Abstand erhobenen Daten zur Struktur und Tätigkeit der EG-Industrie als dienlich. Neben der bereits angesprochenen Reihe von Tat-

---

[1] Vgl. Statistisches Amt der Europäischen Gemeinschaften (EUROSTAT), Jahrbuch Regionalstatistik 1984, Luxemburg 1984, Tabelle VI.1, 164 f.

[2] Wird damit die Regionalverteilung der Industrieklassen auch direkt auf die jeweilig untergeordneten Industriegruppen übertragen, diese Vorgehensweise legitimiert sich dennoch aus der Überlegung, daß die auf diese Weise unterstellten Agglomerationen bei Anlegung eines ausreichend groben Maßstabs weitgehend der Realität entsprechen dürften und nur im Detail deutlichere Abweichungen zeigen.

bestandsmerkmalen zur Charakterisierung der Industrietätigkeit
finden sich so auf nationaler Ebene Angaben zur Bruttowertschöpfung nach Wirtschaftszweigen, und zwar in unterschiedlichen Abgrenzungen[1]. Allein jedoch der Umstand, daß zur Berechnung des Wertschöpfungsfaktors eine möglichst ausschließlich
auf den Komponenten der Leistungserstellung beruhende Größe
Verwendung finden sollte, macht hier weitere Nachforschungen
notwendig. Aus eben diesen Gründen führt auch die Heranziehung
der durch das Statistische Amt (EUROSTAT) zur Verfügung gestellten Variablen[2] zur Berechnung der verschiedenen Brutto-
wertschöpfungskonzepte nicht gänzlich zu dem gewünschten Ziel.
Um nämlich möglichst sämtliche, nicht auf der Leistungserstellung beruhende Komponenten auszuschließen, bietet sich als
Grundlage der Berechnung eine von sämtlichen Steuern befreite
Bruttowertschöpfungsgröße an. Der diesbezüglich jedoch häufig
nicht für die Gesamtheit der Mitgliedstaaten ausreichende Da-
tenrahmen erlaubt allerdings nur die Verwendung einer Bruttowertschöpfungsgröße unter Abzug lediglich der Mehrwertsteuer.

Verknüpft man im Anschluß hieran das Datenmaterial zur regionalen Beschäftigtenstruktur mit den solchermaßen errechneten
Wertschöpfungsfaktoren, so resultiert daraus die in Tabelle
4.1 wiedergegebene geographische Verteilung ausgewählter Industriezweige, und zwar auf Basis der angenäherten relativen industriellen Leistungserstellung. Angenommen, der Stahleinsatz
eines jeweiligen stahlverarbeitenden Zweiges verhält sich im
Intrabranchenvergleich in etwa proportional zu seiner Wertschöpfung, so bietet diese geographische Aufteilung nunmehr
ein geeignetes Instrument zur vergleichenden Darstellung der
industriellen Schwerpunktbildung. Erlaubt diese in bezug auf
den Stahlverbrauch auch zunächst nur den Bedeutungsvergleich

---

[1]Vgl. dazu Statistisches Amt der Europäischen Gemeinschaften (EUROSTAT),
Struktur und Tätigkeit der Industrie, a.a.O., S. 30 f.

[2]Bereitgestellt wurden die Ergebnisse zur Strukturerhebung in der Industrie 1981/82 bezüglich der Tatbestände 60 - 73. Vgl. dazu auch Statistisches Amt der Europäischen Gemeinschaften (EUROSTAT), Struktur und Tätigkeit der Industrie, a.a.O..

Tab. 4.1

VERTEILUNG der ARBEITNEHMER innerhalb der Europäischen Gemeinschaft nach Regionen und ausgewählten Industriezweigen (in v.H.)							
	Ziehereien und Kaltwalzwerke	Röhrenwerke	Stahlbau	Maschinenbau	Schiffbau	Fahrzeugbau	EBM Verpack.-Ind. Kessel-und Beh.-Bau	Elektroindustrie
Kopenhagen	0,32	0,50	0,45	0,58	1,76	0,04	0,00	0,67
Kolding	0,11	0,19	0,75	1,19	4,05	0,18	0,00	0,42
Dänemark	0,43	0,69	1,20	1,77	5,81	0,22	0,00	1,09
Kiel	0,00	0,00	0,62	1,44	5,48	0,05	0,53	0,71
Hamburg	0,00	0,00	0,75	0,72	5,16	0,32	0,47	0,98
Braunschweig	0,27	0,32	0,81	0,76	0,00	4,88	0,70	0,73
Hannover	0,05	0,04	1,15	1,13	0,13	1,74	0,57	1,27
Lüneburg	0,00	0,02	0,23	0,44	0,27	0,12	0,35	0,20
Osnabrück	0,17	0,22	0,81	0,83	3,33	1,04	0,35	0,44
Bremen	0,00	0,00	0,15	0,40	5,12	0,25	0,10	0,39
Duisburg	14,56	16,45	7,34	4,95	0,13	1,50	7,20	2,18
Köln	1,97	2,22	2,45	2,39	0,00	2,54	2,25	1,42
Münster	0,39	0,45	1,45	1,41	0,00	0,23	1,01	0,60
Bielefeld	1,07	1,21	0,77	1,68	0,00	0,35	1,46	0,70
Dortmund	12,67	14,33	3,00	3,58	0,13	1,74	5,28	2,14
Frankfurt	0,00	0,00	1,57	3,13	0,04	3,14	1,26	2,84
Kassel	0,00	0,00	1,12	0,82	0,00	1,39	1,83	0,47
Trier	0,36	0,41	1,31	0,63	0,07	0,41	0,92	0,26
Kaiserslautern	0,10	0,09	0,87	0,98	0,00	0,93	0,58	0,34
Stuttgart	0,00	0,00	4,08	11,11	0,00	12,63	8,47	10,50
München	0,65	0,76	2,82	3,82	0,13	6,14	1,66	5,97
Nürnberg	0,21	0,26	1,03	1,72	0,00	0,46	1,11	4,60
Würzburg	0,00	0,00	0,69	1,49	0,13	1,47	0,34	0,54
Völklingen	1,31	1,46	2,48	0,86	0,00	0,75	0,61	0,42
Bundesrepublik	33,78	38,24	35,50	44,29	20,12	42,08	37,05	37,70
Paris	1,56	1,50	1,13	2,39	0,22	7,60	5,24	8,09
Reims	1,14	1,09	0,71	0,57	0,00	0,40	1,33	0,30
St.Quentin	1,23	1,18	0,74	0,76	0,00	0,85	1,39	0,46
Le Havre	0,56	0,51	0,59	0,41	1,88	1,37	1,11	1,12
Tours	0,19	0,21	0,75	1,03	0,00	0,85	1,41	1,23
Cherbourg	0,96	0,90	0,29	0,15	0,00	0,81	0,53	0,80
Dijon	1,09	1,05	0,71	0,60	0,00	0,42	1,33	0,71
Lille	5,24	4,96	1,28	1,20	0,00	1,85	2,25	0,89
Dünkirchen	0,00	0,00	0,00	0,00	1,06	0,00	0,00	0,00
Nancy	4,17	3,93	1,32	0,42	0,00	0,77	1,36	0,53
Mulhouse	0,35	0,34	0,97	0,90	0,00	1,20	1,01	0,70
Mulhouse	0,14	0,13	0,61	0,23	0,00	2,47	0,64	0,74
Nantes	1,01	0,93	1,39	1,12	5,87	2,09	2,25	2,56
Bordeaux	0,14	0,15	0,44	0,20	0,13	0,25	0,87	0,44
Toulouse	0,52	0,49	0,55	0,30	0,00	0,34	1,08	0,77
Lyon	1,56	1,47	1,14	2,75	0,00	2,60	5,21	2,62
Marseille	0,27	0,25	0,92	0,29	3,59	0,12	1,06	0,80
Frankreich	20,13	19,09	13,54	13,32	12,75	23,99	28,07	22,76
Turin/Genua	2,91	4,23	2,60	2,84	3,15	4,63	3,13	1,75
Mailand	6,40	9,28	3,54	4,23	0,94	2,61	2,82	3,92
Venedig	0,61	0,88	2,99	1,55	0,94	1,08	1,15	1,24
Bologna	0,85	1,25	2,37	2,68	0,00	0,77	0,85	0,41

Forts. Tab. 4.1

VERTEILUNG der ARBEITNEHMER innerhalb der Europäischen Gemeinschaft nach Regionen und ausgewählten Industriezweigen (in v.H.)								
	Ziehereien und Kaltwalzwerke	Röhrenwerke	Stahlbau	Maschinenbau	Schiffbau	Fahrzeugbau	EBM Verpack.-Ind. Kessel-und Beh.-Bau	Elektroindustrie
Florenz/Livor.	2,27	3,28	2,73	0,85	1,58	1,27	0,65	0,55
Rom	0,09	0,13	0,89	0,20	1,27	0,41	0,28	1,10
Neapel	0,55	0,80	0,90	0,20	0,31	1,22	0,19	0,98
Pescara	0,25	0,36	0,22	0,00	0,00	0,19	0,02	0,34
Tarent	0,31	0,45	1,82	0,29	0,11	0,46	0,12	0,10
Palermo	0,00	0,00	1,11	0,19	0,31	0,37	0,06	0,20
Italien	14,24	20,66	19,17	13,03	8,61	13,01	9,27	10,59
Groningen	0,00	0,00	0,43	0,32	0,96	0,14	0,25	0,09
Arnheim	0,00	0,00	1,18	0,74	0,55	0,32	0,92	0,55
Amsterdam	0,00	0,00	1,90	0,73	4,56	0,43	0,56	0,57
Rotterdam	0,00	0,00	1,90	0,73	4,56	0,43	0,56	0,57
Tilburg	0,00	0,00	1,89	0,81	0,38	0,83	0,74	2,85
Niederlande	0,00	0,00	7,30	3,33	11,01	2,15	3,03	4,63
Ant/Gent/Brü	3,29	0,52	3,84	1,21	3,94	2,54	1,35	2,16
Charl/Liege	7,34	1,18	1,62	1,12	0,11	0,35	0,66	0,81
Brüssel	0,00	0,00	0,00	0,28	0,04	0,28	0,25	0,30
Belgien	10,63	1,70	5,46	2,61	4,09	3,17	2,26	3,27
Esch/Belval	1,49	0,00	0,19	0,12	0,00	0,07	0,03	0,00
Luxemburg	1,49	0,00	0,19	0,12	0,00	0,07	0,03	0,00
Newcastle	0,85	0,87	0,63	1,12	10,11	0,32	0,92	1,47
Leeds	2,07	2,09	0,84	2,31	0,78	0,93	2,21	0,55
Nottingham	2,84	2,87	0,54	2,19	0,00	0,97	1,42	1,11
Ipswich/Harw.	0,52	0,52	1,59	1,06	1,16	0,16	0,42	0,64
London	0,02	0,02	3,09	5,03	0,00	4,16	3,71	7,31
Southampton	0,00	0,00	0,00	0,00	9,41	0,00	0,00	0,00
Bristol	0,45	0,46	0,37	1,42	6,56	0,44	0,84	1,42
Wolverhampton	5,33	5,45	1,86	3,03	0,00	4,15	6,72	2,59
Manchester	1,73	1,78	3,22	2,70	1,47	2,37	1,90	2,17
Cardiff/Newp	1,93	1,97	0,68	0,69	0,00	0,68	0,76	0,91
Glasgow/Edinb.	3,52	3,58	3,73	1,52	8,04	0,07	1,01	1,15
Belfast	0,00	0,00	0,12	0,21	0,00	0,58	0,06	0,24
Grossbritannien	19,26	19,61	16,67	21,28	37,53	14,83	19,97	19,56
Dublin/Cork	0,00	0,00	0,92	0,20	0,05	0,46	0,34	0,45
Irland	0,00	0,00	0,92	0,20	0,05	0,46	0,34	0,45
Insgesamt	100,00	100,00	100,00	100,00	100,00	100,00	100,00	100,00

Anmerkung: Wahl der Zielorte entsprechend der regionalen Gliederung der Europäischen Gemeinschaft innerhalb dieser Untersuchung

Quelle: Eigene Zusammenstellung.

innerhalb einer Branche, so wird die spätere Kombination mit
der bereits erarbeiteten branchenspezifischen Aufteilung des
Stahlabsatzes nach Erzeugnisgruppen nunmehr auch den Vergleich
unter den verschiedenen stahlverarbeitenden Industriezweigen
ermöglichen. Die Verknüpfung der in bezug auf die jeweiligen
Erzeugnisgruppen in Schaubild 4.5 ausgewiesenen relativen Bedeutung einzelner Stahlverarbeiter mit der leistungsbezogenen
regionalen Verteilung ausgewählter EG-Industrien ergibt damit
das im folgenden unterstellte Gewichtungsschema und solchermaßen die entscheidende Grundlage zur Ableitung der standortspezifischen Transportkostenbelastung. Da dieses Gewichtungsschema direkten Eingang findet in die Transportkostenberech-
nungen des Kapitels III., wird zur näheren Erläuterung der
Transportkostengewichtung auf eben diese Ausführungen verwiesen.

Abschließend veranschaulicht noch einmal das Schaubild 4.7 die
Zusammenhänge in übersichtlicher Weise. Deutlich wird hier die

Schb. 4.7

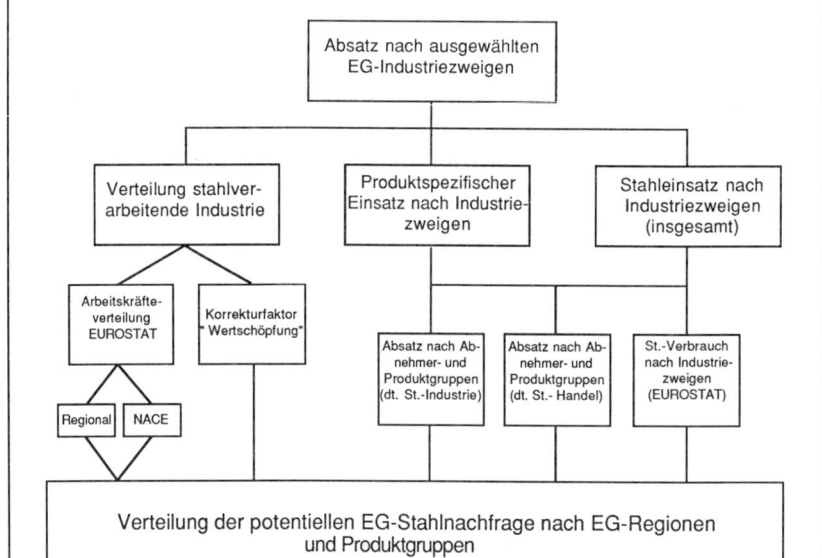

Zweiteilung der bisherigen Vorgehensweise, die Abschätzung der
regionalen Verteilung stahlverarbeitender Industriezweige
einerseits wie auch zum anderen die Ableitung der relativen
Bedeutung jeweiliger Branchen für die Nachfrage nach den verschiedenen Erzeugnisgruppen. Die Kombination beider führt
mithin zur Verteilung der potentiellen Stahlnachfrage in der
Europäischen Gemeinschaft in sowohl regionaler wie auch erzeugnisspezifischer Untergliederung.

Nachfragekonzentrationen im EG-Drittlandsabsatz

Stellt sich damit die Abschätzung der regionalen Stahlnachfrage innerhalb der Mitgliedstaaten der Europäischen Gemeinschaft hinreichend vertieft dar, so bedarf nunmehr die Drittlandsnachfrage einer eingehenderen Betrachtung. Wie bereits
angedeutet, wird sich hier zur Vermeidung einer ungerechtfer-
tigten Überbewertung der Küstenstandorte lediglich auf die
traditionellen Lieferströme zu konzentrieren sein[1]. Dabei gilt
es, auf eine Reihe von Besonderheiten aufmerksam zu machen,
die auch zukünftig einen maßgeblichen Einfluß auf die Lieferströme ausüben dürften. Die nachfolgende Tabelle 4.2 stellt in
diesem Zusammenhang die Entwicklung der EG-Drittlandsliefern-
gen für EGKS-Erzeugnisse nach ausgewählten Bestimmungsregionen
weltweit dar.

Deutlich zutage tritt hier zunächst die Entwicklung der Ausfuhren nach Zentral- und Südamerika. Vor dem Hintergrund umfangreicher Kapazitätserweiterungen, speziell in einigen
südamerikanischen Staaten, konnte hier nicht nur der Selbst-
versorgungsgrad erheblich gesteigert werden. Rohstahlkapazitäten von etwa 40 Mio. t/a haben Latein Amerika in der Zwi-

---

[1]Eine Berücksichtigung der weltweit ausgeübten Nachfrage würde, ungeachtet
der Tatsache, daß diese bei weitem nicht durch europäische Hersteller zu
decken wäre, zu einer der Realität nicht entsprechenden Überbewertung der
Küstenstandorte führen. Da demgegenüber die bisherigen Drittlandslieferungen dem tatsächlichen Nachfragepotential nach EG-Erzeugnissen am nächsten kommen, stellen diese die geeignete Grundlage dar.

Tab. 4.2

AUSFUHREN der Europäischen Gemeinschaft von EGKS-Erzeugnissen nach Regionen (in 1.000 t)								
	1975	1979	1980	1981	1982	1983	1984	1985
Übriges Europa	5.851	6.035	6.844	5.979	5.828	5.472	6.463	6.995
Ost-Europa	3.716	3.520	3.215	2.550	2.152	2.208	2.524	3.081
Afrika	2.702	2.529	3.033	2.851	2.043	1.952	2.024	2.371
Nord-Amerika	3.273	5.131	3.115	5.316	3.698	3.739	5.186	5.459
Zentr. u. Süd-Amerika	2.430	1.467	1.687	2.157	1.114	936	1.071	970
Naher u. Mittl. Osten	1.993	2.935	2.329	1.788	1.566	1.830	1.840	1.808
Fernost	782	3.034	1.922	2.595	1.877	2.646	3.224	4.449
Ozeanien	67	52	37	55	61	52	80	57
Sonstige	2	3	3	4	2	-	1	-
Drittländer insges.	20.815	24.708	22.185	23.295	18.341	18.833	22.413	25.188

Quelle: Statistisches Amt der Europäischen Gemeinschaften (EUROSTAT), Jahrbuch Eisen und Stahl, Luxemburg, versch. Jg.

schenzeit zu einer Region des Nettoexports werden lassen. Und so verwundert es auch kaum, daß seit 1975 ein Rückgang der EG-Lieferungen um mehr als die Hälfte zu verzeichnen ist.

Einen wenn auch nicht derart deutlichen, so doch ebenso nachhaltigen Rückgang kennzeichnet die Exporte in die osteuropäischen Staaten. Die innerhalb dieser Staatengruppe seit Jahren verstärkt betriebenen Bemühungen zur Erhöhung der Selbstversorgung und solchermaßen zur Verringerung der Drittlandseinfuhren lassen hier weitere deutliche Einbußen erwarten, so daß der Anteil 1985 von etwa 12 vH der gesamten EG-Drittlandslieferungen eher sinken dürfte.

Mit einem Fragezeichen sind demgegenüber die Ausfuhren nach Nordamerika, insbesondere in die Vereinigten Staaten zu versehen. Zwar konnten im Zeitraum von 1975 bis 1985 die Lieferungen noch von knapp 3,3 Mio. t/a auf annähernd 5,5 Mio. t/a, d.h. um etwa 67 vH, gesteigert werden. Die zuletzt zunehmend

protektionistisch ausgerichtete Haltung der US-Regierung aber
sowie der wohl auch weiterhin eher zunehmende Druck seitens
der US-Stahlindustrie dürfte hier zu einer in Zukunft deutlichen Verringerung der Drittlandseinfuhren allgemein und somit
auch der EG-Lieferungen führen.

Ein auf den ersten Blick weitaus positiveres Bild zeigt sich
im Bereich der Ausfuhren nach Fernost. Mit einem Anteil an den
EG-Drittlandsausfuhren von knapp 18 vH (1985) partizipieren
die EG-Hersteller hier an einem Markt von vergleichsweise ausgeprägter Dynamik. Höchste Wachstumsraten verzeichnen infolgedessen auch die EG-Lieferungen in diese Region. Betrugen diese
1975 noch bescheidene 0,8 Mio. t, so belief sich der Export
gut ein Jahrzehnt später auf rd. 4,4 Mio. t, was einer jährlichen Zunahme von durchschnittlich etwa 19 vH entspricht.
Gleichwohl bestehen nur geringe Aussichten auf eine nennenswerte Ausweitung dieser Marktanteile. Im Gegenteil, umfangreiche Neuinvestitionen innerhalb der jungen Stahlnationen,
wie z.B. Taiwan oder auch Korea, werden in Verbindung mit
dem Stahlriesen Japan für eine Verschärfung des Verdrängungs-
wettbewerbs sorgen. Die geographisch äußerst nachteilige Lage
europäischer Hersteller läßt dabei kaum Spekulationen über die
zu erwartende Umverteilung der Marktanteile zu.

Mit einem Anteil von in der Vergangenheit durchweg etwa 30 vH
stellen daneben die übrigen Staaten West-Europas seit jeher
einen bedeutenden Anteil der EG-Drittlandslieferungen. Mit
insgesamt einem Anteil von knapp 70 vH (1985) zählen wiederum
darunter die skandinavischen Länder Schweden, Norwegen und
Finnland mit etwa 26 vH, neben der Schweiz mit 20 vH sowie
Spanien mit 21 vH zu den Hauptabnehmern. In bezug auf die zukünftig zu erwartenden Entwicklungslinien werden die im Vergleich zur Europäischen Gemeinschaft ähnlichen Kosten- und
Marktverhältnisse aller Wahrscheinlichkeit nach zu kaum nennenswerten Veränderungen der Lieferströme führen.

Tab. 4.3

AUSFUHREN[1] der Europäischen Gemeinschaft von EGKS-Erzeugnissen nach Regionen und Erzeugnisgruppen, (1980 - 1985 gewichtet, in 1000t)				
	Stahl insg.	Blöcke u. Halbzeug	Warmbreitband	Flacherzeugnisse insgesamt	übrige Erzeugnisse

	Stahl insg.	Blöcke u. Halbzeug	Warmbreitband	Flacherzeugnisse insgesamt	übrige Erzeugnisse
Übriges W.-Europa	6.308	540	1.324	3.854	1.914
SF-N-S	1.803	58	216	1.214	531
E	1.243	97	572	853	293
Ost-Europa	2.605	28	39	2.170	407
SU	2.306	25	8	1.945	336
Afrika	2.239	223	190	888	1.128
Magreb	1.037	146	141	402	489
Nordamerika	4.690	558	1.035	2.525	1.607
Zentral-Amerika	562	94	48	288	180
Süd-Amerika	594	118	123	343	133
BR	117	29	10	72	16
RA	199	52	95	115	32
V	135[2]	30[2]	9[2]	67[2]	38[2]
Mittlerer Osten	1.808	152	333	912	744
IR	566	41	92	386	139
IRQ	228[2]	12[2]	9[2]	76[2]	140[2]
IL	265	36	95	158	71
Übriges Asien	3.150	495	213	1.427	1.228
Ind.	846	24	117	640	182
RC	1.556	133	3	401	1.022
J	35	-	26	31	4
Oceanien	61	-	-	30	31
sonstige	-	-	-	1	-
Drittländer	22.017	2.209	3.305	12.437	7.371

Anmerkungen: 1 Gewichtete Jahreszahlen der Jahre 1980 bis 1985, Gewichtung 1:2:3:4:5:6
2 Gewichtete Jahreszahlen der Jahre 1980 bis 1984, Gewichtung 1:2:3:4:5

Quelle: Statistisches Amt der Europäischen Gemeinschaften (EUROSTAT), Jahrbuch Eisen und Stahl, versch. Jg., ders., Vierteljahreshefte Eisen und Stahl, versch. Jg. sowie eigene Berechnungen.

Für die vorliegende Fragestellung von Bedeutung erweisen sich
nunmehr die produktspezifischen Ausfuhranteile verschiedener
Bestimmungsregionen weltweit. Unter Verwendung des vom Statistischen Amt (EUROSTAT)[1] veröffentlichten Zahlenmaterials
führt Tabelle 4.3 die Ausfuhren der Europäischen Gemeinschaft,
gegliedert nach EGKS-Erzeugnisgruppen wie auch ausgewählten
Regionen bzw. Ländern auf. Angesichts der zuvor beschriebenen
Entwicklungslinien und zur Vermeidung außergewöhnlicher jährlicher Schwankungen bilden die hierin ausgewiesenen Angaben
den gewichteten Durchschnitt der Jahre 1980 bis 1985. Die darin aufgeführten einzelnen Nationen stellen traditionell die
jeweils bedeutendsten Einfuhrländer innerhalb der entsprechend
übergeordneten Region dar. Abgesehen von den Staaten Ost-Euro-
pas, die aus besagten Gründen nicht in die Untersuchung einbe-
zogen werden, stellt diese Ländergruppe damit die gesuchte
Auswahl der Bestimmungsländer dar, die im Hinblick auf den
Drittlandsexport die Grundlage zur Gewichtung der Transportaufwendungen im EG-Drittlandsverkehr bilden. In welchem Maße
diese Auswahl eine bezüglich der Zielsetzung geeignete Größe
darstellt, verdeutlicht dabei die Tatsache, daß diese Staatengruppe im beschriebenen Zeitraum rd. 61 vH der gesamten EG-
Stahlausfuhren auf sich vereinigt. Da sich darüber hinaus der
Kreis der darin nicht berücksichtigten Länder durch z.T. stark
schwankende Bezüge auszeichnet, stellt somit die genannte Auswahl umso mehr eine geeignete Grundlage des Standortvergleichs
dar.

Zur Verdeutlichung stellt Schaubild 4.8 nun noch einmal sämtliche bisher beschriebenen Komponenten der Näherungslösung für
die regionale Verteilung der potentiellen Nachfrage nach den
Erzeugnissen der EG-Stahlindustrie in einer Gesamtübersicht
dar. Wie bereits begründet, beruht diese einerseits auf dem
gewichteten tatsächlichen Drittlandsabsatz der Jahre 1980 bis
1985. Andererseits führen die Komponenten Industrieverteilung

---

[1]Statistisches Amt der Europäischen Gemeinschaften (EUROSTAT), Jahrbuch
Eisen und Stahl, versch. Jg.

(EG) sowie der Stahlabsatz nach Industriezweigen (EG) zu einer
Abschätzung der regionalen Stahlnachfrage innerhalb der Europäischen Gemeinschaft. Auf der Grundlage dieser Ergebnisse
läßt sich somit auch das gesuchte Gewichtungsschema ableiten,
mit dessen Hilfe sich die Bedeutung der verschiedenen Transportrelationen weltweit bemessen läßt.

Schb. 4.8

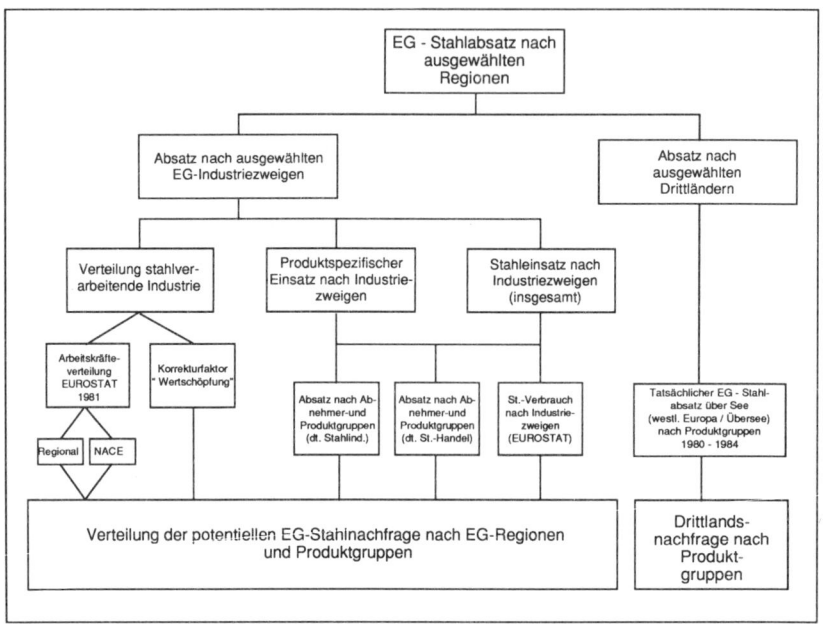

Transport

Nach diesen Ausführungen zur regionalen Gliederung der sowohl
innergemeinschaftlichen wie auch weltweiten Nachfrageschwerpunkte nach den Erzeugnissen der EG-Stahlindustrie ergibt sich
nunmehr folgerichtig die Frage nach den maßgeblichen Transportrelationen wie auch den jeweiligen Frachtkosten. Steht mit
der Gruppe der Produktionsstandorte auch eine kleine Auswahl

von Versandorten fest, so existiert doch eine ungleich größere Fülle potentieller Bestimmungsorte. Um allerdings die Anzahl möglicher Kombinationen ein überschaubares Maß nicht übersteigen zu lassen, wird sich in diesem Fall ebenso auf eine Auswahl von Bestimmungsorten zu beschränken sein. Ausgehend von einem jeweiligen Produktionsstandort erweist sich die Tatsache, daß mit zunehmender Transportentfernung die Frachtkostendifferenzen für benachbarte Bestimmungsorte relativ abnehmen, als dabei zu berücksichtigender Umstand. Läßt sich aufgrund der vergleichsweise kürzeren Distanzen innerhalb der Europäischen Gemeinschaft demzufolge eine hochgradige geographische Aggregation kaum rechtfertigen, so legitimiert sich zumindest im Überseeverkehr eine ausgeprägtere Schwerpunktbildung. Unter der Verwendung der bereits zuvor, sowohl für die Europäische Gemeinschaft[1] als auch in der Drittlandsübersicht[2], beschriebenen Gebietsaufteilungen ergibt sich so eine Auswahl von Zielorten, auf die sich mithin annahmegemäß die jeweilige regionale Nachfrage konzentriert. Sinnvollerweise bieten sich dazu Bestimmungsorte an, die in der Realität durch eine Schwerpunktbildung in der Industrieansiedlung gekennzeichnet sind[3].

Ein Problembereich von vergleichsweise hoher Komplexität stellt sich nunmehr bei der Frage nach den im Versand von Halb- und Fertigerzeugnissen entstehenden Transportkosten. Gilt diese Aussage auch weniger für die reinen Überseeverkehre, bietet sich doch gerade für den Bereich der europäischen Lieferbeziehungen ein äußerst heterogenes Bild. In Abhängigkeit von der jeweiligen Standortlage oder auch der Art der abzuwickelnden Transporte ergeben sich eine Reihe quantitativ-

---

[1] Siehe Schaubild 4.6

[2] Siehe Tabelle 4.2

[3] Die Tabellen 4.2 und 4.3 im Anhang dieser Untersuchung bieten einen Überblick über die Auswahl regionaler Nachfragekonzentrationen sowohl innerhalb der Europäischen Gemeinschaft als auch im weltweiten Überblick.

technischer wie auch qualitativer Besonderheiten[1], die neben
den reinen Frachtraten weitere entscheidende Faktoren für die
letztendlich resultierenden Transportaufwendungen darstellen.
Damit üben diese einen z.T. erheblichen Einfluß auf die relative Wettbewerbsstellung der EG-Hersteller aus, wobei allerdings in Grenzfällen regelrechte Verzerrungen des Wettbewerbs
zu verzeichnen sind.

Ein derartiges Beispiel bietet hier vor allem der Bereich der
sogenannten Frachtendisparitäten[2]. Mehr oder minder deutliche
Verzerrungen resultieren so z.B. aus den im zwischenstaat-
lichen Vergleich bestehenden Unterschieden in der fiskalischen
Belastung, den jeweiligen Sozialvorschriften, den Arbeitskosten sowie einer Reihe weiterer Tatbestände, für die eine
Harmonisierung auf EG-Ebene bisher nicht erreicht werden
konnte. Das für die Binnenverkehrsträger LKW, Bahn und Binnenschiff indes ausschlaggebende Moment stellt sich in den
unterschiedlichen Ausprägungen der jeweiligen Marktverfassung,
speziell der Preis- bzw. Tarifbildung für Güterverkehrs-
leistungen dar. Ob nun für den Bereich rein nationaler oder
auch grenzüberschreitender Verkehre, die Regelungen für die
Preisbildung weisen z.T. grundsätzliche Unterschiede auf. Dies
gilt dabei nicht nur für das Verhältnis der Verkehrsträger
untereinander. Auch im Falle desselben Verkehrsträgers ergeben
sich im EG-Vergleich jeweils abweichende nationale tarifliche
Regelungen. So stehen der einerseits reglementierten Verkehrs-
marktordnung im Bereich des innerstaatlichen westdeutschen
Verkehrs andererseits die nahezu frei auszuhandelnden Abmachungen im grenzüberschreitenden Verkehr mit den Partnerländern gegenüber, um nur ein Beispiel zu nennen.

---

[1]Besonderheiten quantitativ-technischer Art stellen sich etwa durch Trans-
portmengen und -entfernungen wie auch die Beschaffenheit der zu transpor-
tierenden Güter dar. Demgegenüber zählen beispielsweise die Verfügbarkeit
der Transportleistung oder auch deren Zeitbedarf zu den qualitativen Besonderheiten. Vgl. BLAßIES, W., Transportnachfrage der Stahlindustrie,
in: Continentaler Stahlmarkt, Heft 7, 1981, S. 15.

[2]Vgl. BLAßIES, W., Frachtendisparitäten verzerren den Wettbewerb, in: Continentaler Stahlmarkt, Heft 9, 1982, S. 34 ff.

Aufgrund derart unterschiedlicher Voraussetzungen ergeben sich
naturgemäß erhebliche Konsequenzen für die jeweilige standortspezifische Transportkostenbelastung. Nicht nur, daß es dabei
aufgrund unterschiedlicher Frachtenniveaus zu einer relativen
Bevorteilung einzelner Anbieter im Vergleich zu ihren ausländischen Konkurrenten kommt. Mitunter weisen die jeweiligen
Frachtkosten derart eklatante Unterschiede auf, daß auch von
absoluten Vorteilen auszugehen ist, d.h. daß u.U. trotz einer
größeren Transportentfernung ein im Vergleich absolut gerin-
geres Entgelt zu zahlen ist.

Einen Eindruck vom Ausmaß dieser Disparitäten gewährt das
Schaubild 4.9, das für das Beispiel des Güterkraftverkehrs
einen Vergleich ausgewählter Tarife im sowohl nationalen wie
auch grenzüberschreitenden Verkehr darstellt. Den in diesem
Vergleich günstigsten Tarifverlauf weist demzufolge der italienische Inlandstarif (Minimalfracht, 23 t-Klasse) auf[1]. Ein
bereits weitaus höheres Niveau erreichen demgegenüber die
französischen Transportaufwendungen. Aufgrund der Tatsache,
daß sich die innerfranzösischen Frachten nicht genau nachvoll-
ziehen lassen, wurde für die Darstellung hilfsweise auf die
von der Commission Techniqué des Transports de la Sidérurgie
Francaise[2] (Flachstahl, Ladungsklasse ab 20 t, Straßenklasse
C) ausgewiesenen Preiszuschläge für die frachtfreie Anlieferung zurückgegriffen.

Im Vergleich der aufgeführten innerstaatlichen Tarife aber
beschreibt der westdeutsche Reichskraftwagentarif (RKT, Güterklasse A, 24 t-Klasse) unter Abzug der vollen Marge von 8,5
Prozent das deutlich teuerste Niveau, zumindest bis zu einer

---

[1]Ministero Dei Trasporti, Approvazione delle tariffe per i trasporti di
merci su strada per conto di terri eseguiti sul territorio nazionale, in:
Gazetta Ufficiale Della Republica Italiana, Roma 14 dicembre 1982; gemäß
den Angaben der Associazione Nazionale Imprese Trasporti Automobilistici
(ANITA) wurden die bis 1985 durchgeführten Tariferhöhungen berücksichtigt.

[2]Commission Technique des Transports De La Sidérurgie Francaise, Avenants
De Transport Par Route, Transports Des Produits Sidérurgiques En Trafic
Intérieur Francais, Paris Mai 1985.

Schb. 4.9

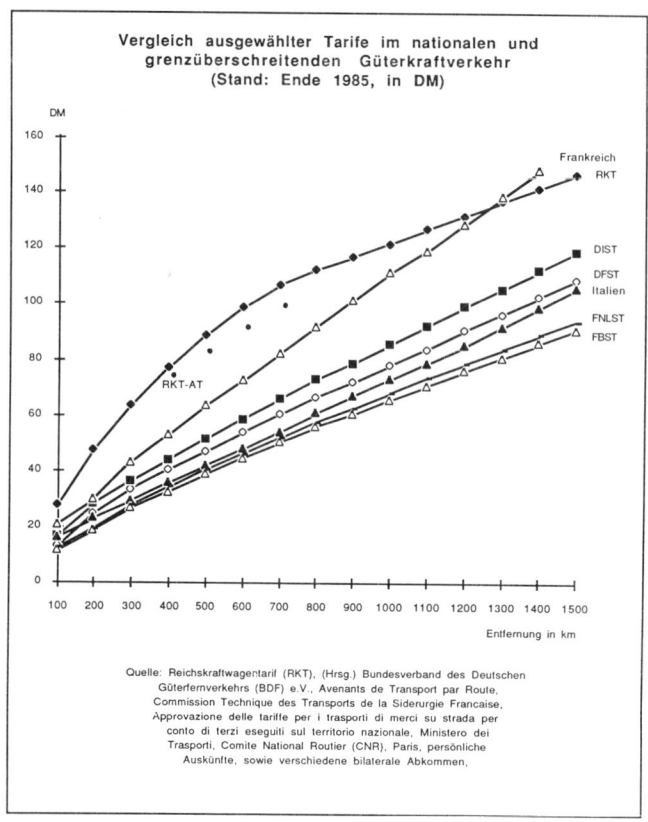

Vergleich ausgewählter Tarife im nationalen und
grenzüberschreitenden Güterkraftverkehr
(Stand: Ende 1985, in DM)

Quelle: Reichskraftwagentarif (RKT), (Hrsg.) Bundesverband des Deutschen
Güterfernverkehrs (BDF) e.V., Avenants de Transport par Route,
Commission Technique des Transports de la Siderurgie Francaise,
Approvazione delle tariffe per i trasporti di merci su strada per
conto di terzi eseguiti sul territorio nazionale, Ministero dei
Trasporti, Comite National Routier (CNR), Paris, persönliche
Auskünfte, sowie verschiedene bilaterale Abkommen,

Entfernung von etwa 1.250 km. Denn aufgrund seiner degressiven
Gestaltung, schneidet er hier die Linie der innerfranzösischen
Frachten. Gerade jedoch in der Beförderung von Erzeugnissen
der Eisen- und Stahlindustrie existieren für den Bereich des
westdeutschen Güterkraftverkehrs eine Reihe mehr oder minder
bedeutender Ausnahmetarife. Zur Veranschaulichung sei deshalb
eine für den Eisen- und Stahlverkehr wichtige Ausnahmerege-
lung, der AT 507, punktuell aufgeführt.

Auf einem im Vergleich dazu weit geringeren Niveau bewegen
sich demgegenüber die ausgewählten bilateralen Abkommen. Doch
auch unter Berücksichtigung der vollen 23prozentigen Minusmar-
ge, wie im vorliegenden Fall, erreichen sowohl der Deutsch-
Französische wie auch der Deutsch-Italienische Straßengüter-
tarif (Güterklasse III, 23 t-Klasse) nicht ganz das innerita-
lienische Preisniveau. Gleichwohl drückt sich hierin strenggenommen nicht der ganze vorhandene Preissenkungsspielraum
aus. Denn unter Ausnutzung der Diskrepanzen zwischen den innerhalb der bilateralen Tarife zugrundegelegten Umrechnungs-
kursen und den tatsächlichen Paritäten ergeben sich durch die
geeignete Wahl der jeweiligen nationalen Frachtensätze weitere
Möglichkeiten zur Preisanpassung. Dem Vernehmen nach bilden
diese Möglichkeiten im grenzüberschreitenden Verkehr jedoch
eher die Ausnahme.

In welchem Maße sich derartige Disparitäten in concreto darstellen, vermag das Schaubild 4.10 an ausgewählten Beispielen
zu verdeutlichen. Dargestellt finden sich hier zunächst die
reinen Straßenentfernungen zwischen einzelnen Produktions-
standorten und den jeweiligen Bestimmungsorten Hannover bzw.
München. Unter Abzug der im einzelnen maximal möglichen Margen
werden daneben die entsprechenden Frachtraten aufgeführt.

Ein herausragendes Beispiel bietet der Frachtenvergleich zwischen den Standorten Bremen und IJmuiden für den Verkehr zum
Bestimmungsort Hannover. Obgleich die Entfernung ab Bremen nur
etwa 30 vH der Strecke IJmuiden - Hannover entspricht, beträgt
doch die zu entrichtende Fracht knapp drei Viertel der Rate im
Konkurrenzverkehr. Ähnlich bemerkenswert stellt sich der Vergleich der Versandorte Duisburg und Esch/Belval dar. Wiederum
im Verkehr nach Hannover kommt es in diesem Fall sogar zu dem
bereits erwähnten absoluten Frachtenvorteil, und zwar für den
luxemburgischen Standort. Denn trotz der knapp doppelten Entfernung ab Esch/Belval liegt doch die Frachtrate für die Duis-
burger Hersteller knapp 35 vH über dem Niveau des grenzüberschreitenden Verkehrs. Inwieweit im Raume Süddeutschlands insbesondere italienische Hersteller bevorzugt sind, verdeutlicht

Schb. 4.10

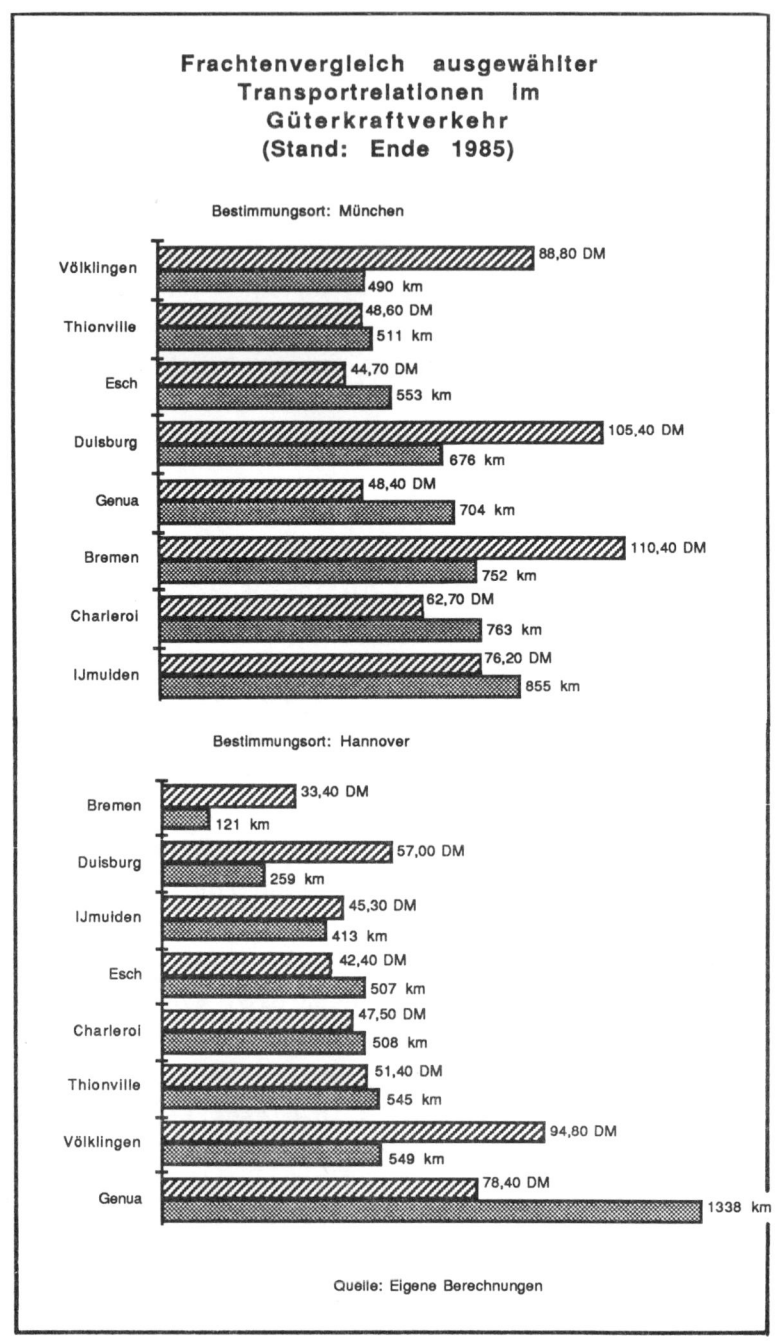

**Frachtenvergleich ausgewählter
Transportrelationen im
Güterkraftverkehr
(Stand: Ende 1985)**

Bestimmungsort: München

Völklingen	88,80 DM	490 km
Thionville	48,60 DM	511 km
Esch	44,70 DM	553 km
Duisburg	105,40 DM	676 km
Genua	48,40 DM	704 km
Bremen	110,40 DM	752 km
Charleroi	62,70 DM	763 km
IJmuiden	76,20 DM	855 km

Bestimmungsort: Hannover

Bremen	33,40 DM	121 km
Duisburg	57,00 DM	259 km
IJmuiden	45,30 DM	413 km
Esch	42,40 DM	507 km
Charleroi	47,50 DM	508 km
Thionville	51,40 DM	545 km
Völklingen	94,80 DM	549 km
Genua	78,40 DM	1338 km

Quelle: Eigene Berechnungen

der Vergleich Duisburgs und Genuas im Verkehr nach München. So belaufen sich die westdeutschen Transportkosten auf dieser Relation auf 105.40 DM/t. Bei in etwa derselben Entfernung erreicht dabei der Transport ab Genua mit einer Rate von 48.40 DM/t nicht einmal die Hälfte dessen.

Obwohl die Vermutung naheliegt, die in den angeführten Beispielen derart benachteiligten westdeutschen Anbieter könnten im umgekehrten Fall nunmehr ihrerseits die Vorzüge der grenzüberschreitenden Abkommen für sich zum Vorteil nutzen, trifft dies doch nur im Einzelfall zu. Abgesehen schon von der im europäischen Vergleich herausragenden Bedeutung westdeutscher Absatzmärkte wies bereits das Schaubild 4.9 darauf hin, daß beispielsweise das italienische Frachtenniveau im innerstaatlichen Verkehr noch unterhalb des Deutsch-Italienischen Straßengütertarifs verläuft. Wie dieses Beispiel zeigt, ergeben sich so - je nach dem inländischen Frachtenniveau - im Einzelfall vergleichbare Nachteile für westdeutsche Hersteller auch bei der Ausfuhr innerhalb der Gemeinschaft.

Nicht, daß diese Verhältnisse ausschließlich für den Bereich des Güterkraftverkehrs kennzeichnend sind. Die Tatsache, daß sich für die übrigen Binnenverkehrsträger Bahn und Binnenschiff ein ganz ähnliches Bild abzeichnet, verdeutlicht so nur den entscheidenden Einfluß der nationalen Verkehrspolitiken auf die Konkurrenzfähigkeit einzelner Stahlstandorte. Der Zusammenhang zwischen Transportaufwand und -entfernung mag auch nicht gänzlich aufgehoben sein. Wie die beschriebenen Beispiele aber verdeutlichen, zeigt sich offensichtlich die Verkehrspolitik in der Lage, für derart eklatante Verzerrungen eines Wettbewerbsparameters zu sorgen. Der Umstand, daß die beschriebenen Disparitäten auch im Vergleich zwischen den verschiedenen Verkehrsträgern bestehen, macht es damit nicht zuletzt unerläßlich, bei der Frage nach den in Abhängigkeit von den verschiedenen Transportrelationen entstehenden Frachtkosten jeweils sämtliche infragestehenden Transportmittel zu berücksichtigen.

Doch auch der Bereich der zur See abgewickelten Drittlandsausfuhren zeigt sich nicht gänzlich befreit von derartigen Verzerrungen. Zwar ergibt sich für den Kreis der reinen Küstenstandorte nicht die Notwendigkeit, binnenländische Transport-
leistungen innerhalb der Gemeinschaft in Anspruch nehmen zu
müssen. Doch direkt betroffen erweisen sich die Binnenstandorte, und zwar in dem Maße, wie der Zulauf zu den EG-Export-
häfen einen notwendigen Teil der Transportkette darstellt. Insofern bedarf es abschließend noch einiger Hinweise im Hinblick auf den landwärtigen Zulauf zwischen Hüttenwerk und Verschiffungshafen für eben diese Auswahl von Binnenstandorten.
Auf der Basis der durch die Wirtschaftsvereinigung Eisen- und
Stahlindustrie veröffentlichten verkehrsstatistischen Berichte[1] sowie aufgrund der Studie von SEIDENFUS[2] ergeben sich dabei zumindest für den Kreis westdeutscher Hersteller einige
hilfreiche Hinweise.

Schaubild 4.11 vermittelt hier zunächst einen Überblick über
die im Bereich der Verschiffung von Halbzeug und Walzstahlfertigerzeugnissen durch die westdeutsche Stahlindustrie insgesamt genutzten Seehäfen des In- und Auslandes. Augenfällig ist
zunächst die kontinuierlich abnehmende Bedeutung ausländischer
Fazilitäten. Davon betroffen sind dabei ausschließlich die
niederländischen Seehäfen. Während diese seit 1975 Anteilseinbußen von rd. 18 Prozentpunkten, d.h. um knapp 82 vH, zu verzeichnen hatten, konnten, abgesehen von den unbedeutenden Lieferungen über französische Einrichtungen, die belgischen Seehäfen ihren Stellenwert mehr als behaupten. Ein damit weitaus
freundlicheres Bild stellt sich demzufolge für die Inlands-
häfen dar. Erreicht ihr Anteil an den seewärtigen Ausfuhren
auch nicht mehr den Spitzenwert von 61 vH (1982), ist dennoch

---

[1] Vgl. Wirtschaftsvereinigung Eisen- und Stahlindustrie, Verkehrsstatistische Berichte der Eisenschaffenden Industrie, Düsseldorf, Juni 1986.

[2] Vgl. SEIDENFUS, H.St., Möglichkeiten der Transportrationalisierung zur
Sicherung der internationalen Wettbewerbsfähigkeit der deutschen Montanindustrie, Beiträge aus dem Institut für Verkehrswissenschaft an der Universität Münster, (Hrsg.) Seidenfus, H.St., Heft 105, Göttingen 1985,
S. 151 ff.

seit 1975 ein deutlicher Zuwachs von knapp 15 Prozentpunkten,
d.h. um etwa 34 vH, zu verzeichnen. Zu den Nutznießern dieser
Entwicklung zählt dabei insbesondere der Rhein-Seeverkehr,
dessen Anteil sich praktisch in Jahresfrist auf inzwischen
runde 14 vH eingependelt hat. Zu- und Abnahmen von weit geringerem Ausmaß kennzeichnet demgegenüber die Situation der
übrigen bundesdeutschen Seehäfen.

Schb. 4.11

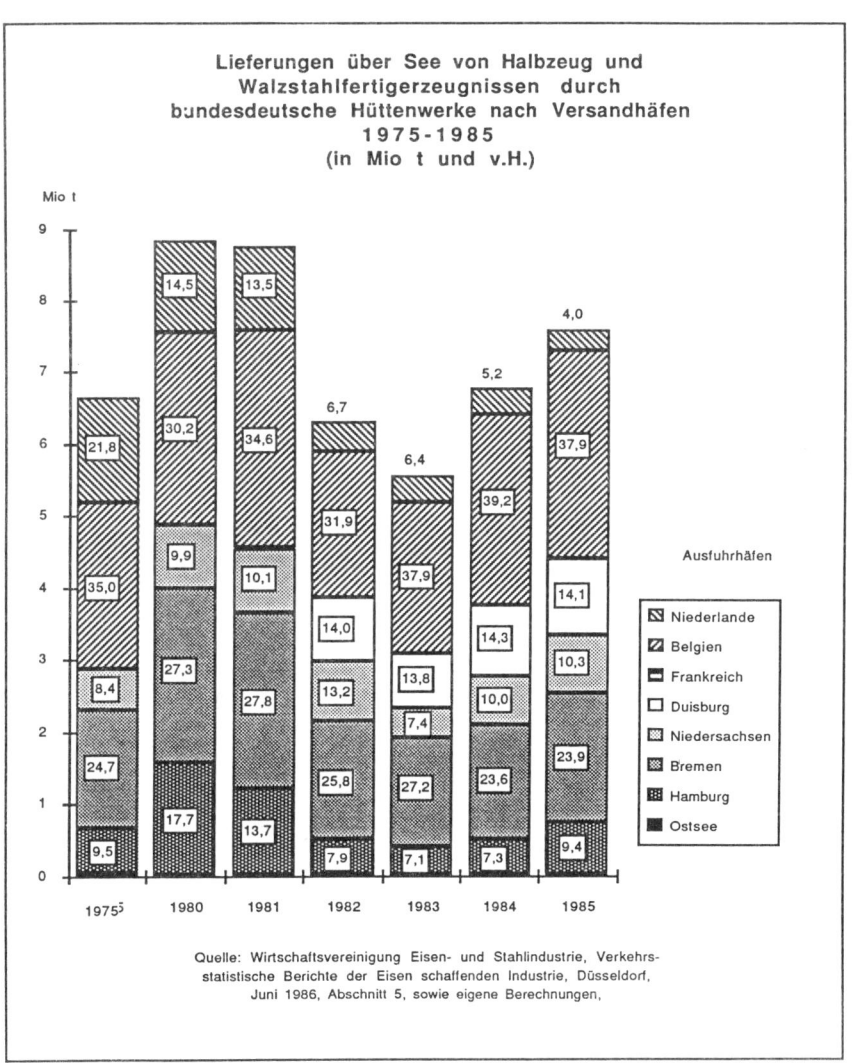

Lieferungen über See von Halbzeug und
Walzstahlfertigerzeugnissen durch
bundesdeutsche Hüttenwerke nach Versandhäfen
1975-1985
(in Mio t und v.H.)

Ausfuhrhäfen

Niederlande
Belgien
Frankreich
Duisburg
Niedersachsen
Bremen
Hamburg
Ostsee

Quelle: Wirtschaftsvereinigung Eisen- und Stahlindustrie, Verkehrsstatistische Berichte der Eisen schaffenden Industrie, Düsseldorf,
Juni 1986, Abschnitt 5, sowie eigene Berechnungen.

Tab. 4.4

LIEFERUNG ÜBER SEE von Halbzeug und Walzstahlfertigezeugnissen durch bundesdeutsche Hüttenwerke nach Versandhäfen, 1982.											
Seehäfen	Verkehrsträger	Saar		Westruhr		Ostruhr		Bremen		Peine/Salzgitter	
		1.000 t	vH	1.000 t	vH	1.000 t	vh	1.000 t	vH	1.000 t	vH
Niederlande	BS	-	-	99,0	19,2	8,8	19,1	-	-	-	-
	EB	0,4	33,3	2,9	0,6	-	-	-	-	1,3	100,0
	LKW	-	-	1,7	0,3	0,3	0,7	-	-	-	-
	EB/BS	0,8	66,7	410,3	79,7	36,9	80,2	-	-	-	-
	LKW/BS	-	-	1,0	0,2	-	-	-	-	-	-
	Gesamt[1]	1,2	0,2	514,9	14,6	46,0	5,4	-	-	-	-
Belgien	BS	-	-	1.025,4	77,8	140,6	37,0	-	-	10,0	38,3
	EB	13,0	9,3	4,1	0,3	70,8	18,6	-	-	16,1	61,7
	LKW	7,2	5,1	10,8	0,8	2,0	0,5	-	-	-	-
	EB/BS	120,3	85,6	243,5	18,5	166,8	43,9	-	-	-	-
	LKW/BS	-	-	35,0	2,7	-	-	-	-	-	-
	Gesamt[1]	140,5	29,2	1.318,8	37,5	380,2	44,3	-	-	26,1	2,8
Frankreich	EB	14,6	100,0	-	-	-	-	-	-	-	-
	LKW	-	-	-	-	-	-	-	-	-	-
	Gesamt[1]	14,6	3,0	-	-	-	-	-	-	-	-
Emden	BS	-	-	-	-	-	-	-	-	-	-
	EB	0,8	100,0	-	-	-	-	-	-	-	-
	Gesamt[1]	0,8	0,2	-	-	-	-	-	-	-	-
Weserhäfen	BS	-	-	-	-	2,2	1,1	-	-	6,0	1,0
	EB	293,7	100,0	640,5	99,8	202,6	98,9	260,0	100,0	600,0	99,0
	LKW	-	-	1,3	0,2	-	-	-	-	0,1	-
	Gesamt[1]	293,7	61,0	641,8	18,3	204,8	23,8	260,0	100,0	606,1	65,4
Hamburg	BS	-	-	-	-	-	-	-	-	152,0	52,1
	EB	30,1	100,0	313,1	99,9	120,1	100,0	-	-	140,0	47,9
	LKW	-	-	0,4	0,1	-	-	-	-	-	-
	Gesamt[1]	30,1	6,3	313,5	8,9	120,1	14,0	-	-	292,0	31,5
Kiel/Lübeck	EB	0,2	0,0	19,6	0,6	2,0	0,2	-	-	1,0	0,1
	Rhein-Seeverkehr	-	-	707,8	20,1	105,7	12,3	-	-	-	-
Insgesamt	EB	352,8	73,3	980,2	27,9	395,5	46,1	260,0	100,0	758,4	81,9
	BS	-	-	1.124,4	32,0	151,6	17,7	-	-	168,0	18,1
	LKW	7,2	1,5	14,2	0,4	2,3	0,3	-	-	0,1	-
	EB/BS	121,1	25,2	653,8	18,6	203,7	23,7	-	-	-	-
	LKW/BS	-	-	36,0	1,0	-	-	-	-	-	-
	Gesamt	481,1	100,0	3.516,4	100,0	858,8	100,0	260,0	100,0	926,5	100,0

[1] Die angegebene Prozentzahl repräsentiert den Hafenanteil an den Gesamtlieferungen (einschließlich Rhein-Seeverkehr).

Quelle: Seidenfus, H.St., Möglichkeiten der Transportrationalisierung zur Sicherung der internationalen Wettbewerbsfähigkeit der deutschen Montanindustrie, Beiträge aus dem Institut für Verkehrswissenschaft an der Universität Münster, (Hrsg.) Seidenfus, H.St., Bd. 18, Göttingen 1985, sowie eigene Berechnungen.

Nach dieser doch sehr globalen Übersicht ermöglichen nunmehr die weitaus detaillierteren Angaben in Tabelle 4.4 einen Einblick in die standortspezifische Nutzung der einzelnen Verschiffungshäfen, wobei sich zusätzliche Hinweise zur jeweiligen Verkehrsträgernutzung ergeben. Im Gegensatz zu der starken Bündelung der Rohstoffbezüge weist der seewärtige Export durch westdeutsche Hersteller eine breite Streuung auf. Wie die Tabelle 4.4 in Anlehnung an die Untersuchung von SEIDENFUS aufzeigt, bilden sich jedoch je nach Standort einige typische Transportrelationen heraus. So zeigt sich im Falle der Saarhütten eine deutliche Orientierung hin zu den Weserhäfen (61 vH), während die Häfen Belgiens (30 vH) (vornehmlich Antwerpen) und Hamburg (6 vH) erst mit einigem Abstand nachfolgen. Hinsichtlich der dabei genutzten Verkehrsträger findet der Transport nach den Weserhäfen ausschließlich per Bahn statt. Demgegenüber wird sich überwiegend des gebrochenen Verkehrs Bahn/Binnenschiff (Umschlag in Duisburg) bei der Ausfuhr über Antwerpen bedient.

Die im westlichen Ruhrgebiet angesiedelten Hüttenwerke nutzen für ihre Exporte zu einem Großteil, d.h. zu mehr als 50 vH, die Rheinschiene. Aufgrund des in der Vergangenheit stark ausgeweiteten Rhein-Seeverkehrs avancierte Duisburg (20 vH) nach Antwerpen (38 vH) zum inzwischen zweitwichtigsten Exporthafen der Region. Neben der Verschiffung über die Rheinschiene, bedient die Bahn einen Großteil der übrigen Relationen. So stellt sie z.B. im Verkehr nach den Weserhäfen (Exportanteil 18 vH) und Hamburg (Exportanteil 9 vH) den so gut wie ausschließlich genutzten Verkehrsträger.

Anders die Verhältnisse an den Standorten des östlichen Ruhrgebietes mit der vergleichsweise nachteiligen Kanalanbindung durch die Kanäle Rhein-Herne und Wesel-Datteln. Zwar wird auch hier in erster Linie über Antwerpen (44 vH) verschifft, gefolgt von den Weserhäfen (24 vH) sowie Hamburg (14 vH). Den bei weitem wichtigsten Verkehrsträger aber stellt in dieser Region die Bahn mit einem Transportanteil von 46 vH, und zwar

mit steigender Tendenz. Ebenso wie an der Westruhr verzeichnet
der Rhein-Seeverkehr (12 vH) auch hier zunehmende Ausfuhranteile. Binnenschiffahrt (18 vH) und gebrochener Verkehr
(24 vH) zeigen demgegenüber eine rückläufige Tendenz.

Mit einem Anteil von 82 vH der Ausfuhrmengen bildet die Bahn
das im Falle der Standortkonzentration Peine/Salzgitter über-
wiegend genutzte Transportmittel (Binnenschiffahrt 18 vH).
Verschiffungen werden dabei zu etwa zwei Dritteln über die
Häfen der Unterweser abgewickelt, während die verbleibenden
Mengen in zunehmendem Maße über Hamburg führen.

Wesentlich einfacher verhält es sich naturgemäß im Falle des
Bremer Küstenstandortes. Soweit nicht eigene Werksanlagen genutzt werden, erfolgt der Versand ausschließlich über die
übrigen Weserhäfen, und zwar ausschließlich per Bahn.

186

KAP. III GESAMTBETRACHTUNG AUSGEWÄHLTER EG-STAHLSTANDORTE

§ 5   Regionale Kostendifferenzen in der Stahlherstellung

Grundlagen

Auf der Grundlage der bisher erarbeiteten Standortfaktoren sowie deren jeweiliger regionaler Ausprägungen ergibt sich nunmehr die Möglichkeit zu der angestrebten vergleichenden Analyse der verschiedenen EG-Stahlstandort bzw. der i.w.S. damit
repräsentierten EG-Stahlregionen. Wie bereits zu Beginn dieser
Untersuchung betont, beschränkt sich dieser Vergleich auf eine
Auswahl von Determinanten, die sich neben den Aspekten der
reinen Erfaßbarkeit wie auch der Datenzugänglichkeit vornehmlich durch ihren Bedeutungsgrad auszeichnen. Daneben sei erneut auf den besonderen Charakter der Untersuchung verwiesen.
Vor dem Hintergrund der Frage nach der standortspezifischen
Belastung hinsichtlich der verschiedenen Kostenkategorien besteht die Zielsetzung nicht in einer Herleitung der jeweiligen
Kostenbelastung insgesamt. Gerade angesichts der notwendiger-
weise vorzunehmenden Faktorauswahl mündet die Untersuchung in
eine Analyse der standortspezifischen Kostendifferenzen sowohl
im Hinblick auf die Herstellung als auch den Absatz von Produkten der Eisenschaffenden Industrie.

Folgerichtig besteht die sich nunmehr anschließende Betrachtung in einer Untersuchung der Produktionsstufe im Hinblick
auf ihre jeweilige Bedeutung für die regionale Standortgüte.
Grundlage bildet dabei das Modellhüttenwerk des International
Iron and Steel Institute (IISI)[1], Brüssel. Angesichts stetig
voranschreitender Bemühungen zur Verbesserung der Verfahrenstechnik wie auch der Anlagenausstattung stellt dieses Modell
eines integrierten Hüttenwerkes letztlich nicht unbedingt den
letzten Stand der Technik dar, doch gleichwohl ein Beispiel
vergleichsweise moderner Stahlerzeugung. Mit Hilfe des damit

---

[1]Vgl. International Iron and Steel Institute (IISI), Energy and the Steel
Industry, a.a.O..

gegebenen Instrumentariums lassen sich so Rückschlüsse auf die Kostenbelastung im Bereich der Herstellung sowohl in standortspezifischer Hinsicht als auch in erzeugnisspezifischer Gliederung ableiten. In Anbetracht der Bemühungen zur Verwirklichung des gemeinsamen Marktes und damit der Angleichung nationaler Faktorpreise bietet sich daneben die Möglichkeit zur Variation einzelner Kostengrößen und solchermaßen zur hypothetischen Nivellierung ausgewählter regionaler Faktorkostendifferenzen.

Somit sei sich nunmehr zunächst den Grundlagen für den Vergleich auf der Herstellungsstufe zugewandt. Neben den Preisen für die innerhalb des Herstellungsprozesses einzusetzenden Produktionsfaktoren selbst bestimmt sich der spezifische Rohstoff-, Energie- und Arbeitseinsatz und damit der maßgebliche Anteil an den Herstellungskosten insgesamt durch sowohl die Anlagenausstattung und Verfahrenstechnik wie auch die Produktpalette. In bezug auf den so bedeutenden Einsatz von Rohstoffen und Energieträgern bietet das nun im weiteren Verlauf unterstellte Referenzhüttenwerk des IISI insofern den Maßstab für den heutigen Stand eines nach modernen Gesichtspunkten betriebenen integrierten Hüttenwerkes.

Mit einer Jahreskapazität von rd. 8 Mio. t Rohstahl weist das IISI-Hüttenwerk bereits nicht mehr den noch in der Vergangenheit von den großen Herstellern häufig anvisierten Umfang von gut über 10 Mio. t/a auf. Wie die Entwicklung von Angebot und Nachfrage auf den Weltstahlmärkten in der Zwischenzeit deutlich gezeigt hat, sind derartige Größenordnungen zumindest innerhalb der Europäischen Gemeinschaft heute nicht mehr Gegenstand planerischer Zielvorstellungen. Obwohl selbst die nunmehr unterstellte Rohstahlkapazität von 8 Mio. t/a unter den EG-Herstellern doch eher die Ausnahme verkörpert, bietet sich bei der Frage nach der Standortqualität dennoch eine Orientierung an der bestehenden Kapazitätsverteilung nicht an. Denn die gerade aus der Beantwortung der Problemstellung resultierende Neuverteilung der Produktionsanteile läßt bereits an

dieser Stelle die Untersuchung der Herstellungskosten in eben
dieser (hypothetischen) Größenordnung notwendig erscheinen.

Die in Schaubild 5.1 angeführte Anlagenausstattung des Referenzhüttenwerkes beruht auf der für derartige Größenordnungen
gängigen Verfahrensroute Hochofen/Oxygen-Blasstahlkonverter.
Im Rahmen der Möllervorbereitung dient eine Sinteranlage zur
Aufbereitung der eingesetzten Feinerze. In Abwandlung[1] der
ursprünglichen Anlagenkonfiguration des IISI stellen hier drei
Bänder von jeweils 400 m² Saugfläche eine Jahreskapazität von
etwa 13 Mio. t Sinter dar und erlauben solchermaßen eine Erhöhung des Sinteranteils an der Möllerzusammensetzung von zuvor 70 vH auf nunmehr 100 vH. Den Ausführungen des IISI[2] zufolge zeigt diese Erhöhung des Sinteranteils energiewirt-
schaftlich keine nennenswerten Auswirkungen auf den Prozeß-
verlauf innerhalb des Hochofens. Denn mit einer Zunahme des
spezifischen Energieverbrauchs (Energieverbrauch in Mcal/t
erzeugten Rohstahls) von lediglich etwa 1,2 vH fällt diese
Veränderung kaum ins Gewicht.

Als eine weitere wichtige Komponente der Rohstoff- und Energieversorgung stellt sich die hütteneigene Kokerei dar. Zur
vollständigen Eigenversorgung bemißt sich ihre Auslegung von
vier Batterien zu jeweils 100 Öfen auf eine Jahresproduktion
von knapp 3,8 Mio. t Hüttenkoks. Neben dem spezifischen Energieeinsatz von rd. 40 kg Koks pro Tonne Sinter beruht diese
Kapazitätsauslegung im wesentlichen auf dem unterstellten spezifischen Kokseinsatz des Hochofenbetriebes von etwa 470 kg/t
Roheisen. Zu deren Erschmelzung dienen zwei Hochöfen moderner
Bauart mit einem jeweiligen Nutzvolumen von 4.400 m³. Daran
schließt sich das Stahlwerk an, bestehend aus jeweils zwei un-

---

[1] In der ursprünglichen Auslegung des IISI-Referenzhüttenwerkes beläuft
sich der Sinteranteil am Hochofenmöller auf 70 vH. Zur Sicherstellung einer entsprechenden Sinterversorgung dienen hier zwei Bänder mit einer
Saugfläche von jeweils 400 m², dies entspricht in etwa einer Kapazität von
rd. 8,5 Mio. t/a.

[2] Vgl. International Iron and Steel Institute (IISI), Energy and the Steel
Industry, a.a.O., S. 3 - 18.

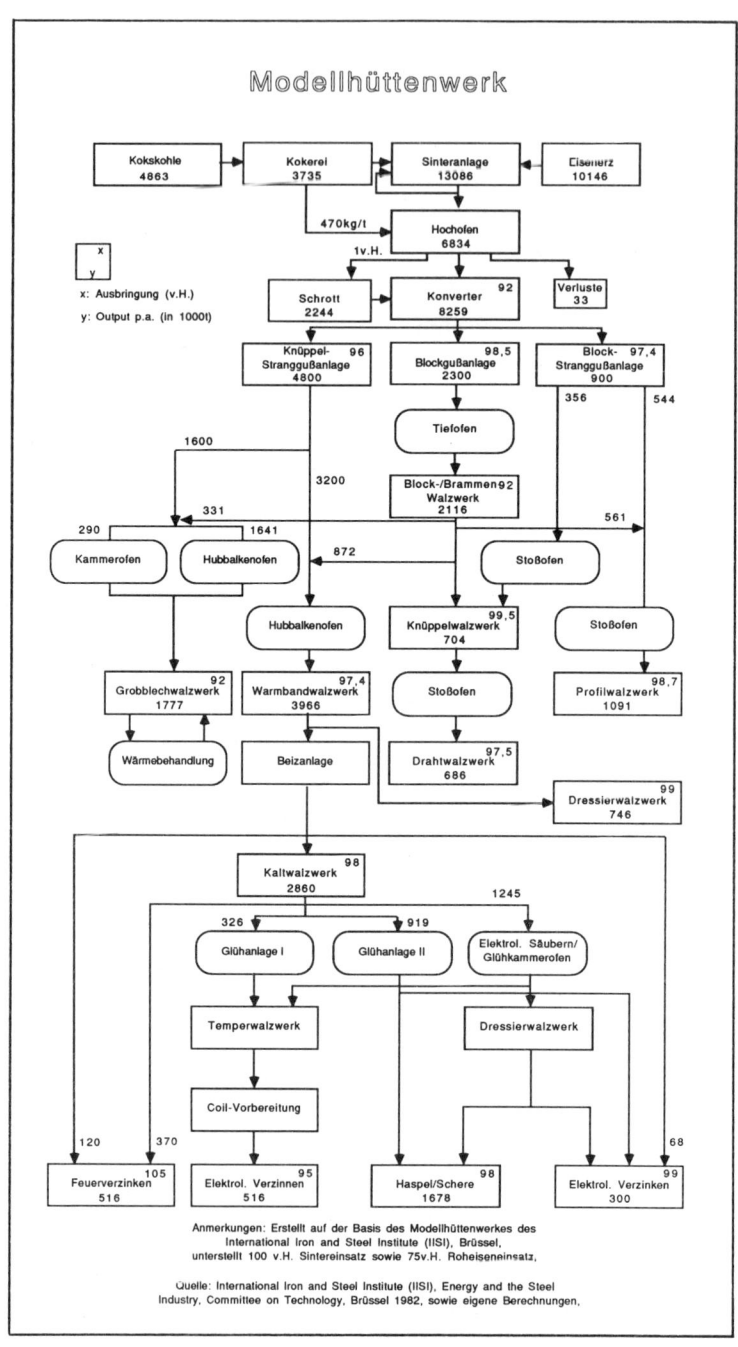

Modellhüttenwerk

ter drei in Betrieb befindlichen Oxygen-Blasstahlkonvertern
mit einem Fassungsvermögen von jeweils 360 t. Ähnlich wie
schon im Kokereibetrieb oder dem Hochofenwerk, zeichnet sich
dabei auch das Stahlwerk durch eine intensiv betriebene Nutzung von Rest- bzw. Rückgewinnungsenergien aus[1].

Entsprechend dem modernen Stand der Technik verteilt sich der
nunmehr zu vergießende Flüssigstahl zu gut zwei Dritteln auf
sowohl zwei Doppelstrang-Brammenstranggußanlagen als auch eine
vieradrige Blockstranggußanlage. Der Rest wird sodann zu Blök-
ken vergossen und dient je nach Weiterverarbeitung im Block-
oder Brammenwalzwerk als "feed back" für die nachfolgenden
Walzlinien. Dazu zählen neben dem Warmbandwalzwerk das Pro-
fil-, Grob- bzw. Mittelblechwalzwerk sowie ein Walzwerk zur
Herstellung von Walzdraht. Rund 80 vH des Ausstoßes durch das
Warmbandwalzwerk erfährt mit Hilfe der verschiedenen Anlagen
innerhalb des Kaltwalzwerkes seine weitere Bearbeitung zu den
verschiedenen Qualitäten von Feinblechen.

Als repräsentativ anzusehen ist dabei die Aufteilung der insgesamt in einer Größenordnung von etwa 7,3 Mio. t/a herge-
stellten Walzstahlfertigerzeugnisse auf die verschiedenen Produktgruppen. Entsprechend den anlagenspezifischen Mengengerü-
sten des IISI-Referenzhüttenwerkes ergibt sich damit der ebenfalls in Schaubild 5.1 abgebildete Stoff- und Materialfluß[2].
Neben den darin aufgeführten Einsatzstoffen bedarf es allerdings einer zusätzlichen externen Elektrizitätsversorgung.
Trotz der hier in hohem Maße berücksichtigten Nutzung von

---

[1]Hierzu zählt vornehmlich die Nutzung des Starkgases aus dem Kokereibetrieb, des im Hochofenwerk rückgewonnenen Gichtgases sowie des Konverter-
gases.

[2]Zur Veranschaulichung wird im dargestellten Fall sowohl von einem ausschließlichen Sintereinsatz ausgegangen als auch von einem Roheisenanteil
von 75 vH. Gleichwohl wird im Verlauf der weiteren Untersuchung ebenso
ein alternativer Einsatz in Höhe von 85 vH zu berücksichtigen sein. Darüber hinaus unterstellt diese Berechnung einen Fe-Gehalt der eingesetzten
Feinerze von durchschnittlich 65 vH bzw. des produzierten Sinters von
56 vH sowie einen Fe-Verbrauch von 965 kg/t Roheisen.

Rest- bzw. rückgewonnenen Energien[1], u.a. zur Eigenstromver-
sorgung, macht die unterstellte Anlagenkonfiguration den Fremdbezug von Elektrizität zu knapp 35 vH des Bedarfs notwendig[2].

Grundlage dieser Überlegungen sind die nunmehr für die verschiedenen Produkte im weiteren Verlauf der Untersuchung zu
unterstellenden erzeugnisspezifischen Mengengerüste. In einer
Übersicht unterscheidet Tabelle 5.1 dabei zwischen den spezifischen Einsatzmengen der Roheisen-, Rohstahl- und Walzstahlproduktion. Für den Bereich der Walzstahlerzeugnisse insgesamt
verstehen sich die angeführten Werte als Durchschnittsangaben
über die gesamte Fertigerzeugnispalette des Modellhüttenwer-
kes. Auf eine Darstellung sämtlicher Produktgruppen im einzelnen wird an dieser Stelle zwar verzichtet. Gleichwohl werden
beim Vergleich der Herstellungskosten auf der Basis einzelner
Produktgruppen ebenso speziell deren spezifische Einsatz-
mengenverhältnisse zu berücksichtigen sein.

Zu verweisen ist daneben auf den Umstand, daß der - wie beschrieben - beim Betrieb des Hüttenwerkes anfallende Eigenschrott lediglich zu vernachlässigende und zudem im EG-weiten
Vergleich ähnliche Kosten aufwirft. Dies hat zur Folge, daß
innerhalb der angeführten Mengengerüste nicht der Gesamtver-
brauch zu berücksichtigen ist, sondern nurmehr der Fremdbezug
in Höhe des je nach Verfahrensweise auszugleichenden Defizits.

Über die Einsatzfaktoren ausgewählter Rohstoffe sowie Energieträger hinaus weist Tabelle 5.1 zudem den Umfang des erzeug-

---

[1]Vgl. dazu International Iron and Steel Institute (IISI), Energy and the
Steel Industry, a.a.O., insbesondere die Seiten ES-2 bis 1-4.

[2]Entgegen der ursprünglichen Auslegung des IISI-Referenzhüttenwerkes führt
der im Rahmen dieser Untersuchung angenommene Sinteranteil von 100 vH zu
einer notwendigen Ausweitung der Sinterproduktion und solchermaßen zu
einer Zunahme des Elektrizitätsverbrauchs insgesamt. Angesichts eines
konstanten Eigenversorgungsvolumens verringert sich damit dessen Anteil
am Gesamtbedarf von 70 vH auf nunmehr 65 vH.

Tab. 5.1

Spezifischer Stoff-, Energie- und Arbeitseinsatz nach Herstellungsstufen			
Roheisenerzeugung			
Kokskohlen (Sinteranlage)	kg/t	100.0	
Kokskohlen (Hochofen)	kg/t	612,0	
Erze (Fe-Gehalt)	kg/t	965,0	
Elektrizität (Zukauf)	kwh/t	50,0	
Arbeit	Std/t	1,3	
Rohstahlerzeugung		Roheisenanteil	
		75 v.H.	85
Kokskohlen (Sinteranlage)	kg/t	85,4	96,8
Kokskohlen (Hochofen)	kg/t	522,6	592,4
Erze (Fe-Gehalt)	kg/t	824,1	934,1
Stahlschrott (Zukauf)	kg/t	161,0	48,0
Elektrizität (Zukauf)	kwh/t	59,5	59,5
Arbeit	Std/t	2,0	2,0
Walzstahlerzeugung			
Kokskohlen (Sinteranlage)	kg/t	93,4	105,9
Kokskohlen (Hochofen)	kg/t	571,7	648,1
Erze (Fe-Gehalt)	kg/t	901,6	1.021,9
Stahlschrott (Zukauf)	kg/t	176,1	52,5
Elektrizität (Zukauf)	kwh/t	142,1	142,1
Arbeit	Std/t	7,0	7,0

Anmerkungen: Berechnet auf der Grundlage des Referenzhüttenwerkes
des IISI unter folgenden Spezifikationen:
Sinteranteil   100 v.H.
Fe-Gehalt der verwandten Feinerze   65 v.H.

Quelle: International Iron and Steel Institute (IISI), Energy
and the Steel Industry, a.a.O., insbesondere die Seiten 2-37 ff und 3-10ff, persönliche Auskünfte sachverständiger Dritter sowie eigene Berechnungen.

nisspezifischen Arbeitseinsatzes[1] aus. Wie bereits im Falle
des Stoffeinsatzes, stellen die ausgewiesenen Werte lediglich

---

[1]Hierbei handelt es sich um den geleisteten Arbeitseinsatz insgesamt, d.h. durch Arbeiter und Angestellte. Die hier zugrundegelegten Daten beruhen auf Angaben des Statistischen Bundesamtes, Außenstelle Düsseldorf, zur Beschäftigung in den Hochofen-, Stahl- und Walzwerkbetrieben der westdeutschen Eisen- und Stahlindustrie. Die im folgenden auf der Basis einzelner Erzeugnisgruppen verwandten Zahlen beziehen sich demgegenüber auf persönliche Auskünfte westdeutscher Hersteller sowie sachverständiger Dritter.

Mittelwerte für das benötigte Arbeitsvolumen zur Erzeugung jeweiliger Stufenerzeugnisse dar.

Als weitere Voraussetzung für den Vergleich der standortabhängigen Herstellungskosten (ausgewählter Kostenfaktoren) bedarf es schließlich der Einstandskosten frei Hüttenstandort für die genannte Auswahl von Rohstoffen bzw. Energieträgern. In Tabelle 5.2 findet sich dazu eine entsprechende Zusammenstellung jener Kostenfaktoren, abgestellt auf den möglichst kostengünstigsten Bezug des Jahres 1985. Angesichts der westdeutschen Importkontingentierung im Kokskohlenhandel werden zu Vergleichszwecken daneben rein hypothetische Lieferungen von Übersee- d.h. in diesem Fall US-Kohlen - an die deutschen Hüttenwerke aufgeführt. Die Kokskohlen-Einstandspreise ergeben sich sodann als Summe einerseits der jeweiligen Cif-Preise/t frei große EG-Importhäfen bzw. frei Waggon in westdeutschen Zechen wie auch andererseits den zum jeweiligen Hüttenstandort verbleibenden durchschnittlichen Nachlaufkosten pro gelieferter Stofftonne. Aufgrund der bereits erwähnten Kokskohlenregelung und der daraus für den Bereich der westdeutschen Hüttenindustrie resultierenden Preisnachteile für die zur Herstellung des Erzsinters eingesetzten Kokskohlen ist dabei zwischen der Sinterproduktion und dem Hochofenbetrieb zu unterscheiden.

Im Falle der Erzlieferungen wird demgegenüber ausschließlich der Bezug von Übersee-Erzen südamerikanischer Provenienz unterstellt. Insofern ergeben sich jene Einstandspreise als Summe der Cif-Preise/t frei große EG-Importhäfen und den verbleibenden durchschnittlichen Nachlaufkosten. Da Angaben zu den Transportaufwendungen bisher auf der Basis von Stofftonnen gemacht wurden, sei an dieser Stelle angemerkt, daß Tabelle 5.2 die Eisenerz-Einstandspreise auf der Grundlage von Fe-Tonnen ausweist.

Angesichts der deutlichen Wechselkursschwankungen der US-Währung in den zurückliegenden Jahren erscheint es zudem angebracht, die im internationalen Massengutverkehr übliche Fakturierungsvaluta zu unterschiedlichen Notierungen in die Be-

Tab. 5.2

EINSTANDSPREISE ausgewählter Kostenfaktoren der Herstellung frei Hüttenstandort								
	Kokskohlen (Sinteranlage) DM/t		Kokskohlen (Hochofenbetrieb) DM/t		Eisenerz (Fe-Gehalt) DM/t		Schrott (Zukauf) DM/t	Elektrizität (Fremdbezug) DM/100 kwh	Arbeit[1] DM/Std.
	I	II	I	II	I	II			
Bremen	284,50	284,50	206,30	144,10[2]	116,10	83,40	238,00	11,90	38,20
Bremen*	196,80	133,80	196,80	133,80	116,10	83,40	238,00	11,90	38,20
Duisburg	272,00	272,00	193,80	131,60[2]	114,10	81,50	238,00	11,90	38,20
Duisburg*	195,80	132,80	195,80	132,80	114,10	81,50	238,00	11,90	38,20
Salzgitter	284,50	284,50	206,30	144,10[2]	119,20	86,50	238,00	11,90	38,20
Salzgitter*	200,80	137,80	200,80	137,80	119,20	86,50	238,00	11,90	38,20
Völkingen	298,00	298,00	199,20	137,00[2]	136,20	103,60	238,00	11,90	38,20
Völkingen*	209,80	146,80	209,80	146,80	136,20	103,60	238,00	11,90	38,20
Dünkirchen	189,30	126,30	189,30	126,30	104,40	71,80	260,00	10,50	34,40
Fos-s-Mer	189,30	126,30	189,30	126,30	104,40	71,80	260,00	10,50	34,40
Thionville	205,30	142,30	205,30	142,30	129,60	97,00	260,00	10,50	34,40
Genua	189,30	126,30	189,30	126,30	104,40	71,80	241,00	19,10	37,90
Neapel	189,30	126,30	189,30	126,30	104,40	71,80	241,00	19,10	37,90
IJmuiden	189,30	126,30	189,30	126,30	104,40	71,80	258,00	15,30	46,70
Charleroi	200,10	137,00	200,10	137,00	121,10	88,40	282,00	13,00	33,70
Esch	207,30	144,30	207,30	144,30	132,30	99,70	255,00[4]	11,10	22,00
Glasgow	189,30	126,30	189,30	126,30	104,40	71,80	293,00	13,40	28,10
Scunthorpe	189,30	126,30	189,30	126,30	104,40	71,80	293,00	13,40	28,10
Port-Talbot	189,30	126,30	189,30	126,30	104,40	71,80	293,00	13,40	28,10

Anmerkungen: I)   Alternative I auf der Basis eines Dollarkurses von 2,94 DM/US-$ (Jahresdurchschnitt 1985)
II) Alternative II auf der Basis eines Dollarkurses von 2,00 DM/US-$.
*   Hypothetischer Bezug von Übersee-Kokskohlen

[1]   Korrigiert um Produktivitätsunterschiede.
[2]   Berechnet auf der Basis einer hypothetischen Kokskohlenbeihilfe bei einem Dollarkurs von 2,00 DM/US-$.
[3]   Durchschnittlicher Kokskohleneinsatz zu 80 vH Saarkohlen und 20 vH Ruhrkohlen, nach Angaben des Verbandes der Saarhütten.
[4]   Geschätzt.

Quelle: Eigene Berechnungen.

rechnungen eingehen zu lassen. Aus diesem Grunde findet in Tabelle 5.2 sowohl im Rahmen der Überseelieferungen von Kokskohlen als auch von Eisenerzen zunächst der für das Jahr 1985 ausgewiesene durchschnittliche Devisenkurs[1] von 2,94 DM/US-$ Verwendung (Alternative I). Zwar beläuft sich demgegenüber der durchschnittliche Dollarkurs für den Zeitraum 1981/85 auf etwa 2,50 DM/US-$, doch aufgrund des bereits Mitte 1985 einsetzenden nachhaltigen Kursabschwungs bis in der Zwischenzeit weit unter die Marke von 2,00 DM/US-$ bietet sich hier als Basis der Alternativrechnung vielmehr der Wert von 2,00 DM/US-$ an (Alternative II).

Zu den Elektrizitäts- bzw. Schrottpreisen sei lediglich angemerkt, daß es sich hierbei ausschließlich um die Aufwendungen für den Fremdbezug handelt. Angesichts einer Eigenstromerzeugung sowie des Anfalls von Eigenschrott dienen diese Zukäufe ausschließlich der Abdeckung des bestehenden Restbedarfs.

Unter den in Tabelle 5.2 ausgewiesenen Zwischenergebnissen richtet sich das Hauptaugenmerk zunächst auf die doch deutlich höher ausfallende Kostenbelastung westdeutscher Hüttenwerke. Insbesondere im Bereich der zur Sinterproduktion dienenden Kokskohlen ergeben sich im Vergleich zu den hypothetischen Überseelieferungen eklatante Preisnachteile. Wie das Beispiel Bremens zeigt, belaufen sich diese bei einer Notierung von 2,94 DM/US-$ auf eine Größenordnung von bis zu annähern 45 vH. Legt man einen Kurs von 2,00 DM/US-$ zugrunde, fällt dieser Preisnachteil noch weit umfangreicher aus. Mit z.B. rd. 135 DM/t beläuft sich nunmehr der Einstandspreis für Überseelieferungen frei Hütte Bremen auf nicht einmal mehr die Hälfte des Preises für den entsprechenden Inlandsbezug.

Auf diese Weise wird deutlich, inwieweit die für den Überseebezug transportwirtschaftlich vergleichsweise günstige Küstenlage der Bremer Hütte vollkommen ungenutzt bleibt. Bis zu wel-

---

[1] Vgl. Deutsche Bundesbank, Monatsberichte der Deutschen Bundesbank, 38. Jg., Nr. 12, Dezember 1986, S. 80.

chem Ausmaß hier Kostensenkungen bzw. Kostenvorteile gegenüber
den EG-Binnenstandorten zu realisieren wären, zeigt sich im
Vergleich des Bremer Einstandspreises für den Fall der hypothetischen Lieferungen von Überseekokskohlen. Allerding verhindert der hier notwendige Zwischentransport per Bahn ein
Kostenniveau, das dem der reinen Küstenstandorte mit eigenem
Tiefwasser-Hafen entsprechen würde.

Als weiter bemerkenswert erweist sich die zu verzeichnende
Bandbreite der standortspezifischen Einstandspreise. Mit einem
Preis von 298 DM/t stellt dabei der Inlandsbezug Völklingens
den Maximalwert dar und verkörpert damit gegenüber den kostengünstigsten Küstenstandorten einen Preisnachteil von gut 57 vH
(Alternative I). Wählt man dagegen einen Dollarkurs von 2,00
DM/US-$ (Alternative II), so vergrößert sich dieser Nachteil
sogar auf gut 135 vH. Dieser noch deutlichere Preisnachteil
Völklingens resultiert - wie der Einstandspreis für den hypothetischen Überseebezug zeigt - dabei zu etwa 86 vH aus dem
hier nicht realisierten Preisvorsprung der Überseekohlen, aber
auch zu 14 vH aus den zusätzlichen Zulaufkosten dieses Binnenstandortes.

Im Bereich der (Hochofen-)Kokskohlen fallen die jeweiligen
Preisunterschiede aufgrund der gewährten Kokskohlenbeihilfen
insbesondere im Bereich des westdeutschen Steinkohlenbergbaus
naturgemäß weit geringer aus. Dieser Umstand findet seinen
Ausdruck in den im Vergleich weitaus geringeren Variationskoeffizienten. Betrugen die Werte für das relative Streuungsmaß im Falle der (Sinter-)Kokskohlen noch etwa 0,17 (Alternative I) bzw. ca. 0,38 (Alternative II)[1], so bewirkt die
Beihilferegelung eine Verringerung der Streuung auf nunmehr

---

[1]Auch ohne Berücksichtigung des hypothetischen Bezuges von Übersee-Kokskohlen durch westdeutsche Hüttenwerke ergeben sich Variationskoeffizienten von ähnlicher Größenordnung. Im Fall der (Sinter-)Kokskohlen betragen
diese knapp 0,19 (Alternative I) bzw. gut 0,40 (Alternative II); im Falle
der (Hochofen-)Kokskohlen belaufen sich die Werte auf knapp 0,04 (Alternative I) bzw. knapp 0,06 (Alternative II).

lediglich knapp 0,04 (Alternative I) bzw. knapp 0,06 (Alternative II).

Entsprechend ihrer Zielsetzung versetzt die Kokskohlenbeihilfe die westdeutschen Binnenstandorte in die Lage, ein erheblich niedrigeres Preisniveau zu realisieren, das allerdings nicht gänzlich das der EG-Küstenstandorte erreicht. Dennoch ergeben sich hier deutliche Preisnachlässe mit der Folge, daß die Standorte der West-Ruhr sowie des Saarlandes nunmehr in etwa zwischen den reinen EG-Küstenstandorten und den übrigen EG-Binnenstandorten anzusiedeln sind. Weniger deutlich ins Gewicht fallen demgegenüber die Preisnachlässe für die Standorte Bremen bzw. Salzgitter. Trotz niedrigerer Einstandspreise aufgrund der Kokskohlenbeihilfe verweilen beide Standorte weiterhin am oberen Ende der Preisskala.

Zu vermerken sind daneben ausgeprägte relative Positionsveränderungen sämtlicher Binnenstandorte gegenüber den Küstenwerken angesichts veränderter Dollarparitäten. Resultiert auch aus den Wechselkursschwankungen der US-Währung ein für sämtliche Standorte variierender Cif-Preis frei EG-Importhäfen auf Basis der Inlandswährung. Die konstant verbleibenden Nachlaufkosten der küstenfernen Standorte erfahren dadurch eine Veränderung ihres relativen Kostenbeitrags und damit im speziellen Fall der Dollarabwertung eine (relative) Zunahme ihrer Bedeutung im Rahmen des Standortvergleichs. Deutlich wird dies an der Zunahme des Variationskoeffizienten für die Alternative II gegenüber Alternative I. So erhöht sich dieser - wie beschrieben - von knapp 0,04 (Alternative I) auf annähern 0,06 (Alternative II)[1]. Diese deutliche Zunahme erklärt sich dabei ausschließlich aus eben dieser Bedeutungszunahme der Nachlaufkosten im Verhältnis zu den nunmehr auf DM-Basis gesunkenen Rohstoffpreisen.

---

[1] Eine Zunahme im selben Umfang ergibt sich gleichfalls ohne Berücksichtigung des hypothetischen Bezuges von Übersee-Kokskohlen durch westdeutsche Hüttenwerke.

Weit deutlichere Unterschiede zeigen sich im Bereich der Ei-
senerzeinfuhren. Mit relativen Streuungsmaßen von knapp 0,10
(Alternative I) bzw. knapp 0,14 (Alternative II) liegen hier
die jeweiligen Werte erneut deutlich auseinander[1]. Allerdings
erklärt sich diese Höhe in der relativen Streuung zu einem
Großteil durch den im Vergleich geringeren Erzpreis, der damit
den bestehenden Transportkostendifferenzen im Nachlauf zusätz-
liches Gewicht verleiht. Kostennachteile jedenfalls erfahren
hier insbesondere die verkehrstechnisch ungünstig zu den EG-
Importhäfen gelegenen Binnenstandorte wie etwa im Raume Saar-
land/Luxemburg/Lothringen oder auch Zentralbelgiens[2]. Von in
etwa mittlerem Niveau zeigt sich demgegenüber die Kostenbelastung der verbleibenden westdeutschen Hüttenstandorte. Inwieweit der Standort Bremen nicht die Vorteile eines reinen
Küstenwerkes aufweist, verdeutlicht auch hier der Preisabstand
zu der Gruppe reiner Küstenstandorte wie auch die annähernde
Preisübereinstimmung mit den Standorten West-Ruhr oder auch
Salzgitter.

Herstellungskosten

Neben den verbleibenden standortspezifischen Einstandskosten
im Schrottzukauf bzw. für den Elektrizitätsfremdbezug wie auch
den jeweiligen Aufwendungen für den Arbeitseinsatz ergibt sich
damit insgesamt die Auswahl der nunmehr heranzuziehenden Determinanten des Standortvergleichs. Eingebettet in das bereits
vorgestellte Mengengerüst des spezifischen Faktoreinsatzes
(Modellhüttenwerk) lassen sich damit die im folgenden ausgewiesenen Ergebnisse für den Bereich der Herstellung von Stahl-

---

[1]Ohne Berücksichtigung des hypothetischen Bezuges von Übersee-Kokskohlen
durch westdeutsche Hersteller belaufen sich diese Werte auf ebenfalls
knapp 0,10 (Alternative I) und knapp 0,14 (Alternative II).

[2]Die deutliche Zunahme des Variationskoeffizienten von etwa 0,10 (Alternative I) auf knapp 0,14 (Alternative II) zeigt auch hier, in welchem
Ausmaß eine Abwertung der US-Währung zu im Vergleich wachsenden Kostennachteilen der Binnenstandorte gegenüber den reinen Küstenstandorten
führt.

erzeugnissen ableiten. Entsprechend der Zielsetzung wird dabei
zu differenzieren sein in die verschiedenen Stufen der Stahlherstellung, d.h. die Roheisen-, Rohstahl- und Walzstahlstufe,
wie auch in die verschiedenen Walzstahlerzeugnisgruppen[1].

Ähnlich der Vorgehensweise zur Berechnung der Einstandspreise
werden nunmehr auch im folgenden die Alternativen I und II
zu unterscheiden sein, d.h. die standortspezifischen Herstellungskosten auf der Basis eines Dollarkurses von 2,94 DM/US-$
(Alternative I) bzw. von 2,00 DM/US-$ (Alternative II). Ver-
tiefte Rückschlüsse im Hinblick auf die standortspezifische
Versorgung mit den überwiegend aus Übersee bezogenen Rohstoffen erlaubt darüber hinaus eine weitere alternative Unterstellung. Angesichts der Bemühungen innerhalb der Europäischen Gemeinschaft zur Realisierung des Gemeinsamen Marktes wird zur
Abrundung der Versuch unternommen, Aussagen auch im Hinblick
auf den theoretischen Fall EG-weit angeglichener Arbeits- sowie Elektrizitätskosten abzuleiten[2].

Nach diesen Vorbemerkungen läßt nunmehr das Schaubild 5.2 den
Kostenvergleich auf Basis der Walzstahlherstellung zu, und
zwar unterteilt nach den verschiedenen, dieser Untersuchung
zugrundeliegenden Kostenfaktoren. Die hierin wiedergegebenen
Werte beruhen dabei auf den jeweiligen standortspezifischen
Kostengrößen sowie zunächst dem durchschnittlichen Dollarkurs
des Jahres 1985 von 2,94 DM/US-$. Wie auch für eine Reihe
nachfolgender Schaubilder gleichermaßen sind dabei zu Vergleichszwecken die Fälle eines hypothetischen Bezuges von
Überseekokskohlen durch westdeutsche Hersteller gesondert
kenntlich gemacht (Unterstreichung).

---

[1]Wie bereits erwähnt, sind hier zu unterscheiden: Walzstahlerzeugnisse
insgesamt (WST), Halbzeug (HZ), Oberbaumaterial (OB), Form- und Stabstahl
(F/St), Walzdraht (WD), Bandstahl (BS), Grob- und Mittelblech (G/M) sowie
Fein- und Feinstblech (F/F).

[2]Damit ergäbe sich die relative Standortgüte einmal in transportwirtschaftlicher Hinsicht aufgrund der gegebenen geographischen Lage zu den
Rohstoffquellen wie auch für den speziellen Fall des Schrottzukaufs darüber hinaus aufgrund des regionalen Schrottpreisniveaus.

Schb. 5.2

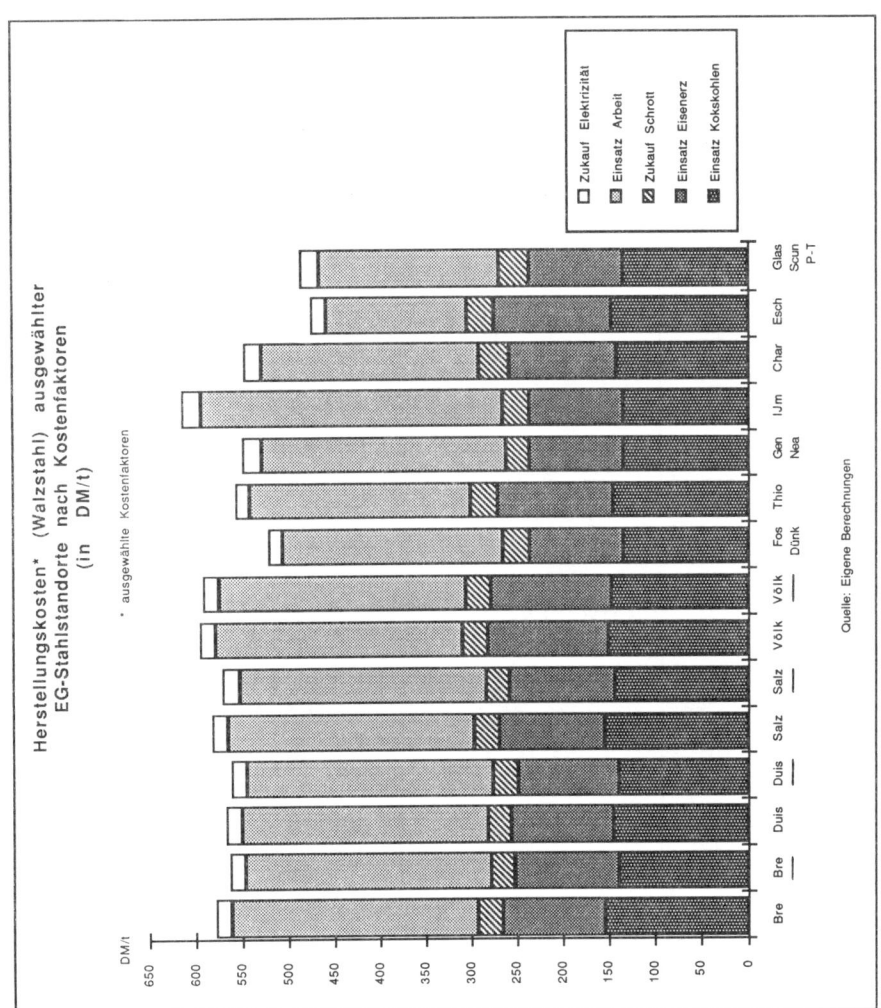

Herstellungskosten* (Walzstahl) ausgewählter
EG-Stahlstandorte nach Kostenfaktoren
(in DM/t)

* ausgewählte Kostenfaktoren

Quelle: Eigene Berechnungen

201

Tab. 5.3

HERSTELLUNGSKOSTEN ausgewählter EG-STAHLSTANDORTE nach Produktionsstufen (DM/t) (Ausgewählte Kostenfaktoren)

Produktionsstufe	Bre	Bre*	Duis	Duis*	Salz	Salz*	Völk	Völk*	Dünk Fos	Thio	Gen Nea	IJm	Char	Esch	Glas Scun P-T
Roheisenstufe															
Einsatz Kokskohlen	155	140	146	139	155	143	152	148	135	146	135	135	143	148	135
Einsatz Eisenerz	112	112	110	110	115	115	131	131	101	125	101	101	117	128	101
Zukauf Elektrizität	6	6	6	6	6	6	6	6	5	5	7	8	7	6	7
Stoffeinsatz insg.	273	258	262	256	276	264	289	285	241	277	243	243	266	281	242
Einsatz Arbeit	48	48	48	48	48	48	48	48	43	43	47	58	42	28	35
insgesamt	321	306	310	303	324	312	337	333	284	320	290	302	308	308	277
Rohstahlstufe															
Einsatz Kokskohlen	141	128	133	127	141	130	138	135	123	133	123	123	130	135	123
Einsatz Eisenerz	102	102	100	100	105	105	120	120	92	114	92	92	107	116	92
Zukauf Schrott	25	25	25	25	25	25	25	25	27	27	25	27	30	27	31
Zukauf Elektrizität	7	7	7	7	7	7	7	7	6	6	8	9	8	7	8
Stoffeinsatz insg.	275	262	265	259	278	267	290	287	248	281	248	251	274	284	253
Einsatz Arbeit	77	77	77	77	77	77	77	77	69	69	76	94	67	44	56
insgesamt	352	338	342	336	354	344	366	363	317	349	324	344	341	328	309
Walzstahlstufe															
Einsatz Kokskohlen	154	140	145	139	154	143	151	148	134	146	134	134	142	147	134
Einsatz Eisenerz	112	112	110	110	115	115	131	131	100	125	100	100	117	127	100
Zukauf Schrott	27	27	27	27	27	27	27	27	30	30	28	30	32	29	34
Zukauf Elektrizität	17	17	17	17	17	17	17	17	15	15	20	22	19	16	19
Stoffeinsatz insg.	310	296	299	293	313	301	326	323	279	315	282	286	309	319	287
davon Transport**	24	15	14	13	26	20	31	37	3	30	3	3	21	33	3
Einsatz Arbeit	268	268	268	268	268	268	268	268	241	241	265	327	236	154	197
insgesamt	578	563	567	561	581	569	594	590	520	556	547	613	545	474	484

* Hypothetischer Bezug von Übersee-Kokskohlen
** Transportaufwendungen innerhalb der Europäischen Gemeinschaft für den Bezug von Kokskohlen und Eisenerzen

Quelle: Eigene Berechnungen

Aufgrund der Tatsache, daß die vielfältigen Einflußgrößen für
die über die verschiedenen Produktionsstufen variierenden Kostendifferenzen schließlich in die standortspezifischen Walz-
stahlkosten einmünden und diese letztendlich die maßgebliche
Grundlage eines Kostenvergleichs der Herstellung darstellen,
wird an dieser Stelle von einer eingehenden Analyse der Roh-
eisen- bzw. Rohstahlkosten abgesehen. Zu verweisen ist hier
auf die entsprechenden Angaben in den Tabellen 5.1 - 5.4 sowie
den Schaubildern 5.1 und 5.2 im Anhang dieser Untersuchung.

Wie in Schaubild 5.2 sowie Tabelle 5.3 deutlich zu erkennen,
ergeben sich für den Bereich der Walzstahlerzeugung insgesamt
z.T. deutlich abweichende Kostengrößen. Die Bandbreite der
jeweiligen Herstellungsaufwendungen beschreibt sich zum einen
durch den luxemburgischen Standort Esch/Belval mit 474 DM/t
Walzstahl sowie andererseits durch den niederländischen
Küstenstandort IJmuiden mit einem um knapp 30 vH höheren
Kostenniveau von 613 DM/t. Kostenachteile von wenn auch
geringerem, so doch gleichwohl hohem Niveau weist demgegenüber
die Auswahl der übrigen EG-Binnenstandorte auf, allen voran
die innerhalb der Bundesrepublik angesiedelten binnenländischen Hüttenwerke, mit Kostennachteilen (bei Inlandsbezug
von Kokskohlen) in einer Bandbreite von etwa 20 bis 25 vH,
entsprechend knapp 95 bis 120 DM/t Walzstahlerzeugung.
Angeführt vom Standort Völklingen reicht hier die Skala der
Herstellungskosten von 594 DM/t Walzstahl über 581 DM/t
(Salzgitter) bis hin zu 567 DM/t (Duisburg). Wie aufgrund der
standortspezifischen Rohstoffeinstandspreise bereits zu erwarten, ergibt sich angesichts eines Kostenniveaus von 578
DM/t selbst für den küstennahen Standort Bremen ein Kostennachteil gegenüber Esch/Belval von annähern 22 vH.

Wie Schaubild 5.2 zudem deutlich macht, erweist sich die Bezugspflicht von inländischer Steinkohle für den Kreis westdeutscher Hersteller als im Vergleich kaum mehr noch zusätzlich ins Gewicht fallende Benachteiligung. Im Gegensatz insbesondere zur Roheisenstufe, auf der die (relative) Kostenbelastung durch den Rohstoffeinsatz aufgrund der niedrigen

Verarbeitungsstufe naturgemäß am deutlichsten ausgeprägt ist, treten auf der Walzstahlstufe nunmehr weitere Kostenfaktoren stärker in den Vordergrund und lassen solchermaßen diesen Kostennachteil von durchschnittlich rd. 10 DM/t vergleichsweise gering erscheinen.

Kostennachteile in dem Bereich von 15 bis 17 vH kennzeichnet eine nunmehr nachfolgende Gruppe von EG-Standorten. Dazu zählen die Ansiedlungskomplexe von Charleroi (545 DM/t) mit knapp 15 vH (71 DM/t) und Thionville (556 DM/t) mit gut 17 vH (82 DM/t) sowie die italienischen Küstenwerke in Genua und Neapel (547 DM/t) mit gut 15 vH (73 DM/t) höheren Herstellungskosten. Demgegenüber verzeichnen die in der Auswahl verbleibenden Standortkomplexe wie Dünkirchen und Fos-sur-Mer (520 DM/t) bzw. die britischen Küstenlagen Glasgow, Scunthorpe und Port-Talbot (484 DM/t) lediglich Produktionskostennachteile von knapp 10 vH bzw. gut 2 vH (entsprechend 46 DM/t bzw. 10 DM/t).

Bei der Frage nach den Ursachen für die doch z.T. erheblichen Niveauunterschiede, wie etwa beispielsweise im Falle des Binnenstandortes Esch/Belval gegenüber dem Küstenwerk im niederländischen IJmuiden, gewährt die genauere Betrachtung der Kostenkomponenten näheren Aufschluß. So sind es nämlich weit weniger die Aufwendungen im Bereich des Stoff- und Energieeinsatzes, die hier letztendlich diese deutlichen Unterschiede zur Folge haben. Denn mit einem relativen Streuungsmaß von rd. 0,05 bleiben diese deutlich hinter dem entsprechenden Wert der Gesamtkosten von gut 0,07 zurück. Die Antwort vermittelt hier der entsprechende Variationskoeffizient von gut 0,15 für den Bereich des Arbeitseinsatzes. Gerade im Extremfall der oben angeführten Beispiele zeigt sich aufgrund der ausgeprägten Kostenunterschiede für den Arbeitseinsatz quasi eine Umkehrung der Standortrangfolge gegenüber dem Bereich des Energie- und Rohstoffeinsatzes. Der Kostenvorsprung IJmuidens gegenüber Esch/Belval von gut 10 vH im Bezug von Rohstoffen und Energie führt hier angesichts der niederländischen Arbeitskosten (327 DM/t) von gut doppeltem Niveau zu dem bereits angeführten Kostennachteil IJmuidens von insgesamt knapp 30 vH im Vergleich zur luxemburgischen Produktion.

Von diesbezüglich deutlich geringerer Wirkung zeigen sich hingegen die Arbeitskosten in den verbleibenden Mitgliedstaaten der Europäischen Gemeinschaft. An der Spitze stehen hier erneut die westdeutschen Hersteller mit einem durchschnittlichen Arbeitsaufwand pro Tonne Walzstahl von etwa 268 DM/t (entsprechend einem Kostennachteil von rd. 74 vH gegenüber den luxemburgischen Konkurrenten). Im unmittelbaren Anschluß daran verzeichnen auch die italienischen Hersteller mit etwa 265 DM/t einen Arbeitsaufwand, der damit Kostennachteile von deutlich über 70 vH mit sich bringt. Mit Abstand folgen die französischen Standorte mit Aufwendungen von rd. 241 DM/t (entsprechend einem Kostennachteil von gut 56 vH).

Über diese bisherigen Ergebnisse hinaus gilt es den Umstand zu berücksichtigen, daß sich der weite Bereich der Walzstahlherstellung aus einer ganzen Reihe verschiedenster Produktionszweige zusammensetzt. Diesen soll nunmehr im folgenden gesondert Rechnung getragen werden. Wie bisher schon verfahren, wird sich angesichts der Erzeugnisvielfalt auch in diesem Fall auf eine Unterscheidung in die verschiedenen Erzeugnisgruppen zu beschränken sein[1]. Zur Erarbeitung der wesentlichen Aspekte und um Wiederholungen möglichst zu vermeiden, wird unter diesen lediglich auf einige charakteristische Erzeugnisgruppen einzugehen sein[2].

Zunächst sei sich damit im Schaubild 5.3 den standortspezifischen Herstellungskosten (ausgewählter Kostenfaktoren) der Erzeugnisgruppe Halbzeug zugewandt. Wie bereits auf den ersten Blick deutlich zu erkennen, zeigen sich hier im Vergleich zur

---

[1] Zu unterscheiden sind hier die Erzeugnisgruppen Halbzeug, Oberbaumaterial, Form- und Stabstahl, Walzdraht, Bandstahl, Grob- und Mittelblech sowie Fein- und Feinstblech. Vgl. dazu Statistisches Amt der Europäischen Gemeinschaften (EUROSTAT), Erläuterungen Eisen und Stahl, a.a.O..

[2] Siehe dazu die Tabellen 5.1 bis 5.4 im Anhang dieser Untersuchung.

Schb. 5.3

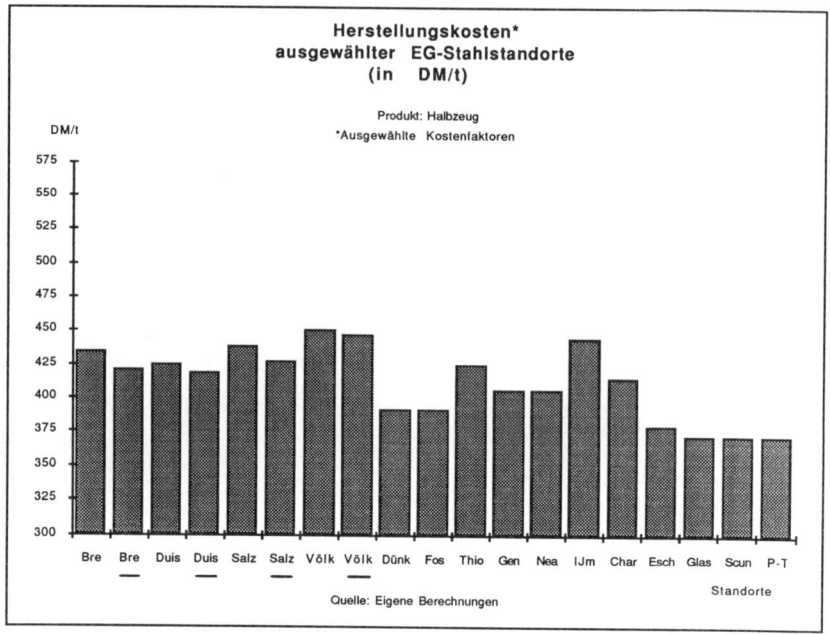

Herstellungskosten*
ausgewählter EG-Stahlstandorte
(in   DM/t)

Produkt: Halbzeug
*Ausgewählte Kostenfaktoren

DM/t

575 —
550 —
525 —
500 —
475 —
450 —
425 —
400 —
375 —
350 —
325 —
300 —

Bre Bre Duis Duis Salz Salz Völk Völk Dünk Fos Thio Gen Nea IJm Char Esch Glas Scun P-T

Quelle: Eigene Berechnungen

Standorte

Walzstahlproduktion insgesamt weit geringere Niveauunterschiede zwischen den jeweiligen Standorten. Dies gilt dabei
vornehmlich im Hinblick auf die absoluten Kostendifferenzen.
Denn aufgrund des um durchschnittlich etwa 25 vH niedrigeren
Kostenniveaus in der Halbzeugherstellung fällt die relative
Streuung mit einem Wert von gut 0,06 gegenüber der Walzstahlerzeugung mit gut 0,07 nur vergleichsweise geringfügig
niedriger aus.

Seine Begründung findet dieser Umstand in der Verarbeitungsstufe und damit in der Dominanz der Rohstoff- bzw. Energieab-
hängigkeit dieser Erzeugnisgruppe gegenüber dem im Vergleich
niedrigen spezifischen Arbeitseinsatz. Insofern zeigen sich
hier nicht die noch in Schaubild 5.2 ausgewiesenen deutlichen
Kostendifferenzen zwischen den verschiedenen Hüttenstandorten.
In welchem Ausmaß die standortspezifischen Arbeitskostenvor-
bzw. -nachteile hier weit weniger deutlich gegenüber der jeweiligen Rohstoff- und Energiekostenbelastung zum Tragen kom-

men, zeigen nunmehr die britischen Produktionsstätten mit 372
DM/t Halbzeug.

Ähnlich wie schon in der Walzstahlerzeugung zeichnen sich die
britischen Werke gleichfalls in der Halbzeugproduktion durch
einen Kostenvorsprung gegenüber den Konkurrenzwerken aus, wobei dieser hier allerdings von deutlich geringerem Umfang ist.
Mit einem Kostenniveau, das im Falle der luxemburgischen
Standorte annähernd dem britischen Spitzenwert entspricht, sowie Kostennachteilen in der Größenordnung von etwa 5 vH (20
DM/t) für die italienischen Küstenwerke folgen hier die nächsten Konkurrenten mehr oder minder unmittelbar nach. Demgegenüber verzeichnet eine Mittelgruppe, bestehend aus den Standorten Duisburg (bei Inlandsbezug von Kokskohlen), Thionville
sowie Charleroi, bereits einen deutlichen Kostennachteil von
rd. 13 vH, d.h. etwa 50 DM/t Halbzeug. Gegenüber einem Kostennachteil dieser Standorte im Bereich der Walzstahlproduktion
insgesamt von noch 82 DM/t bedeutet diese Verringerung um vier
Prozentpunkte dabei eine deutliche Verbesserung der (relativen) Wettbewerbsposition.

Nennenswerte Verringerungen ihrer Kostennachteile weisen nicht
zuletzt ebenso die verbleibenden, vornehmlich westdeutschen
Hüttenstandorte (bei Inlandsbezug von Kokskohlen) auf. Allen
voran die Bremer Hütte sowie der Standort Salzgitter, die im
Gegensatz zu ihren Kostennachteilen gegenüber Esch/Belval in
der Walzstahlproduktion insgesamt von rd. 22 vH (106 DM/t)
nunmehr ein lediglich um rd. 17 vH (65 DM/t) höheres Produk-
tionskostenniveau gegenüber den britischen Werken aufweisen.
Daneben ist es der Produktionstiefe zuzuschreiben, daß der
transportwirtschaftliche Vorteil des Küstenwerkes IJmuiden im
Bezug der Überseerohstoffe nicht derart durch die hohen niederländischen Arbeitskosten überkompensiert wird, als daß die
Herstellungskosten des Standortes Völklingen nicht noch ein
höheres Niveau erreichten. Mit Kostennachteilen von rd. 19 vH
(72 DM/t) bzw. knapp 21 vH (78 DM/t) liegen insofern die beiden Standorte IJmuiden und Völklingen (bei Inlandsbezug von

Kokskohlen) am Ende der Rangskala.

Für den Kreis der westdeutschen Hüttenwerke zeigt sich daneben, in welchem Ausmaß eine Verbesserung der relativen Standortposition durch die Hinwendung im Rohstoffbezug zu den Überseelagerstätten, zumindest auf dieser Produktionsstufe, möglich ist. Entgegen anderen Erzeugnisgruppen mit deutlich höherem Arbeitseinsatz führt hier die Dominanz der Rohstoff- und Energieseite zu im Vergleich weitaus umfangreicheren (relativen) Kostensenkungspotentialen.

Nach diesen Ausführungen zur Halbzeugherstellung vermittelt Schaubild 5.4 nunmehr eine Übersicht der standortspezifischen Produktionskosten für eine Erzeugnisgruppe von höherer Produktionstiefe, dem Form- und Stabstahl. Repräsentiert diese Erzeugnisgruppe auch nicht den höchsten Verarbeitungsgrad, so wird ihr dennoch der Vorzug gegenüber der hier diesbezüglich zu nennenden Produktgruppe der Fein- und Feinstbleche aus dreierlei Gründen gegeben. Denn während einerseits im Bereich der Halbzeugproduktion die Rohstoff- und Energieseite gegenüber dem Arbeitseinsatz dominiert, verlangt demgegenüber die Produktion von Form- und Stabstählen den im Vergleich umfangreicheren Arbeitseinsatz. Zum anderen spricht der Umstand gegen eine gesonderte Betrachtung der Erzeugnisgruppe Fein- und Feinstbleche, daß die sich hier abzeichnenden Kostenrelationen nahezu gänzlich denen der Walzstahlproduktion insgesamt gleichen und damit lediglich eine Wiederholung zur Folge hätten. Für die Reihe der verbleibenden Erzeugnisgruppen zeigt sich zudem, daß sie bezüglich ihrer jeweiligen Kostenrelationen in etwa zwischen der Halbzeugproduktion einerseits und der Herstellung von Form- und Stabstählen andererseits einzuordnen sind.

Für den Bereich der Form- und Stabstahlherstellung weist nunmehr Schaubild 5.4[1] die standortspezifischen Produktionskosten (ausgewählter Kostenfaktoren) aus. Deutlich zu erkennen ist zunächst das in groben Zügen dem der Walzstahlerzeugung insge-

---
[1]Siehe dazu die Tabellen 5.1 bis 5.4 im Anhang dieser Untersuchung.

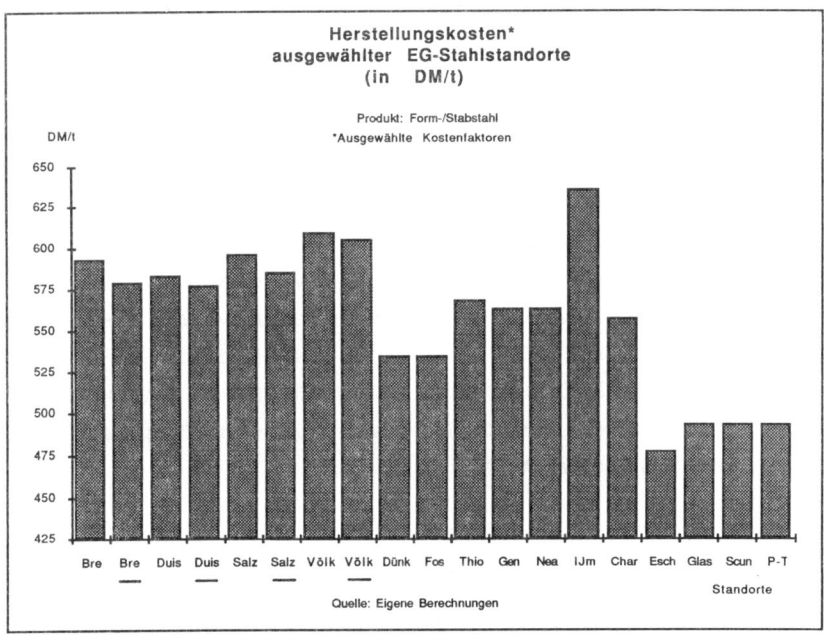

Herstellungskosten*
ausgewählter EG-Stahlstandorte
(in   DM/t)

Produkt: Form-/Stabstahl
*Ausgewählte Kostenfaktoren

Quelle: Eigene Berechnungen

samt ähnliche Bild der Kostenbelastung jeweiliger Hüttenstandorte. Seinen Ausdruck findet dieser Umstand u.a. in dem mit
0,08 ähnlichen Variationskoeffizienten bei einem um lediglich
14 DM höheren Kostenniveau von 560 DM/t. So zeigt sich, daß
für einen Großteil der Standortauswahl die Differenz im Her-
stellungsaufwand zwischen Form-/Stabstahl und Walzstahl insgesamt bei durchgängig etwa 15 DM/t anzusetzen ist. Lediglich
eine kleine Auswahl verzeichnet hier deutlich davon abweichende Größenordnungen, so daß sich insgesamt betrachtet letztendlich ein leicht abgewandeltes Bild ergibt. Wie aufgrund des
spezifischen Arbeitseinsatzes dieser Erzeugnisgruppe nunmehr
zu erwarten, zählen zu dieser Auswahl ausschließlich diejenigen Standorte mit einer deutlich vom Durchschnitt abweichenden
Arbeitskostenbelastung, d.h. speziell die Standorte Esch/Bel-

val und IJmuiden sowie die britischen Küstenansiedlungen. Mit einem lediglich um etwa 0,6 vH (3 DM/t) auf nunmehr 477 DM/t angestiegenen Kostenniveau der Form- und Stabstahlherstellung ergibt sich für den Standort Esch/Belval eine gegenüber sämtlichen Konkurrenzstandorten mehr oder minder ausgeprägte (relative) Positionsverbesserung. Mit einer Kostenzunahme gegenüber der durchschnittlichen Walzstahlerzeugung von etwa 8 DM/t (das entspricht einer Zunahme um 2 vH) folgen darauf die britischen Küstenwerke bereits in einigem Abstand. Über die Zunahme der Kostennachteile für die verbleibenden Standorte von durchschnittlich rd. 2,5 vH hinaus verzeichnet der Küstenstandort IJmuiden einen vergleichsweise ausgeprägten Kostenzuwachs. Mit rd. 635 DM/t ergibt sich hier ein um knapp vier Prozentpunkte auf nun gut 33 vH (158 DM/t) angewachsener Kostennachteil in der Herstellung von Form- und Stabstählen gegenüber dem Spitzenwert Esch/Belvals.

Vor dem Hintergrund der im Verlauf der 80er Jahre erheblichen Variationsbreite für die Parität des US-Dollars erhebt sich zwangsläufig die Frage nach den Auswirkungen derartiger extremer Kursschwankungen für diese im Überseebezug von Rohstoffen so bedeutende Fakturierungswährung. Bestimmten sich die vorangegangenen Ausführungen insofern noch durch den für das Jahr 1985 gültigen Dollarkurs von 2,94 DM/US-$, wird nunmehr im folgenden eine Parität von 2,00 DM/US-$ zu unterstellen sein[1].

Für die Herstellung von Walzstahlerzeugnissen insgesamt vermittelt sowohl Schaubild 5.5 als auch Tabelle 5.4 einen Eindruck von den Auswirkungen einer derartigen Paritätsänderung um annähernd 32 vH. Deutlich zeigt sich das, wenn auch auf niedrigerem Niveau, so doch der Ausgangslage stark ähnliche

---

[1]Die Wahl dieses Dollarkurses bestimmt sich dabei aus der Überlegung, daß der für den Beginn der 80er Jahre insgesamt geltende Durchschnittskurs von rd. 2,50 DM/US-$ in seinen Auswirkungen damit quasi zwischen beiden zugrundegelegten Kursen liegt. Zum anderen spricht einiges für die Überlegung, daß der in der zweiten Hälfte der 80er Jahre zu beobachtende drastische Kursverfall der US-Währung auf Werte weit unterhalb der 2,00 DM-Grenze kaum dem auch langfristig gültigen Kursniveau entsprechen dürfte.

Schb. 5.5

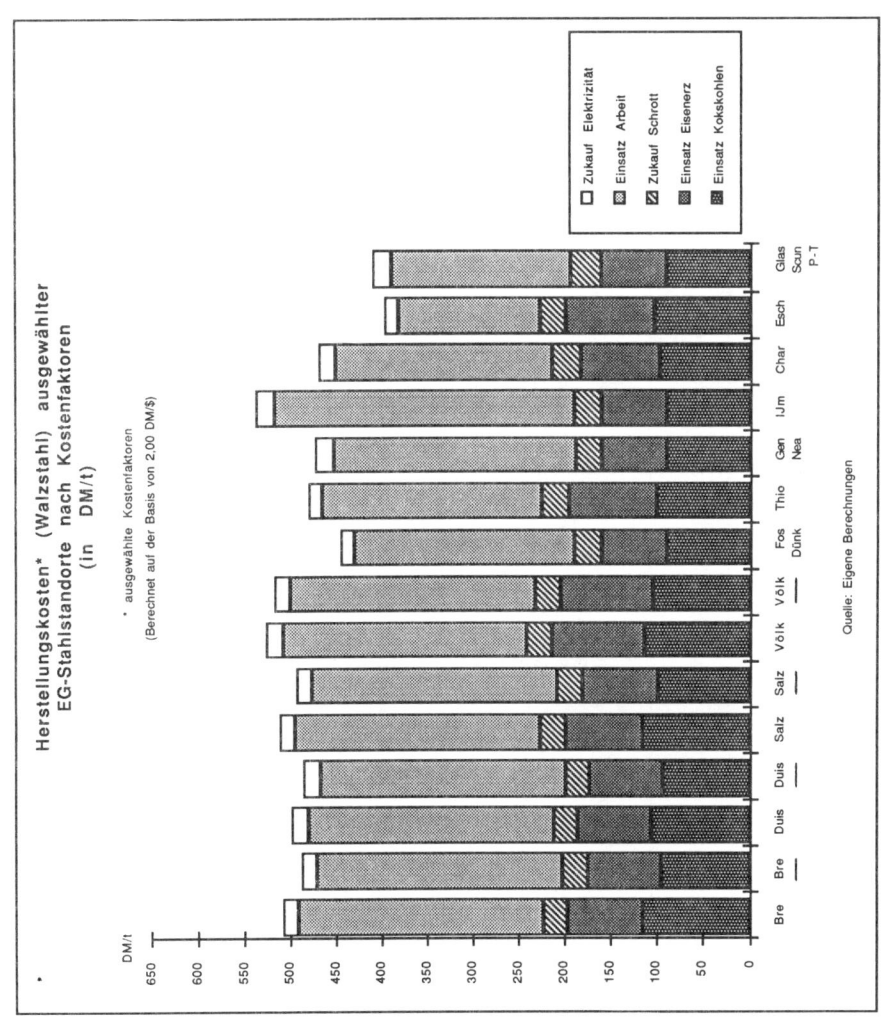

Herstellungskosten* (Walzstahl) ausgewählter
EG-Stahlstandorte nach Kostenfaktoren
(in DM/t)

* ausgewählte Kostenfaktoren
(Berechnet auf der Basis von 2,00 DM/$)

Quelle: Eigene Berechnungen

211

Tab. 5.4

HERSTELLUNGSKOSTEN ausgewählter EG-STAHLSTANDORTE nach Produktionsstufen (DM/t)
(Ausgewählte Kostenfaktoren)
Berechnet auf der Basis eines Dollarkurses von 2,00 DM/US-Dollar

Produktionsstufe	Bre	Bre*	Duis	Duis*	Salz	Salz*	Völk	Völk*	Dünk Fos	Thio	Gen Nea	IJm	Char	Esch	Glas Scun P-T
Roheisenstufe															
Einsatz Kokskohlen	117	95	108	95	117	98	114	105	90	101	90	90	98	103	90
Einsatz Eisenerz	80	80	79	79	83	83	100	100	69	94	69	69	85	96	69
Zukauf Elektrizität	6	6	6	6	6	6	6	6	5	5	7	8	7	6	7
Stoffeinsatz insg.	203	181	193	180	206	187	220	211	164	200	166	167	190	205	166
Einsatz Arbeit	48	48	48	48	48	48	48	48	43	43	47	58	42	28	35
insgesamt	251	230	240	227	254	235	267	258	207	243	214	225	231	232	201
Rohstahlstufe															
Einsatz Kokskohlen	106	87	98	86	106	89	104	95	82	92	82	82	89	94	82
Einsatz Eisenerz	73	73	72	72	76	76	91	91	63	85	63	63	78	88	63
Zukauf Schrott	25	25	25	25	25	25	25	25	27	27	25	27	30	27	31
Zukauf Elektrizität	7	7	7	7	7	7	7	7	6	6	8	9	8	7	8
Stoffeinsatz insg.	211	192	202	190	214	197	227	218	179	211	179	181	204	215	184
Einsatz Arbeit	77	77	77	77	77	77	77	77	69	69	76	94	67	44	56
insgesamt	288	269	279	266	291	274	303	295	247	280	254	275	271	259	240
Walzstahlstufe															
Einsatz Kokskohlen	116	95	107	94	116	98	113	104	90	101	90	90	97	102	90
Einsatz Eisenerz	80	80	78	78	83	83	100	100	69	93	69	69	85	96	69
Zukauf Schrott	27	27	27	27	27	27	27	27	30	30	28	30	32	29	34
Zukauf Elektrizität	17	17	17	17	17	17	17	17	15	15	20	22	19	16	19
Stoffeinsatz insg.	240	219	229	216	243	225	257	248	204	239	207	210	233	243	212
davon Transport**	24	15	14	13	26	20	31	37	3	30	3	3	21	33	3
Einsatz Arbeit	268	268	268	268	268	268	268	268	241	241	265	327	236	154	197
insgesamt	508	487	498	484	511	493	525	516	444	479	471	537	469	397	408

* Hypothetischer Bezug von Übersee-Kokskohlen
** Transportaufwendungen innerhalb der Europäischen Gemeinschaft für den Bezug von Kokskohlen und Eisenerzen

Quelle: Eigene Berechnungen

Bild der Kostenrelationen. Gleichwohl ergibt sich gegenüber dieser Ausgangslage mit knapp 0,07 ein nunmehr auf einen Wert von 0,09 angestiegenes relatives Streuungsmaß. Dieser Anstieg begründet sich einerseits durch das ganz allgemein um durchschnittlich 14 vH niedrigere Kostenniveau. Angesichts der für nahezu sämtliche Standorte gleichfalls geltenden Preisnachlässe (auf DM-Basis) für Überseelieferungen von Eisenerzen und Kokskohlen ergeben sich hier für den Kreis der Empfänger von Überseelieferungen Kosteneinsparungen von durchgängig rd. 75 DM/t Walzstahlerzeugung.

Diese Zusammenhänge stellen sich im Falle der westdeutschen Hersteller beim Bezug von Inlandskohlen nur in abgewandelter Form dar. Etwas geringer, und zwar mit etwa 70 DM/t Walzstahlerzeugung, wirken sich hier die Kosteneinsparungen der westdeutschen Hüttenwerke aus. Aufgrund der nur unvollständigen Preisanpassung durch die Kokskohlenregelung schlagen hier lediglich die Preisnachlässe für die Lieferungen von Überseeerzen voll zu Buche. Damit ergibt sich die zweite, bei weitem bedeutendere Begründung für die Erhöhung des Variationskoeffizienten. Denn auf eben diese Bezugspflicht von Inlandskohlen ist es hier zurückzuführen, daß sich infolge einer Dollarabwertung nicht nur eine Zunahme der relativen Kostennachteile wie für die übrigen EG-Standorte auch ergibt, sondern darüber hinaus eine zusätzliche Erhöhung der absoluten Kostennachteile für den Kreis der westdeutschen Hersteller.

Insofern läßt sich abschließend die Frage nach den Auswirkungen auf die verschiedenen Hüttenansiedlungen vergleichsweise einfach beantworten. Denn wie die Beispiele zeigen konnten, variieren für den Kreis der Empfänger von Überseelieferungen lediglich die relativen Kostenvor- bzw. -nachteile bei insgesamt gleichbleibenden absoluten Kostendifferenzen in der Herstellung. Zurückzuführen ist dies auf die aus einer Paritätsänderung resultierenden Kostenniveauänderung und damit einer relativen Bedeutungszu- bzw. -abnahme der jeweils verbleibenden inländischen Kostenfaktoren wie z.B. der Nachlaufkosten, Elektrizitätsaufwendungen, Arbeitskosten etc. Für den Fall des Bezuges von Inlandskohlen durch westdeutsche Hersteller gilt dies dabei nur in dem eingeschränkten Maße, als hier mit Hilfe der Kokskohlenregelung eine Angleichung an die Inlandspreise für Überseekohlen nur mangelhaft vollzogen wird und damit, über die relativen Kostennachteile hinaus, zusätzliche absolute Benachteiligungen erwachsen.

Eine weitere Variation der Berechnungsgrundlagen führt daneben zu den nunmehr in Schaubild 5.6 sowie Tabelle 5.5 aufgeführten Ergebnissen. Bei einem entsprechend der Ausgangslage unterstellten Dollarkurs von 2,94 DM/US-$ wird hier der Frage nachgegangen, in welchem Ausmaß allein die spezifischen Aufwendungen für den Arbeitseinsatz bzw. den Rohstoffbezug Einfluß auf die relative Standortqualität ausüben. Unter Beibehaltung der spezifischen Einstandspreise im Bezug von Kokskohlen, Eisenerzen sowie Stahlschrott werden hier für sämtliche Standorte konstante Durchschnittsgrößen für sowohl die Arbeitskosten als auch die Aufwendungen für den Elektrizitätszukauf unterstellt[1]. Rückschlüsse für den Bereich der Arbeitskosten ergeben sich dabei indirekt durch die Gegenüberstellung von Ausgangslage und den nunmehr hypothetischen Kostengrößen[2]. Andererseits stellt sich die Situation für den Bereich des Rohstoffbezuges direkt in Schaubild 5.6 dar.

---

[1]Diese Größen errechnen sich entsprechend der relativen Bedeutung jeweiliger standortspezifischer Kostengrößen, d.h. als mit Hilfe der jeweiligen nationalen Walzstahlerzeugung gewichtete Mittelwerte. Die sich auf diese Weise ergebenden Werte belaufen sich auf 11,90 DM/100 kwh für den Elektrizitätszukauf bzw. auf 35 DM/Std. im Falle der Arbeitskosten.

[2]Die zweifellos ebenso zu diesem Ergebnis beitragenden Elektrizitätskosten können hier aufgrund der im Vergleich nur geringfügigen Kostenunterschiede vernachlässigt werden, so daß letztlich eine Trennung in die Kategorien Arbeitskosten bzw. Rohstoffbezüge ermöglicht wird.

Schb. 5.6

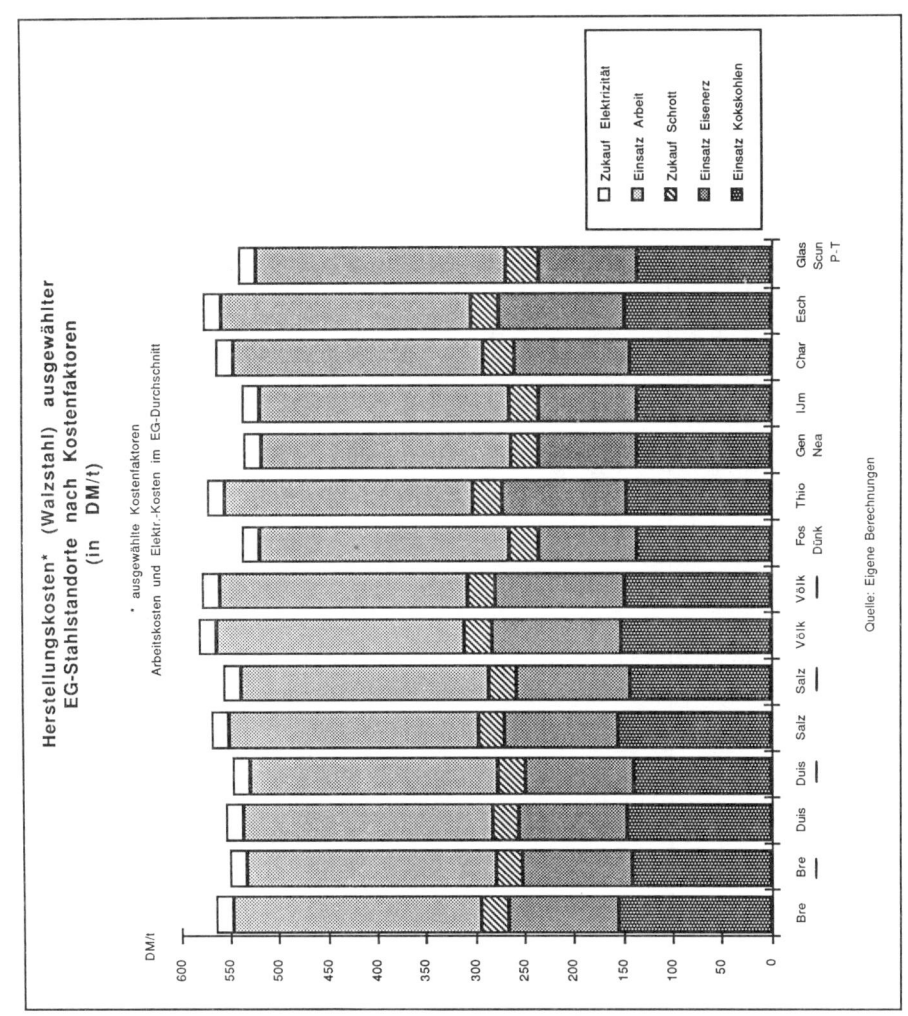

Herstellungskosten* (Walzstahl) ausgewählter
EG-Stahlstandorte nach Kostenfaktoren
(in DM/t)

* ausgewählte Kostenfaktoren
Arbeitskosten und Elektr.-Kosten im EG-Durchschnitt

Quelle: Eigene Berechnungen

□ Zukauf Elektrizität
▨ Einsatz Arbeit
▨ Zukauf Schrott
▨ Einsatz Eisenerz
▨ Einsatz Kokskohlen

Tab. 5.5

HERSTELLUNGSKOSTEN ausgewählter EG-STAHLSTANDORTE nach Produktionsstufen (DM/t)
Arbeitskosten und Elektr.-Kosten im EG-Durchschnitt
(Ausgewählte Kostenfaktoren)

Produktionsstufe	Bre	Bre*	Duis	Duis*	Salz	Salz*	Völk	Völk*	Dünk Fos	Thio	Gen Nea	IJm	Char	Esch	Glas Scun P-T
Roheisenstufe															
Einsatz Kokskohlen	155	140	146	139	155	143	152	148	135	146	135	135	143	148	135
Einsatz Eisenerz	112	112	110	110	115	115	131	131	101	125	101	101	117	128	101
Zukauf Elektrizität	6	6	6	6	6	6	6	6	6	6	6	6	6	6	6
Stoffeinsatz insg.	273	258	262	256	276	264	289	286	242	278	242	242	266	282	242
Einsatz Arbeit	45	45	45	45	45	45	45	45	45	45	45	45	45	45	45
insgesamt	318	304	307	301	321	309	335	331	287	323	287	287	311	327	287
Rohstahlstufe															
Einsatz Kokskohlen	141	128	133	127	141	130	138	135	123	133	123	123	130	135	123
Einsatz Eisenerz	102	102	100	100	105	105	120	120	92	114	92	92	107	116	92
Zukauf Schrott	25	25	25	25	25	25	25	25	27	27	25	27	30	27	31
Zukauf Elektrizität	7	7	7	7	7	7	7	7	7	7	7	7	7	7	7
Stoffeinsatz insg.	275	262	265	260	278	267	290	287	249	282	247	249	273	285	253
Einsatz Arbeit	72	72	72	72	72	72	72	72	72	72	72	72	72	72	72
insgesamt	348	334	338	332	350	340	363	359	322	354	320	321	346	357	325
Walzstahlstufe															
Einsatz Kokskohlen	154	140	145	139	154	143	151	148	134	146	134	134	142	147	134
Einsatz Eisenerz	112	112	110	110	115	115	131	131	100	125	100	100	117	127	100
Zukauf Schrott	27	27	27	27	27	27	27	27	30	30	28	30	32	29	34
Zukauf Elektrizität	18	18	18	18	18	18	18	18	18	18	18	18	18	18	18
Stoffeinsatz insg.	311	296	300	294	314	302	327	324	282	318	280	282	309	321	286
davon Transport**	24	15	14	13	26	20	31	37	3	30	3	3	21	33	3
Einsatz Arbeit	253	253	253	253	253	253	253	253	253	253	253	253	253	253	253
insgesamt	564	549	553	547	567	555	580	577	535	571	533	535	562	574	539

* Hypothetischer Bezug von Übersee-Kokskohlen
** Transportaufwendungen innerhalb der Europäischen Gemeinschaft für den Bezug von Kokskohlen und Eisenerzen

Quelle: Eigene Berechnungen

216

Infolge solchermaßen veränderter Kostengrößen ergeben sich zwangsläufig deutliche Verschiebungen im Gefüge der Kostendifferenzen unter den verschiedenen EG-Stahlstandorten. Das Hauptaugenmerk fällt dabei zunächst auf die gegenüber der Ausgangslage veränderten Extremwerte. Bei einem Anstieg der Herstellungskosten von durchschnittlich rd. 1 vH werden die mit etwa 533 bis 540 DM/t Walzstahlerzeugung nunmehr niedrigsten Werte durch die Gruppe der reinen Küstenstandorte repräsentiert. Diesem Anstieg um rd. 13 vH im Vergleich zum Niedrigstwert der Ausgangslage (Esch/Belval) steht auf der anderen Seite ein um lediglich gut 5 vH geringerer Spitzenwert von 580 DM/t für den Standort Völklingen gegenüber. Inwieweit sich darüber hinaus die Herstellungskosten auch für die gesamte Auswahl der Standorte einander angenähert haben, verdeutlicht daneben der gegenüber der Ausgangslage von knapp 0,07 auf nunmehr knapp 0,03 gesunkene Variationskoeffizient.

Dieses Ergebnis verweist auf die offensichtlich außerordentliche Bedeutung der Arbeitskosten für die Standortqualität der EG-Hüttenindustrie. Deutlich wird dieser Umstand an den infolge der unterstellten Durchschnittsgrößen teilweise ausgeprägten Veränderungen in den spezifischen Herstellungskosten. So führt beispielsweise im Falle des Küstenstandortes IJmuiden die entsprechende Reduzierung der hier überdurchschnittlichen Arbeitskostenbelastung zu einem nunmehr um 13 vH niedrigeren Kostenniveau von insgesamt 535 DM/t Walzstahlerzeugung und damit das niederländische Hüttenwerk in den Kreis der führenden Standorte. Das demgegenüber gegensätzliche Beispiel bildet erwartungsgemäß der luxemburgische Produktionsstandort. Mit einem um über 20 vH auf rd. 574 DM/t Walzstahl angestiegenen Kostenniveau werden hier nahezu sämtliche Kostenvorteile eingebüßt und Esch/Belval damit in die hinteren Ränge der Standortqualitätsskala eingereiht.

Aufgrund ihrer ohnehin bereits mehr oder minder am Durchschnitt orientierten nationalen Arbeitskosten ergeben sich für die verbleibenden Standorte naturgemäß Kostenvariationen von nicht derart ausgeprägter Deutlichkeit. Angesichts einer ur-

sprünglich gegenüber dem Durchschnittswert um 20 vH geringeren
spezifischen Arbeitskostenbelastung verzeichnen so z.B. die
britischen Küstenstandorte inzwischen eine Zunahme ihres Kostenniveaus um rd. 11 vH auf inzwischen knapp 540 DM/t Walzstahl. Weit geringer fallen hingegen die Variationen der
standortspezifischen Kostenniveaus für die verbleibenden Hüttenwerke aus. Bei einer durchschnittlichen Verringerung der
Aufwendungen um etwa 1,0 vH zeigt diese Auswahl im einzelnen
eine Schwankungsbreite von - 2,6 vH bis + 3,1 vH, wobei der
Kreis westdeutscher Hüttenwerke eine Reduzierung von durchweg
rd. 2,4 vH aufweist.

Neben diesen Hinweisen bezüglich der Arbeitskostenbelastung
verdeutlicht Schaubild 5.6 zudem den Einfluß der spezifischen
Aufwendungen für den Rohstoffbezug. Aufgrund der fehlenden
Überlagerung durch die übrigen Kostenfaktoren stellen sich
hierin die standortspezifischen Kostenvor- bzw. -nachteile in
Relation zu den Gesamtkosten deutlicher als noch in Schaubild
5.2 dar.

Angesichts konstanter Arbeits- wie auch Elektrizitätskosten
(Zukauf) ergeben sich gegenüber der Ausgangslage nun allgemein
deutlich verringerte Kostendifferenzen gegenüber den Spitzen-
werten der Küstenstandorte von 533 bis 539 DM/t Walzstahl.
Erstreckten sich vormals die Kostennachteile bis hin zu einer
Größenordnung von knapp 30 vH (139 DM/t) für das Küstenwerk
IJmuiden, so verzeichnet nun der Standort Völklingen mit einem
Kostenniveau von 580 DM/t Walzstahl (bei Inlandsbezug von
Kokskohlen) eine demgegenüber vergleichsweise geringfügige Ab-
weichung von nur knapp 9 vH (47 DM/t). Dicht darauf folgen bereits die übrigen Binnenstandorte wie Esch/Belval mit 574 DM/t
(knapp 8 vH), Thionville mit 571 DM/t (7 vH), Salzgitter mit
567 DM/t (gut 6 vH) sowie Charleroi mit 562 DM/t (gut 5 vH).
Inwieweit der Standort der Bremer Hütte mit Herstellungskosten
von 564 DM/t nicht die küstennahe Lage nutzen kann, zeigt sich
erneut an den mit knapp 6 vH (31 DM/t) deutlichen Kostennachteilen gegenüber den reinen Küstenlagen wie auch an dem Umstand, daß sogar der Standort Duisburg ein im Vergleich hierzu

mit knapp 4 vH (20 DM/t) günstigeres Kostenniveau von 553 DM/t Walzstahl aufweisen kann.

Die gerade bei der Frage der Rohstoffbezüge interessante Unterscheidung zwischen Küsten- und Binnenstandorten vermittelt darüber hinaus einige weitere Hinweise. So zeigt sich, daß die Auswahl der im EG-Hinterland angesiedelten Hüttenwerke durch Mehrkosten in Höhe von durchschnittlich rd. 30 DM/t Walzstahl gegenüber der Konkurrenz an der Küste belastet ist. Für die Gruppe westdeutscher Hüttenstandorte fallen diese Kostennachteile dabei in ähnlicher Form an, zu unterscheiden ist hier allerdings zwischen den beiden Möglichkeiten des Kokskohlenbezuges. Unter der Voraussetzung der gegebenen Bezugspflicht von Inlandskohlen ergibt sich gegenüber den kostengünstigsten Küstenstandorten gleichfalls ein Kostennachteil von 33 DM/t Walzstahl, d.h. von rd. 6 vH, während gegenüber den übrigen EG-Binnenwerken ein Vorteil von bescheidenen 3 DM/t Walzstahl zu verzeichnen ist. Unterstellt jedoch, den westdeutschen Herstellern eröffnete sich die Möglichkeit zum Bezug von Überseelieferungen, so verringerte sich dieser Kostennachteil auf nunmehr 25 DM/t Walzstahl, entsprechend knapp 5 vH. Andererseits würde der Kostenvorteil gegenüber den übrigen EG-Binnenstandorten von 3 auf nun rd. 12 DM/t Walzstahl zunehmen. Gegenüber den Küstenwerken allgemein leitet sich für die Gesamtheit der Binnenstandorte danach, d.h. im Falle des Empfangs von Überseelieferungen auch in westdeutschen Hüttenwerken, ein Kostennachteil in Höhe von 26 DM/t ab.

Zu guter Letzt sei sich den Auswirkungen einer Paritätsänderung auch für den Fall gleicher Arbeits- wie auch Elektrizitätsaufwendungen (Zukauf) zugewandt. Wie aus Schaubild 5.7 sowie Tabelle 5.6 zu ersehen, ergeben sich im großen und ganzen weitgehend ähnliche Kosten- bzw. Relationsveränderungen gegenüber der Ausgangslage mit einem Dollarkurs von 2,94 DM/US-$, wie sie bereits in Schaubild 5.5 ihren Ausdruck fanden. Aufgrund der hier zugrundegelegten Annahme gleicher Arbeits- und Elektrizitätskosten (Zukauf) zeigen sich allerdings Unterschiede aufgrund der diesbezüglich nivellierten Kostenvor-

Schb. 5.7

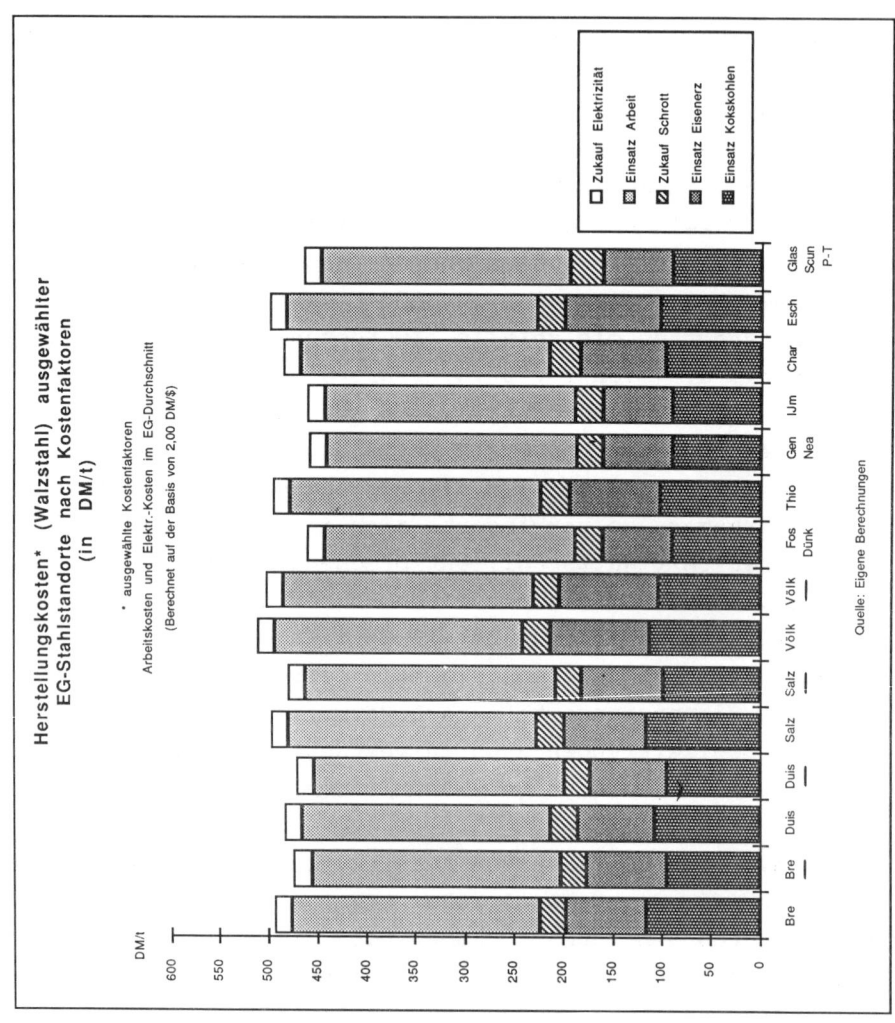

Tab. 5.6

HERSTELLUNGSKOSTEN ausgewählter EG-STAHLSTANDORTE nach Produktionsstufen (DM/t)
Arbeitskosten und Elektr.-Kosten im EG-Durchschnitt
(Ausgewählte Kostenfaktoren)
Berechnet auf der Basis eines Dollarkurses von 2,00 DM/US-Dollar

Produktionsstufe	Bre	Bre*	Duis	Duis*	Salz	Salz*	Völk	Völk*	Dünk Fos	Thio	Gen Nea	IJm	Char	Esch	Glas Scun P-T
Roheisenstufe															
Einsatz Kokskohlen	117	95	108	95	117	98	114	105	90	101	90	90	98	103	90
Einsatz Eisenerz	80	80	79	79	83	83	100	100	69	94	69	69	85	96	69
Zukauf Elektrizität	6	6	6	6	6	6	6	6	6	6	6	6	6	6	6
Stoffeinsatz insg.	203	181	193	180	206	187	220	211	165	201	165	165	189	205	165
Einsatz Arbeit	45	45	45	45	45	45	45	45	45	45	45	45	45	45	45
insgesamt	249	227	238	225	252	233	265	256	211	246	211	211	234	250	211
Rohstahlstufe															
Einsatz Kokskohlen	106	87	98	86	106	89	104	95	82	92	82	82	89	94	82
Einsatz Eisenerz	73	73	72	72	76	76	91	91	63	85	63	63	78	88	63
Zukauf Schrott	25	25	25	25	25	25	25	25	27	27	25	27	30	27	31
Zukauf Elektrizität	7	7	7	7	7	7	7	7	7	7	7	7	7	7	7
Stoffeinsatz insg.	211	192	202	190	214	197	227	218	180	212	178	179	204	216	183
Einsatz Arbeit	72	72	72	72	72	72	72	72	72	72	72	72	72	72	72
insgesamt	284	265	274	262	287	270	299	291	252	285	250	252	276	288	255
Walzstahlstufe															
Einsatz Kokskohlen	116	95	107	94	116	98	113	104	90	101	90	90	97	102	90
Einsatz Eisenerz	80	80	78	78	83	83	100	100	69	93	69	69	85	96	69
Zukauf Schrott	27	27	27	27	27	27	27	27	30	30	28	30	32	29	34
Zukauf Elektrizität	18	18	18	18	18	18	18	18	18	18	18	18	18	18	18
Stoffeinsatz insg.	241	220	230	217	244	226	258	249	207	242	204	206	232	245	210
davon Transport**	24	15	14	13	26	20	31	37	3	30	3	3	21	33	3
Einsatz Arbeit	253	253	253	253	253	253	253	253	253	253	253	253	253	253	253
insgesamt	495	473	484	471	498	479	511	502	459	495	457	459	485	498	463

* Hypothetischer Bezug von Übersee-Kokskohlen
** Transportaufwendungen innerhalb der Europäischen Gemeinschaft für den Bezug von Kokskohlen und Eisenerzen

Quelle: Eigene Berechnungen

bzw. -nachteile insbesondere für die Standorte Esch/Belval und IJmuiden sowie in geringerem Maße die britischen Küstenwerke.

Ausgehend von einem durchschnittlichen Kostenniveau von 552 DM/t Walzstahl führt die Dollarabwertung auch hier zu einer mit knapp 14 vH annähernd gleichen durchschnittlichen Kostensenkung auf nunmehr im Durchschnitt 477 DM/t Walzstahl. Naturgemäß liegt dabei ebenso in diesem Fall die Höhe der absoluten Kostensenkungen für nahezu sämtliche Standorte bei unverändert rd. 75 DM/t Walzstahl, wobei auch hier die besonderen Voraussetzungen der westdeutschen Hüttenindustrie eine Reduzierung ihres Aufwands um lediglich etwa 73 DM/t zulassen.

Wie bereits an vorangegangener Stelle beschrieben, führt die vorliegende allgemeine Kostensenkung, bei weitgehend gleichbleibenden absoluten Kostendifferenzen zwischen den jeweiligen Stahlstandorten, zu einer Zunahme der relativen Kostenunterschiede. Im Falle des Kokskohlen-Inlandsbezuges durch westdeutsche Hersteller trifft diesen Kreis eine auf nunmehr durchschnittlich etwa 40 DM/t anwachsende absolute Kostendifferenz gegenüber dem Spitzenwert der italienischen Küstenlagen von 457 DM/t Walzstahl. Dieser Wert entspricht dabei in etwa dem Kostennachteil sämtlicher Binnenstandorte gegenüber den reinen Küstenwerken allgemein von im Schnitt ca. 35 DM/t Walzstahl. Findet hingegen die Annahme einer vollständigen Realisierung der Preisnachlässe auch für den Kreis der westdeutschen Hüttenwerke Berücksichtigung, so ermäßigen sich beide Werte auf knapp 25 DM/t bzw. 26 DM/t Walzstahl.

§ 6   Standortspezifische Aufwendungen im Abtransport
       von Walzstahlfertigerzeugnissen

Grundlagen

Zielsetzung der nunmehr folgenden Ausführungen wird sein, die
bisher erarbeiteten Ergebnisse auf seiten der Produktionsstufe
um die Absatzkomponente zu ergänzen. Dabei erweist sich nicht
nur die Frage nach der ausschließlich diesbezüglichen Standortgüte von Interesse. Insbesondere gilt es, Aussagen darüber
abzuleiten, inwieweit eventuell bestehende standortspezifische
Kostenvor- oder -nachteile auf seiten der Herstellung durch
die relative Lage zu den verschiedenen Absatzmärkten verstärkt
bzw. vermindert werden; m.a.W. wird zu untersuchen sein, in
welchem Ausmaß der Absatzkomponente überhaupt die ihr häufig
zuerkannte Bedeutung beizumessen ist.

Im Gegensatz zu der Reihe früherer Untersuchungen mit ähnlicher Schwerpunktsetzung wird hier allerdings nicht der Versuch
unternommen, lediglich auf der Grundlage einiger weniger ausgewählter Absatzrelationen zu vermeintlich aussagefähigen
Schlußfolgerungen zu gelangen. Vielmehr richten sich die Bemühungen auf die Berücksichtigung sowohl einer vergleichsweise
großen Auswahl möglicher Absatzrelationen als auch der gesamten Palette dabei jeweils zur Verfügung stehender Verkehrsträger.

Damit ergibt sich zwangsläufig das Problem der Vergleichbarkeit. Denn einerseits hat sich die abzuleitende - wie auch immer geartete - "standortspezifische Transportkostenbelastung"
in einem den standortabhängigen Herstellungskosten vergleichbaren Maßstab darzustellen. Zum anderen ist zu berücksichtigen, daß sich angesichts der Vielzahl von Transportrelationen
die jeweiligen Frachtkosten im Hinblick auf den Umfang der
Absatzströme doch von äußerst unterschiedlicher Bedeutung für
die Standortgüte erweisen.

Mit Hilfe der in Paragraph vier indirekt abgeleiteten regionalen Nachfragegewichte bietet sich nunmehr ein Weg, den genannten Anforderungen an die Größe "standortspezifische Transportkostenbelastung" zu entsprechen. Stellen diese doch in geeigneter Weise eine Möglichkeit dar, die Bedeutung der verschiedenen Absatzregionen sowohl innerhalb der Europäischen Gemeinschaft als auch weltweit zur Grundlage eines Gewichtungsschema-
mas für die Vielzahl von Absatzrelationen und den damit einhergehenden Transportaufwendungen zu machen (siehe Schaubild
6.1).

Gewichtet man solchermaßen die Transportaufwendungen jeweiliger Absatzrelationen mit den entsprechenden regionalen Nach-
fragegewichten, so ergibt sich damit daß Maß für die absatz-
spezifische Standortgüte ausgewählter EG-Stahlstandorte. Der
Vorgehensweise entsprechend beschränkt sich dabei die Auswahl
möglicher Absatzrelationen auf die Kombinationsmöglichkeiten
zwischen jenen Stahlstandorten und den in Paragraph vier beschriebenen Zielregionen des EG- und auch weltweiten Absatzes.
Die gewählte Verfahrensweise wird es dabei erlauben, nicht nur
Schlußfolgerungen in erzeugnisspezifischer Unterscheidung,
sondern Aussagen in regionaler Untergliederung abzuleiten. Danach wird vornehmlich von einer regionalen Unterteilung des
Walzstahlabsatzes in die Gebietsabgrenzungen der Europäischen
Gemeinschaft (in ihrer Gesamtheit wie auch eines nördlichen
bzw. südlichen EG-Teilraumes), ausgewählter Drittländer sowie
der Welt insgesamt auszugehen sein. In Ausnahmefällen wird
daneben die Möglichkeit genutzt, Aussagen auch im Hinblick auf
weitere absatzpolitisch bedeutende Teilregionen abzuleiten.

Nach diesen konzeptionellen Hinweisen zur Bedeutung und damit
Gewichtung einzelner Absatzrelationen ergibt sich nunmehr das
Problem der jeweils zugrundezulegenden Transportkosten. Angesichts der weiten regionalen Abgrenzung des EG-Stahlabsatzes
ergibt sich hier zwangsläufig ein breites Spektrum zu berücksichtigender Verkehrsträger, die ihrerseits eine Vielzahl ver-

Schb. 6.1

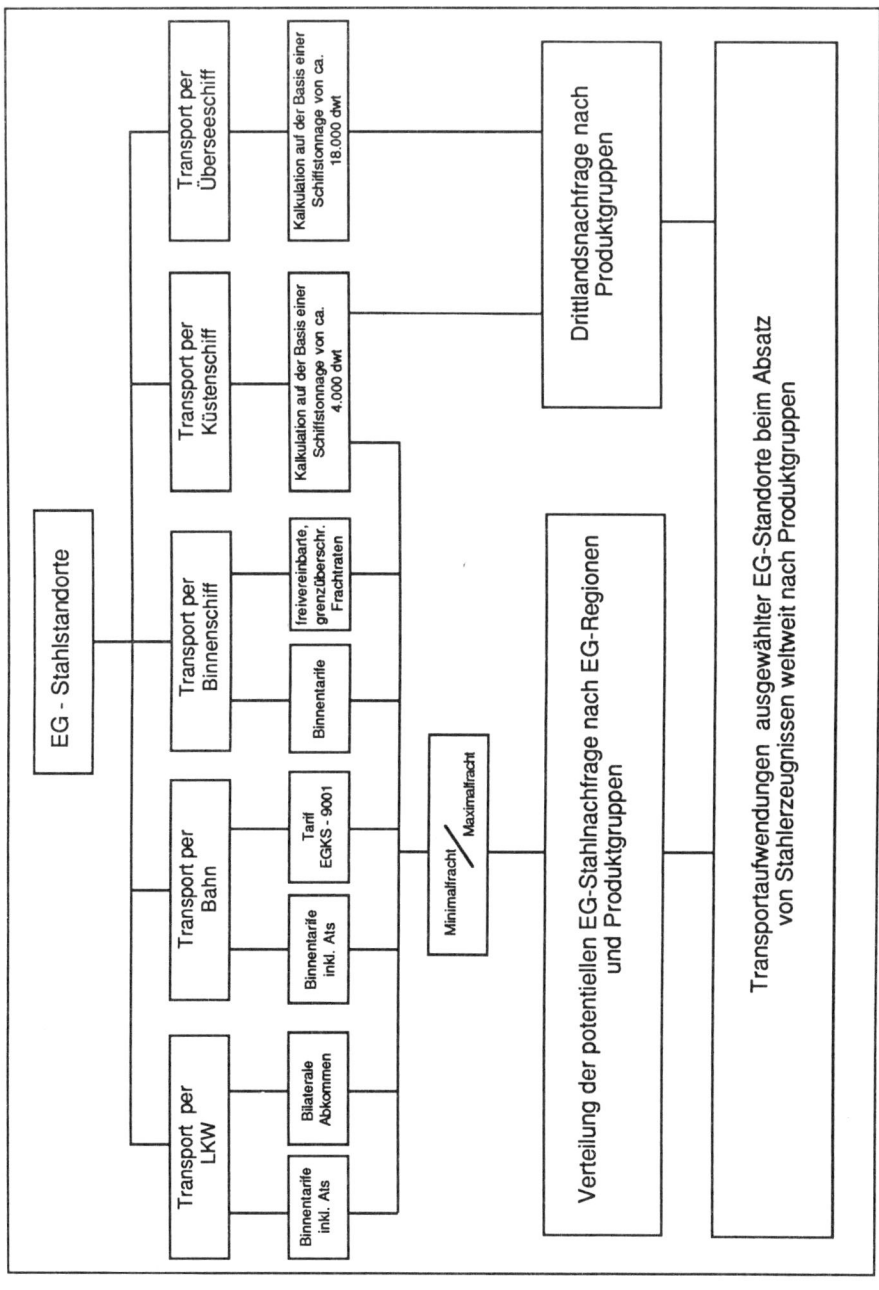

schiedener Tarife, Regelungen, freier Vereinbarungen, Sonderabmachungen etc. verkörpern.

Die geringste Schwierigkeit bereitet hier noch die Tatsache,
daß strenggenommen auch für die verschiedenen Erzeugnisse der
Eisenschaffenden Industrie jeweilige Frachtraten zu unterscheiden sind. Die Ausrichtung jedoch auf eine diesbezüglich
charakteristische (Transport-)Warengruppe legitimiert sich
hier aufgrund des Umstandes, daß bereits die Berücksichtigung
der jeweils nationalen wie auch verkehrsträgerspezifischen Kostenniveaus eine ausreichende Grundlage der Analyse darstellt.
Zudem zeigt sich, daß in dem hier entscheidenden EG-weiten
Vergleich die Abweichungen für die übrigen Warengruppen in der
Mehrzahl der Fälle von in etwa ähnlicher Größenordnung sind
und damit angesichts der zugrundeliegenden Zielsetzung, eine
Analyse der Kostendifferenzen vorzunehmen, vergleichsweise
weniger stark ins Gewicht fallen.

Im Hinblick auf den Absatz der Europäischen Stahlindustrie
zeigt naturgemäß der EG-Binnenaustausch das verkehrswirtschaftlich breiteste Spektrum. Angefangen beim Güterkraftverkehr reicht die Bandbreite der zu berücksichtigenden Verkehrs-
leistungen über den Bahnverkehr bis hin zur Binnen- sowie EG-
Küstenschiffahrt. Neben den bereits erwähnten Tarifen im Bereich des Güterkraftverkehrs sei deshalb an dieser Stelle auf
einige weitere Grundlagen der Frachtkostenermittlung eingegangen. Dabei sei sich zunächst ein weiteres Mal dem LKW-Ver-
kehr zugewandt.

Innerhalb der Untersuchung für den Bereich des Güterkraftverkehrs werden die für die jeweiligen innerstaatlichen sowie
grenzüberschreitenden Lieferungen geltenden obligatorischen
Margentarife bzw. Referenztarife grundsätzlich herangezogen.
Aufgrund der in Einzelfällen jedoch nur lückenhaft erhältlichen Angaben ist hier z.T. auf andere Lösungsmöglichkeiten
auszuweichen. So z.B. im Falle der britischen Transporte per
LKW und Bahn. Angesichts der freien Preisbildung sowie einer
nur mangelhaften Veröffentlichung dieser nicht-meldepflich-

tigen Abschlüsse ist hier auf die Angaben der British Steel
Corporation (BSC) zurückzugreifen, und zwar im Rahmen des Iron
and Steel Carriage Tariff[1]. Demgegenüber herrscht im Verkehr
zwischen Großbritannien und den EG-Partnerländern, zumindest
was den Straßengüterverkehr anbelangt, ein tarifloser Zustand.
Ähnliches gilt übrigens auch für die EG-Mitglieder Irland und
Dänemark, so daß im Fall der genannten neuen Partnerländer
somit im folgenden ausschließlich von See- bzw. Bahntranspor-
ten auszugehen sein wird.

Ganz anders im Falle der alten EG-Mitgliedstaaten. Mit Wirkung
vom September 1968 unterliegt der grenzüberschreitende Güterkraftverkehr innerhalb dieser Staatengruppe einem obligatorischen Margentarifsystem[2]. Unter Berücksichtigung der tatsächlichen Beförderungskosten wie auch der Marktlage wird damit
die Absicht verfolgt, den Verkehrsunternehmen angemessene Er-
löse zu sichern. Wie allerdings die in Paragraph vier erwähnten Beispiele angedeutet haben, wird das System der bilateralen Tarife diesen Forderungen, insbesondere im Hinblick auf
die innerstaatlichen Konkurrenzverkehre, nicht immer ganz ge-
recht. Denn trotz einer schon 23prozentigen maximalen Marge in
den bilateralen Abkommen ergeben sich doch in Grenzfällen Ver-
handlungsspielräume von bis zu 60 vH[3].

Auf einige weitere Besonderheiten gilt es im Bereich des
grenzüberschreitenden Bahntransports hinzuweisen[4]. Insbesondere die Gründung des gemeinsamen Marktes für Kohle und Stahl
(Montanunion) wie auch die ganz allgemein fortschreitende

---

[1]British Steel Corporation (BSC), Iron and Steel Carriage Tariff, Inland
Freight, 13. Edition, 30. December 1984.

[2]Siehe dazu die EWG-Verordnung Nr. 1174/68.

[3]Vgl. WILLEKE, R., BAUM, H., HOENER, W., Referenztarife für den Güterverkehr, (Hrsg.) Kommission der Europäischen Gemeinschaften, Reihe Verkehr,
Nr. 6, Luxemburg 1982, S. 19.

[4]Zur Frachtenberechnung der jeweils innerstaatlichen Bahn-Verkehre finden
die geltenden nationalen Regelungen Verwendung.

Integration der europäischen Staatengemeinschaft bewirkten
eine nachhaltige Einflußnahme auf die Verkehrspolitik der
Mitgliedstaaten und solchermaßen auch auf die Gestaltung der
Beförderungstarife. Ausgehend vom Diskriminierungsverbot des
Art. 70 Abs. 1 und 2 des Montanvertrages mündeten die Bemühun-
gen zur Schaffung harmonisierter Wettbewerbsbedingungen in die
Einführung direkter internationaler Tarife für den Bereich
Kohle und Stahl. Grundlage dieses Montan-Tarifsystems bildet
dabei in vielerlei Hinsicht der EGKS-Tarif Nr. 9001[1].

Gleichwohl existiert eine große Anzahl spezieller EGKS-Tarife,
die aufgrund ihrer wirtschaftlichen Bedeutung den Stellenwert
des EGKS-Tarifs Nr. 9001 übertreffen. Bei mehr oder minder
stark ermäßigtem Frachtenniveau sind es hier die zahlreichen
Regelungen im grenzüberschreitenden Verkehr, die im Wettbewerb
mit der Binnenschiffahrt oder auch dem LKW eine Reihe bedeutender Verkehre betreffen. Die gilt dabei insbesondere im Verkehr zwischen der Bundesrepublik und den Partnerländern Frankreich, Luxemburg und Belgien.

Stellt somit auch der EGKS-Tarif Nr. 9001 nicht unbedingt ein
optimales Abbild der in den verschiedenen grenzüberschreitenden Montanverkehren geltenden Frachtenniveaus dar, so sind es
doch die folgenden Umstände, die für den weiteren Verlauf der
Untersuchung eine Verwendung eben dieses Tarifwerkes für den
Versand von EGKS-Erzeugnissen nahelegen. Zum einen verhindert
die Vielzahl der verschiedenen Sonderregelungen eine auch nur
annähernd einheitliche Darstellung der jeweiligen Frachtenniveaus verschiedener Transportrelationen. Denn spezielle Tarife
von z.T. nur stark eingeschränkter regionaler Bedeutung wie
auch die - bisweilen zusätzliche - Beschneidung des Geltungs-
bereiches auf nur einige wenige Stahlerzeugnisse führen in

---

[1]Internationaler Tarif für die Beförderung von Gütern zwischen den Mit-
gliedstaaten der Europäischen Gemeinschaft für Kohle und Stahl (EGKS).
Hervorstechendes Merkmal dieser Regelung ist die Vermeidung von Diskri-
minierungen ausländischer Anbieter oder Verbraucher von Montangütern im
Verhältnis zum Inlandsmarkt aufgrund der vollständigen Beseitigung des
Frachtenbruches im grenzüberschreitenden Verkehr.

bezug auf die verschiedenen Verkehre zu einem äußerst unein-
heitlichen Bild.

Wie bereits erwähnt, stellen diese speziellen EGKS-Tarife zudem häufig Wettbewerbstarife dar, die lediglich aufgrund der
Konkurrenzlage gegenüber den übrigen Verkehrsträgern LKW und
Binnenschiff zur Einführung gelangen. Bilden insofern die
Transportaufwendungen von LKW und Binnenschiff in mehr oder
weniger enger Verbindung mit den speziellen EGKS-Tarifen quasi
eine Art Aufwandsuntergrenze, so stellt demgegenüber der EGKS-
Tarif Nr. 9001[1] eher die obere Begrenzung des Frachtratenspek-
trums dar. Insofern ergibt sich damit fast zwangsläufig die im
weiteren zu verfolgende Verfahrensweise. Da, wie bereits aus
den vorangegangenen Ausführungen zu entnehmen, eindeutige und
zudem eng abgegrenzte Angaben zu den jeweiligen Transportkosten kaum möglich sind, wird demzufolge nunmehr ausschließlich
von einer entsprechenden Bandbreite des Frachtaufwands auszugehen sein. Für diese Sichtweise spricht zudem die Tatsache,
daß der Ablauf der Halb- und Fertigerzeugnisse ohnehin, mit
wenn auch mehr oder minder deutlicher Schwerpunktbildung,
durch einen modal-split gekennzeichnet ist.

Die Aufstellung der bisher für den innereuropäischen Transport
angeführten Verkehrsträger wäre allerdings nur unvollständig,
wollte man nicht auch die Verkehrszweige der Binnen- wie auch
Küstenschiffahrt in diese Betrachtung einbeziehen. Obwohl -
zumindest für den Bereich der reinen Inlandsverkehre - eine
innerhalb der fraglichen Mitgliedsländer zumeist übliche Ta-
rifbindung besteht, stellt sich die Erhebung der Frachtraten
für Transporte per Binnenschiff[2] nicht ganz unproblematisch

---

[1]Die hier im folgenden zu ermittelnden Frachtkosten beruhen auf den für
die verschiedenen Frachtberechnungsabschnitte geltenden Frachttafeln im
Bereich des Transports von Fertigerzeugnissen (Gewichtsklasse 24 t).

[2]Zur Konzentration auf die hauptsächlich zu beobachtenden Binnenschiffs-
verkehre beschränkt sich die Auswahl zu berücksichtigender Wasserstraßen
auf die Klassen III bis V, d.h. mit einer charakteristischen Tragfähigkeit je Schiffseinheit von 1.000 bis über 3.000 Tonnen. Vgl. Verkehrsver-
band Westfalen Mitte e.V., Wasserstraßenbau als wirtschafts- und staats-
politische Aufgabe, Dortmund 1984, S. 11-1.

dar. So mußte im Falle der innerfranzösischen Transporte auf die Angaben der Commission Techniqúe des Transports de la Sidérurgie Francaise[1] zu den Preiszuschlägen für die frachtfreie Anlieferung per Binnenschiff zurückgegriffen werden, die dem Vernehmen nach das französische Frachtenniveau in etwa repräsentieren. Für den Bereich der durch freie Vereinbarungen gekennzeichneten grenzüberschreitenden Verkehre liegen der Untersuchung demgegenüber Angaben verschiedener involvierter Reedereien sowie des Office Régulateur de la Navigation Intérieure (ORNI), Antwerpen, zugrunde. Überdies war in einigen verbleibenden Ausnahmefällen auf die durch die Walzstahlvereinigung, Düsseldorf, zur Verfügung gestellten Angaben zu den Preiszuschlagsmeldungen einer Auswahl europäischer Hersteller zurückzugreifen.

Wie insbesondere das Beispiel einer ganzen Reihe von Küstenstandorten[2] zeigt, stellt der Transport der Fertigprodukte über See eine weitere, häufig genutzte Alternative gegenüber den Binnenverkehrsträgern dar[3]. Für den Bereich der Küstenschiffahrt stellt sich im Hinblick auf diese Untersuchung allerdings die Schwierigkeit, daß ausreichend umfassende und damit vergleichbare Angaben zu den regionalen Frachtratenentwicklungen nicht erhältlich sind[4]. Die Tatsache hingegen, daß im Raum West-Europas, insbesondere in den zurückliegenden Jahren, die ausgeprägte Konkurrenzlage quasi für eine interregionale Angleichung der Marktverhältnisse sorgte, erlaubt gleich-

---

[1]Commission Techniqúe des Transports de la Sidérurgie Francaise, Avenants de Transport par Voie Fluviale, Transports des Produits Sidérurgiqúes en Trafic Intérieur Francais, Paris 1985.

[2]Einzubeziehen sind hier die Binnenhäfen der Rheinschiene, die im Rahmen des Rhein-See-Verkehrs eine Anbindung an diese Verkehre erlauben.

[3]Vgl. Drewry Shipping Consultants Ltd., Sea Trade, Transport & Handling of Steel Products, London 1986, S. 35 ff.

[4]Ebenda.

wohl eine realistische Kalkulation der jeweiligen Raten[1].
Grundlage dieser Berechnungen bildet dabei ein Mini-Bulker
modernerer Bauart mit einer Tragfähigkeit von rd. 3.700 dwt.
Hafenspezifische Kostenfaktoren, wie etwa die Hafengebühren
oder auch die durchschnittlich anzusetzenden Lösch- und Lade-
zeiten, sind ebenfalls Bestandteil der Kalkulation.

In ganz ähnlicher Form stellt sich die Datenlage für die EG-
Lieferungen nach Übersee dar. Der weltweit vorherrschende Man-
gel an aussagekräftigen statistischen Unterlagen erlaubt denn
auch nur die Ableitung einiger weniger, eher allgemein gehal-
tener Aussagen. Auf der Basis einzelner Meldungen gelangt so
z.B. die Drewry Shipping Consultants Ltd. in ihrer Studie[2] zum
Seetransport von Stahlerzeugnissen lediglich zu der Feststellung, daß die Entwicklung der Frachtraten im Verkehr zwischen
dem Kontinent (Italien) und der US-Ostküste, zumindest für
Verschiffungen in der Größenordnung von 10.000 bis 20.000
DWCT, in etwa parallel zum Gesamt-Trockenfrachtindex verläuft.

Vor dem Hintergrund dieser Datenlage wie aber auch in Anbetracht des Bedeutungsumfanges europäischer Überseelieferungen
ist somit der Frage nach den standortspezifischen Transportaufwendungen auch in diesem Fall nur in kalkulatorischer Weise
Rechnung zu tragen. Da die innerhalb dieser Verkehre zumeist
genutzte Form der Voyage-Charter (FIO Terms)[3] aus den besagten
Gründen somit nicht als Grundlage des Vergleichs herangezogen
werden kann, bietet sich hier die Verwendung der Time-Charter
an. Wie dabei das Beispiel der British Steel Corporation

---

[1]Unter Zurverfügungstellung eines entsprechenden computerunterstützten Kal-
kulationsmodells durch eine namhafte Hamburger Reederei war es auf diese
Weise möglich, sämtliche relevante Relationen innerhalb Europas unter Einbeziehung der kalkulatorischen Rückfrachten zu berechnen.

[2]Vgl. Drewry Shipping Consultants Ltd., Sea Trade, Transport & Handling of
Steel Products, a.a.O., S. 35.

[3]Das bedeutet hingegen nicht, daß etwa im Falle nur geringer Liefermengen
oder auch einer entsprechenden Marktlage nicht auch auf die konferenzge-
bundene Linienschiffahrt zurückgegriffen werden würde.

(BSC)[1] zeigt, stellt diese Form eine zwar weniger gebräuchliche, doch auf jeden Fall nicht derart ungewöhnliche Charter dar.

Auf der Grundlage eines innerhalb dieser Verkehre gebräuchlichen standardisierten Dry-Cargo-Vessel mit einer Tragfähigkeit von rd. 16.000 dwt[2] lassen sich nunmehr unter Berücksichtigung sämtlicher relevanter Komponenten die Transportkosten in Abhängigkeit von der jeweiligen Reiseroute abschätzen[3]. Ausgehend von den reinen Charterkosten (Time Charter)[4] fließen sowohl die Reisekosten (Voyage Costs)[5] als auch durchschnittliche Hafengebühren sowie Lösch- und Ladekosten in die Berechnungen ein. Wie bereits im Falle der Rohstoffeinstandspreise sind auch hier die Dollarnotierungen von 2,94 DM/US-$ (Alternative I) bzw. 2,00 DM/US-$ (Alternative II) zu unterscheiden.

Transportaufwand

Im Hinblick auf die für den Walzstahlabsatz zu errechnende standortspezifische Transportkostenbelastung sei sich zunächst den Absatzgebieten der Europäischen Gemeinschaft gewidmet. Wie auch im folgenden allgemein verfahren, bietet sich zu Beginn die schwerpunktartige Betrachtung der Absatzge-

---

[1]Vgl. Drewry Shipping Consultants Ltd., Sea Trade, Transport & Handling of Steel Products, a.a.O., S. 37.

[2]Die von Europa aus im Verkehr nach Übersee üblicherweise genutzten Bulk Carrier bewegen sich in einer Größenordnung von 15.000 bis etwa 20.000 dwt.

[3]Die Berechnungsweise orientiert sich dabei an der Studie: Drewry Shipping Consultants Ltd., Bulk Shipping Costs and Commodity Markets, a.a.O., S. 46 ff.

[4]Grundlage bildet hier der vom Institut für Seeverkehrswirtschaft und -logistik (Bremen) jeweils quartalsweise ausgewiesene British Tramp Time Charter Index; vgl.: Shipping Statistics, (Hrsg.) SCHAEFER, H., HEIDELOFF, C., Vol. 30, No. 1, 1986, S. 35.

[5]Dazu zählen neben den Bunkerkosten (Fuel Oil, Marine Diesel Oil) die Hafengebühren sowie u.U. anfallende Kanalabgaben.

biete von niedrigerer Ordnung an, um im Anschluß daran die
sich jeweils daraus zusammensetzenden Zielregionen höherer
Ordnung zu untersuchen.

Mit einem Anteil an der Marktversorgung für EGKS-Stahl von
durchschnittlich rd. einem Drittel stellt die Bundesrepublik
den bei weitem bedeutendsten Absatzmarkt unter den EG-Mitgliedstaaten dar. Untergliedert in die zu unterscheidenden
Erzeugnisgruppen weisen Schaubild 6.2 wie auch Tabelle 6.1 die
durchschnittlichen Transportaufwendungen für die verschiedenen
Hüttenansiedlungen im Verkehr mit dem westdeutschen Absatzgebiet aus[1]. Die hier für jeden Standort gesondert aufgeführten
Minimal- und Maximalwerte vermitteln dabei einen Eindruck von
der bereits an früherer Stelle erwähnten Variationsbreite in
der Frachtkostenbelastung angesichts der zur Wahl stehenden
Verkehrsträger wie auch einer Vielzahl von Tarifen, Sonderregelungen etc. Neben diesem im Vergleich sicherlich interessan-

Schb. 6.2

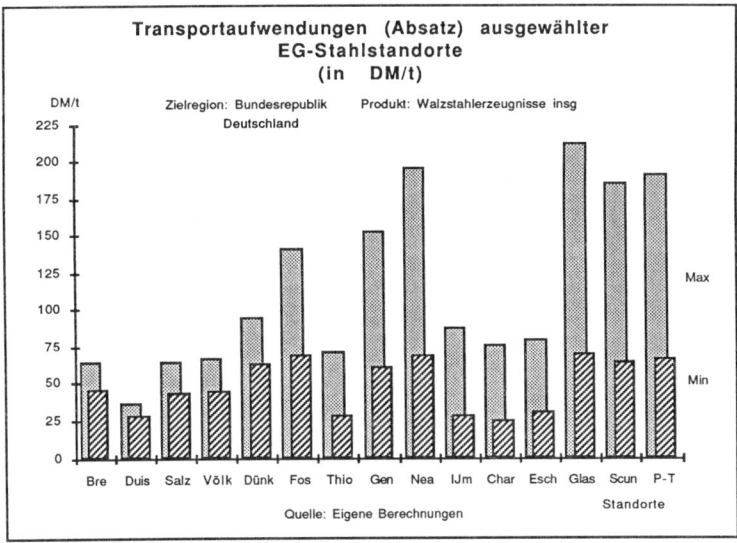

---

[1]Sofern nicht im folgenden beschrieben, sei für die übrigen EG-Mitgliedsländer auf die Schaubilder 6.2 - 6.9 sowie die Tabellen 6.2 - 6.9 im Anhang dieser Untersuchung verwiesen.

Tab. 6.1

TRANSPORTAUFWENDUNGEN (ABSATZ) ausgewählter EG-Standorte (DM/t)
Zielregion: Bundesrepublik Deutschland

Standort	Stahl		Halbzeug		Oberbau		Form/Stab		Walzdraht		Bandstahl		Grob/Mittel		Feinblech	
	Min	Max	Min	Max	Min	Max	Min	Max	Min	Max	Min	Max	Min	Max	Min	Max
Bremen	46	64	39	59	52	68	49	66	39	60	47	65	47	63	52	69
Duisburg	29	37	16	19	36	46	35	46	17	21	30	39	33	44	39	51
Salzgitter	43	64	36	64	48	66	46	65	37	64	43	64	44	64	48	65
Völklingen	45	67	39	67	46	65	47	67	40	67	45	67	48	69	48	67
Dünkirchen	63	95	64	84	62	98	62	99	64	85	64	95	61	99	64	102
Fos-s-Mer	69	141	67	141	70	140	70	141	67	141	70	141	68	143	72	140
Thionville	28	71	24	65	30	71	30	73	25	66	29	71	30	73	31	74
Genua	61	153	62	164	59	147	59	148	62	163	61	151	59	152	60	143
Neapel	69	195	64	204	70	191	70	191	65	204	70	193	68	194	73	186
IJmuiden	28	88	22	71	32	95	31	95	22	73	29	89	29	92	33	100
Charleroi	25	76	20	62	28	82	27	82	20	63	25	77	27	81	29	86
Esch/Belval	31	80	29	74	32	80	32	82	29	74	31	80	33	83	33	84
Glasgow	70	212	65	197	71	217	71	218	66	199	71	213	69	217	74	223
Scunthorpe	65	185	61	170	67	191	67	191	62	172	67	186	64	190	70	196
Port-Talbot	67	191	63	177	69	196	69	197	64	178	69	192	67	196	72	202

Quelle: Eigene Berechnungen

ten Aspekt sei sich allerdings in den nunmehr anschließenden
Ausführungen vornehmlich den jeweils kostengünstigsten Trans-
portmöglichkeiten gewidmet.

Wie zu erwarten, stellt sich die Belieferung der Absatzregion
Bundesrepublik Deutschland aus transportwirtschaftlicher Sicht
für die verschiedenen EG-Stahlstandorte äußerst heterogen dar.
Betrachtet man zunächst den Walzstahlabsatz insgesamt, so stehen hier Frachten von bis zu 70 DM/t solchen gegenüber von im
Extrem mit 25 DM/t fast einem Drittel davon. Erstaunlich mutet
allerdings der Umstand an, daß die westdeutschen Hüttenwerke
selbst weder diesen Spitzenwert gänzlich erreichen noch unein-
geschränkt überhaupt zur Spitzengruppe zu zählen sind[1]. Abgesehen von durchschnittlichen Transportaufwendungen in Höhe von
knapp 30 DM/t im Falle Duisburgs zeichnen sich die verbleibenden westdeutschen Standorte mit rd. 45 DM/t Walzstahl lediglich durch ein knapp unter dem allgemeinen Durchschnitt von
annähernd 50 DM/t angesiedeltes Frachtenniveau aus.

Im Vergleich dazu wesentlich günstiger gestaltet sich die Kostensituation für eine Auswahl von Standorten im angrenzenden
Ausland. Zu nennen sind hier vornehmlich Charleroi mit dem
Spitzenwert von 25 DM/t sowie Thionville und IJmuiden mit Aufwendungen von durchschnittlich 28 DM/t neben Esch/Belval mit
31 DM/t Walzstahl. Aufgrund ihrer Kostenbelastung von mehr
oder minder deutlich oberhalb der 60 DM-Grenze schneiden demgegenüber die verbleibenden EG-Küstenstandorte wesentlich
schlechter ab. Hinzuweisen ist daneben auf die für diesen
Kreis der EG-Stahlstandorte außerordentlich weite Bandbreite
zwischen den Minimal- und Maximalfrachten. Zurückzuführen sind
diese deutlichen Differenzen auf den beträchtlichen Kostenvorsprung im Küstenschiffsverkehr gegenüber den zumindest hier
weit kostenintensiveren Binnenlandverkehren.

---

[1] Zu erinnern ist an dieser Stelle an die mitunter aufgrund des Tarifgefüges
im binnen- und grenzüberschreitenden Verkehr resultierenden Frachtdispari-
täten.

Diese bisher für den Bereich der Walzstahlfertigerzeugnisse
insgesamt geltenden Kostengrößen erfahren ihre Variation durch
eine nunmehr gesonderte Unterscheidung in die verschiedenen
Erzeugnisgruppe (siehe Tabelle 6.1). Je nach regionaler Verteilung der stahlverarbeitenden Industrien sowie deren erzeug-
nisspezifischem Nachfragegewicht ergeben sich mehr oder minder
deutlich vom Walzstahlabsatz insgesamt abweichende (durchschnittliche) Transportkostenbelastungen. Ein geeignetes Beispiel bietet sich hier mit der Erzeugnisgruppe Halbzeug. Die
branchenspezifische regionale Verteilung der in diesem Fall
vornehmlichen Abnehmergruppen führt hier zu einer gegenüber
dem Industriedurchschnitt abgewandelten Kostenrangfolge. Bei
einem insgesamt leicht auf ca. 45 DM/t Halbzeug gesunkenen
Frachtkostenniveau sind es nun die Standorte der West-Ruhr,
die ihrerseits mit Kosten von 16 DM/t vergleichsweise deutlich
vor ihren in- und ausländischen Konkurrenten liegen. Mit einem
Abstand von durchschnittlich knapp 10 DM/t sind es erneut einige ausländische Nachbarstandorte, die mit rd. 24 DM/t den
westdeutschen Halbzeugmarkt eindeutig kostengünstiger belie-
fern als die noch verbleibenden westdeutschen Hüttenwerke mit
ihrerseits Frachtkosten von durchschnittlich etwa 40 DM/t.
Erwartungsgemäß sind es erneut die reinen EG-Küstenstandorte,
die mit Kosten von in diesem Fall über 60 DM/t Halbzeug die
Spitze der Kostenskala bilden.

Interessant stellen sich ebenfalls die Kostenrelationen für
die Erzeugergruppe der Fein- und Feinstbleche dar. Hier sind
es mit Thionville und IJmuiden sowie Charleroi und Esch/Belval
nicht weniger als vier ausländische Standorte, die sich angesichts der geographischen Lage zu den westdeutschen Absatzzentren, aber auch aufgrund des EG-Tarifgefüges um durchschnittlich knapp 8 DM/t Feinblech noch unterhalb des kostengünstigsten westdeutschen Produktionsstandortes bewegen. Erst
mit einem weiteren Abstand von rd. 10 DM/t folgen darauf die
nächsten westdeutschen Hüttenwerke. Ein mit Werten von 60 DM/t
bis über 70 DM/t erhöhtes Transportkostenniveau verzeichnet
schließlich die Gruppe der reinen Küstenansiedlungen.

Über dieses Beispiel für ausschließlich einen nationalen Absatzmarkt hinaus erlaubt die zugrundeliegende Verfahrensweise ebenso eine Betrachtung zusammengefaßter Absatzgebiete. Schaubild 6.3 sowie Tabelle 6.2 weisen dementsprechend die standortspezifische Transportkostenbelastung der EG-Standorte im Hinblick auf die Absatzregion in der Gebietsabgrenzung EG-Nord[1] aus. Für den Bereich der Walzstahlerzeugnisse insgesamt zeigen sich trotz der Dominanz des westdeutschen Absatzmarktes bereits deutliche Änderungen in den Kostenrelationen. Vornehmlich infolge der nunmehr hinzutretenden Absatzzentren des Vereinigten Königreiches zeigt sich eine Zunahme der maximalen Frachtbandbreiten für durchweg sämtliche kontinentalen Binnenstandorte. Die dafür verantwortliche Diskrepanz in der Frachtkostenbelastung zwischen dem jeweils kostenintensivsten Binnenverkehrsträger und dem Küstenseeverkehr läßt diese Differenzen für die kontinentalen Küstenwerke in z.T. sogar stär-

Schb. 6.3

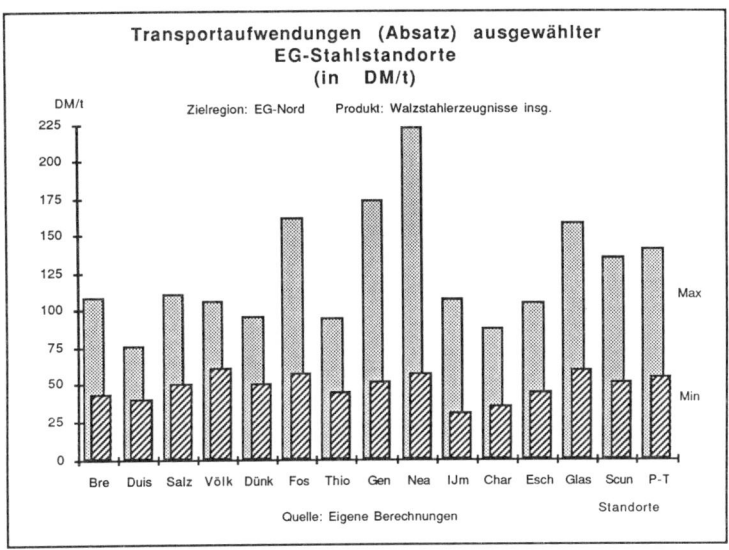

Transportaufwendungen (Absatz) ausgewählter
EG-Stahlstandorte
(in DM/t)

Zielregion: EG-Nord   Produkt: Walzstahlerzeugnisse insg.

Quelle: Eigene Berechnungen

---

[1] Mit Ausnahme Frankreichs sowie Italiens zählen hierzu sämtliche übrige Mitgliedsländer der EG-9. Für die Teilregion EG-Süd sei auf das Schaubild 6.9 sowie Tabelle 6.9 im Anhang dieser Untersuchung verwiesen.

Tab. 6.2

TRANSPORTAUFWENDUNGEN (ABSATZ) ausgewählter EG-Standorte (DM/t)
Zielregion: EG-Nord

Standort	Stahl		Halbzeug		Oberbau		Form/Stab		Walzdraht		Bandstahl		Grob/Mittel		Feinblech	
	Min	Max	Min	Max	Min	Max	Min	Max	Min	Max	Min	Max	Min	Max	Min	Max
Bremen	44	108	40	107	45	107	45	109	41	108	45	107	44	110	47	108
Duisburg	40	76	34	67	43	78	43	80	34	67	41	75	42	81	46	82
Salzgitter	50	111	46	112	51	109	51	111	47	112	50	108	51	113	53	108
Völklingen	61	106	59	108	60	103	61	105	56	104	59	102	62	108	63	103
Dünkirchen	51	96	53	93	47	96	49	97	48	87	50	94	48	97	52	99
Fos-s-Mer	58	162	58	165	57	161	58	162	56	158	59	158	57	164	61	161
Thionville	45	95	44	95	44	95	45	96	42	89	44	92	46	98	46	97
Genua	52	174	55	183	50	171	51	171	52	175	52	169	50	174	52	167
Neapel	58	222	56	230	56	220	58	220	54	224	58	217	56	223	61	215
IJmuiden	31	107	28	101	31	107	32	110	29	99	32	107	31	110	34	114
Charleroi	35	88	34	84	35	90	36	91	31	76	34	86	36	91	38	95
Esch/Belval	45	105	45	104	43	105	45	106	42	97	43	101	45	107	46	107
Glasgow	60	158	57	146	59	165	60	164	55	146	61	161	59	160	65	169
Scunthorpe	52	135	50	124	52	142	52	140	47	122	52	137	51	137	55	144
Port-Talbot	55	141	54	131	55	148	56	146	51	129	56	143	54	143	58	150

Quelle: Eigene Berechnungen

kerem Maße ansteigen. Lediglich den britischen Küstenstandorten gereicht die nunmehr nicht mehr ausschließliche Orientierung an den kontinentalen Absatzzentren zu einer deutlichen Senkung der (Frachten-)Bandbreiten.

Ein weiterer Aspekt ergibt sich daneben in den bereits auf dieser Aggregationsstufe stark verringerten Frachtkostenunterschieden unter den EG-Stahlstandorten. Bei einer gegenüber dem Absatzgebiet der Bundesrepublik nahezu gleichen Durchschnittsbelastung von knapp 50 DM/t Walzstahl ist hier eine um etwa die Hälfte geringere relative Streuung zu registrieren[1]. Mit im Vergleich deutlich kleinerem Abstand nehmen in diesem Fall die Standorte IJmuiden und erneut Charleroi die Spitzenwerte von 31 DM/t bzw. 35 DM/t ein. Dicht darauf folgen bereits die westdeutschen Hüttenstandorte Duisburg mit 40 DM/t und Bremen mit 44 DM/t sowie Thionville und Esch/Belval mit einer Frachtkostenbelastung von jeweils 45 DM/t. Unter Ausweis eines Frachtkostennachteils von demgegenüber bereits rd. 20 DM/t folgt darauf eine Gruppe von fünf Standortansiedlungen, die sich mit Salzgitter einerseits sowie den Standorten Dünkirchen, Genua, Scunthorpe und Port-Talbot sowohl aus Binnen- wie auch reinen Küstenwerken zusammensetzt. Dieses Charakteristikum weist ebenso ein Kreis der mit Zusatzkosten von insgesamt knapp 30 DM/t transportkostenintensivsten Standorte auf. Hierzu zählen neben dem Binnenstandort Völklingen die eher an der Peripherie der Gemeinschaft gelegenen reinen Küstenwerke in Süd-Frankreich bzw. Süd-Italien sowie im Norden Großbritanniens.

Wie sich aufgrund der Tabelle 6.2 zudem zeigt, verzeichnen die jeweiligen Abweichungen der standortspezifischen Frachtaufwendungen für die übrigen Erzeugnisgruppen gegenüber dem Walzstahlabsatz insgesamt nicht mehr die noch im Beispiel der Bundesrepublik beobachteten Größenordnungen. Im Hinblick auf die erzeugnisspezifischen Transportkostenbelastungen im einzelnen

---

[1]Gegenüber einem Variationskoeffizienten von 0,35 im Falle der Absatzregion Bundesrepublik beläuft sich der Wert hier auf nur noch 0,18.

sei insofern auf die Tabelle 6.2 verwiesen. Allerdings wird
hieran dennoch deutlich, in welchem Maße die branchenspezifischen Unterschiede in der regionalen Ansiedlung offensichtlich
mit zunehmender Ausdehnung des Absatzraumes ihre Bedeutung zusehends einbüßen. Wie zu erwarten, kann insofern von einer in
Abhängigkeit vom Umfang des zu betrachtenden Absatzraumes zunehmenden Verdichtung der Stahlnachfrage auch nach den verschiedenen Erzeugnisgruppen gesprochen werden.

In deutlicher Form zeigt sich dies für den nun folgenden Ab-
satzraum der Europäischen Gemeinschaft (EG-9). Schaubild 6.4
sowie Tabelle 6.3 verweisen so auf eine weitere Senkung der
Streubreite über sämtliche Erzeugnisgruppen bei leicht angestiegenen durchschnittlichen Frachtaufwendungen. Insofern
stellvertretend für die übrigen Erzeugnisgruppen verzeichnen
im Bereich des gesamten Walzstahlabsatzes die Standorte Charleroi mit 43 DM/t sowie IJmuiden mit 44 DM/t erneut die niedrigste Kostenbelastung, dicht gefolgt vom Küstenstandort Genua mit seinerseits 48 DM/t. In einer Größenordnung zwischen
50 DM/t und etwa 55 DM/t bewegt sich bereits unmittelbar an-
schließend ein Kreis von in erster Linie Binnenstandorten, und

Schb. 6.4

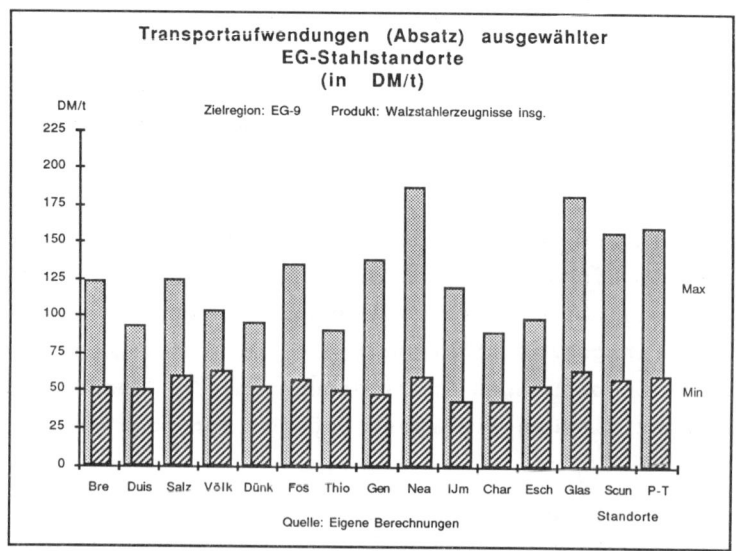

Tab. 6.3

TRANSPORTAUFWENDUNGEN (ABSATZ) ausgewählter EG-Standorte (DM/t)
Zielregion: EG-9

Standort	Stahl Min	Stahl Max	Halbzeug Min	Halbzeug Max	Oberbau Min	Oberbau Max	Form/Stab Min	Form/Stab Max	Walzdraht Min	Walzdraht Max	Bandstahl Min	Bandstahl Max	Grob/Mittel Min	Grob/Mittel Max	Feinblech Min	Feinblech Max
Bremen	52	123	51	125	53	123	53	123	50	122	53	121	52	124	55	123
Duisburg	51	93	49	91	53	97	52	95	45	86	50	91	51	96	53	95
Salzgitter	60	125	59	127	61	125	60	124	57	125	59	123	59	126	61	123
Völklingen	63	104	63	108	65	107	63	105	59	103	61	101	64	106	62	100
Dünkirchen	53	96	56	96	53	101	52	98	51	89	53	93	51	97	54	96
Fos-s-Mer	57	135	57	133	57	137	57	137	56	134	58	133	56	138	59	132
Thionville	50	91	50	91	51	95	50	93	47	86	49	88	50	94	50	90
Genua	48	139	48	138	47	138	48	140	49	143	49	137	47	142	49	135
Neapel	60	187	59	184	58	183	59	187	58	191	61	185	59	190	63	184
IJmuiden	44	120	44	120	44	124	43	122	41	113	44	119	43	122	45	122
Charleroi	43	90	45	89	45	96	43	93	40	81	42	87	43	92	43	92
Esch/Belval	54	99	58	99	58	104	55	101	51	93	52	96	54	102	53	98
Glasgow	65	182	64	180	64	190	65	185	62	173	65	183	64	182	68	187
Scunthorpe	59	157	60	154	59	165	59	159	57	147	60	157	58	156	61	160
Port-Talbot	61	161	61	159	61	169	61	164	59	152	61	161	60	161	63	164

Quelle: Eigene Berechnungen

zwar der Rangfolge nach mit Thionville, Duisburg und Bremen[1]
sowie Dünkirchen und Esch/Belval. Abgesehen von Fos-sur-Mer
sowie Scunthorpe, die beide noch unterhalb der 60 DM-Grenze
verbleiben, beziffern sich die Aufwendungen der verbleibenden
britischen Hüttenwerke sowie der westdeutschen Standortkomplexe Salzgitter und Völklingen auf mehr oder minder deutlich
darüberliegende Werte von bis zu 63 DM/t Walzstahl.

In deutlich abgewandelter Form zeigen sich die Verhältnisse im
Hinblick auf den Walzstahlabsatz in das außergemeinschaftliche
westeuropäische Ausland wie auch insbesondere die außereuropäischen Drittländer[2]. Auf der Basis kalkulierter Frachtaufwendungen[3] für Überseelieferungen von Walzstahlfertigerzeug-

Schb. 6.5

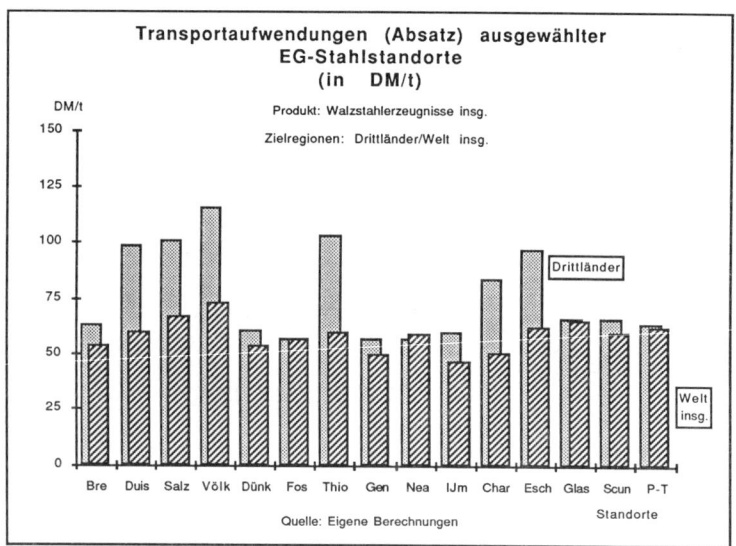

---

[1]Aufgrund seiner besonderen Lage sowie der Bezugspflicht von Inlandskohlen
wird der Standort der Bremer Hütte nicht zu den reinen Küstenstandorten
gezählt.

[2]An dieser Stelle sei erneut darauf hingewiesen, daß aufgrund einer für
viele Bereiche dieser Untersuchung nur ungenügenden Datenlage von der Berücksichtigung sowohl des osteuropäischen Auslandes wie auch der übrigen
Ostblockstaaten abgesehen werden muß.

[3]Zu verweisen ist hier auf die Ausführungen zu Beginn des Paragraphen
sechs.

242

Tab. 6.4

Durchschnittliche TRANSPORTAUFWENDUNGEN (Walzstahlfertigerzeugnisse) ausgewählter EG-STAHLSTANDORTE nach Zielregionen (DM/t)

Standort	D	F	I	NL	B	L	GB	Dan	EG Nord	EG Süd
Bremen	46	59	79	31	43	55	42	26	44	68
Duisburg	29	48	98	21	26	35	68	48	40	70
Salzgitter	43	63	97	41	46	56	66	48	50	78
Völklingen	45	44	97	48	39	20	99	71	61	66
Dünkirchen	63	47	75	28	17	30	38	24	51	59
Fos-s-Mer	69	57	53	37	41	58	45	35	58	56
Thionville	28	48	73	24	25	8	84	89	45	59
Genua	61	53	22	35	38	53	43	30	52	41
Neapel	69	70	54	36	38	53	44	33	58	64
IJmuiden	28	58	76	13	27	40	41	26	31	67
Charleroi	25	36	86	13	7	18	65	51	35	58
Esch/Belval	31	36	123	28	20	0	79	66	45	73
Glasgow	70	70	78	36	39	54	50	29	60	75
Scunthorpe	65	69	80	31	34	49	32	29	52	74
Port-Talbot	67	67	76	34	37	52	39	30	55	72

Standort	EG-9	Übr. Europa	Maghreb*	Nord- Amerika	Zentral- Amerika	Süd-	Mittl. Osten	Übr. Asien	Dritt- länder	Welt insg.
Bremen	52	37	51	64	69	74	97	106	63	54
Duisburg	51	76	87	99	103	107	132	139	99	60
Salzgitter	60	74	89	102	107	112	135	144	101	67
Völklingen	63	93	104	116	120	124	149	156	116	73
Dünkirchen	53	35	46	62	67	71	95	104	61	54
Fos-s-Mer	57	36	27	64	68	69	84	91	57	57
Thionville	50	80	91	103	107	111	136	143	103	60
Genua	48	35	27	66	70	70	84	92	57	50
Neapel	60	36	27	66	70	70	84	92	57	59
IJmuiden	44	36	48	61	65	69	94	101	60	47
Charleroi	43	61	72	84	88	92	117	124	84	51
Esch/Belval	54	74	85	97	101	105	130	137	97	62
Glasgow	65	42	48	66	70	76	101	109	66	65
Scunthorpe	59	39	49	68	72	76	101	109	66	60
Port-Talbot	61	40	45	65	70	75	99	107	64	62

* Marokko, Algerien, Tunesien

Quelle: Eigene Berechnungen

nissen stellen insofern Schaubild 6.5 sowie Tabelle 6.4 einen
entsprechenden Überblick dar. Zu Vergleichszwecken bietet Tabelle 6.4 dabei eine detaillierte Zusammenstellung über die
jeweiligen Absatzteilräume sowohl auf EG-Ebene als auch für
die Gruppe der Drittländer. Demgegenüber beschränkt sich das
Schaubild 6.5 auf eine Darstellung der zusammengefaßten Dritt-
landsmärkte bzw. des Weltmarktes insgesamt (ohne Ostblockstaaten). Wie die vorangegangenen Betrachtungen bereits andeute-
ten, verringern sich die Unterschiede in den erzeugnisspezifischen Frachtkostenbelastungen mit diesem Aggregationsgrad in verstärktem Maße. Aus diesem Grunde wird im weiteren
Verlauf vornehmlich der Absatz der Walzstahlerzeugnisse insgesamt zu betrachten sein.

Als eindrucksvoll erweist sich zunächst für den Bereich des
Drittlandsabsatzes insgesamt das gegenüber den Küstenstandorten deutlich höhere Kostenniveau der EG-Binnenstandorte. Aufgrund ihrer teilweise erheblichen Zulaufkosten[1] zu den Seeaus-
fuhrhäfen ergeben sich auf diese Weise Kostenunterschiede von
im Extrem bis zu 60 DM/t, in der Regel jedoch von rd. 30 DM/t
Walzstahl. Bei einem durchschnittlichen Transportaufwand der
Binnenwerke von rd. 100 DM/t sind es dabei lediglich die
Standorte Völklingen mit 116 DM/t und Charleroi mit 84 DM/t,
die nennenswerte Abweichungen gegenüber diesem Mittelwert verzeichnen. Demgegenüber beläuft sich der Durchschnittswert für
die verbleibenden Küstenwerke, unter Einbeziehung der Bremer
Hütte, auf etwa 60 DM/t, wobei sich die Bandbreite von 57 DM/t
(Fos/Genua/Neapel) bis etwa 66 DM/t (Glasgow, Scunthorpe) er-
streckt.

Ein von Grund auf neues Bild ergibt sich schließlich für die
durchschnittlichen standortspezifischen Transportaufwendungen
im weltweiten Absatz. Entgegen den noch in der Drittlandsaus-
fuhr ausgeprägten Gegensätzen zwischen den Küsten- und Binnen-

---

[1]Diese Zulaufkosten setzen sich zum einen aus den zusätzlichen Transportaufwendungen zwischen Hüttenstandort und Verschiffungshafen wie auch den
dort notwendigen Umschlag- bzw. Zwischenlagerkosten zusammen.

standorten setzt sich nunmehr wiederum der anteilsmäßig so bedeutende Absatzmarkt der Europäischen Gemeinschaft durch. Bei
insgesamt um knapp 20 DM/t auf nun annähernd 60 DM/t gesunkenen Durchschnittskosten verringert sich solchermaßen die relative Streuung der jeweiligen Aufwendungen um rd. die Hälfte.
Während nämlich unter Berücksichtigung des EG-Absatzes die Küstenstandorte ihre durchschnittlichen Aufwendungen in etwa
halten bzw. im Falle IJmuidens, Dünkirchens sowie Genuas
leicht verringern, führt diese unter den Binnenstandorten zu
einem um durchschnittlich 38 DM/t geringeren Frachtaufwand.
Die mit Abstand günstigsten Werte verzeichnen sodann die Hüttenwerke IJmuiden (47 DM/t), Genua (50 DM/t) sowie Charleroi
(51 DM/t), gefolgt von Dünkirchen und Bremen (jeweils 54
DM/t). Die kostenintensivsten Hüttenstandorte verkörpern demgegenüber die Ansiedlungen in Glasgow (65 DM/t) und Salzgitter
(67 DM/t), noch deutlich vor Völklingen (73 DM/t).

Im Hinblick auf die in der Vergangenheit z.T. erheblichen Paritätsänderungen der US-Währung ist ebenso im Bereich der in
Dollar fakturierten Seefrachten eine Variation des Kursniveaus

Schb. 6.6

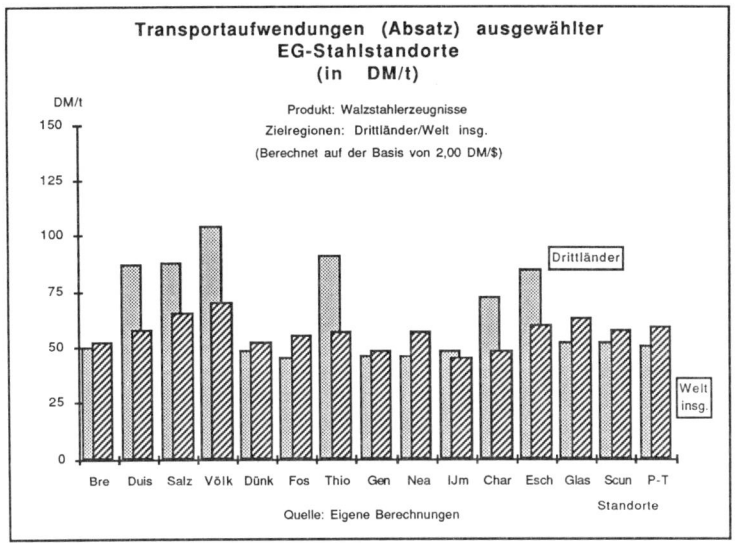

245

Tab. 6.5

| Durchschnittliche TRANSPORTAUFWENDUNGEN (Walzstahlfertigerzeugnisse) aus-gewählter EG-STAHLSTANDORTE nach Zielregionen (DM/t) Berechnet auf der Basis eines Dollarkurses von 2,00 DM/US-Dollar im Über-see-Verkehr |

Standort	D	F	I	NL	B	L	GB	Dan	EG Nord	EG Süd
Bremen	46	59	79	31	43	55	42	26	44	68
Duisburg	29	48	98	21	26	35	68	48	40	70
Salzgitter	43	63	97	41	46	56	66	48	50	78
Völklingen	45	44	97	48	39	20	99	71	61	66
Dünkirchen	63	47	75	28	17	30	38	24	51	59
Fos-s-Mer	69	57	53	37	41	58	45	35	58	56
Thionville	28	48	73	24	25	8	84	89	45	59
Genua	61	53	22	35	38	53	43	30	52	41
Neapel	69	70	54	36	38	53	44	33	58	64
IJmuiden	28	58	76	13	27	40	41	26	31	67
Charleroi	25	36	86	13	7	18	65	51	35	58
Esch/Belval	31	36	123	28	20	0	79	66	45	73
Glasgow	70	70	78	36	39	54	50	29	60	75
Scunthorpe	65	69	80	31	34	49	32	29	52	74
Port-Talbot	67	67	76	34	37	52	39	30	55	72

Standort	EG-9	Übr. Europa	Maghreb*	Nord-Amerika	Zentral-Amerika	Süd-Amerika	Mittl. Osten	Übr. Asien	Dritt-länder	Welt insg.
Bremen	52	37	39	48	52	55	72	77	50	52
Duisburg	51	76	76	84	87	89	107	112	87	58
Salzgitter	60	74	77	86	90	93	109	115	88	65
Völklingen	63	93	93	101	104	107	124	129	104	70
Dünkirchen	53	35	36	47	50	53	69	75	48	52
Fos-s-Mer	57	36	23	48	51	51	62	67	45	55
Thionville	50	80	80	88	91	94	111	116	91	57
Genua	48	35	23	50	52	53	62	67	46	48
Neapel	60	36	23	50	52	53	62	67	46	57
IJmuiden	44	36	37	46	49	52	69	74	48	45
Charleroi	43	61	61	69	72	75	92	97	72	48
Esch/Belval	54	74	74	82	85	88	105	110	85	60
Glasgow	65	42	37	50	52	56	73	78	52	63
Scunthorpe	59	39	38	51	54	56	73	78	52	58
Port-Talbot	61	40	35	49	52	55	72	77	51	59

* Marokko, Algerien, Tunesien

Quelle: Eigene Berechnungen

vorzunehmen. Die nunmehr in Schaubild 6.6 ausgewiesenen Werte beruhen insofern auf den entsprechenden Frachtkostenkalkulationen unter Zugrundelegung des alternativen Dollarkurses von 2,00 DM/US-$.

Wie sich allgemein zeigt, ergeben sich für die im Übersee-Verkehr abgewickelten Walzstahllieferungen infolge des geringeren (kalkulatorischen) Dollarkurses Kosteneinsparungen von in Einzelfällen bis zu knapp 30 vH (Walzstahlabsatz nach Fernost). Unter Berücksichtigung der für die einzelnen Teilräume unterschiedlichen Nachfragegewichte sind die durchschnittlichen Kosteneinsparungen für den Drittlandsabsatz insgesamt mit knapp 17 vH, d.h. etwa 13 DM/t Walzstahl[1], allerdings weit geringer zu beziffern. Ihre weitere Relativierung erfahren diese Kosteneinsparungspotentiale durch die Hinzurechnung des für die europäischen Erzeuger bei weitem bedeutendsten Absatzmarktes, der Europäischen Gemeinschaft. Die damit dominierende standortspezifische Frachtkostenbelastung innerhalb der Europäischen Gemeinschaft schlägt sich insofern erneut deutlich nieder in den spezifischen Frachtaufwendungen für den Absatz in weltweiter Abgrenzung. Angesichts eines für den innereuropäischen Walzstahltransport unterstellten konstanten Frachtenniveaus verwundert es so kaum, daß sich die Kosteneinsparungen infolge des niedrigeren Dollarkurses auf nurmehr insgesamt knapp 4 vH, d.h. durchgängig etwa 2 DM/t Walzstahl reduzieren. Auf diesem Aggregationsniveau ergeben sich damit gegenüber der Ausgangslage mit einem Dollarkurs von 2,94 DM/US-$ quasi dieselben Kostenrelationen zwischen den verschiedenen EG-Stahlstandorten.

---

[1]Diese Kostensenkung um (absolut) rd. 13 DM/t Walzstahl ergibt sich dabei für sämtliche Hüttenstandorte. Aufgrund unterschiedlicher Frachtenniveaus belaufen sich jedoch die (relativen) Kostensenkungen für den Kreis der Küstenstandorte auf durchschnittlich knapp 20 vH, während die Binnenstandorte eine von etwa 12 vH aufweisen.

§ 7   Die Standortgüte im Gesamtvergleich

Der Walzstahlabsatz innerhalb der Europäischen Gemeinschaft

Da nun die standortspezifischen Kostenunterschiede für den
Walzstahlabsatz vor Ort, d.h. im Hinblick sowohl auf den Herstellungsprozeß wie auch den Ablauf der Fertigprodukte, jeweils gesondert abgeleitet werden konnten, erhebt sich an-
schließend die Frage nach der Standortgüte im Rahmen einer
Gesamtbetrachtung. Von Interesse erweisen sich dabei über das
Gesamtkostengefüge hinaus zwei weitere Fragenkomplexe. Zum
einen ist Aufschluß darüber zu erwarten, in welchem Maße den
Aufwendungen für sowohl den Absatz von Walzstahlerzeugnissen
insgesamt als auch in erzeugnisspezifischer Untergliederung
eine entscheidende Bedeutung beizumessen ist. Ferner gilt es
der Frage nachzugehen, ob und inwiefern standortspezifische
Kostenvor- bzw. -nachteile auf der Produktionsseite durch
entsprechende Kostenunterschiede auf der Absatzseite verstärkt
oder auch kompensiert werden. Die nunmehr folgenden Ausführungen beziehen sich insofern auf die standortspezifische Gesamtkostenbelastung (ausgewählter Kostenfaktoren), wobei eine
Unterteilung in die Hauptbestandteile Herstellungsaufwendungen
sowie Ablaufkosten beibehalten wird.

In einer ersten Übersicht weist Schaubild 7.1 in Verbindung
mit Tabelle 7.1 den Durchschnitt der standortspezifischen
Gesamtkosten für Walzstahllieferungen innerhalb der Europäischen Gemeinschaft aus. Aufgegliedert in sowohl die Herstellungskosten als auch den Ablaufaufwand, zeigen sich deutliche Veränderungen in den jeweiligen (relativen) Standortpositionen. Denn während sich das durchschnittliche Gesamtkostenniveau aufgrund der Transportaufwendungen (Absatz), mit im
Schnitt etwa 55 DM/t[1], gegenüber den reinen Herstellungskosten
auf nun rd. 594 DM/t Walzstahl erhöht, zeigen sich in Einzel-

---

[1]Dies entspricht in etwa einem durchschnittlichen Anteil an den hier angeführten Gesamtkosten (ausgewählter Kostenfaktoren) von 9 vH. Hinzuweisen
ist dabei allerdings auf den Umstand, daß sich der Rahmen zu berücksichtigender Kostenfaktoren annahmegemäß lediglich auf eine Auswahl stützt.

Schb. 7.1

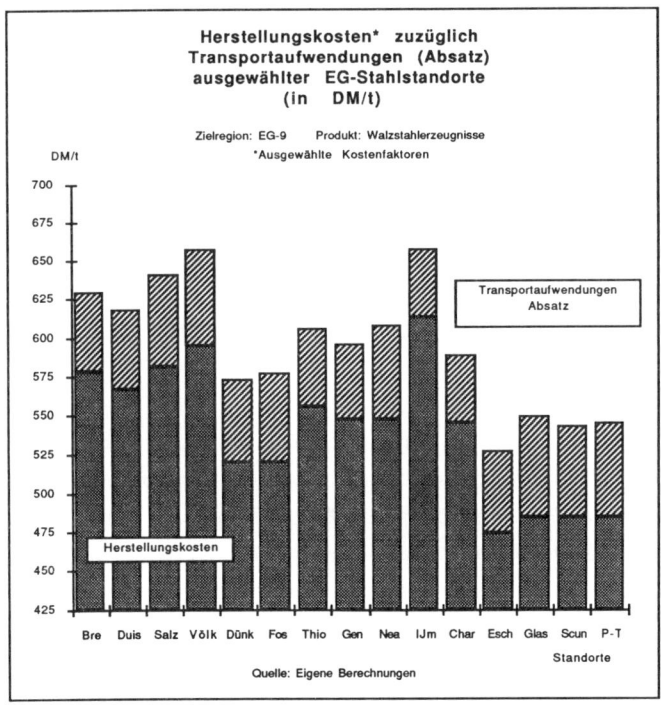

**Herstellungskosten* zuzüglich
Transportaufwendungen (Absatz)
ausgewählter EG-Stahlstandorte
(in DM/t)**

Zielregion: EG-9   Produkt: Walzstahlerzeugnisse
*Ausgewählte Kostenfaktoren

Quelle: Eigene Berechnungen

Tab. 7.1

HERSTELLUNGSKOSTEN (Walzstahlerzeugnisse) zuzüglich Transportaufwendungen (Absatz)
ausgewählter EG-STAHLSTANDORTE nach Zielregionen (DM/t)
(Ausgewählte Kostenfaktoren)

Standort	D	F	I	NL	B	L	GB	Dan	EG Nord	EG Süd	EG-9
Bremen	624	637	657	609	621	633	620	604	622	646	630
Duisburg	596	615	665	588	593	602	635	615	607	637	618
Salzgitter	624	644	678	622	627	637	647	629	631	659	641
Völklingen	639	638	691	642	633	614	693	665	655	660	657
Dünkirchen	583	567	595	548	537	550	558	544	571	579	573
Fos-s-Mer	589	577	573	557	561	578	565	555	578	576	577
Thionville	584	604	629	580	581	564	640	645	601	615	606
Genua	608	600	569	582	585	600	590	577	599	588	595
Neapel	616	617	601	583	585	600	591	580	605	611	607
IJmuiden	641	671	689	626	640	653	654	639	644	680	657
Charleroi	570	581	631	558	552	563	610	596	580	603	588
Esch	505	510	597	502	494	474	553	540	519	547	528
Glasgow	554	554	562	520	523	538	534	513	544	559	549
Scunthorpe	549	553	564	515	518	533	516	513	536	558	543
Port-Talbot	551	551	560	518	521	536	523	514	539	556	545

Quelle: Eigene Berechnungen

fällen davon doch nennenswert abweichende Größenordnungen. In welchem Ausmaß, das zeigen die Beispiele der beiden Binnenstandorte Völklingen und Charleroi. Mit um deutliche 20 DM/t höheren Transportaufwendungen (Absatz) gegenüber der kostengünstigsten belgischen Konkurrenz erhöht sich so der bereits von der Walzstahlherstellung herrührende Kostennachteil Völklingens gegenüber IJmuiden. Frachtkostennachteile der saarländischen Hütte von in etwa gleicher Größenordnung bedeuten hier eine Nivellierung der noch auf der Produktionsstufe bestehenden Kostenvorteile, so daß letztendlich ein nun in beiden Fällen gleiches Gesamtkostenniveau von 657 DM/t Walzstahl erreicht wird.

Ähnliche Einbußen in der (relativen) Standortposition weisen infolge ihrer Transportkostennachteile daneben eine Reihe vornehmlich an der Peripherie der Europäischen Gemeinschaft gelegenen Standortkomplexe auf. Dazu zählen die Mittelmeerstandorte Fos-sur-Mer und Neapel sowie die britischen Küstenansiedlungen, und hier insbesondere Glasgow. Unter den Binnenstandorten ist es dagegen neben Völklingen ausschließlich der Standort Salzgitter, der aufgrund seiner transportwirtschaftlich vergleichsweise weniger günstigen Lage ebenso diesem Kreis zuzurechnen ist. Neben einer ganzen Reihe von Hüttenansiedlungen, deren Absatzaufwendungen sich im Gesamtdurchschnitt bewegen, sind es lediglich die Werke IJmuiden sowie Charleroi, die - wie bereits gesehen - ihrerseits eine nennenswerte Verbesserung ihrer (relativen) Standortposition aufweisen können.

Vor diesem Hintergrund ergibt sich nunmehr das folgende Gesamtbild. Mit deutlichen Kostenvorteilen in der Walzstahlherstellung sowie Transportaufwendungen im EG-Durchschnitt verzeichnet der Standort Esch/Belval mit insgesamt knapp 530 DM/t Walzstahl das mit Abstand führende Gesamtkostenniveau. Kostennachteile in einer Bandbreite von gut 3 vH bis annäherd 10 vH kennzeichnet demgegenüber eine Auswahl von Küstenstandorten. Hierzu zählen die britischen Küstenansiedlungen mit einem um rd. 18 DM/t Walzstahl höheren Kostenniveau sowie die fran-

zösischen Küstenwerke mit Zusatzkosten von in etwa 47 DM/t.
Mit Gesamtaufwendungen zwischen 588 DM/t und 607 DM/t Walzstahl verkörpern die unmittelbar nachfolgenden Standorte
(relative) Kostennachteile in einer Höhe von rd. 11 vH bis
15 vH. Im einzelnen ergeben sich hier für den belgischen
Standort Charleroi (588 DM/t) und Genua (595 DM/t) Zusatzkosten gegenüber dem luxemburgischen Spitzenwert von 60 DM/t
bzw. 67 DM/t sowie solche von etwa 78 DM/t für Thionville
(606 DM/t) und Neapel (607 DM/t). Mit (relativen) Kostennachteilen von darüber hinaus bis zu über 20 vH fällt die zusätzliche Belastung der verbleibenden, vornehmlich westdeutschen
Hüttenansiedlungen noch weit deutlicher aus. Zu nennen sind
hier Werte zwischen 90 DM/t und gar knapp 130 DM/t Walzstahl
für, der Rangfolge nach, die Standorte Duisburg (618 DM/t),
Bremen (630 DM/t), Salzgitter (641 DM/t) sowie Völklingen und
IJmuiden (jeweils 657 DM/t).

Der bisherigen Vorgehensweise entsprechend schließt sich nunmehr die Gesamtbetrachtung auf der Grundlage des alternativen
Dollarkurses von 2,00 DM/US-$ an. Stellvertretend für die
verschiedenen Erzeugnisgruppen[1] wird innerhalb des Schaubildes
7.2 sowie der Tabelle 7.2 die standortspezifische Gesamtkostenbelastung (ausgewählter Kostenfaktoren) für den gesamten
Absatz von Walzstahlfertigerzeugnissen innerhalb der Europäischen Gemeinschaft ausgewiesen.

Aufgrund der als konstant unterstellten durchschnittlichen
Transportaufwendungen für die innergemeinschaftlichen Ver-
kehrsleistungen zeigen sich im Falle von Paritätsänderungen
gegenüber der US-Währung lediglich geringfügige Veränderungen
der (absoluten) Kostenunterschiede. Hier führt die um etwa
32 vH geringere Notierung des US-Dollars - infolge der daraus
resultierenden Preissenkungen für Übersee-Rohstoffe auf Basis
Inlandswährung - zu einer Verringerung der jeweiligen Kostenbelastungen um durchschnittlich rd. 74 DM/t. Wiederum sind es

---

[1]Für die Angaben in bezug auf die zu unterscheidenden Erzeugnisgruppen ist
auf die Tabelle 7.2 im Anhang dieser Untersuchung hinzuweisen.

Schb. 7.2

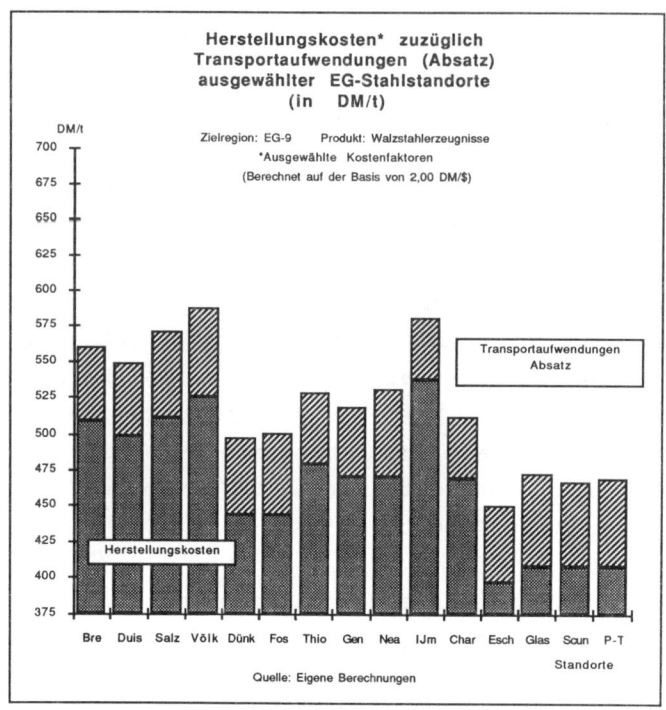

Tab. 7.2

HERSTELLUNGSKOSTEN (Walzstahlerzeugnisse) zuzüglich Transportaufwendungen (Absatz)
ausgewählter EG-STAHLSTANDORTE nach Zielregionen (DM/t)
(Ausgewählte Kostenfaktoren)
Berechnet auf der Basis eines Dollarkurses von 2,00 DM/US-$

Standort	D	F	I	NL	B	L	GB	Dan	EG Nord	EG Süd	EG-9
Bremen	554	567	587	539	551	563	550	534	552	576	560
Duisburg	527	546	596	519	524	533	566	546	538	568	549
Salzgitter	554	574	608	552	557	567	577	559	561	589	571
Völklingen	570	569	622	573	564	545	624	596	586	591	588
Dünkirchen	507	491	519	472	461	474	482	468	495	503	497
Fos-s-Mer	513	501	497	481	485	502	489	479	502	500	501
Thionville	507	527	552	503	504	487	563	568	524	538	529
Genua	532	524	493	506	509	524	514	501	523	512	519
Neapel	540	541	525	507	509	524	515	504	529	535	531
IJmuiden	565	595	613	550	564	577	578	563	568	604	581
Charleroi	494	505	555	482	476	487	534	520	504	527	512
Esch	428	433	520	425	417	397	476	463	442	470	451
Glasgow	478	478	486	444	447	462	458	437	468	483	473
Scunthorpe	473	477	488	439	442	457	440	437	460	482	467
Port-Talbot	475	475	484	442	445	460	447	438	463	480	469

Quelle: Eigene Berechnungen

dabei die westdeutschen Hersteller, die hier aus bereits besagten Gründen die Ausnahme mit etwa 70 DM/t bilden.

Bei damit in etwa gleichgebliebenen Kostendifferenzen unter den verschiedenen EG-Stahlstandorten führt allerdings das nunmehr von gut 594 DM/t auf inzwischen durchschnittlich ca. 520 DM/t Walzstahl gesunkene Gesamtkostenniveau zu einer Variation der jeweiligen (relativen) Standortpositionen. Gegenüber der Ausgangslage erhöhen sich so die relativen Kostennachteile der westdeutschen Hüttenwerke von Werten zwischen 17 vH (Duisburg) und gut 24 vH (Völklingen) um etwa ein Viertel auf nunmehr Werte zwischen gut 21 vH und rd. 30 vH. Angesichts der uneingeschränkten Realisierung abwertungsbedingter Preisnachlässe für die Lieferungen von Übersee-Rohstoffen beläuft sich die durchschnittliche Erhöhung der (relativen) Kostennachteile für den Kreis der übrigen EG-Stahlstandorte dagegen um lediglich 16 vH. Gleichwohl bedeutet dies im einzelnen eine Zunahme der entsprechenden Werte von ursprünglich knapp 3 vH (Scunthorpe) bis gut 24 vH (IJmuiden) auf nun knapp 4 vH bis fast 29 vH.

Weit stärker noch als im Bereich der Herstellungsstufe führt die Annahme EG-durchschnittlicher Arbeits- wie auch Elektrizitätsaufwendungen zu einer Verringerung der (relativen) Streuung[1] für die damit allein aufgrund der unterschiedlichen Rohstoffaufwendungen resultierenden Gesamtkostendifferenzen (siehe Schaubild 7.3 sowie Tabelle 7.3)[2]. Bei durchschnitt-

---

[1]Während sich auf der Herstellungsstufe für den Kreis der hier ausgewiesenen Standorte (d.h. ohne Berücksichtigung des hypothetischen Bezuges von Überseekokskohlen durch westdeutsche Hersteller) ein Variationskoeffizient von lediglich 0,03 ergibt, verringert sich dieser unter Hinzuziehung der Absatzkomponente zusätzlich auf nurmehr knapp 0,03.

[2]Hinsichtlich der Gesamtkostenbelastung für die übrigen Erzeugnisgruppen ergeben sich die in Tabelle 7.3 im Anhang dieser Untersuchung ausgewiesenen Ergebnisse.

Schb. 7.3

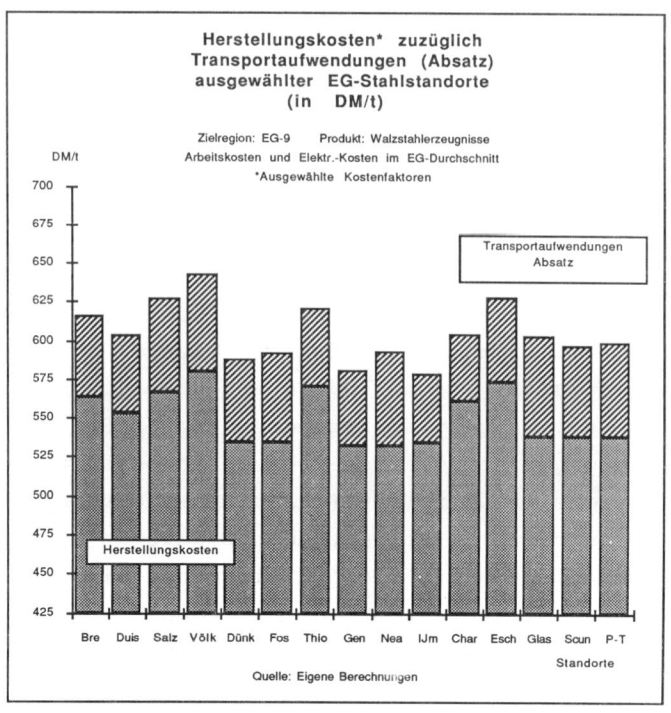

Tab. 7.3

HERSTELLUNGSKOSTEN (Walzstahlerzeugnisse) zuzüglich Transportaufwendungen (Absatz)
ausgewählter EG-STAHLSTANDORTE nach Zielregionen (DM/t)
Arbeitskosten und Elektr.-Kosten im EG-Durchschnitt
(Ausgewählte Kostenfaktoren)

Standort	D	F	I	NL	B	L	GB	Dan	EG Nord	EG Süd	EG-9
Bremen	610	623	643	595	607	619	606	590	608	632	616
Duisburg	582	601	651	574	579	588	621	601	593	623	604
Salzgitter	610	630	664	608	613	623	633	615	617	645	627
Völklingen	625	624	677	628	619	600	679	651	641	646	643
Dünkirchen	598	582	610	563	552	565	573	559	586	594	588
Fos-s-Mer	604	592	588	572	576	593	580	570	593	591	592
Thionville	599	619	644	595	596	579	655	660	616	630	621
Genua	594	586	555	568	571	586	576	563	585	574	581
Neapel	602	603	587	569	571	586	577	566	591	597	593
IJmuiden	563	593	611	548	562	575	576	561	566	602	579
Charleroi	587	598	648	575	569	580	627	613	597	620	605
Esch	605	610	697	602	594	574	653	640	619	647	628
Glasgow	609	609	617	575	578	593	589	568	599	614	604
Scunthorpe	604	608	619	570	573	588	571	568	591	613	598
Port-Talbot	606	606	615	573	576	591	578	569	594	611	600

Quelle: Eigene Berechnungen

lichen Ablaufkosten von gleichfalls 55 DM/t Walzstahl[1] ist es
hier erneut die Variationsbreite in den jeweiligen standortspezifischen Transportaufwendungen, die zu mehr oder minder
deutlichen Verschiebungen in den relativen Standortpositionen
führt. Hinzuweisen ist dabei vornehmlich auf die Standorte
Völklingen und Glasgow. Mit Werten von 17 DM/t bzw. 19 DM/t
fällt hier die Zunahme ihrer bereits von der Herstellungsstufe
herrührenden Kostennachteile außergewöhnlich deutlich aus.
Eine Verschlechterung der (absoluten) Kostennachteile von etwa
14 DM/t und damit nahezu ähnlicher Größenordnung verzeichnen
daneben die verbleibenden britischen Küstenstandorte sowie
Neapel und Salzgitter. Abgesehen vom Standort Fos-sur-Mer mit
11 DM/t ist es daraufhin vornehmlich der Bereich zwischen etwa
5 DM/t und 8 DM/t, der die Zunahme der spezifischen Kostennachteile für die Hüttenwerke Duisburgs, Bremens sowie Esch/
Belvals charakterisiert. Demgegenüber behalten sämtliche übrige Ansiedlungen ihre ursprünglichen Kostenunterschiede zum
Spitzenwert mehr oder weniger unverändert bei.

Das Gesamtbild beschreibt sich damit wie folgt. Mit Gesamtkosten von 643 DM/t Walzstahl verzeichnet zunächst der Hüttenstandort Völklingen die gegenüber dem Spitzenwert IJmuidens (579 DM/t) bei weitem umfangreichsten Zusatzkosten
von nahezu 65 DM/t, d.h. gut 11 vH. Mit Werten zwischen
42 DM/t und 49 DM/t, entsprechend gut 6 vH bzw. knapp 9 vH,
sind nachfolgend die Binnenstandorte Salzgitter und Esch/
Belval mit Gesamtkosten von jeweils etwa 628 DM/t sowie
Thionville mit 621 DM/t anzuführen. Mit Ausnahme Bremens
(616 DM/t) und Charlerois (605 DM/t) bewegen sich daraufhin
die verbleibenden Standorte mehr oder minder deutlich unterhalb des Durchschnittsniveaus von 605 DM/t Walzstahl. Zu nennen sind hier u.a. die britischen Küstenwerke mit (absoluten)

---

[1]Dies entspricht einem durchschnittlichen Anteil an den Gesamtkosten
(ausgewählter Kostengrößen) von rd. 9 vH. Zudem bemerkenswert erweist sich
der Umstand, daß die durchschnittliche Belastung der Binnenstandorte mit
knapp 55 DM/t in etwa der von annähernd 56 DM/t für die Auswahl der Küstenwerke entspricht.

Kostennachteilen zwischen 19 DM/t und 25 DM/t, d.h. von etwa
4 vH. In diese Kategorie fällt daneben der Standort Duisburg
mit einem Kostenniveau von 604 DM/t und damit einem zusätzlichen Aufwand gegenüber IJmuiden von ebenfalls 25 DM/t Walzstahl. Schließlich verbleibt die Auswahl der französischen wie
auch italienischen Küstenwerke, die sich um maximal 14 DM/t
Walzstahl, das entspricht gut 2 vH, vom Spitzenwert IJmuidens
unterscheiden. Im einzelnen beziffern sich die Gesamtkosten
auf 588 DM/t für Dünkirchen bzw. 592 DM/t für Fos-sur-Mer sowie auf 581 DM/t für Genua bzw. 593 DM/t im Falle Neapels. Im
Verein mit den übrigen Küstenstandorten bedeutet dies schließlich einen durchschnittlichen Kostenvorsprung der reinen Küstenansiedlungen insgesamt, d.h. mit Ausnahme Bremens, gegenüber den binnenländischen Standortkomplexen in einer Größenordnung von etwa 30 DM/t Walzstahl und entspricht damit einem
(relativen) Kostenvorteil in Höhe von knapp 5 vH.

Wie bereits in den vorangegangenen Fällen auch, führt die Unterstellung des alternativen Dollarkurses von 2,00 DM/US-$
kaum entscheidende Veränderungen im Gefüge der (absoluten) Kostendifferenzen herbei (siehe dazu Schaubild 7.4 sowie Tabelle
7.4)[1]. Erwartungsgemäß sind es erneut die westdeutschen Hersteller, die mit Kostensenkungen von lediglich knapp 70 DM/t
hinter den Einsparungen von 76 DM/t der europäischen Konkurrenz zurückbleiben und damit eine entsprechende Erhöhung ihrer
bereits bestehenden Kostennachteile zu verzeichnen haben. Darüber hinaus ist es das von ursprünglich 605 DM/t um etwa 12 vH
auf nunmehr 531 DM/t Walzstahl gesunkene Gesamtkostenniveau,
das eine Variation der (relativen) Standortpositionen zur Folge hat. Erhöht sich aus besagten Gründen der (relative) Stand-
ortnachteil westdeutscher Hüttenwerke gegenüber dem Spitzenwert IJmuidens von ursprünglich ca. 6 vH (Bremen) bis 11 vH
(Völklingen) um etwa ein Drittel auf nun rd. 9 vH bis 14 vH,
so fällt die Zunahme für die verbleibende Konkurrenz weit ge-

---

[1]Angaben in erzeugnisspezifischer Untergliederung finden sich in Tabelle
7.4 im Anhang dieser Untersuchung.

Schb. 7.4

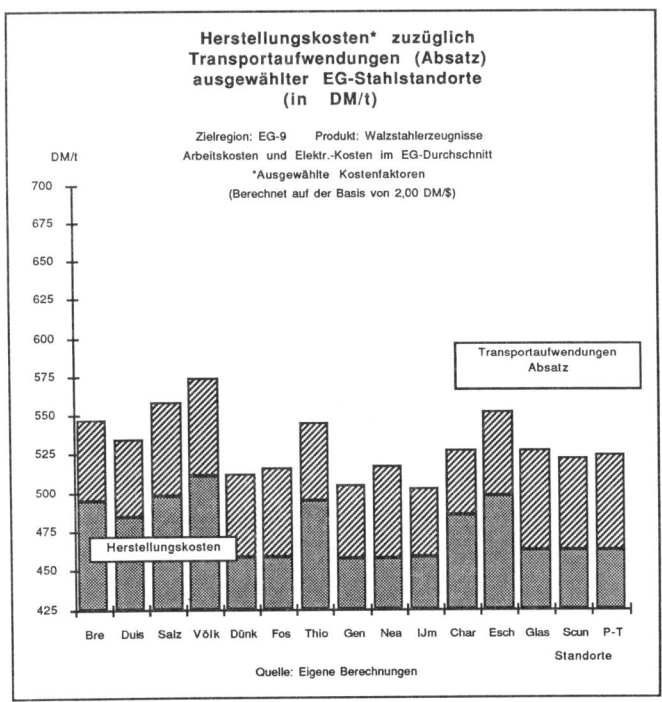

Tab. 7.4

HERSTELLUNGSKOSTEN (Walzstahlerzeugnisse) zuzüglich Transportaufwendungen (Absatz)
ausgewählter EG-STAHLSTANDORTE nach Zielregionen (DM/t)
Arbeitskosten und Elektr.-Kosten im EG-Durchschnitt
(Ausgewählte Kostenfaktoren)
Berechnet auf der Basis eines Dollarkurses von 2,00 DM/US-$

Standort	D	F	I	NL	B	L	GB	Dan	EG Nord	EG Süd	EG-9
Bremen	541	554	574	526	538	550	537	521	539	563	547
Duisburg	513	532	582	505	510	519	552	532	524	554	535
Salzgitter	541	561	595	539	544	554	564	546	548	576	558
Völklingen	556	555	608	559	550	531	610	582	572	577	574
Dünkirchen	522	506	534	487	476	489	497	483	510	518	512
Fos-s-Mer	528	516	512	496	500	517	504	494	517	515	516
Thionville	523	543	568	519	520	503	579	584	540	554	545
Genua	518	510	479	492	495	510	500	487	509	498	505
Neapel	526	527	511	493	495	510	501	490	515	521	517
IJmuiden	487	517	535	472	486	499	500	485	490	526	503
Charleroi	510	521	571	498	492	503	550	536	520	543	528
Esch	529	534	621	526	518	498	577	564	543	571	552
Glasgow	533	533	541	499	502	517	513	492	523	538	528
Scunthorpe	528	532	543	494	497	512	495	492	515	537	522
Port-Talbot	530	530	539	497	500	515	502	493	518	535	524

Quelle: Eigene Berechnungen

ringer aus. Ausgehend von Werten zwischen gut 0,3 vH (Genua)
und knapp 9 vH (Esch/Belval), beläuft sich die durchschnittliche Erhöhung auf lediglich 15 vH und führt damit zu (relativen) Kostennachteilen zwischen knapp 0,5 vH und annähernd
10 vH.

Der Walzstahlabsatz im weltweiten Maßstab

Nach diesen Ausführungen unter Berücksichtigung der Ablaufkosten für innergemeinschaftliche Walzstahllieferungen schließt
sich umgehend die Fragestellung nach den entsprechenden Auswirkungen im Bereich der Drittlandsausfuhren an. Angesichts
des Ausmaßes für die in Paragraph sechs abgeleiteten Transportkostendifferenzen im Drittlandsverkehr wird sich zeigen,
in welchem Umfang diese in der Lage sind, das Gefüge der
Standortrelationen entscheidend zu beeinflussen. Im Unterschied zu der bisherigen Vorgehensweise wird es allerdings
nicht mehr möglich sein, detaillierte Angaben zu den bisher zu
unterscheidenden Erzeugnisgruppen abzuleiten. Die diesbezüglich vom Statistischen Amt (EUROSTAT) für den Bereich der
Drittlandsausfuhren veröffentlichten Angaben erlauben lediglich die Unterteilung der Walzstahllieferungen in die Erzeugnisgruppen Halbzeug, Flachprodukte sowie die Kategorie der
"übrigen Erzeugnisse".

Das Schaubild 7.5 in Verbindung mit Tabelle 7.5 vermitteln
insofern einen Überblick über die Lieferungen von Walzstahlerzeugnissen[1] insgesamt nach ausgewählten Drittländern[2].
Mit einem Anteil von durchschnittlich etwa 12 vH, d.h. etwa 77
DM/t, an den Gesamtkosten (ausgewählter Kostenfaktoren) erweisen sich die Transportaufwendungen (Absatz) in diesem Fall
weit bedeutungsvoller als noch im Bereich der innergemein-

---

[1]In der Tabelle 7.5 im Anhang dieser Untersuchung findet sich eine Übersicht der standortspezifischen Gesamtkostenbelastung für die übrigen Erzeugnisgruppen.

[2]Im Hinblick auf die hier zugrundeliegende Länderauswahl sei auf die Ausführungen in Paragraph vier hingewiesen.

schaftlichen Walzstahllieferungen mit gerade 9 vH. Dabei sind
es insbesondere die Aufwandsunterschiede zwischen den reinen
Küsten- und den Binnenstandorten, die sich von besonderer Wirkung auf das Gefüge der standortspezifischen Gesamtkosten
darstellen. Mit einem Anteil der Ablauffrachten an den Gesamtaufwendungen von knapp 15 vH fällt die zusätzliche Kostenbelastung der Binnenwerke im Vergleich zu den reinen Küstenlagen
mit rd. 11 vH nicht unerheblich aus[1]. Deutlich wird dies u.a.

Schb. 7.5

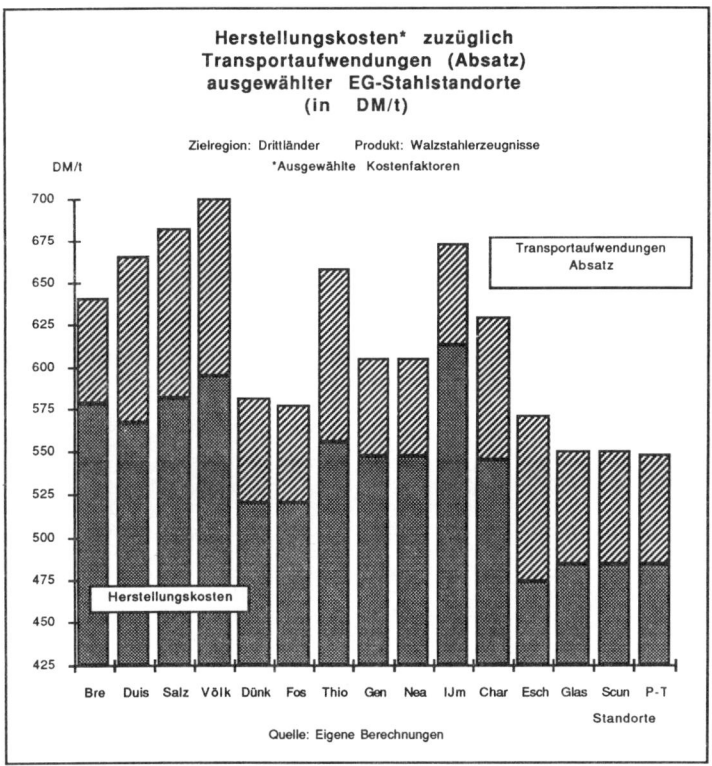

[1]In bezug auf die gleiche Basis, d.h. in diesem Fall, die über sämtliche
Standorte durchschnittlichen Gesamtkosten, beläuft sich die durchschnittliche Transportkostenbelastung der Binnenstandorte von rd. 100 DM/t auf
demgegenüber gut 15 vH, während die rd. 61 DM/t der Küstenansiedlungen
nunmehr einen Anteil von ca. 10 DM/t bestreiten.

Tab. 7.5

HERSTELLUNGSKOSTEN (Walzstahlerzeugnisse) zuzüglich Transportaufwendungen (Absatz)
ausgewählter EG-STAHLSTANDORTE nach Zielregionen (DM/t)
(Ausgewählte Kostenfaktoren)

Standort	D	F	I	NL	B	L	GB	Dan	EG Nord	EG Süd
Bremen	624	637	657	609	621	633	620	604	622	646
Duisburg	596	615	665	588	593	602	635	615	607	637
Salzgitter	624	644	678	622	627	637	647	629	631	659
Völklingen	639	638	691	642	633	614	693	665	655	660
Dünkirchen	583	567	595	548	537	550	558	544	571	579
Fos-s-Mer	589	577	573	557	561	578	565	555	578	576
Thionville	584	604	629	580	581	564	640	645	601	615
Genua	608	600	569	582	585	600	590	577	599	588
Neapel	616	617	601	583	585	600	591	580	605	611
IJmuiden	641	671	689	626	640	653	654	639	644	680
Charleroi	570	581	631	558	552	563	610	596	580	603
Esch	505	510	597	502	494	474	553	540	519	547
Glasgow	554	554	562	520	523	538	534	513	544	559
Scunthorpe	549	553	564	515	518	533	516	513	536	558
Port-Talbot	551	551	560	518	521	536	523	514	539	556

Standort	EG-9	Übr. Europa	Maghreb*	Nord-Amerika	Zentral-Amerika	Süd-Amerika	Mittl. Osten	Übr. Asien	Dritt-länder	Welt insg.
Bremen	630	615	629	642	647	652	675	684	641	632
Duisburg	618	643	654	666	670	674	699	706	666	627
Salzgitter	641	655	670	683	688	693	716	725	682	648
Völklingen	657	687	698	710	714	718	743	750	710	667
Dünkirchen	573	555	566	582	587	591	615	624	581	574
Fos-s-Mer	577	556	547	584	588	589	604	611	577	577
Thionville	606	636	647	659	663	667	692	699	659	616
Genua	595	582	574	613	617	617	631	639	604	597
Neapel	607	583	574	613	617	617	631	639	604	606
IJmuiden	657	649	661	674	678	682	707	714	673	660
Charleroi	588	606	617	629	633	637	662	669	629	596
Esch	528	548	559	571	575	579	604	611	571	536
Glasgow	549	526	532	550	554	560	585	593	550	549
Scunthorpe	543	523	533	552	556	560	585	593	550	544
Port-Talbot	545	524	529	549	554	559	583	591	548	546

*Marokko, Algerien, Tunesien

Quelle: Eigene Berechnungen

am Beispiel der Standorte Völklingen und Fos-sur-Mer. Angesichts einer Transportkostendifferenz von knapp 60 DM/t erhöht
sich der ohnehin aufgrund der Herstellungskosten bestehende
Kostenunterschied von knapp 75 DM/t auf nunmehr annähernd 135
DM/t Walzstahl. Die allerdings mit 162 DM/t, d.h. rd. 30 vH,
größte Differenz gegenüber dem Spitzenwert Port-Talbots von
548 DM/t Walzstahl weist dagegen der Standort Völklingen mit
Gesamtkosten in Höhe von 710 DM/t auf.

Im Vergleich außergewöhnlich hohe Kostenunterschiede zwischen
etwa 81 DM/t und 134 DM/t, d.h. 15 vH und 24 vH, charakteri-
sieren im Anschluß daran eine Gruppe von vornehmlich binnenländischen Standorten. Dazu zählen die westdeutschen Hüttenansiedlungen Salzgitter (682 DM/t), Duisburg (666 DM/t) und
Bremen (641 DM/t) sowie IJmuiden (673 DM/t), Thionville (659
DM/t) und Charleroi (629 DM/t). Kostennachteile von im Höchst-
fall etwa 10 vH, entsprechend rd. 56 DM/t, kennzeichnen dagegen die verbleibende Auswahl von in erster Linie reinen Küstenstandorten. Mit Gesamtkosten im Bereich von 549 DM/t und
604 DM/t Walzstahl setzen sich hier neben dem Binnenstandort
Esch/Belval (571 DM/t) sowohl die französischen (579 DM/t) und
italienischen (604 DM/t) wie auch die britischen Küstenstandorte (549 DM/t) mehr als deutlich ab.

Auf der Grundlage der bisher sowohl für den innergemeinschaftlichen wie auch den Drittlandsabsatz gleichermaßen abgeleiteten standortspezifischen Gesamtkostenbelastung ergeben sich
damit Hinweise auch in bezug auf die jeweilige Standortposition im weltweiten Absatz von Walzstahlfertigerzeugnissen[1].
Unter Berücksichtigung des in Paragraph vier vorgestellten Gewichtungsschemas - im Hinblick auf die relative Bedeutung jeweiliger Absatzregionen - stellt sich die Gesamtkostenbelastung der verschiedenen EG-Stahlstandorte wie folgt dar.

---

[1]Bezüglich der zu unterscheidenden Erzeugnisgruppen sei auf die Tabelle
7.5 im Anhang dieser Untersuchung verwiesen.

Wie bereits aufgrund der dominierenden Bedeutung des innergemeinschaftlichen Walzstahlabsatzes zu vermuten, weisen die in
Schaubild 7.6 sowie Tabelle 7.5 ausgewiesenen Angaben eine
deutliche Orientierung an den bereits für die Absatzregion der
Europäischen Gemeinschaft abgeleiteten Ergebnisse auf. Bei un-
veränderten Kostendifferenzen auf der Herstellungsstufe ist
dieser Umstand auf ein ähnliches Gefüge in der standortspezifischen Transportkostenbelastung zurückzuführen. Gegenüber dem
durchschnittlichen Anteil des Transportaufwands an den Gesamtkosten von noch 12 vH im Drittlandsabsatz weist so die weltweite Betrachtung einen nun eher an den innergemeinschaftlichen Lieferungen mit 9 vH orientierten Umfang von knapp 10 vH

Schb. 7.6

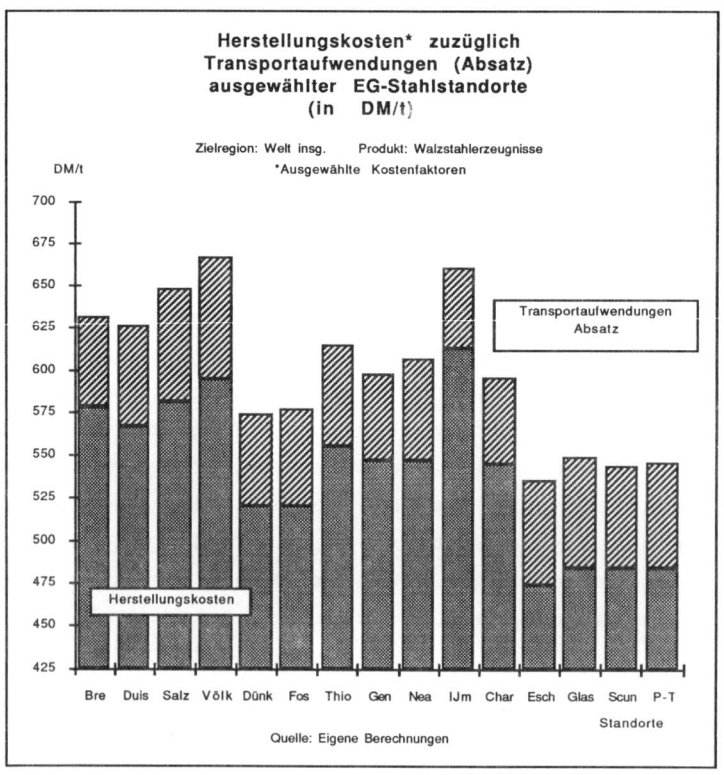

auf. Daraus resultiert weiterhin ein nunmehr durchschnitt-
liches Gesamtkostenniveau von 598 DM/t Walzstahl, das sich
damit nur unwesentlich von dem des EG-Absatzes mit 594 DM/t
unterscheidet.

Vor dem Hintergrund einer damit gegenüber dem Drittlandsabsatz
wieder deutlich verringerten (relativen) Ergebnisstreuung[1]
bietet sich im einzelnen das folgende Bild. In nunmehr deutlich geringerem Abstand führen die beiden Standorte Völklingen
und IJmuiden mit Gesamtkosten von 667 DM/t bzw. 660 DM/t den
Vergleich an. Entsprechend den damit gegenüber dem kostengünstigsten Wert des Standortes Esch/Belval (536 DM/t) zu verzeichnenden (relativen) Kostennachteilen in der Größenordnung
von etwa 24 vH beziffern sich die (absoluten) Zusatzkosten
hier auf 131 DM/t bzw. 124 DM/t Walzstahl. Mit Kostennachteilen von noch knapp 21 vH, d.h. rd. 121 DM/t, folgt unmittelbar darauf der westdeutsche Binnenstandort Salzgitter (648
DM/t). Eine Art mittleres Gesamtkostenniveau verkörpert im
Anschluß daran eine Auswahl von sechs Binnen- wie auch Küstenstandorten. Mit einer Gesamtbelastung zwischen 596 DM/t und
632 DM/t, entsprechend (relativen) Kostennachteilen von etwa
11 vH bis knapp 18 vH, zählen dazu sowohl die verbleibenden
westdeutschen Hüttenstandorte Bremen (632 DM/t) und Duisburg
(627 DM/t) wie auch Thionville (616 DM/t) und Charleroi (596
DM/t) sowie die italienischen Küstenwerke Genua (597 DM/t) und
Neapel (606 DM/t).

Angesichts eines Kostenniveaus in Höhe von durchschnittlich
rd. 558 DM/t erreichen allerdings selbst die übrigen Küstenstandorte nicht das Niveau Esch/Belvals von 536 DM/t. (Relative) Kostennachteile in einer Bandbreite zwischen knapp 2 vH

---

[1]Belief sich der Variationskoeffizient im Bereich des Drittlandsabsatzes
noch auf einen Wert von gut 0,08, so nähert sich dieser im vorliegenden
Fall mit 0,07 wieder deutlich dem des innergemeinschaftlichen Walzstahlabsatzes von ebenfalls knapp 0,07 an.

und knapp 8 vH entsprechen im einzelnen Zusatzkosten von rd. 10 DM/t im Falle der britischen Küstenansiedlungen bzw. solchen von durchschnittlich rd. 40 DM/t der französischen Küstenwerke.

Nach diesen Betrachtungen sei sich nun der Frage zugewandt, welche Auswirkungen eine wesentliche Veränderung der Dollarparität auch im Hinblick auf den Walzstahlabsatz nach Drittländern nach sich zieht. Denn im Unterschied zu den bisher für das Gebiet der Europäischen Gemeinschaft abgeleiteten Ergebnissen, ist im nun vorliegenden Fall die Paritätsänderung neben dem Bereich des Rohstoffbezuges ebenso für die nahezu ausschließlich über See abgewickelten Ablaufverkehre zu berücksichtigen. Das Schaubild 7.7 sowie Tabelle 7.6 weisen in diesem Zusammenhang die insofern auf der Grundlage eines Dollarkurses von 2,00 DM/US-$ berechneten Gesamtkostengrößen aus[1].

Angesichts der nun um knapp ein Drittel verringerten Parität zeigt sich eine erste Auswirkung in dem durchschnittlichen Rückgang der standortspezifischen Gesamtkosten von ursprünglich 616 DM/t auf 530 DM/t Walzstahl. Anders als noch bei der Betrachtung des Herstellungsbereichs oder des ausschließlichen EG-Walzstahlabsatzes, erhöht sich damit das Ausmaß der paritätsbedingten Kostensenkungen von vormals etwa 75 DM/t auf nun im Durchschnitt 87 DM/t. Dieser Betrag setzt sich dabei sowohl aus den bereits bekannten Kosteneinsparungen auf seiten des Rohstoffbezuges in Höhe der besagten 75 DM/t zusammen als auch darüber hinaus aus den Einsparungen in der Übersee-Verschiffung im Umfang von etwa 12 DM/t Walzstahl.

Ähnlich wie für den Bereich der Walzstahlherstellung auch, beziffern sich hier die jeweiligen Einsparungen hinsichtlich der Transportaufwendungen nicht für sämtliche Standorte gleicher-

---

[1]Die Ergebnisse für die verschiedenen Erzeugnisgruppen im einzelnen sind aus Tabelle 7.6 im Anhang dieser Untersuchung zu entnehmen.

Schb. 7.7

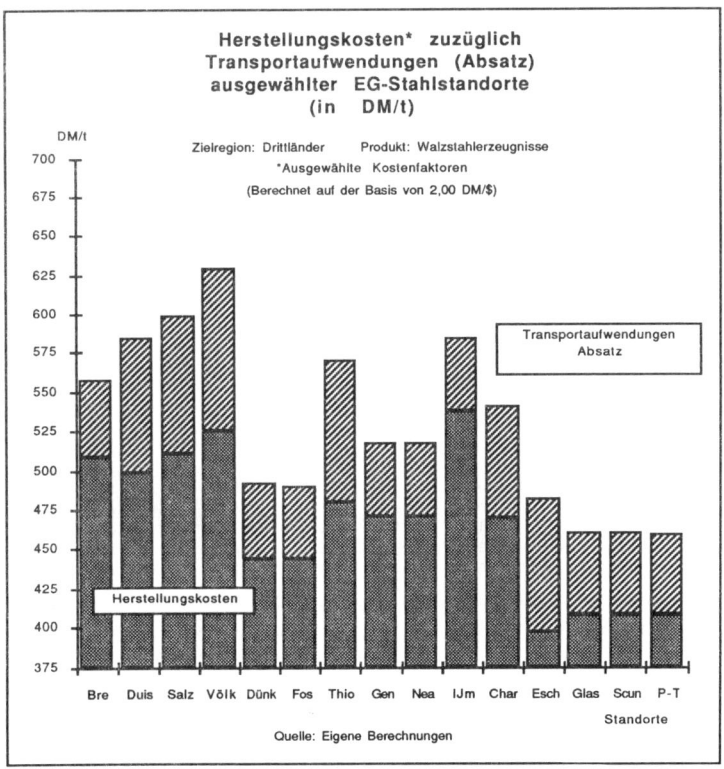

*Ausgewählte Kostenfaktoren

maßen auf den angeführten Durchschnittswert von 12 DM/t. Anhand der Kosteneinsparungen in einer Bandbreite zwischen 11
DM/t und 14 DM/t wird dabei deutlich, bis zu welchem Ausmaß
den Binnenstandorten ein im Vergleich zusätzlicher Aufwand
durch die speziell im Übersee-Verkehr ins Gewicht fallenden
Zulaufkosten zu den jeweiligen Verschiffungshäfen entsteht.
Seinen deutlichen Ausdruck findet dieser Umstand in der relativen Bedeutung der Transportaufwendungen für die jeweiligen
Hüttenansiedlungen. Denn während diese für den Kreis der reinen Küstenstandorte mit knapp 10 vH anzusetzen sind, weisen
die Binnenstandorte Werte von demgegenüber gut 15 vH auf.

Insofern kann es kaum verwundern, daß im vorliegenden Fall die
Auswahl nahezu sämtlicher Binnenstandorte, im Verein mit dem
aufgrund seiner außergewöhnlichen Arbeitskostenbelastung ähn-

Tab. 7.6

HERSTELLUNGSKOSTEN (Wahlstahlerzeugnisse) zuzüglich Transportaufwendungen (Absatz)
ausgewählter EG-STAHLSTANDORTE nach Zielregionen (DM/t)
(Ausgewählte Kostenfaktoren)
Berechnet auf der Basis eines Dollarkurses von 2,00 DM/US-$

Standort	D	F	I	NL	B	L	GB	Dan	EG Nord	EG Süd
Bremen	554	567	587	539	551	563	550	534	552	576
Duisburg	527	546	596	519	524	533	566	546	538	568
Salzgitter	554	574	608	552	557	567	577	559	561	589
Völklingen	570	569	622	573	564	545	624	596	586	591
Dünkirchen	507	491	519	472	461	474	482	468	495	503
Fos-s-Mer	513	501	497	481	485	502	489	479	502	500
Thionville	507	527	552	503	504	487	563	568	524	538
Genua	532	524	493	506	509	524	514	501	523	512
Neapel	540	541	525	507	509	524	515	504	529	535
IJmuiden	565	595	613	550	564	577	578	563	568	604
Charleroi	494	505	555	482	476	487	534	520	504	527
Esch	428	433	520	425	417	397	476	463	442	470
Glasgow	478	478	486	444	447	462	458	437	468	483
Scunthorpe	473	477	488	439	442	457	440	437	460	482
Port-Talbot	475	475	484	442	445	460	447	438	463	480

Standort	EG-9	Übr. Europa	Maghreb*	Nord-	Zentral-Amerika	Süd-	Mittl. Osten	Übr. Asien	Dritt-länder	Welt insg.
Bremen	560	545	547	556	560	563	580	585	558	560
Duisburg	549	574	574	582	585	587	605	610	585	556
Salzgitter	571	585	588	597	601	604	620	626	599	576
Völklingen	588	618	618	626	629	632	649	654	629	595
Dünkirchen	497	479	480	491	494	497	513	519	492	496
Fos-s-Mer	501	480	467	492	495	495	506	511	489	499
Thionville	529	559	559	567	570	573	590	595	570	536
Genua	519	506	494	521	523	524	533	538	517	519
Neapel	531	507	494	521	523	524	533	538	517	528
IJmuiden	581	573	574	583	586	589	606	611	585	582
Charleroi	512	530	530	538	541	544	561	566	541	517
Esch	451	471	471	479	482	485	502	507	482	457
Glasgow	473	450	445	458	460	464	481	486	460	471
Scunthorpe	467	447	446	459	462	464	481	486	460	466
Port-Talbot	469	448	443	457	460	463	480	485	459	467

*Marokko, Algerien, Tunesien

Quelle: Eigene Berechnungen

266

lich benachteiligten Küstenstandort IJmuiden, Kostennachteile über den bisher bekannten Rahmen hinaus aufweisen. Anzuführen wären hier zunächst die westdeutschen Hüttenstandorte Völklingen (629 DM/t) und Salzgitter (599 DM/t) sowie Duisburg (585 DM/t). Mit Zusatzkosten gegenüber dem Spitzenwert Port-Talbots (459 DM/t) von nunmehr 126 DM/t bis 170 DM/t, d.h. in Höhe von gut 27 vH bis etwa 37 vH, verzeichnen diese eine deutliche Zunahme ihrer Kostennachteile. In nunmehr gegenüber der Ausgangslage leicht ausgedehntem Abstand folgen darauf IJmuiden (585 DM/t) sowie Thionville (570 DM/t) mit zusätzlichen Aufwendungen zwischen 111 DM/t und 126 DM/t Walzstahl. Im Anschluß daran sind die Standorte Bremen und Charleroi mit Gesamtkosten von 558 DM/t bzw. 541 DM/t zu nennen.

An diesem Beispiel wird dabei deutlich, inwieweit sich angesichts der unterstellten Paritätsänderung die Bremer Hütte, trotz ihrer küstennahen Lage, kaum in der Lage zeigt, nennenswerte Kostenvorteile gegenüber einer Reihe von Binnenstandorten zu realisieren, geschweige denn an das Niveau der kostengünstigsten Ansiedlungen heranzureichen. Dieser Auswahl wiederum zuzurechnen sind die britischen Küstenwerke mit einem Gesamtkostenniveau von etwa 460 DM/t sowie der Standort Esch/Belval mit 482 DM/t Walzstahl. Die damit verbleibenden französischen wie auch italienischen Küstenstandorte verkörpern demgegenüber mit Gesamtkosten von 491 DM/t bzw. 517 DM/t Zusatzkosten in Höhe von 32 DM/t und 58 DM/t, entsprechend (relativen) Kostennachteilen von knapp 7 vH und etwa 13 vH.

Im Anschluß an die Betrachtung des Drittlandsabsatzes widmet sich nunmehr im folgenden das Schaubild 7.8 in Verbindung mit Tabelle 7.6 dem weltweiten Walzstahlabsatz[1]. Mit einer gegenüber den Drittlandslieferungen deutlich verringerten (relati-

---

[1] Im Hinblick auf die übrigen Erzeugnisgruppen sei hiermit auf Tabelle 7.6 im Anhang dieser Untersuchung hingewiesen.

ven) Streuung[1] weisen die standortspezifischen Gesamtkosten
erneut eine Dominanz der innergemeinschaftlichen Walzstahlnachfrage auf. Angesichts eines im Vergleich zum Drittlandsabsatz lediglich um durchschnittlich knapp 8 DM/t auf ca.
522 DM/t gesunkenen Gesamtkostenniveaus ist dies vornehmlich
auf die Variationen im Bereich der Transportaufwendungen zurückzuführen. So ergeben sich aufgrund der Erweiterung um die
innergemeinschaftlichen Absatzmärkte grundsätzlich kaum mehr
die noch von den Drittlandslieferungen her bekannten Transportkostenunterschiede zwischen Binnen- und Küstenstandorten.
In beiden Fällen zeigt sich nunmehr ein durchschnittlicher
Transportkostenanteil von jeweils knapp 11 vH an den Gesamtkosten.

Schb. 7.8

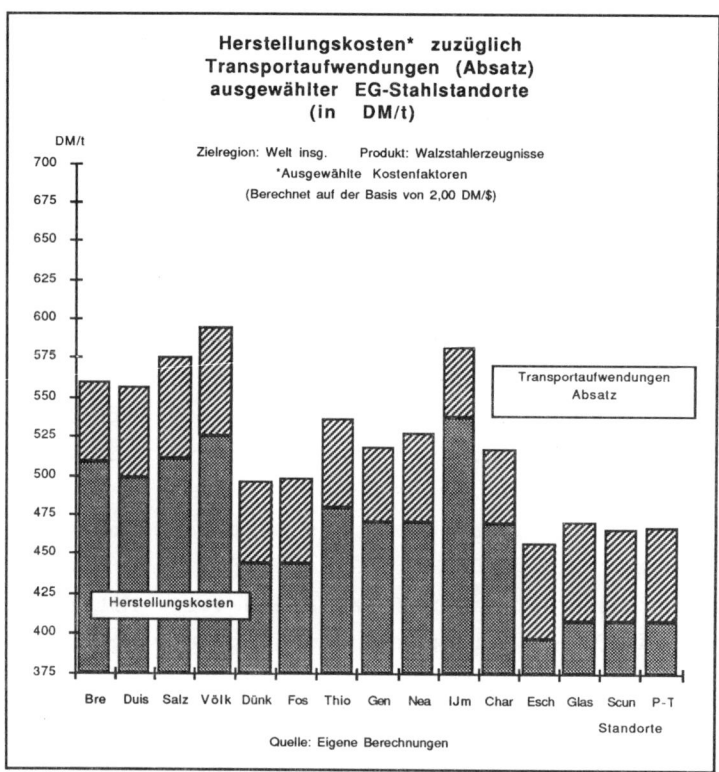

Herstellungskosten* zuzüglich
Transportaufwendungen (Absatz)
ausgewählter EG-Stahlstandorte
(in DM/t)

---

[1]Gegenüber dem Variationskoeffizienten von noch 0,10 für den Drittlandsabsatz nähert sich nun die weltweite Betrachtung mit gut 0,08 wieder
deutlich dem Wert des EG-Walzstahlabsatzes von 0,08 an.

Bemerkenswert erweisen sich darüber hinaus die im Vergleich zum weltweiten Walzstahlabsatz der Ausgangslage zu verzeichnenden Unterschiede in den Kostenrelationen. Angesichts des verringerten Gesamtkostenniveaus, von ursprünglich 598 DM/t um knapp 13 vH auf nunmehr 522 DM/t, beziffert sich damit die durchschnittliche Kostensenkung auf rd. 77 DM/t[1]. Die damit um rd. 10 DM/t geringer als im Bereich der Drittlandslieferungen ausfallende Kostensenkung erklärt sich dabei aufgrund der - trotz Paritätsänderung - konstanten Ablaufkosten im innergemeinschaftlichen Walzstahlabsatz.

Vor diesem Hintergrund zeigt sich damit für die Kostensituation im einzelnen das folgende Bild. Wie bereits in der Ausgangslage auch, allerdings auf nunmehr niedrigerem Niveau, führen die Standorte Völklingen (595 DM/t) sowie IJmuiden (582 DM/t) im Verein mit Salzgitter (576 DM/t) den Kostenvergleich an. Gegenüber dem mit nunmehr 547 DM/t kostengünstigsten Standort Esch/Belval weisen diese ein Zusatzkostenniveau zwischen 120 DM/t und rd. 138 DM/t auf, dies entspricht (relativen) Kostennachteilen in einer Bandbreite von 26 vH bis etwa 30 vH. Demgegenüber verkörpern die Ansiedlungen Bremen (560 DM/t), Duisburg (556 DM/t) und Thionville (536 DM/t) sowie Neapel (528 DM/t), Genua (519 DM/t) und auch Charleroi (517 DM/t) ein im Vergleich mittleres Gesamtkostenniveau. Den Zusatzkosten in der Variationsbreite von 60 DM/t bis etwa 103 DM/t zufolge zeigen sich hier (relative) Kostennachteile in einer Größenordnung zwischen gut 13 vH und annähernd 23 vH. Mit durchschnittlich rd. 9 vH bzw. gut 2 vH fallen daraufhin die (relativen) Kostennachteile der damit verbleibenden französischen wie auch britischen Küstenstandorte deutlich geringer aus. Entsprechend zeigen sich durchschnittliche Zusatzkosten in der Höhe von 41 DM/t für die französischen Hüttenwerke (498 DM/t) bzw. von 11 DM/t im Falle der britischen Küstenansiedlungen (468 DM/t).

---

[1]Dieser Durchschnittswert ergibt sich aufgrund einer im Mittel um etwa 72 DM/t ausfallenden Kostensenkung für den Kreis westdeutscher Hersteller wie auch einer Verringerung um durchweg 78 DM/t in den übrigen Fällen.

Im Rahmen der sich nunmehr anschließenden Ausführungen wird
der Frage nachzugehen sein, welche Bedeutung allein den standortspezifischen Kostenunterschieden im Rohstoffbezug beizumessen ist. Wie bereits zuvor, werden unter der Annahme nun jeweils durchschnittlicher Arbeitskosten sowie Elektrizitätsaufwendungen (Zukauf) die damit für den Drittlandsabsatz resultierenden Gesamtkostenrelationen abzuleiten sein. Schaubild
7.9 in Verbindung mit Tabelle 7.7 weisen diesbezüglich die
Ergebnisse im einzelnen aus[1].

Schb. 7.9

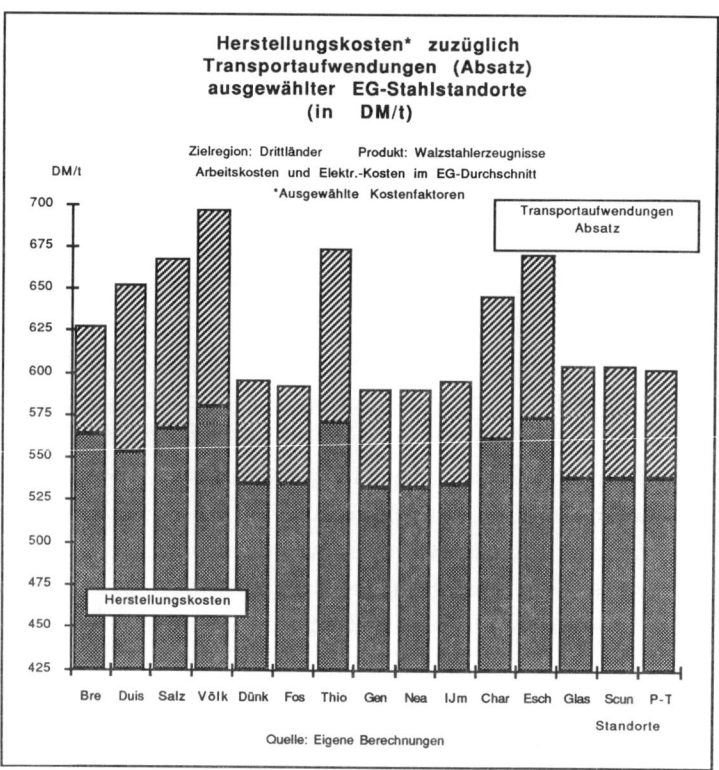

---

[1]Angaben zu den übrigen Erzeugnisgruppen sind aus Tabelle 7.7 im Anhang
dieser Untersuchung zu ersehen.

270

Tab. 7.7

HERSTELLUNGSKOSTEN (Walzstahlerzeugnisse) zuzüglich Transportaufwendungen (Absatz)
ausgewählter EG-STAHLSTANDORTE nach Zielregionen (DM/t)
Arbeitskosten und Elektr.-Kosten im EG-Durchschnitt
(Ausgewählte Kostenfaktoren)

Standort	D	F	I	NL	B	L	GB	Dan	EG Nord	EG Süd
Bremen	610	623	643	595	607	619	606	590	608	632
Duisburg	582	601	651	574	579	588	621	601	593	623
Salzgitter	610	630	664	608	613	623	633	615	617	645
Völklingen	625	624	677	628	619	600	679	651	641	646
Dünkirchen	598	582	610	563	552	565	573	559	586	594
Fos-s-Mer	604	592	588	572	576	593	580	570	593	591
Thionville	599	619	644	595	596	579	655	660	616	630
Genua	594	586	555	568	571	586	576	563	585	574
Neapel	602	603	587	569	571	586	577	566	591	597
IJmuiden	563	593	611	548	562	575	576	561	566	602
Charleroi	587	598	648	575	569	580	627	613	597	620
Esch	605	610	697	602	594	574	653	640	619	647
Glasgow	609	609	617	575	578	593	589	568	599	614
Scunthorpe	604	608	619	570	573	588	571	568	591	613
Port-Talbot	606	606	615	573	576	591	578	569	594	611

Standort	EG-9	Übr. Europa	Maghreb*	Nord- Amerika	Zentral- Amerika	Süd- Amerika	Mittl. Osten	Übr. Asien	Dritt- länder	Welt insg.
Bremen	616	601	615	628	633	638	661	670	627	618
Duisburg	604	629	640	652	656	660	685	692	652	613
Salzgitter	627	641	656	669	674	679	702	711	668	634
Völklingen	643	673	684	696	700	704	729	736	696	653
Dünkirchen	588	570	581	597	602	606	630	639	596	589
Fos-s-Mer	592	571	562	599	603	604	619	626	592	592
Thionville	621	651	662	674	678	682	707	714	674	631
Genua	581	568	560	599	603	603	617	625	590	583
Neapel	593	569	560	599	603	603	617	625	590	592
IJmuiden	579	571	583	596	600	604	629	636	595	582
Charleroi	605	623	634	646	650	654	679	686	646	613
Esch	628	648	659	671	675	679	704	711	671	636
Glasgow	604	581	587	605	609	615	640	648	605	604
Scunthorpe	598	578	588	607	611	615	640	648	605	599
Port-Talbot	600	579	584	604	609	614	638	646	603	601

*Marokko, Algerien, Tunesien

Quelle: Eigene Berechnungen

271

Bei gegenüber der Ausgangslage insgesamt um lediglich etwa 11 DM/t, d.h. knapp 2 vH, angestiegenen Durchschnittskosten in Höhe von rd. 627 DM/t zeigen sich - wie zu erwarten - die in Einzelfällen mehr oder minder eklatanten Gesamtkostenänderungen. Neben anderen ist hier vornehmlich auf die Beispiele IJmuidens und Esch/Belvals hinzuweisen. Angesichts der gegenüber dem Gemeinschaftsdurchschnitt ursprünglich in beiden Fällen überdeutlichen Abweichungen in der spezifischen Arbeitskostenbelastung weisen beide Standorte naturgemäß die im Vergleich umfangreichsten Kostenanpassungen auf. Mit einer Gesamtbelastung im Drittlandsabsatz von nunmehr 671 DM/t verzeichnet Esch/Belval dabei eine Aufwandszunahme von exakt 100 DM/t, d.h. um knapp 18 vH. Demgegenüber verkörpert der Küstenstandort IJmuiden mit 78 DM/t, entsprechend knapp 12 vH, die mit Abstand deutlichste Reduzierung seiner Gesamtkosten. Bemerkenswert stellt sich ferner die Situation der britischen Hüttenwerke dar. Hier führt die Unterstellung durchschnittlicher Arbeits- wie auch Elektrizitätskosten zu einer Erhöhung der durchschnittlichen Gesamtaufwendungen um 55 DM/t, d.h. um rd. 10 vH, auf nunmehr 604 DM/t.

Unter Berücksichtigung der daneben für die übrigen EG-Stahlstandorte in weit geringerem Maße zu verzeichnenden Korrekturen ergibt sich damit insgesamt eine grobe Zweiteilung der Hüttenstandorte, die in ihrer Deutlichkeit weit ausgeprägter als noch im Rahmen des EG-Walzstahlabsatzes ausfällt. Mit Ausnahme der Bremer Hütte, deren küstennahe Lage sich aus den besagten Gründen nur bis zu einem gewissen Grade in entsprechenden Kostenvorteilen widerspiegelt, stehen sich dabei erneut die reinen Küstenwerke und die reinen binnenländischen Standorte gegenüber. Beliefen sich die (relativen) Kostenvorteile der Küstenansiedlungen für innergemeinschaftliche Walzstahllieferungen noch auf vergleichsweise bescheidene 5 vH, d.h. knapp 30 DM/t, führen diese im Drittlandsabsatz nunmehr mit durchschnittlich knapp 12 vH zu entsprechend 71 DM/t Walzstahl. Diese deutliche Zunahme in den Gesamtkostenunterschieden gründet sich auf die im Drittlandsabsatz ausgeprägten Kostennachteile der küstenfernen Hüttenstandorte. Ein durchschnittlicher Frachtenaufwand der Binnenstandorte von 100 DM/t Walzstahl, entsprechend einem Anteil an den Gesamtkosten von 15 vH, steht denn auch einem solchen von nur 61 DM/t, d.h. gut 10 vH, für den Kreis der Küstenansiedlungen gegenüber[1].

Der mit Abstand kostenungünstigste Standort stellt sich dabei ein weiteres Mal mit dem der saarländischen Ansiedlung (696 DM/t) dar. Bei (relativen) Kostennachteilen von 18 vH ergibt sich hier ein Zusatzkostenniveau gegenüber den führenden Mittelmeerstandorten (591 DM/t) in Höhe von etwa 105 DM/t. Um etwa 20 DM/t geringer fallen daraufhin die Zusatzkosten der drei Standorte Salzgitter (668 DM/t), Thionville (674 DM/t) sowie Esch/Belval (671 DM/t) aus. Im Schnitt verzeichnet diese Auswahl (relative) Kostennachteile von knapp 14 vH. Solche von immer noch knapp 10 vH weisen die im Vergleich kostengünstigsten Binnenstandorte Duisburg und Charleroi auf. Mit einem Gesamtaufwand von 652 DM/t bzw. 646 DM/t schneiden beide Standorte allerdings bereits um 25 DM/t schlechter ab als die Bremer Hütte, die angesichts eines Kostenniveaus von 627 DM/t - dies entspricht einem (relativen) Nachteil von gut 6 vH - eine Art mittleren Rang einnimmt. Auf seiten der Küstenstandorte sind es hingegen die britischen Hüttenwerke, die ihrerseits mit bescheidenen (relativen) Kostennachteilen in Höhe von nicht mehr als gut 2 vH, entsprechend ca. 13 DM/t, die im Vergleich hinteren Ränge einnehmen. Hier sind es eher die Standorte Dünkirchen und IJmuiden, die mit etwa 595 DM/t das Gesamtkostenniveau der am Mittelmeer angesiedelten Küstenwerke nahezu erreichen.

---

[1]Bezogen auf die gemeinsame Basis des über sämtliche Standorte durchschnittlichen Gesamtkostenniveaus entsprechen diese Werte Anteilen von knapp 16 vH für den Kreis der reinen Binnenstandorte bzw. knapp 10 vH für den der reinen Küstenwerke.

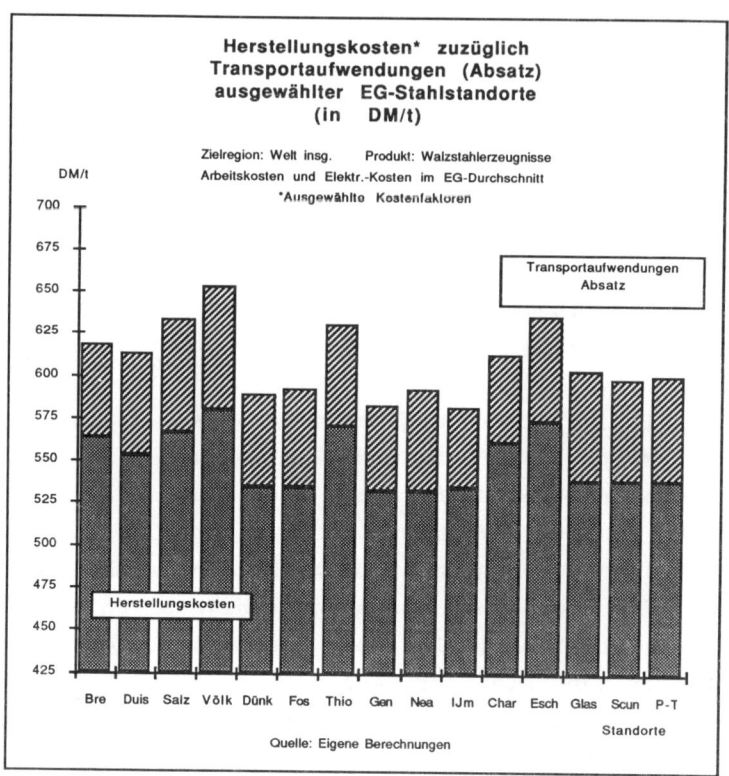

**Herstellungskosten* zuzüglich
Transportaufwendungen (Absatz)
ausgewählter EG-Stahlstandorte
(in DM/t)**

Zielregion: Welt insg.   Produkt: Walzstahlerzeugnisse
Arbeitskosten und Elektr.-Kosten im EG-Durchschnitt
*Ausgewählte Kostenfaktoren

DM/t

Transportaufwendungen
Absatz

Herstellungskosten

Bre Duis Salz Völk Dünk Fos Thio Gen Nea IJm Char Esch Glas Scun P-T

Standorte

Quelle: Eigene Berechnungen

Die sich nunmehr in Schaubild 7.10[1] anschließende Betrachtung
in weltweiter Abgrenzung weist die erwartete Orientierung des
Gesamtkostengefüges an den Aufwandsrelationen im innergemeinschaftlichen Walzstahlabsatz auf, die jeweiligen Kostenunterschiede fallen schließlich deutlich geringer aus[2]. Infolgedessen zeigt sich die vormals so eindeutige Zweiteilung in der

---

[1]Angaben zu den verschiedenen Erzeugnisgruppen weist Tabelle 7.7 im Anhang
dieser Untersuchung aus.

[2]Im Unterschied zum Drittlandsabsatz mit einer relativen Streuung von knapp
0,06 fällt der Variationskoeffizient in diesem Fall nur etwa halb so groß
aus.

Rangfolge der verschiedenen EG-Stahlstandorte nicht mehr von
dieser Konsequenz. Zwar weisen auch weiterhin die Küstenwerke
insgesamt einen Kostenvorteil gegenüber ihrer binnenländischen
Konkurrenz auf. Dieser fällt allerdings mit im Schnitt gut 6
vH, d.h. etwa 37 DM/t, weit bescheidener aus. Dies ist das
Resultat der nunmehr unter Einbeziehung der dominierenden EG-
Nachfrage vornehmlich zugunsten der Binnenstandorte gesunkenen
durchschnittlichen Ablauffrachten in Höhe von knapp 59 DM/t
Walzstahl. Im Vergleich zu dem Frachtaufwand eines Binnenwerkes im Drittlandsverkehr von 100 DM/t nehmen sich nun die
etwa 62 DM/t weit geringer aus, während die Küstenwerke mit
knapp 57 DM/t gegenüber 61 DM/t einen nur kleinen Vorteil verbuchen können[1].

Die Auswahl der EG-Stahlstandorte ist schließlich grob in drei
Gesamtkostenniveaus zu untergliedern. Die gegenüber den führenden Küstenwerken IJmuiden (582 DM/t) und Genua (583 DM/t)
am deutlichsten zurückliegende Gruppe setzt sich dabei erneut
aus den Binnenansiedlungen Völklingens und Salzgitters sowie
Esch/Belvals und Thionvilles zusammen. Aus den Gesamtkosten in
einer Bandbreite von 631 DM/t (Thionville) bis 653 DM/t (Völklingen) resultieren hier (relative) Kostennachteile in einer
Größenordnung von etwa 8 vH bis gut 12 vH, d.h. zwischen rd.
49 DM/t und 71 DM/t. Zusatzkosten von bereits deutlich geringeren 17 DM/t bis ca. 36 DM/t, entsprechend knapp 3 vH bzw.
gut 6 vH, weisen die nachfolgenden sechs Standorte aus. Im
einzelnen zählen dazu Bremen, Duisburg und Charleroi mit
Gesamtkosten von im Schnitt 615 DM/t sowie die britischen
Küstenansiedlungen mit etwa 601 DM/t Walzstahl. Nennenswert
unterhalb dieses Niveaus von 600 DM/t verbleibt im Verein mit
dem Spitzenstandort IJmuiden (582 DM/t) schließlich die Auswahl der französischen wie auch italienischen Küstenstandorte.
Entsprechend der hier zu verzeichnenden Gesamtaufwendungen von

---

[1]Die durchschnittlichen Frachtkostenanteile an den Gesamtkosten betragen
im weltweiten Absatz für die Küstenstandorte wie auch im Fall der Binnenwerke knapp 10 vH. Im Verhältnis zum durchschnittlichen Gesamtkostenniveau beziffern sich die entsprechenden Werte auf etwa 9 vH bzw. 10vH.

durchschnittlich rd. 591 DM/t im Falle Dünkirchens und Fos-
sur-Mers bzw. etwa 558 DM/t für Genua und Neapel bewegen sich
die Zusatzkosten auf dem Niveau von bescheidenen 9 DM/t bzw.
6 DM/t Walzstahl und übersteigen damit das Kostenniveau IJmuidens um gerade etwa einen Prozentpunkt.

Zu guter Letzt verbleibt erneut die Fragestellung nach den
Konsequenzen einer Paritätsänderung für den US-Dollar. Unter
der Annahme wiederum durchschnittlicher Arbeits- wie auch
Elektrizitätskosten (Zukauf) lassen sich mit Hilfe der Schau-
bilder 7.11 und 7.12 sowie der Tabelle 7.8 die diesbezüglichen
Auswirkungen in ihrer Größenordnung ableiten. Zunächst sei

Schb. 7.11

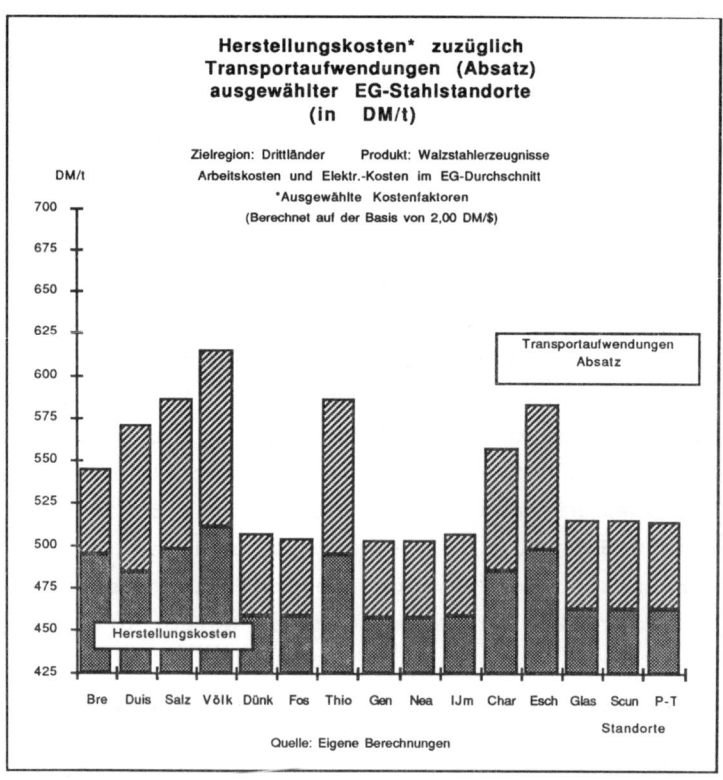

Tab. 7.8

HERSTELLUNGSKOSTEN (Walzstahlerzeugnisse) zuzüglich Transportaufwendungen (Absatz)
ausgewählter EG-STAHLSTANDORTE nach Zielregionen (DM/t)
Arbeitskosten und Elektr.-Kosten im EG-Durchschnitt
(Ausgewählte Kostenfaktoren)
Berechnet auf der Basis eines Dollarkurses von 2,00 DM/US-$

Standort	D	F	I	NL	B	L	GB	Dan	EG Nord	EG Süd
Bremen	541	554	574	526	538	550	537	521	539	563
Duisburg	513	532	582	505	510	519	552	532	524	554
Salzgitter	541	561	595	539	544	554	564	546	548	576
Völklingen	556	555	608	559	550	531	610	582	572	577
Dünkirchen	522	506	534	587	476	489	497	483	510	518
Fos-s-Mer	528	516	512	496	500	517	504	494	517	515
Thionville	523	543	568	519	520	503	579	584	540	554
Genua	518	510	479	492	495	510	500	487	509	498
Neapel	526	527	511	493	495	510	501	490	515	521
IJmuiden	487	517	535	472	486	499	500	485	490	526
Charleroi	510	521	571	498	492	503	550	536	520	543
Esch	529	534	621	526	518	498	577	564	543	571
Glasgow	533	533	541	499	502	517	513	492	523	538
Scunthorpe	528	532	543	494	497	512	495	492	515	537
Port-Talbot	530	530	539	497	500	515	502	493	518	535

Standort	EG-9	Übr. Europa	Maghreb*	Nord-Amerika	Zentral-Amerika	Süd-Amerika	Mittl. Osten	Übr. Asien	Dritt-länder	Welt insg.
Bremen	547	532	534	543	547	550	567	572	545	547
Duisburg	535	560	560	568	571	573	591	596	571	542
Salzgitter	558	572	575	584	588	591	607	613	586	563
Völklingen	574	604	604	612	615	618	635	640	615	581
Dünkirchen	512	494	495	506	509	512	528	534	507	511
Fos-s-Mer	516	495	482	507	510	510	521	526	504	514
Thionville	545	575	575	583	586	589	606	611	586	552
Genua	505	492	480	507	509	510	519	524	503	505
Neapel	517	493	480	507	509	510	519	524	503	514
IJmuiden	503	495	496	505	508	511	528	533	507	504
Charleroi	528	546	546	554	557	560	577	582	557	533
Esch	552	572	572	580	583	586	603	608	583	558
Glasgow	528	505	500	513	515	519	536	541	515	526
Scunthorpe	522	502	501	514	517	519	536	541	515	521
Port-Talbot	524	503	498	512	515	518	535	540	514	522

*Marokko, Algerien, Tunesien

Quelle: Eigene Berechnungen

277

sich dabei dem Drittlandsabsatz zugewandt (siehe Schaubild 7.11 und Tabelle 7.8[1]).

Vor dem Hintergrund eines um knapp 14 vH auf nunmehr 541 DM/t Walzstahl gesunkenen Gesamtkostendurchschnitts zeigt sich ein Kostengefüge mit wieder deutlich erhöhter (relativer) Streubreite[2]. Aus besagten Gründen beschränkt sich das Ausmaß der paritätsbedingten Kostenreduzierungen für den Kreis der westdeutschen Hersteller auf lediglich rd. 82 DM/t, während die gesamte Konkurrenz Senkungen in voller Höhe, d.h. von ca. 88 DM/t, notieren kann. Infolgedessen erhöht sich beispielsweise die maximale Kostendifferenz zwischen Völklingen (615 DM/t) und den hier kostengünstigsten italienischen Küstenstandorten (503 DM/t) von ursprünglich 106 DM/t auf inzwischen 112 DM/t, d.h. auf einen (relativen) Nachteil von gut 22 vH.

Dieser Wert ist allerdings nicht repräsentativ für die Gegenüberstellung von reinen Binnen- und Küstenstandorten. Sieht man einmal von der Bremer Hütte ab, so beläuft sich der (relative) Kostennachteil der binnenländischen Ansiedlungen im Vergleich zu den Küstenwerken auf durchschnittlich knapp 15 vH. Dies entspricht einem Niveau in den Zusatzkosten von rd. 74 DM/t Walzstahl.

Ähnlich, wie bereits in Schaubild 7.9 auch, gründet sich diese Differenz vornehmlich auf Unterschiede in den standortspezifischen Transportaufwendungen. Bei einem Transportkostenanteil (Ablauf) an den Gesamtaufwendungen von im Durchschnitt etwa 12 vH verzeichnen die Binnenstandorte mit etwa 15 vH, d.h. rd.

---

[1]Tabelle 7.8 im Anhang dieser Untersuchung vermittelt einen Überblick über die Ergebnisse hinsichtlich der übrigen Erzeugnisgruppen.

[2]Weisen die standortspezifischen Gesamtkosten im Falle eines Dollarkurses von 2,94 DM/US-$ noch eine relative Streuung von knapp 0,06 auf, zeigt sich nun ein Anstieg auf knapp 0,07.

278

88 DM/t, einen um knapp sechs Prozentpunkte höheren Anteil als
die Küstenwerke mit annähernd 49 DM/t Walzstahl[1].

Insgesamt stellt sich insofern erneut eine deutliche Zweiteilung der Standortauswahl dar. Im Kreis der benachteiligten
Binnenstandorte verkörpert Völklingen (615 DM/t) den eindeutig
kostenintensivsten Walzstahllieferanten, dicht gefolgt von
Salzgitter (586 DM/t), Thionville (586 DM/t) sowie Esch/Belval
(583 DM/t). Gegenüber dieser Auswahl mit (relativen) Kostennachteilen in der Höhe zwischen fast 16 vH und gut 22 vh, d.h.
zwischen 80 DM/t und 112 DM/t, weisen Duisburg (571 DM/t) und
Charleroi (557 DM/t) mit ihrerseits solchen von etwa 12 vH,
entsprechend rd. 61 DM/t, bereits eine geringfügige Positionsverbesserung auf.

Gesamtkosten von 545 DM/t verzeichnet daraufhin die Bremer
Hütte und bekleidet damit ein weiteres Mal eine nur mittlere
Position im Kostengefüge. Dieses wird angeführt durch den
Kreis der reinen Küstenwerke, wobei die Auswahl der kontinentalen Hüttenwerke wiederum Vorteile gegenüber den britischen
Küstenansiedlungen realisieren kann. Denn während diese aufgrund eines Gesamtkostenniveaus von rd. 515 DM/t Zusatzkosten
von noch rd. 12 DM/t, d.h. ca. 2 vh, verzeichnen, erreichen
lediglich IJmuiden (507 DM/t) sowie Dünkirchen (507 DM/t)
nicht ganz das Spitzenniveau der Mittelmeerstandorte mit rd.
503 DM/t Walzstahl.

Damit verbleibt schließlich die Betrachtung des weltweit abgegrenzten Absatzraumes[2] (siehe Schaubild 7.12 in Verbindung mit
Tabelle 7.8[3]). Wie schon in der vorangegangenen Betrachtung

---

[1]Bezogen auf den Durchschnittswert der Gesamtkosten beziffert sich der Anteil der Binnenstandorte demgegenüber auf gut 16 vh, während der Anteil
der Küstenstandorte 9 vH beträgt.

[2]Im Hinblick auf die zugrundeliegende Länderauswahl wird auf die Ausführungen in Paragraph vier verwiesen.

[3]Bezüglich der übrigen Erzeugnisgruppen siehe Tabelle 7.8 im Anhang dieser
Untersuchung.

Schb. 7.12

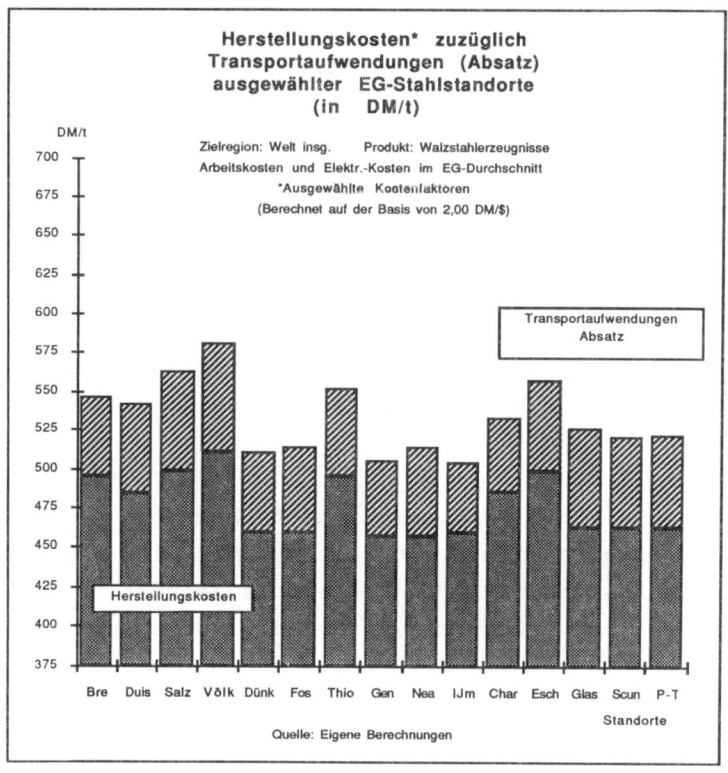

**Herstellungskosten* zuzüglich
Transportaufwendungen (Absatz)
ausgewählter EG-Stahlstandorte
(in DM/t)**

DM/t

Zielregion: Welt insg.   Produkt: Walzstahlerzeugnisse

Arbeitskosten und Elektr.-Kosten im EG-Durchschnitt

*Ausgewählte Kostenfaktoren

(Berechnet auf der Basis von 2,00 DM/$)

Transportaufwendungen
Absatz

Herstellungskosten

Bre Duis Salz Völk Dünk Fos Thio Gen Nea IJm Char Esch Glas Scun P-T

Standorte

Quelle: Eigene Berechnungen

zum Drittlandsabsatz zeigt sich ebenso im vorliegenden Fall
eine gegenüber der Ausgangslage von 2,94 DM/US-$ leicht erhöh-
te (relative) Streubreite[1] in den Ergebniswerten. Neben dem im
Vergleich dazu um fast 13 vH, d.h. rd. 76 DM/t, auf einen
Durchschnitt von nunmehr etwa 533 DM/t Walzstahl abgesunkenen
Kostenniveau bilden hier erneut die westdeutschen Hersteller
die vornehmliche Ursache. Führt nämlich die Paritätsänderung
in diesem Kreis der Produzenten, wie bereits begründet, zu
Kostensenkungen in einem Umfang von lediglich 71 DM/t, so verzeichnen die europäischen Konkurrenten dagegen eine Redu-

---

[1]Während die Zugrundelegung eines Dollarkurses von 2,94 DM/US-$ einen Va-
riationskoeffizienten von gut 0,03 erbringt, steigt dieser im vorliegenden
Fall auf einen Wert von gut 0,04 an.

zierung ihres Aufwands um durchschnittlich 78 DM/t.

Insofern weist beispielsweise die maximale Kostendifferenz zwischen den Standorten Völklingen (581 DM/t) und IJmuiden (504 DM/t) eine von 71 DM/t auf inzwischen 77 DM/t Walzstahl angewachsene Größenordnung auf. Im Unterschied zu diesen (relativen) Kostennachteilen gegenüber dem Spitzenwert IJmuidens von etwa 15 vH beläuft sich dieser für die nachfolgenden Hüttenwerke Salzgitter sowie Esch/Belval auf immer noch rd. 11 vH. Bei Gesamtkosten in Höhe von 563 DM/t bzw. 558 DM/t ergeben sich daraus Zusatzkosten zwischen 54 DM/t und 59 DM/t Walzstahl. Mehr oder minder deutlich unterhalb der 10 vH-Grenze verweilen sodann die Standorte Bremen (547 DM/t) und Duisburg (542 DM/t) sowie Thionville (552 DM/t) und Charleroi (533 DM/t). Entsprechend der hier zu verzeichnenden Zusatzkosten zwischen 29 DM/t und 48 DM/t fällt der (relative) Kostennachteil in einer Größenordnung von knapp 6 vH bis annähernd 10 vH aus.

In zumindest geringem Maße eingebüßt haben die britischen Küstenstandorte ihre noch im Drittlandsabsatz so vorteilhafte Position. Angesichts eines Gesamtaufwands von im Durchschnitt 523 DM/t sind nunmehr Zusatzkosten von rd. 20 DM/t zu verzeichnen, entsprechend einem (relativen) Kostennachteil von knapp 4 vH. Noch zum Kreis der im Vergleich kostengünstigsten Standorte zählen daraufhin die Küstenwerke Dünkirchens (511 DM/t), Fos-sur-Mers (514 DM/t) sowie Neapels (514 DM/t). Mit Gesamtkosten in einer Höhe von im Schnitt 513 DM/t weisen diese Zusatzkosten von allerdings bescheidenen 9 DM/t Walzstahl, d.h. etwa 2 vH, auf. Damit verbleiben schließlich die Küstenstandorte Genua und IJmuiden, die mit einem Gesamtaufwand von durchschnittlich etwa 505 DM/t die eindeutig kostengünstigsten Lieferungen verzeichnen.

Relative Standortpositionen

Obwohl der Umfang der bisher dargestellten Ergebnisse eine detaillierte Betrachtung der jeweiligen spezifischen Standortpositionen in sowohl erzeugnisspezifischer wie auch geographischer Marktabgrenzung ermöglicht, bedarf es doch einer zusätzlichen Systematik, um die so gewonnenen Resultate auf einen
vergleichsweise überschaubaren Rahmen zu komprimieren. Dieser
Zielsetzung entsprechend wird sich nunmehr der folgenden Darstellungsform bedient. Grundüberlegung dabei ist, die jeweilige standortspezifische Gesamtkostenbelastung (ausgewählter
Kostenfaktoren) in Relation zur diesbezüglich kostengünstigsten Hüttenansiedlung darzustellen. Auf der Basis sowohl der
Herstellungskosten wie auch der Ablauffrachten leitet sich
solchermaßen die (relative) Standortposition ausgewählter EG-
Stahlstandorte ab. Zu unterscheiden ist dabei sowohl unter den
verschiedenen Erzeugnisgruppen als auch den unterschiedlichen
Absatzgebieten.

Wie zunächst anhand von Tabelle 7.9 zu ersehen, werden durchweg sechs Standortklassen unterschieden, die je nach Erzeugnisgruppe eine Zuordnung der jeweiligen EG-Standorte entsprechend ihrer (relativen) Kostennachteile erlauben. Diese Standortklassen stellen sich dabei in der Form von Intervallen dar,
die mit einer Bandbreite[1] von jeweils fünf Prozentpunkten solchermaßen eine Klassifizierung[2] der verschiedenen EG-Hütten-

---

[1]Die Standortklassen und damit die Intervalle der (relativen) Kostennach-
teile sind damit wie folgt abgegrenzt:
Klasse I   :   0 vH bis einschließlich 5 vH
Klasse II : größer 5 vH bis einschließlich 10 vH
Klasse III: größer 10 vH bis einschließlich 15 vH
Klasse IV : größer 15 vH bis einschließlich 20 vH
Klasse V   : größer 20 vH bis einschließlich 25 vH
Klasse VI : größer 25 vH
Die Reihenfolge der Nennungen innerhalb einer Standortklasse erfolgt da-
bei nicht entsprechend der Kostenrangfolge.

[2]Erneut sei darauf hingewiesen, daß diese Klassifizierung auf einem Kostenvergleich ausgewählter Kostenfaktoren beruht. Unter Berücksichtigung
sämtlicher Aufwandsgrößen relativiert sich die Bedeutung der hier angeführten Größen zwangsläufig entsprechend.

werke erlauben. Vor diesem Hintergrund unterscheidet die Tabelle 7.9 in sowohl die Absatzgebiete "Europäische Gemeinschaft", "Drittländer" und "Welt (insgesamt)" als auch die
Produktgruppen "Walzstahl (insgesamt)", "Halbzeug", "Flachprodukte" und "übrige Erzeugnisse". Die Vielzahl der standortspezifischen Positionszuordnungen sowie andererseits die Über-
sichtlichkeit in der Darstellungsform begründen dabei im folgenden die ausführliche Behandlung lediglich einer Auswahl
charakteristischer Relationen.

Unter der Annahme jeweiliger standortspezifischer Kostengrößen
sowie eines Dollarkurses von 2,94 DM/US-$ stellt sich in Ta-
belle 7.9 das Gefüge der (relativen) Standortpositionen damit
wie folgt dar. Zunächst erstreckt sich für den Bereich der
innergemeinschaftlichen Walzstahllieferungen die Zuordnung der
EG-Standorte über nahezu sämtliche Klassen, wobei sich das
Gros der Auswahl vornehmlich in den Standortklassen eins und
drei, d.h. in einer Größenordnung der (relativen) Kostennachteile bis etwa 5 vH bzw. zwischen 10 und 15 vH findet.

Zum Teil nennenswerte Unterschiede weisen demgegenüber die im
EG-Absatz zu unterscheidenden Erzeugnisgruppen auf. Verzeichnen die Kategorien Flacherzeugnisse sowie die übrigen Erzeugnisse - mit Ausnahme der Standorte Neapel und IJmuiden - auch
nahezu dieselben Rangfolgen, zeigt sich im Hinblick auf die
Produktgruppe Halbzeug ein stark abweichendes Bild. Aufgrund
der hier doch deutlich niedrigeren Herstellungskosten wirken
sich die bestehenden Unterschiede in den Faktorkosten nicht in
derart entscheidender Weise aus. Wie die entsprechenden Angaben zum Halbzeugabsatz zudem deutlich machen, kann ebenso
dem spezifischen Frachtkostenunterschied (Absatz) nicht die
maßgebliche Bedeutung beigemessen werden. Die infolgedessen
resultierende Reduzierung der Kostenunterschiede spiegelt sich
somit in einer deutlichen Häufung der Zuordnungen innerhalb
der ersten beiden Standortklassen wider. Während die Mehrzahl
der Stahlstandorte dabei einen Klassenwechsel um eine Position
verzeichnet, d.h. im Durchschnitt ihre (relativen) Kostennachteile um etwa fünf Prozentpunkte verringert, weisen einige we-

Tab. 7.9

Relative STANDORTPOSITION (Walzstahlerzeugnisse) ausgewählter EG-STAHLSTANDORTE auf der Basis von Herstellungskosten* und Transportaufwendungen (Absatz) nach Zielregionen und Erzeugnisgruppen

Standort-Klasse	EG-9				Drittländer				Welt insges.			
	WST	HZ	FL	Übr. Erz.	WST	HZ	FL	Übr. Erz.	WST	HZ	FL	Übr. Erz.
I.	Esch Glas Scun P-T	Dün Fos Esch Glas Scun P-T	Esch Glas Scun P-T	Esch Glas Scun P-T	Esch Glas Scun P-T	Dün Fos Glas Scun P-T	Fos Esch Glas Scun P-T	Esch Glas Scun P-T	Esch Glas Scun P-T	Dün Fos Esch Glas Scun P-T	Esch Glas Scun P-T	Esch Glas Scun P-T
II.	Dün Fos	Duis Thio Gen Nea Char	Dün Fos	Dün Fos	Dün Fos	Gen Nea Esch	Dün Gen Nea	Dün Fos	Dün Fos	Gen Nea Char	Dün Fos	Dün Fos
III.	Thio Gen Nea Char	Bre IJm	Thio Gen Nea Char	Thio Gen Char	Gen Nea Char	Bre Char	Char	Gen Nea	Thio Gen Nea Char	Bre Duis Thio IJm	Thio Gen Nea Char	Gen Nea Char
IV.	Bre Duis	Salz Völk	Bre Duis	Bre Duis Nea	Bre	Duis IJm	Bre	Bre Char	Bre Duis	Salz Völk	Bre Duis Salz	Bre Duis Thio
V.	Salz Völk IJm		Salz Völk IJm	Salz Völk	Duis Salz Thio IJm	Salz Thio	Duis Salz Thio IJm	Duis Salz Thio IJm	Salz Völk IJm		Völk IJm	Salz Völk IJm
VI.				IJm	Völk	Völk	Völk	Völk				

*Ausgewählte Kostenfaktoren
Anmerkungen: Berechnet auf der Basis eines Dollarkurses von 2,94 DM/US-$

Quelle: Eigene Zusammenstellung

nige doch deutlichere Positionsveränderungen auf. Hier sei auf die Standorte Duisburg sowie IJmuiden verwiesen, die innerhalb des EG-weiten Absatzes zumeist eine nachrangige Position bekleiden, im Bereich des Halbzeugabsatzes hingegen deutlich zur Spitze aufschließen.

Weitere nennenswerte Positionsveränderungen zeigen sich sodann im Übergang zu den Drittlandslieferungen[1]. Einerseits fallen die hier zu verzeichnenden Kostenunterschiede wieder umfangreicher aus, so daß eine Zuordnung über nun sämtliche Klassen erfolgt. Zudem zeigt sich eine deutliche Häufung in den führenden, sowie nachrangigen Werten. Mit Ausnahme IJmuidens und Esch/Belvals, die infolge ihrer deutlich vom EG-Durchschnitt abweichenden Arbeitskostenbelastung eine gewisse Sonderrolle einnehmen, spiegelt sich darin die Positionsabgrenzung zwischen Küsten- und Binnenstandorten wider. Zu vermerken bleibt, daß die westdeutschen Standorte Duisburg, Salzgitter und Völklingen im Verein mit Thionville und IJmuiden nunmehr die mit Abstand schlechtesten Positionen einnehmen, während beispielsweise die Bremer Hütte, wie nahezu sämtliche übrigen Küstenstandorte auch, leichte Positionsverbesserungen verzeichnen können. Im Hinblick auf die im Drittlandsabsatz zu unterscheidenden Erzeugnisgruppen werden zumeist nur geringfügige Positionsveränderungen ausgewiesen, wie z.B. im Falle der italienischen und französischen Küstenwerke. Zurückzuführen sind diese Veränderungen dabei zumeist auf die bereits angesprochenen deutlich niedrigeren Herstellungskosten in der Halbzeugproduktion.

Damit verbleibt die Betrachtung des weltweiten Absatzes. Der Dominanz des innergemeinschaftlichen Walzstahlabsatzes entsprechend zeigt sich hier die zu erwartende deutliche Orien-

---

[1]Bezüglich einer für den Walzstahlabsatz insgesamt nach jeweiligen Zielregionen differenzierten Betrachtung sei auf die Tabelle 7.9 im Anhang dieser Untersuchung verwiesen.

tierung am EG-Absatz. Allerdings behält die mitunter charakteristische Standortbewertung im Drittlandsabsatz eine auch
nachhaltige Wirkung bis in diese Abgrenzung hinein. Hier sind
es die britischen Küstenansiedlungen die nunmehr auch weiterhin im Verein mit Esch/Belval eine ebenso im weltweiten Maßstab führende Position beibehalten. Daneben wäre beispielsweise auf die beiden Standorte Thionville und Neapel hinzuweisen, die, gerade angesichts ihrer Anbindung an die Dritt-
landsmärkte für die übrigen Erzeugnisse, quasi einen Posi-
tionswechsel vollziehen.

Ein gänzlich anderes Bild stellt sich unter der Annahme des
alternativen Dollarkurses von 2,00 DM/US-$ dar (siehe Tabelle
7.10). Deutlich erkennbar zeigt sich darin die paritätsbe-
dingte Ausweitung der (relativen) Kostennachteile durch die
Positionsveränderungen einer Vielzahl von Standorten um jeweils eine Standortklasse. Gegenüber der Ausgangslage davon
betroffen sind in erster Linie die ursprünglichen Standortklassen drei bis fünf, wobei sich allerdings in Einzelfällen
auch die Klasse zwei beteiligt zeigt.

Für den Bereich des innergemeinschaftlichen Walzstahlabsatzes
zeigt sich diesmal eine mit Ausnahme der Klasse zwei über fast
sämtliche Klassen verteilte Standortauswahl. Wie bereits in
der Ausgangslage auch, nehmen darunter die britischen Produktionsstandorte im Verbund mit Esch/Belval erneut die führenden
Positionen ein, während demgegenüber Salzgitter, Völklingen
und IJmuiden nicht nur wiederum das Schlußlicht bilden, sondern darüber hinaus in Klasse sechs abgerutscht sind. Ebenso
zeigt sich - diesmal mit der Ausnahme der Standorte Genua sowie Dünkirchen - auch für die Produktgruppen der Flach- und
übrigen Erzeugnisse eine dem Walzstahlabsatz insgesamt ähnliche Rangfolge.

Gegenüber der Ausgangslage weitaus umfangreicher fällt hingegen die Positionsveränderung einiger Standorte im Bereich
des Halbzeugabsatzes aus. Bildeten vormals Positionsverbesserungen um zwei Standortklassen bereits eher die Ausnahme, so

Tab. 7.10

Relative STANDORTPOSITION (Walzstahlerzeugnisse) ausgewählter EG-STAHLSTANDORTE auf der Basis von Herstellungskosten* und Transportaufwendungen (Absatz) nach Zielregionen und Erzeugnisgruppen												
Stand-ort-Klasse	EG-9			Übr. Erz.	Drittländer			Übr. Erz.	Welt insg.			Übr. Erz.
	WST	HZ	FL		WST	HZ	FL		WST	HZ	FL	
I.	Esch Glas Scun P-T	Dün Fos Esch Glas Scun P-T	Esch Glas Scun P-T	Esch Glas Scun P-T	Glas Scun P-T	Dün Fos Glas Scun P-T	Glas Scun P-T	Esch Glas Scun P-T	Esch Glas Scun P-T	Dün Fos Esch Glas Scun P-T	Esch Glas Scun P-T	Esch Glas Scun P-T
II.		Gen Nea Char	Dün		Dün Fos Esch	Gen Nea	Dün Fos Esch	Dün Fos	Dün Fos	Gen Nea Char	Dün Fos	Dün Fos
III.	Dün Fos Char	Duis Thio	Fos Gen Char	Dün Fos Char	Gen Nea	Esch	Gen Nea	Gen Nea	Gen Char	Duis Thio	Gen Nea Char	Gen Char
IV.	Thio Gen Nea	Bre Salz IJm	Thio Nea	Thio Gen Nea	Char	Bre IJm Char	Char	Char	Thio Nea	Bre IJm	Thio	Thio Nea
V.	Bre Duis	Völk	Bre Duis	Bre Duis	Bre Thio		Bre Thio	Bre Thio	Bre Duis	Salz	Bre Duis Salz IJm	Bre Duis
VI.	Salz Völk IJm	Salz Völk IJm	Salz Völk IJm	Duis Salz Völk IJm	Duis Salz Völk IJm	Duis Salz Völk IJm	Duis Salz Völk IJm	Salz Völk IJm	Völk	Völk		Salz Völk IJm

*Ausgewählte Kostenfaktoren
Anmerkungen: Berechnet auf der Basis eines Dollarkurses von 2,00 DM/US-$

Quelle: Eigene Zusammenstellung

sind es nun eine ganze Reihe von Standorten die um zwei Ränge
aufrücken, und - wie im Falle Dünkirchens und Fos-sur-Mers -
damit sogar in die Spitzengruppe vorstoßen. Zählen die übrigen
Standorte nicht ohnehin schon zu den führenden Rängen, so ver-
bessert sich mit Ausnahme Völklingens, Bremens, Thionvilles
sowie Charlerois auch ihre Position um zwei Klassen.

Der Bereich der Drittlandslieferungen[1] bietet im Hinblick auf
die erzeugnisspezifische Untergliederung hingegen kaum Bemer-
kenswertes. Abgesehen von einer für nahezu sämtliche Standorte
zu verzeichnenden Positionsverbesserung um eine Klasse im Bereich der Halbzeugherstellung ist hier für den Standort IJmuiden eine Veränderung um zwei Standortklassen zu vermerken.
Beachtenswert stellt sich allerdings die gegenüber der Ausgangslage nun weit deutlichere Trennung zwischen Küsten- und
Binnenstandorten dar. Und schließlich sind es wiederum vornehmlich westdeutsche Hüttenwerke, die hier nur die letzten
Ränge belegen.

Angesichts eines vergleichsweise geringen Umfangs europäischer
Halbzeuglieferungen nach Drittländern deckt sich schließlich
das Bild des weltweiten Halbzeugabsatzes nahezu vollständig
mit dem des innergemeinschaftlichen. Dies gilt dabei nicht in
demselben Maße für die verbleibenden Erzeugnisgruppen. Deutlicher als noch in der Ausgangslage führen die im Drittlandsverkehr nunmehr überdurchschnittlichen Kostenvorteile gegenüber den Binnenstandorten zu Positionsverbesserungen nahezu
sämtlicher Küstenwerke, und zwar sowohl im Bereich der Flach-
wie auch der übrigen Erzeugnisse.

Unter der Annahme EG-weit wiederum gleicher Arbeits- und Elektrizitätsaufwendungen (Zukauf) vermittelt die Tabelle 7.11
nunmehr den entsprechenden Gesamtüberblick auf der Grundlage
eines Dollarkurses von zunächst 2,94 DM/US-$. Aufgrund des auf

---

[1]Bezüglich der verschiedenen Zielregionen sei hier im einzelnen auf die
Tabelle 7.10 im Anhang dieser Untersuchung verwiesen.

Tab. 7.11

Relative STANDORTPOSITION (Walzstahlerzeugnisse) ausgewählter EG-STAHLSTANDORTE auf der Basis von Herstellungskosten* und Transportaufwendungen (Absatz) nach Zielregionen und Erzeugnisgruppen Arbeitskosten und Elektr.-Kosten im EG-Durchschnitt

Standort-Klasse	EG-9				Drittländer				Welt insg.			
	WST	HZ	FL	Übr. Erz.	WST	HZ	FL	Übr. Erz.	WST	HZ	FL	Übr. Erz.
I.	Duis Dün Fos Gen Nea IJm Char Glas Scun P-T	Duis Dün Fos Gen Nea IJm Scun P-T	Duis Dün Fos Gen Nea IJm Char Glas Scun P-T	Duis Dün Fos Gen Nea IJm Char Glas Scun P-T	Dün Fos Gen Nea IJM Glas Scun P-T	Dün Fos Gen Nea IJm Glas Scun P-T	Dün Fos Gen Nea IJm Glas Scun P-T	Dün Fos Gen Nea IJm Glas Scun P-T	Dün Fos Gen Nea IJm Glas P-T	Dün Fos Gen Nea IJm Scun P-T	Dün Fos Gen Nea IJm Glas Scun P-T	Dün Fos Gen Nea IJm Glas Scun P-T
II.	Bre Salz Thio Esch	Bre Thio Char Glas	Bre Salz Thio Esch	Bre Salz Thio Esch	Bre Char	Bre	Bre Char	Bre Char	Bre Duis Salz Thio Char Esch	Bre Duis Thio Glas	Bre Duis Salz Thio Char Esch	Bre Duis Salz Thio Char Esch
III.	Völk	Salz Völk Esch	Völk	Völk	Duis Salz Thio Esch	Duis Char	Duis Salz Thio Esch	Duis Salz Thio Esch	Völk	Salz Völk Esch	Völk	Völk
IV.					Völk	Salz Thio Esch	Völk	Völk				
V.						Völk						

*Ausgewählte Kostenfaktoren
Anmerkungen: Berechnet auf der Basis eines Dollarkurses von 2,94 DM/US-$

Quelle: Eigene Zusammenstellung

den Rohstoffbezug beschränkten Vergleichs zeigt sich auch in
dieser Darstellung die deutliche Reduzierung der verbleibenden
Kostenunterschiede in Form einer mehr oder minder ausgeprägten
Häufung der jeweiligen Positionszuordnungen auf die zumeist
oberen Standortklassen. Durchweg über sämtliche erzeugnisspezifischen wie auch geographischen Marktabgrenzungen[1] hinweg
bildet sich dabei eine Auswahl führender EG-Stahlstandorte
heraus, die im Gegensatz zur Ausgangslage nun nahezu uneinge-
schränkt dem Kreis der Küstenstandorte zuzurechnen sind.
Allein dem Umstand der transportwirtschaftlich gesehen so vorteilhaften Lage ist es dabei zuzuschreiben, daß die Binnenstandorte Duisburg sowie Charleroi, zumindest im innergemeinschaftlichen Maßstab, zu dieser Auswahl zu zählen sind.

Im Unterschied dazu deutlich abgegrenzt zeigt sich die Auswahl
der verbleibenden Binnenstandorte sowie der Bremer Hütte. Während sich deren (relative) Postitionen im Bereich der innergemeinschaftlichen Walzstahllieferungen insgesamt, mit Ausnahme
Völklingens, auf die Standortklasse zwei beschränken, ist demgegenüber im Rahmen des Drittlandsabsatzes eine Verteilung
über die Klassen zwei bis fünf zu verzeichnen. Wie bereits
ausgeführt, sind es hier vornehmlich die zusätzlichen Zulaufkosten zu den Verschiffungshäfen im Übersee-Verkehr, die
derartige Rangeinbußen gegenüber den in diesem Fall bevorteilten reinen Küstenstandorten bewirken.

Im Vergleich bemerkenswert fällt zudem das Ranggefüge im Hinblick auf den Halbzeugabsatz aus. Dabei ist auf den Umstand zu
verweisen, daß sich die sowohl im EG- wie auch Drittlandsabsatz nur einige wenige Standorte betreffenden Rangverschlech-
terungen gegenüber den übrigen Erzeugnisgruppen auf lediglich
eine Position beschränken. Ferner sind es, mit Ausnahme Glasgows, ausschließlich reine Binnenstandorte, die eine derartige
Zunahme ihrer (relativen) Kostennachteile verzeichnen.

---

[1] Im Hinblick auf die weltweit zu unterscheidenden Zielregionen sei auf
Tabelle 7.11 im Anhang dieser Untersuchung verwiesen.

Vor dem Hintergrund dieser Relationen innerhalb der Teilregionen ergibt sich damit das Bild des weltweiten Absatzes insgesamt. Hinzuweisen ist in erster Linie auf die Standorte Duisburg und Charleroi, die angesichts ihrer vergleichsweise weniger günstigen Lage im Drittlandsabsatz nunmehr ihre noch im innergemeinschaftlichen Verkehr bekleidete Position einbüßen. Damit zeigt sich schließlich auch in dieser weltweiten Abgrenzung die bereits auf der EG-Ebene zu verzeichnende Trennung zwischen Binnen- und reinen Küstenstandorten. Einzige Ausnahme bildet im Rahmen des Halbzeugabsatzes lediglich der schottische Standort Glasgow, der offensichtlich nicht in der Lage ist, seine Kostennachteile (Ablauf) im EG-Absatz durch entsprechende Vorteile im Drittlandsabsatz zu kompensieren. Es bleibt zu vermerken, daß es wiederum die saarländischen Ansiedlungen sind, die über sämtliche Marktabgrenzungen hinweg die - mit wenn auch unterschiedlichem Abstand - eindeutig letzten Ränge belegen.

Abschließend faßt Tabelle 7.12 die Ergebnisse unter Annahme des alternativen Dollarkurses von 2,00 DM/US-$ zusammen. Wie schon im Falle jeweiliger standortspezifischer Arbeits- und Elektrizitätskosten auch, spiegelt sich hier die deutliche Ausweitung in den (relativen) Kostenabständen infolge der Paritätsänderung wider. In unterschiedlicher Weise davon betroffen zeigen sich dabei vornehmlich die westdeutschen Hüttenwerke sowie die verbleibenden EG-Binnenstandorte. Nur in Einzelfällen werden hingegen die Bremer Hütte sowie die britischen Küstenansiedlungen Scunthorpe und Port-Talbot berührt.

Für den Kreis der Binnenstandorte führt dies in der Konsequenz insgesamt zu einer allgemeinen Zunahme der (relativen) Kostennachteile gegenüber den reinen Küstenwerken. Dieser Umstand zeigt sich dabei für nahezu sämtliche erzeugnisspezifischen wie auch geographischen Abgrenzungen der verschiedenen Absatzmärkte, fällt allerdings im Bereich des Drittlandsabsatzes am ausgeprägtesten aus [1].

---

[1] Bezüglich der Zielregionen in weltweiter Untergliederung siehe die Tabelle 7.12 im Anhang dieser Untersuchung.

Tab. 7.12

Relative STANDORTPOSITION (Walzstahlerzeugnisse) ausgewähler EG-STAHLSTANDORTE auf der Basis von Herstellungskosten* und Transportaufwendungen (Absatz) nach Zielregionen und Erzeugnisgruppen Arbeitskosten und Elektr.-Kosten im EG-Durchschnitt

Stand-ort-klasse	EG-9				Drittländer				Welt insg.			
	WST	HZ	FL	Übr. Erz.	WST	HZ	FL	Übr. Erz.	WST	HZ	FL	Übr. Erz.
I.	Dün Fos Gen Nea IJm Char Glas Scun P-T	Dün Fos Gen Nea IJm	Dün Fos Gen Nea Scun P-T	Dün Fos Gen Nea IJm Glas Scun P-T	Dün Fos Gen Nea IJm Glas Scun P-T	Dün Fos Gen Nea IJm Glas Scun P-T	Dün Fos Gen Nea IJm Glas Scun P-T	Dün Fos Gen Nea IJm Glas Scun P-T	Dün Fos Gen Nea IJm Glas Scun P-T	Dün Fos Gen Nea IJm	Dün Fos Gen Nea IJm Glas Scun P-T	Dün Fos Gen Nea IJm Glas Scun P-T
II.	Bre Duis Thio Esch	Duis Char Glas Scun P-T	Bre Duis Thio Char Glas	Bre Duis Thio Char	Bre		Bre	Bre	Bre Duis Thio Char	Duis Char Glas Scun P-T	Bre Duis Char	Bre Duis Thio Char
III.	Salz Völk	Bre Salz Thio Esch	Salz Völk Esch	Salz Völk Esch	Duis Char	Bre Char	Duis Char	Duis Char	Salz Esch	Bre Salz Thio Esch	Salz Thio Esch	Salz Esch
IV.		Völk			Salz Thio Esch	Duis	Salz Thio Esch	Salz Thio Esch	Völk	Völk	Völk	Völk
V.					Völk	Salz Thio Esch	Völk	Völk				
VI.						Völk						

*Ausgewählte Kostenfaktoren
Anmerkungen: Berechnet auf der Basis eines Dollarkurses von 2,00 DM/US-$

Quelle: Eigene Zusammenstellung

In der erzeugnisspezifischen Einzelbetrachtung ist es wiederum der Halbzeugabsatz, der ein zumeist vom Walzstahlabsatz insgesamt deutlich abweichendes Ranggefüge aufweist. Angefangen mit dem innergemeinschaftlichen Absatz zeigt sich solchermaßen eine Positionsverschlechterung gegenüber dem Walzstahldurchschnitt um jeweils eine Position, und zwar für eine Reihe binnenländischer Standorte im Verein mit den britischen Küstenwerken. Daneben sind es lediglich die Standorte Charleroi sowie Glasgow, die im Absatz von Flachprodukten ebenfalls derartige Rangeinbußen gegenüber dem Walzstahldurchschnitt hinnehmen müssen.

Im Bereich des Drittlandsabsatzes beschränkt sich der Kreis derartig betroffener Standorte ausschließlich auf die Auswahl der Binnenansiedlungen. Mit Ausnahme Charlerois, das sich durchgängig innerhalb der Standortklasse drei bewegt, verzeichnen sämtliche übrigen binnenländischen Standorte Positionseinbußen im Bereich der Halbzeuglieferungen. Ähnlich wie im Rahmen des EG-Absatzes auch, allerdings mit deutlich vergrößertem (relativen) Kostennachteil, sind es ein weiteres Mal die Standorte Salzgitter sowie insbesondere Völklingen, die mehr oder minder im Verein mit Thionville und Esch/Belval die untersten Ränge bekleiden.

Für den weltweiten Walzstahlabsatz insgesamt bedeutet dies letztendlich eine Verteilung der Standortauswahl in sowohl die durchweg zur Standortklasse eins zählenden reinen Küstenstandorte wie auch die Binnenwerke mit ihrer jeweiligen Zuordnung in die nachfolgenden drei Klassen. Aufgrund ihrer vergleichsweise nachteiligen Lage in bezug auf den innergemeinschaftlichen Halbzeugabsatz gelingt es allerdings den britischen Küstenwerken nicht, eine entsprechende Position auch in diesem Segment aufzuweisen. Demgegenüber bewirkt die vergleichsweise günstige Lage Glasgows im Drittlandsabsatz von Flacherzeugnissen, daß die diesbezüglich bestehenden Kostennachteile im EG-Flachstahlabsatz überkompensiert werden und schließlich - weltweit gesehen - ein ebenso herausragender Stellenwert wie in den britischen Partnerwerken erreicht wird.

Eine deutliche Relativierung ihrer Standortposition erfahren sodann einige Binnenstandorte angesichts ihrer im Vergleich zu hohen Kostenbelastung gerade im Drittlandsverkehr. Zu nennen sind hier die Standorte Charleroi, Esch/Belval sowie Thionville und Völklingen. Die noch im Rahmen des EG-Absatzes z.T. günstigen Standortpositionen können, angesichts derart ausgeprägter Kostennachteile im Drittlandsabsatz, nunmehr in weltweiter Betrachtung kaum mehr behauptet werden. Im Endeffekt sind es lediglich die Standorte Bremen, Duisburg, Thionville und Charleroi, die überwiegend der Standortklasse zwei zuzurechnen sind und damit Anschluß an die Spitzengruppe der reinen Küstenwerke halten, während Salzgitter und Völklingen sowie Esch/Belval die weiteren Ränge belegen.

SCHLUSSBETRACHTUNG

Angesichts eklatanter Kapazitätsüberhänge im Bereich der Europäischen Eisen- und Stahlindustrie bestand die Zielsetzung der
vorliegenden Untersuchung in einer komparativen Bewertung der
geographischen Standortwertigkeit charakteristischer Stahlstandorte innerhalb der Europäischen Gemeinschaft für das Jahr
1985. Im Verbund mit der anlagen- und verfahrenstechnischen
Ausstattung eines Hüttenwerkes zählt diese zu den entscheidenden Determinanten für die Wettbewerbsfähigkeit eines Hütten-
standortes. In welchem Maße, das zeigt dabei das Beispiel der
saarländischen Stahlindustrie. Trotz einer hüttentechnischen
Anlagenausstattung, die gerade im Falle der Saarstahl Völklingen GmbH (vormals ARBED Saarstahl GmbH) zu den modernsten
ihrer Art innerhalb der EG zählt, führte das im Januar 1988
ausgelaufene Produktionsquotenregime für Walzdraht und Stabstahl zu einer weiteren deutlichen Verschlechterung der ohnehin ungünstigen Marktstellung.

Im Gegensatz zu einer Vielzahl zurückliegender Analysen mit
ähnlich ausgerichteter Problemstellung war die vorliegende
Untersuchung insofern nicht ausschließlich auf einen Vergleich
im Bereich des Herstellungsprozesses zu beschränken. Trotz des
nur lückenhaft zur Verfügung stehenden Datenmaterials ist es
gleichwohl gelungen, erste Hinweise auch bezüglich des Fer-
tigproduktabsatzes abzuleiten, und das sowohl insbesondere
innerhalb der Europäischen Gemeinschaft wie auch in weltweiter
Abgrenzung.

Für den Bereich des reinen Herstellungsprozesses ergibt sich
dabei eine nur eingeschränkte Bestätigung früherer Untersu-
chungsergebnisse. Im Gegensatz zu diesen Arbeiten, die eine
eindeutige Bevorteilung der Küstenlagen gegenüber den binnenländischen Hüttenansiedlungen unterstellen, zeigt sich nunmehr
ein über sämtliche Standortkomplexe deutlich differenzierteres
Vergleichsbild. Zurückzuführen ist dies auf die z.T. ausgeprägten regionalen Unterschiede einzelner Kostenfaktoren
innerhalb des Herstellungsprozesses. So ergibt sich beispiels-

weise eine starke Abhängigkeit des wettbewerblichen Stellen-
wertes von den jeweiligen Aufwendungen für den Faktor Arbeit.
Erst unter der Annahme konstanter Arbeits- wie auch Elektrizitätskosten, d.h. im ausschließlichen Vergleich des reinen Rohstoffbezuges, zeigen sich die bereits erwähnten deutlichen
Kostenvorteile für die Gruppe der Küstenstandorte, allerdings
in jeweils stark unterschiedlicher Ausprägung.

Von Bedeutung erweisen sich erwartungsgemäß ebenso die Paritätsänderungen der im Bezug von Überseerohstoffen dominierenden Fakturierungsvaluta US-Dollar. Je nach Notierung der US-
Währung variieren die relativen Kostendifferenzen der Herstellung zwischen den verschiedenen EG-Stahlstandorten, während die absoluten Unterschiede zumeist unberührt bleiben.
Lediglich im Bereich der westdeutschen Hüttenindustrie führt
die Berücksichtigung niedrigerer Dollar-Notierungen, aufgrund
der besonderen Regelungen zur Kokskohlenbeihilfe, zu einer
Zunahme auch der absoluten Kostennachteile gegenüber den führenden europäischen Konkurrenten.

Ein ähnlich facettenreiches Bild weisen die Untersuchungen zum
Absatz der Fertigerzeugnisse auf. Dabei zeigt sich insbesondere innerhalb der Europäischen Gemeinschaft eine je nach re-
gionalem Absatzgebiet oder auch dem speziellen Walzstahler-
zeugnis differenzierte Wertigkeit der verschiedenen Hüttenstandorte. Dabei ist es naturgemäß die verkehrswirtschaftliche
Anbindung an die Nachfragekonzentrationen der stahlverarbeitenden Industriezweige, die solchermaßen eine entscheidende
Bestimmungsgröße für die Transportkostenbelastung eines jeweiligen Stahlstandortes liefert.

Abgesehen von der Auswahl zur Verfügung stehender Verkehrsträger wie auch der im einzelnen abweichenden Transportentfernungen ist dabei vornehmlich auf die bestehenden Frachtendisparitäten im innergemeinschaftlichen Güterverkehr hinzuweisen. Die noch bei weitem ungenügende Harmonisierung der
jeweiligen in Frage stehenden EG-Verkehrsmärkte führt hier zu
z.T. erheblichen relativen, wenn nicht gar absoluten Fracht-

kostenvorteilen einzelner Hersteller gegenüber ihren Konkurrenten und bewirkt damit nur zusätzliche Verzerrungen des
ohnehin deutlich eingeschränkten Wettbewerbs unter den europäischen Stahlherstellern.

Weit eindeutiger fällt hingegen das Bild für den Bereich des
Walzstahlabsatzes nach Drittländern aus. Hier sind es unzwei-
deutig die Küstenansiedlungen, deren verkehrswirtschaftlich so
vorteilhafte Lage im Überseeverkehr sich in deutlichen Kostenvorteilen gegenüber den durch erhebliche Zulaufkosten zu den
Verschiffungshäfen benachteiligten Binnenwerken niederschlägt.

Auf der Basis dieser Teilergebnisse ergeben sich damit
schließlich die jeweiligen Standortwertigkeiten in der Gesamt-
kostenbetrachtung. Bemerkenswert ist dabei zunächst der Umstand, daß - ganz im Gegensatz zu den national abgegrenzten
EG-Teilmärkten - den Ablaufaufwendungen für den gesamten EG-
Markt im Hinblick auf die Standortwertigkeit aus Gesamtkosten-
sicht nicht der erwartet entscheidende Stellenwert zukommt.
Hier dominieren letztendlich die standortspezifischen Aufwendungen im reinen Herstellungsprozeß.

Unter Zugrundelegung der innerhalb der vorliegenden Untersuchung verwandten Dollarkurs-Alternative von 2,00 DM/US-$[1]
bildet sich solchermaßen - mit je nach Erzeugnisgruppe leich-
ten Abweichungen - eine Spitzengruppe, bestehend aus den britischen Küstenstandorten sowie dem luxemburgischen Binnenstandort Esch/Belval. Erst mit einigem Abstand folgen daraufhin die französischen Küstenwerke Dünkirchen und Fos-sur-Mer
im Verbund mit dem belgischen Industriezentrum Charleroi.
Standortwertigkeiten von demgegenüber nur noch knapp durch-
schnittlichem Niveau verkörpern sodann sowohl die italieni-

---

[1] Im Gegensatz zu dem alternativ verwandten Durchschnittskurs des Jahres
1985 von 2,94 DM/US-$ stellt diese Notierung inzwischen eine für den
Zeitraum 1987/88 eher charakteristische Größenordnung dar.

schen Küstenansiedlungen Genua und Neapel als auch der
lothringer Standort Thionville. Unerwartet weit abgeschlagen
weisen die westdeutschen Standorte Bremen wie auch Duisburg
nur deutlich unterdurchschnittliche Standortgüten auf. Standortwertigkeiten von noch geringerem Niveau verzeichnen daraufhin lediglich die westdeutschen Ansiedlungskomplexe Salzgitter
und Völklingen im Verein mit dem durch seine überdurchschnittliche Arbeitskostenbelastung derart stark benachteiligten niederländischen Küstenstandort IJmuiden.

Trotz der im Vergleich zum gesamten innergemeinschaftlichen
Absatz deutlicheren Transportkostenunterschiede im Bereich des
Drittlandsabsatzes zeigen sich daraufhin nur leichte Variationen der im weltweiten Maßstab abgeleiteten Gesamtkostenun-
terschiede. Seine Begründung findet dieser Umstand in der Dominanz des EG-Absatzes gegenüber den Drittlandslieferungen
durch die europäischen Stahlhersteller. Ähnlich wie bereits im
gesamten EG-Absatz auch, allerdings mit weniger deutlichem
Abstand, führen hier erneut die britischen Küstenansiedlungen
zusammen mit Esch/Belval die Standortrangfolge an. Aufgrund
der im Bereich des Drittlandsabsatzes vorteilhaften Lage folgen die französischen Küstenstandorte in weltweiter Abgrenzung nunmehr unmittelbar nach. Die sich daraufhin von eher
durchschnittlicher Standortgüte darstellenden Standortkomplexe
setzen sich, mit allerdings kleineren Rangverschiebungen, erneut aus den italienischen Küstenansiedlungen sowie den Binnenstandorten Charleroi und Thionville zusammen. Die ebenso im
Drittlandsabsatz eher nachteilige Standortlage der westdeutschen Hüttenwerke bewirkt schließlich keinerlei Positionsverbesserung im weltweiten Maßstab. Überraschend fällt allerdings die unverändert unterdurchschnittliche Standortgüte des
niederländischen Küstenstandortes IJmuiden aus.

Diese unter der Voraussetzung jeweiliger regionaler Faktorkosten abgeleiteten Ergebnisse erfahren ihre deutliche Korrektur bei ausschließlicher Berücksichtigung des standortspezi-

fischen Rohstoffbezuges. Unter der Annahme konstanter Arbeits-
wie auch Elektrizitätskosten zeigt sich so insgesamt eine mit
geringen Einschränkungen über nahezu sämtliche Erzeugnisgruppen wie auch Marktabgrenzungen mehr oder minder deutliche Füh-
rung der reinen Küstenlagen gegenüber den binnenländischen
Hüttenansiedlungen.

Damit erhebt sich nunmehr die Frage, ob und inwieweit die gewonnenen Ergebnisse mit den bisher auf EG-Ebene unternommenen
Bemühungen zur Kapazitätsanpassung in Einklang stehen. Wie die
seit Beginn der 80er Jahre durchgeführten Stillegungen in Höhe
von bisher rd. 30 Mio. t dabei zeigen, ergeben sich allerdings
nur m.E. Überschneidungen. Verfolgt man die gemeldeten Kapazitätsanpassungen (1980 - 1986) für warmgewalzte Erzeugnisse der
zur Auswahl zählenden Erzeugerländer, so zeigen sich eindeutige Stillegungsschwerpunkte. Die mit Abstand ausgeprägtesten
Kapazitätsschnitte verbuchen dabei die nordfranzösischen Binnenstandorte, d.h. i.w.S. die Standorte Lothringens bis in das
Gebiet Nord/Pas-de-Calais. Demgegenüber weisen die nordfranzösischen Küstenanlagen, ähnlich wie der Mittelmeerstandort
Fos-sur-Mer, erwartungsgemäß leichte bis deutliche Kapazitätserweiterungen auf.

Das Niveau der Anlagenschließungen im Bereich der westdeutschen Stahlindustrie fällt daraufhin bereits deutlich zurück.
Zwar verteilen sich die prozentualen Kürzungen in etwa ähnlich auf die reinen binnenländischen Standortregionen und zwar
- der Reihenfolge nach - den Raum Peine/Salzgitter, das Ruhrgebiet wie schließlich zuletzt das Saarland. Den im Vergleich
zu den EG-weiten Schließungen jedoch mit Abstand eindeutigen
Schwerpunkt bildet hier nicht etwa das Saarland sondern vielmehr das Ruhrgebiet. Innerhalb des Erhebungszeitraumes gänzlich unbetroffen von jeglicher nennenswerter Kapazitätsanpassung zeigt sich indes der Standort Bremen.

Z.T. unerwartet umfangreich fallen wiederum die Kapazitätsschnitte im Raume Norditaliens aus. Hier sind es nicht aus-

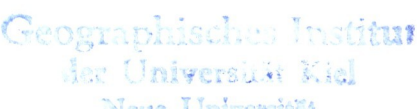

schließlich die durch einen zumeist nur geringen Produktionsumfang gekennzeichneten binnenländischen Elektrostahlhersteller, die eine deutliche Reduzierung ihrer Walzstahlkapazitäten verzeichnen. Umfangreiche Schließungen betreffen hier
ebenfalls die standortgünstigen Küstenansiedlungen im nördlichen Italien, während die Stillegungen im Süden des Landes
von zu vernachlässigender Größenordnung sind.

Nur m.E. deckungsgleich mit den bisher gewonnenen Ergebnissen
verhalten sich ebenso die Kapazitätsanpassungen der britischen
Stahlindustrie. Während einerseits die in Zentralengland gelegenen, im Vergleich überwiegend kleineren Binnenstandorte
erwartungsgemäß umfangreiche Stillegungen verzeichnen, ergibt
sich für die großen Küstenansiedlungen ein mitunter unerwar-
tetes Bild. Lediglich die im Raume des Bristol Kanals sowie in
Nordengland gelegenen Küstenwerke weisen deutlich unterdurchschnittliche Kürzungen auf. Hingegen zeigen sich Anlagenschließungen von z.T. nennenswertem Umfang in den übrigen Küstenansiedlungen Großbritanniens. Im Gegensatz zu den meisten
übrigen EG-Erzeugerländern erlaubten offensichtlich die besonderen Besitzverhältnisse der britischen Stahlindustrie diese im Vergleich deutlich akzentuierter ausfallende Kapazitäts-
politik.

Ähnliche Unterschiede zeigen sich ebenso für die BENELUX-Län-
der. Erwartungsgemäß weisen die belgischen wie auch in geringerem absoluten Umfang die niederländischen Binnenstandorte
deutliche Kapazitätsstillegungen auf. Angesichts einer überdurchschnittlichen Arbeitskostenbelastung der niederländischen
Hüttenwerke kann insofern ebenso der bisherige Kapazitäts-
schnitt des Küstenwerks IJmuiden kaum verwundern. Wie die vorliegende Untersuchung zeigen konnte, wird hier erst eine Annäherung der spezifischen Arbeitskosten an die EG-Konkurrenz
zu einer Verbesserung der Standortposition führen. Ähnliche
Überlegungen gelten für die luxemburgischen Stahlstandorte.
Angesichts einer unterdurchschnittlichen Arbeitskostenbelastung und einer damit vergleichsweise guten Standortposition
fallen die bis dato vollzogenen Schließungen bereits uner-

wartet umfangreich aus. Wie die gewonnenen Ergebnisse zeigen,
wird eine ebensolche Annäherung der Arbeitskosten an die EG-
Konkurrenten diese Stillegungsbeschlüsse bestätigen bzw. vor-
aussichtlich weitere Schließungen unvermeidlich machen.

In Anbetracht dieser Entwicklungsmuster stellt sich die Frage,
inwieweit den durch die EG-Kommission begleiteten EG-weiten
Kapazitätsanpassungen ein eindeutiges Konzept zur wettbewerblichen Entwicklung jeweiliger EG-Stahlstandorte zugrundeliegt.
Abgesehen von der sich sämtlichen Beteiligten stellenden
Schwierigkeit, notwendige Stillegungen regional- und sozial-
verträglich zu gestalten, stellt sich die Situation eher derart dar, daß auf sowohl der Unternehmens-, der rein nationalen
Politik-, wie auch auf EG-Ebene größtenteils unterschiedliche
Zielsetzung verfolgt werden, die die notwendige Kongruenz in
der Vorgehensweise bisher nachhaltig erschwert haben.

Abgesehen von einer gänzlichen Liberalisierung des EG-Stahl-
marktes, die zwangsläufig eine Lösung des Kapazitätsproblems
unmittelbar herbeiführen würde, aufgrund der Subventionspro-
blematik sowie aus regional- und sozialpolitischen Erwägungen
heraus jedoch vorläufig nicht realisiert werden wird, verbleibt damit zwangsläufig die Notwendigkeit zu einem koordinierten Abbau überschüssiger Kapazitäten. Unter Mitwirkung
sämtlicher Beteiligter, d.h. der EG-Kommission, der EG-Mitgliedsländer wie auch der nationalen Stahlindustrien wäre insofern ein Konzept zu erarbeiten, daß auf der konkreten Grundlage einer für die Europäische Gemeinschaft langfristig favo-
risierten Standortstruktur eine regional- und sozialverträg-
liche Anpassung in der Kapazitätsverteilung vorsieht. Die in
der Vergangenheit das EG-Krisenmanagement kennzeichnende Voraussetzung der Opfergleichheit sowie die in dieselbe Richtung
weisende Forderung der unmittelbar Betroffenen nach einer Be-
standsgarantie für sämtliche Standorte müssen dabei aufgegeben
werden, die Schließung ganzer Standorte wird letztlich kaum zu
vermeiden sein.

ANHANG

Tab. 1.1

Rohstahlerzeugung der Europäischen Gemeinschaft nach VERFAHREN, 1974 - 1986 (in Mio. t)							
	D	F	I	NL	B	Lux	GB
Rohstahlerzeugung insgesamt							
1974	53,2	27,0	23,8	5,8	16,2	6,4	22,3
1980	43,8	23,2	26,5	5,3	12,3	4,6	11,3
1981	41,6	21,2	24,8	5,5	12,3	3,8	15,3
1982	35,9	18,4	24,0	4,4	10,0	3,5	13,7
1983	35,7	17,6	21,8	4,9	10,2	3,3	15,0
1984	39,4	18,8	24,1	5,7	11,3	4,0	15,2
1985	40,5	18,6	23,9	5,5	10,7	3,9	15,8
1986	37,1	17,7	22,9	5,3	9,7	3,7	14,8
Oxygen-Stahl							
1974	36,6	15,8	10,4	5,4	12,9	4,2	10,7
1980	34,4	19,0	12,0	5,0	11,7	4,6	6,7
1981	33,4	17,5	12,0	5,2	11,5	3,8	10,5
1982	29,0	14,9	11,4	4,1	9,2	3,5	9,0
1983	28,8	14,1	10,1	4,3	9,4	3,3	10,5
1984	31,7	15,3	11,4	5,5	10,4	4,0	10,3
1985	33,0	15,1	11,4	5,3	9,8	3,9	11,2
1986	30,3	13,7	11,0	5,1	9,0	3,7	10,6
Elektro-Stahl							
1974	5,7	3,1	9,9	0,4	0,7	0,1	5,2
1980	6,5	3,9	14,0	0,3	0,6	-	4,6
1981	6,6	3,7	12,7	0,3	0,8	-	5,0
1982	6,3	3,5	12,6	0,2	0,8	-	4,7
1983	7,0	3,5	11,7	0,2	0,8	-	4,5
1984	7,7	3,5	12,7	0,2	0,9	-	4,8
1985	7,5	3,5	12,5	0,2	0,8	-	4,5
1986	6,8	3,9	11,8	0,2	0,7	-	4,2

Quelle: Wirtschaftsvereinigung Eisen- und Stahlindustrie, Statisches Jahrbuch 1987, Düsseldorf 1987.

Tab. 1.2

Entwicklung des STRANGGUßANTEILS an der Rohstahlerzeugung innerhalb der Europäischen Gemeinschaft 1974 - 1985 (in v. H.)

	1974	1977	1978	1979	1980	1981	1982	1983	1984	1985
Bundesrepublik	19,4	34,0	38,0	39,0	46,0	53,6	61,9	71,8	76,9	79,5
Frankreich	10,2	23,7	27,5	29,7	41,3	51,4	58,5	63,8	66,6	80,5
Italien	19,3	38,5	41,5	46,4	49,9	50,8	58,5	68,2	73,3	78,6
Niederlande	-	-	-	-	6,0	21,2	31,0	35,9	38,7	39,0
Belgien	1,3	14,7	21,2	23,5	25,7	30,8	33,0	38,4	49,5	60,0
Luxemburg	-	-	-	-	-	7,0	19,4	24,1	26,2	28,3
Großbritannien	5,0	12,5	15,5	16,9	27,1	32,4	38,9	46,6	51,6	54,7

Quelle: Statistisches Amt der Europäischen Gemeinschaften (EUROSTAT), Jahrbuch Eisen und Stahl, Luxemburg, versch. Jg. sowie eigene Berechnungen.

Tab. 3.1

Geographische Verteilung der weltweiten EISENERZVORKOMMEN (in Mio.t)	
Europa ohne UDSSR	4 600
Frankreich	800
Schweden	2 200
UDSSR	22 700
Afrika	8 600
Südafrikan. Rep.	6 000
Liberia	700
Asien	8 300
VR China	3 200
Indien	4 400
Australien u. Ozeanien	18 900
Welt insg.	89 100
Quelle: Bureau of Mines, United States Department of Interior, Mineral Commodity Profiles - Iron Ore, 1983 sowie eigene Berechnungen.	

Tab. 3.2

Der WELTHANDEL von EISENERZEN nach Herkunft und Bestimmung im Jahre 1985 (in Mio. t)

Importe / Exporte	Vereinigte Staaten	Japan	EG[1]	Osteuropa[2]	Süd-Korea	China	Welt
Brasilien	2,5	29,0	35,4	7,4	2,8	2,2	92,3
Australien	-	54,2	15,0	-	5,2	7,2	85,7
Indien	-	19,5	-	3,6	2,9	-	28,8
Kanada	9,1	3,2	18,0	-	-	-	32,2
Liberia	2,0	0,2	12,6	0,1	-	-	16,1
Schweden	0,1	-	12,7	1,4	-	-	18,2
Mauretanien	-	-	8,9	-	-	-	9,3
Venezuela	1,8	-	6,2	-	-	-	9,0
Norwegen	-	-	2,1	-	-	-	2,6
Welt insg.	15,7	114,5	113,5	1,3	1,3	9,5	373,2

Anmerkungen: 1 Bundesrepublik, Frankreich, Italien, Niederlande, Belgien, Luxemburg, Groß-britannien.

2 Rumänien, Polen, Tschechoslowakei, DDR, Ungarn, Bulgarien.

Quelle: The Tex-Report, The Tex Report Ltd., Vol. 18, No. 4,226, Tokyo, 27. June 1986, S. 14 sowie eigene Berechnungen.

Tab. 3.3

Entwicklung der SCHIFFSGRÖßEN im seewärtigen Handel von Eisenerz nach Regionen (in vH)

	bis 40.000		40-60.000		Schiffsgrößen nach Klassen (in dwt) 60-80.000		80.-100.000		über 100.000		Summe
	1973	1986	1973	1986	1973	1986	1973	1986	1973	1986	1973/1986
Export Regionen											
Skandinavien	44	13	24	-	27	23	4	8	1	56	100
Übriges Europa	87	n.a.	9	n.a.	4	n.a.	-	n.a.	-	n.a.	100
West Afrika	19	8	30	4	16	22	3	30	1	36	100
Übriges Afrika	50	13	30	5	16	10	3	5	1	66	100
Nord-Amerika	23	3	26	3	27	29	4	7	20	58	100
Süd-Amerika	21	8	26	6	18	10	5	2	30	74	100
Asien	79	23	16	21	5	12	-	5	-	39	100
Australien	6	5	16	3	21	8	6	3	51	81	100
Import-Regionen	1973	1986	1973	1986	1973	1986	1973	1986	1973	1986	Summe
GB/Kontinent	31	6	25	1	28	18	5	9	11	66	100
Mittelmeerraum	18	3	43	6	30	24	1	10	8	57	100
Übriges Europa	76	26	17	26	3	29	3	3	1	16	100
Nord-Amerika[1]	26	8	52	8	21	57	-	13	1	14	100
Japan	19	6	15	4	17	5	7	2	42	83	100
Sonstige	86	9	10	24	-	21	-	7	4	39	100
Insgesamt	27	8	23	5	20	16	5	6	25	63	100

1 für 1986 nur Angaben für USA

Quelle: Fearnley & Egers Chartering Co. Ltd., World Bulk Trades, versch. Jg. sowie eigene Berechnungen

Tab. 3.4

	1975	1976	1977	1978	1979	1980	1981	1982	1983	1984	1985

Entwicklung der FRACHTRATEN im seewärtigen ERZVERKEHR ausgewählter Relationen (in US-$/t)

Brasilien - Kontinent, 80.000 - 100.000 dwt, FIO

	1975	1976	1977	1978	1979	1980	1981	1982	1983	1984	1985
1.Q.	3,5	3,4	3,6	3,3	5,4	9,3	10,1	6,4	4,7	6,9	5,9
2.Q.	3,0	4,2	3,7	4,0	7,7	10,7	9,1	6,3	5,6	8,0	5,7
3.Q.	3,3	4,2	3,6	4,4	11,7	9,2	7,3	4,7	4,7	5,6	4,1
4.Q.	3,4	4,6	3,7	5,4	11,3	9,2	7,0	4,5	5,7	5,7	n.a.

Australien - Kontinent, 120.000 - 140.000 dwt, FIO

	1975	1976	1977	1978	1979	1980	1981	1982	1983	1984	1985
1.Q.	4,9	4,9	5,3	5,9	7,7	11,6	11,8	7,7	6,8	8,7	7,9
2.Q.	3,6	5,6	6,2	6,5	11,6	10,4	10,2	6,9	7,5	9,4	8,0
3.Q.	3,8	5,7	4,8	6,3	13,6	8,4	8,5	5,3	6,7	8,7	6,4
4.Q.	4,0	5,5	5,3	9,9	12,7	13,3	8,5	5,6	9,5	8,4	n.a.

Liberia - Kontinent, 60.000 - 80.000 dwt, FIO

	1975	1976	1977	1978	1979	1980	1981	1982	1983	1984	1985
1.Q.	3,2	2,6	3,0	2,7	4,7	7,9	7,4	4,8	4,1	5,3	4,5
2.Q.	2,4	2,5	3,6	3,0	7,7	9,3	6,0	5,1	4,5	5,4	4,9
3.Q.	2,3	2,7	3,1	4,0	8,2	7,4	5,3	3,8	3,9	4,5	3,3
4.Q.	2,5	2,9	2,7	5,1	8,5	7,6	5,0	3,4	4,4	4,5	n.a.

Quelle: Drewry H.P. Shipping Consultants Ltd., Bulk Shipping Costs and Commodity Markets, London 1985, S.61f sowie dersl, Quarterly Dry Bulk Market, October 1985, S.52.

307

Tab. 3.5

Ausgewählte AUS- und EINFUHRHÄFEN im Seeverkehr von EISENERZEN (1984)			
Ausfuhrhafen	max. Schiffsgröße (dwt)	Einfuhrhafen	max. Schiffsgröße (dwt)
Australien		Bundesrepublik	
Dampier	200 000	Hansaport-Hbg.	120 000
Port Hedland	160 000	Emden	80 000
Ronsard	250 000	Wilhelmshaven	90 000
Brasilien		Frankreich	
Tubarao	350 000	Dünkirchen	230 000
Sepetiba	300 000	Le Havre	170 000
Ponta Ubu	250 000	Fos-sur-Mer	100 000
Liberia		Italien	
Buchanan	100 000	Taranto	300 000
Monrovia	80 000	Bagnoli	80 000
Mauretanien			
Point Central	135 000	Niederlande	
		Rotterdam	300 000
		Ijmuiden	100 000
Norwegen		Amsterdam	100 000
Kirkenes	125 000		
Narvik	300 000		
		Belgien	
Sierra Leone		Antwerpen	130 000
Pepel	100 000	Gent	70 000
Südafr. Rep.		Großbritannien	
Saldanha Bay	250 000	Hunterston	350 000
Kanada		Port-Talbot	150 000
Quebec	150 000	Redcar	170 000
Schweden			
Oxelosund	95 000		

Quelle: CSR-Consultants, Iron Ore: Supply, Demand & Bulk Carrier Employment Prospects to 2000, Worcester Prk, 1985, S. 45ff sowie Kollmer, R.A., Zur Erzversorgung der Ruhr-Hüttenwerke, in: Glückauf, Nr. 6, Jg. 121, 1985, S. 444.

Tab. 3.6

ERZBEZÜGE WESTDEUTSCHER HÜTTENWERKE über See nach Empfangsregionen, Einfuhrhäfen und
Verkehrsträgern, 1982 (in Mio.t)

		Saar	Westruhr	Ostruhr	Bremen	Peine/ Salzgitter
Französische Häfen	EB	0,54	-	-	-	-
Belgische	BS	-	0,08	-	-	-
Häfen	EB	-	-	-	-	-
Rotterdam	BS	-	20,79	0,95	-	-
	EB	0,49	-	0,84	-	-
	BS/EB	3,07	-	2,05	-	-
Amsterdam/	BS	-	0,02	0,54	-	-
IJmuiden	EB	-	-	0,84	-	-
	BS/EB	-	-	0,05	-	-
Emden	BS	-	0,13	0,29	0,02	-
	EB	0,23	0,01	0,23	-	-
Weser-Häfen	BS	-	-	-	-	-
	EB	-	-	-	3,51	1,37
Hamburg	BS	-	-	-	-	0,05
	EB	-	-	-	-	3,26
Sämtliche	BS	-	21,02	1,78	0,02	0,05
Häfen	EB	1,26	0,01	1,91	3,51	4,63
	BS/EB	3,07	-	2,10	-	-
Insgesamt		4,33	21,03	5,79	3,53	4,68

Quelle: Seidenfus, H. St., Möglichkeiten der Transportrationalisierung zur Sicherung
der internationalen Wettbewerbsfähigkeit der deutschen Montanindustrie, Beiträge aus dem Institut für Verkehrswissenschaft an der Universität Münster,
Heft 105, Göttingen 1985, S. 123.

Tab. 3.7

Entwicklung der SCHROTTPREISE (frei Hütte) innerhalb der Europäischen Gemeinschaft, 1980-1985

	D DM	F FF	I 1000 Lit	NL hfl	B bfrs	GB
Juni 1980	200	375	92	210	3500	34
Dez. 1980	160	325	83	160	2900	28
Juni 1981	150	330	86	160	330	31
Dez. 1981	180	360	98	170	3500	34
Juni 1982	180	355	106	185	3950	26
Dez. 1982	160	285	73	150	2950	25
Juni 1983	160	355	80	180	3500	38
Dez. 1983	200	525	128	208	5300	54
Juni 1984	240	-	163	275	5900	70
Dez. 1984	240	-	143	275	5650	63
Jan. 1985	240	-	148	285	-	70
Feb. 1985	240	805	153	295	-	76
März 1985	240	805	153	295	-	82

Quelle: Kommission der Nationalen Verbände der Schrottwirtschaft im Gemeinsamen Markt (COFENAF), Durchschnittspreise (frei Hütte), Qualität 1A, lfd. Monatsmeldungen bis März 1985.

Tab. 3.8

Der WELTHANDEL von STEINKOHLEN nach Herkunft und Bestimmung im Jahre 1985 (in Mio.t)

nach von	Nord-Amerika	West-Europa	EG	Japan	Z.u.S. Amerika	Asien	Afrika	Welt
Kanada	0,4	2,5	2,0	18,0	1,2	4,9	-	27,4
USA	15,0	39,0	29,7	13,7	6,5	5,9	1,8	84,0
Australien	-	20,7	17,4	44,0	1,2	21,3	1,4	87,9
Polen	-	18,9	11,9	-	2,0	-	0,1	36,0
Südafr. R.	0,8	24,7	18,8	8,5	-	8,3	2,2	44,5
UDSSR	-	3,1	1,2	3,8	-	-	-	23,9
China	-	0,2	0,2	3,4	-	1,1	-	7,7
Welt	16,7	126,4	98,9	92,5	12,5	41,5	6,0	333,0

Quelle: International Energy Agency (IEA), Coal Information 1986, Paris 1986 sowie eigene Berechnungen.

Tab. 3.9

Geographische Verteilung der weltweiten KOKSKOHLENRESERVEN (in Mio. t)	
Europa ohne UDSSR	34.225
Europäische Gemeinschaft	19.450
Bundesrepublik D.	17.951
UDSSR	115.000
Afrika	2.965
Südafrikan. Rep.	1.600
Amerika	124.320
USA	112.500
Asien	53.405
VR China	45.000
Indien	5.300
Australien u. Ozeanien	19.652
Welt insg.	349.567

Quelle: Weltenergiekonferenz, Survey of Energy Resources 1980, bearbeitet von der Bundesanstalt für Geowissenschaften und Rohstoffe (BGR), München 1980, Teil II sowie hausinterne Angaben der BGR.

Tab. 3.10

Entwicklung der KOKSKOHLENFÖRDERUNG ausgewählter Förderländer (in Mio t)	1973	1980	1981	1982	1983	1984	1985	1986
Kanada	13,8	14,1	15,1	14,1	15,1	21,4	24,4	22,3
Vereinigte Staaten	92,2	117,1	114,5	95,7	79,2	93,5	89,5	84,2
Australien	40,3	42,7	44,6	44,1	44,5	49,6	56,0	54,3
Bundesrepublik	52,2	56,0	57,2	56,6	52,0	50,6	51,4	51,5
Großbritannien	15,1	10,1	7,6	8,2	8,2	1,3	2,7	4,5
Übriges Europa	13,5	12,1	14,1	14,9	10,5	10,9	9,9	7,9
OECD	235,7	259,9	257,5	236,4	214,9	232,3	238,0	228,7

Quelle: International Energy Agency (IEA), Coal Information, Paris, versch. Jg.

Tab. 3.11

Der WELTHANDEL von KOKSKOHLEN nach Herkunft und Bestimmung im Jahre 1985 (in Mio.t)							
	Nord-Amerika	West-Europa	EG	Japan	Z.u.S. Amerika	Asien	Afrika	Welt
Kanada	-	1,1	0,8	17,2	1,2	2,9	-	22,5
USA	6,4	22,6	16,6	12,8	6,3	2,3	1,2	54,7
Australien	-	9,7	8,0	30,0	1,1	7,9	0,8	49,7
Polen	-	5,0	3,2	-	2,0	-	0,1	10,2
Südafr.R.	-	0,1	0,1	4,5	-	-	-	4,6
UDSSR	-	1,0	0,6	2,8	-	-	-	10,6
China	-	-	-	1,1	-	0,2	-	2,9
Welt	6,4	46,2	34,8	68,9	11,0	13,3	2,1	162,9

Quelle: International Energy Agency (IEA), Coal Information 1986, Paris 1986 sowie eigene Berechnungen.

Tab. 3.12

Entwicklung der SCHIFFSGRÖßEN im seewärtigen Handel von Steinkohlen nach Regionen (in vH)

Schiffsgrößen nach Klassen (in dwt)

Export Regionen	bis 40.000		40-60.000		60-80.000		80.-100.000		über 100.000		Summe
	1973	1986	1973	1986	1973	1986	1973	1986	1973	1986	1973/1986
Ost-Europa	91	58	9	16	-	15	-	1	-	10	100
Übriges Europa	68	71	31	4	1	7	-	4	-	14	100
Nord-Amerika	27	9	32	9	22	33	5	8	14	41	100
Australien	29	14	43	5	15	28	2	6	11	47	100
Süd-Afrika	n.a.[1]	19	n.a.[1]	11	n.a.[1]	21	-	6	-	43	100
Sonstige	90	54	7	10	3	19	-	1	-	16	100

Import Regionen	bis 40.000		40-60.000		60-80.000		80.-100.000		über 100.000		Summe
	1973	1986	1973	1986	1973	1986	1973	1986	1973	1986	1973/1986
GB/Kontinent	71	12	13	7	9	24	4	3	3	54	100
Mittelmeerraum	47	7	38	18	10	26	-	18	5	31	100
Übriges Europa	84	35	11	10	4	26	1	2	-	27	100
Süd-Amerika	67	13	28	15	5	55	-	2	-	15	100
Japan	28	20	36	5	18	22	3	8	15	45	100
Sonstige	82	28	11	13	7	30	-	1	-	28	100
Insgesamt	47	21	29	9	13	26	2	6	9	38	100

1 keine Angaben zu Südafrika für das Jahr 1973

Quelle: Fearnley & Egers Chartering Co. Ltd., World Bulk Trades, versch. Jg. sowie eigene Berechnungen

Tab. 3.13

Ausgewählte AUS- und EINFUHRHÄFEN im Seeverkehr von STEINKOHLEN (1985)			
Ausfuhrhafen	max. Schiffsgröße dwt	Einfuhrhafen	max. Schiffsgröße dwt
Australien		**Bundesrepublik**	
Newcastle	140 000	Hansaport-Hbg.	150 000
Hay Point	175 000	Bremen	40 000
Port Kembla	130 000	Emden	45 000
Nordamerika-Ostküste		Wilhelmshaven	80 000
Hampton Roads	80 000	**Frankreich**	
Baltimore	75 000	Dünkirchen	220 000
Philadelphia	80 000	Le Havre	160 000
Lower Mississippi	150 000	Fos-sur-Mer	150 000
Mobile	70 000	**Italien**	
Sept Isles	150 000	Taranto	250 000
Quebec	150 000	Bagnoli	35 000
Südafr. Rep.		Genua	125 000
Richards Bay	175 000	**Niederlande**	
Durban	38 000	Rotterdam	300 000
		IJmuiden	100 000
		Amsterdam	100 000
		Belgien	
		Antwerpen	120 000
		Gent	75 000
		Großbritannien	
		Hunterston	250 000
		Immingham	100 000
		Port-Talbot	110 000
		Redcar	140 000

Quelle: International Energy Agency (IEA), Coal Information 1986, Paris 1986, S.89ff.

Tab. 3.14

Entwicklung der FRACHTRATEN im seewärtigen STEINKOHLENVERKEHR ausgewählter Relationen (in US- /t)										
	1975	1976	1977	1978	1979	1980	1981	1982	1983	1984	1985

Hampton Roads - Kontinent, 50.000 - 60.000 dwt, FIO

	1975	1976	1977	1978	1979	1980	1981	1982	1983	1984	1985
1.Q.	3,9	3,4	3,6	3,6	7,5	12,6	13,6	7,3	6,0	6,2	5,5
2.Q.	3,3	4,2	3,6	4,9	10,1	14,9	12,1	8,0	5,5	6,6	5,8
3.Q.	3,4	4,1	3,6	4,7	11,4	12,1	8,8	4,9	5,2	5,3	3,9
4.Q.	4,3	4,3	4,0	5,9	13,0	15,3	9,6	6,2	5,8	5,6	n.a.

Australien - Kontinent, 50.000 - 60.000 dwt, FIO
(Newcastle oder Port Kembla)

	1975	1976	1977	1978	1979	1980	1981	1982	1983	1984	1985
1.Q	12,3	10,8	10,6	10,5	15,3	30,2	19,7	14,2	10,0	12,1	13,4
2.Q	10,0	10,4	9,4	11,5	17,5	26,0	20,7	13,9	11,0	13,1	12,6
3.Q	6,6	9,5	8,4	12,4	21,7	20,7	20,0	10,6	10,3	13,7	10,1
4.Q	8,3	11,7	9,8	14,6	25,9	20,0	16,1	9,6	11,5	14,2	n.a.

Quelle: Drewry H.P. Shipping Consultants Ltd., Bulk Shipping Costs and
Commodity Markets, London 1985, S.63f sowie ders., Quarterly
Dry Bulk Market, October 1985, S.52.

Tab. 3.15

Entwicklung der ARBEITSKOSTEN[1] (Arbeiter und Angestellte) in den Stahlindustrien ausgewählter EG-Mitgliedstaaten (in DM/Std.)

	D	F	I	NL	B	Lux	GB
1978	25,70	20,80	15,60	27,20	28,70	25,90	13,90
1979	27,60	22,10	17,10	28,90	31,00	27,20	14,90
1980	30,00	26,20	19,30	33,20	34,50	29,70	18,80
1981	31,30	29,60	22,30	37,00	36,50	30,80	24,10
1982	33,40	31,40	23,00	n.a.	34,20	28,70	26,30
1983	35,30	32,90	25,40	40,70	36,20	28,30	26,60
1984	38,20	34,70	27,70	44,10[2]	36,70	29,80	26,70

Anmerkungen: 1 Wechselkurse im jeweiligen Jahresdurchschnitt
2 Geschätzt auf der Basis des Verhältnisses von 1983 gegenüber den bundesdeutschen Arbeitskosten.

Quelle: Statistisches Amt der Europäischen Gemeinschaften (EUROSTAT), Jahrbuch Eisen
und Stahl 1986, Luxemburg 1986, S. 133 sowie eigene Berechnungen.

Tab. 3.16

Entwicklung ausgewählter PRODUKTIVITÄTSKENNZAHLEN in den Stahlindustrien der EG-Mitgliedstaaten (Erzeugung pro Arbeitnehmerstunde, 1981=100)							
Rohstahlerzeugung							
	D	F	I	NL	B	Lux	GB
1981	100,0	100,0	100,0	100,0	100,0	100,0	100,0
1982	95,2	93,5	99,7	87,5	90,5	96,8	106,0
1983	102,4	96,7	104,6	89,7	93,2	101,0	137,2
1984	115,7	111,9	115,5	113,4	105,4	153,5	149,7
Walzstahlerzeugung							
	D	F	I	NL	B	Lux	GB
1981	100,0	100,0	100,0	100,0	100,0	100,0	100,0
1982	94,5	94,7	97,2	100,4	91,9	95,5	105,1
1983	103,4	96,1	107,7	98,3	89,3	104,6	130,5
1984	115,2	108,4	116,5	104,9	104,9	149,3	144,9

Quelle: Statistisches Amt der Europäischen Gemeinschaften (EUROSTAT), Jahrbuch Eisen und Stahl, versch. Jg., EG-Kommission, Allgemeine Ziele Stahl 1990, Brüssel, Juli 1985, Tabellen C1-C3 sowie eigene Berechnungen.

Tab. 4.1

TATSÄCHLICHER STAHLVERBRAUCH (EGKS-Erzeugnisse) nach ausgewählten Verbrauchsbereichen (in 1000t)												
	Stahl-gieß., H.v. Preß-, Zieh- u. Stanz-teilen etc.	Schmie-den	Ziehe-reien Kalt-walz-werke	Stahl-rohr-indu-strie	Maschi-nenbau	Elek-tro-technik	Schiff-bau	Fahr-zeugbau	Stahl-bau	Bauge-werbe	Stahlverf., EBM-Ind., Verpack.-Ind. Kessel.-u. Behälterbau	Verbrauch insg.
1980	3401	6339	17549	19302	9019	3259	1732	12848	6450	13151	20280	122189
1981	3136	5472	16242	19463	8419	2906	19223	11696	5846	12219	19114	116376
1982	3085	5268	15175	18908	7955	2835	1743	11513	5422	12075	18152	110868
1983	2677	4931	15970	17907	7316	2750	1339	10824	4804	11430	18563	105755
1984	2717	5027	16024	20748	7397	3018	1274	10585	5955	10898	19629	108985

Quelle: Statistisches Amt der Europäischen Gemeinschaften (EUROSTAT), Eisen und Stahl 1986, Statistisches Jahrbuch, Tabelle 6.5, Luxemburg 1986, S.118f.

Tab. 4.2

SCHWERPUNKTE INDUSTRIELLER PRODUKTION innerhalb der Regionen der Europäischen Gemeinschaften (EG-9)			
EG-Region	Zielort	EG-Region	Zielort
Bundesrepublik			
Schleswig Holstein	Kiel	Rheinland-Pfalz	
Hamburg	Hamburg	Trier	Trier
Niedersachsen		Koblenz	
Braunschweig	Braunschweig	Rheinhessen-Pfalz	Kaiserslautern
Hannover	Hannover	Baden-Württemberg	
Lüneburg	Lüneburg	Stuttgart	Stuttgart
Weser-Ems	Osnabrück	Karlsruhe	
Bremen	Bremen	Freiburg	
Nordrhein-Westfalen		Tübingen	
Düsseldorf	Duisburg	Bayern	
Köln	Köln	Oberbayern	München
Münster	Münster	Niederbayern	
Detmold	Bielefeld	Oberpfalz	
Arnsberg	Dortmund	Schwaben	
Hessen		Mittelfranken	Nürnberg
Darmstadt	Frankfurt	Oberfranken	
Kassel	Kassel	Unterfranken	Würzburg
Gießen		Saarland	Völklingen
Frankreich	Paris	Sud-Ouest	
Ile de France		Aquitaine	Bordeaux
Bassin Parisien	Reims	Midi-Pyrenes	Toulouse
Champagne-Ard.	St. Quentin	Limousin	
Picardie	Le Havre	Centre-Est	
Haute Normandie	Orleans	Rhone-Alpes	Lyon
Centre	Cherbourg	Auvergne	
Basse Normandie	Dijon	Mediterranee	
Bourgogne	Lille	Languedoc-Rouss.	Marseille
Nord-pas-de-Calais		Provence-Alpes	
Est	Nancy	Corse	
Lorraine	Mulhouse		
Alsace			
Franche-Comte			
Quest	Nantes		
Pays de la Loire			
Bretagne			
Poitou-Charentes			
Italien	Torino	Lazio	Roma
Nord-Ovest	Genova	Campania	Napoli
	Milano	Abruzzi-Molise	Pescara
Lombardia	Venezia	Sud	Taranto
Nord-Est	Bolanzo	Sicilia	Palermo
	Bologna	Sardegua	
Emilia-Romagna	Firenze		
Centro	Livorno		

Niederlande			
Noord-Nederland	Groningen	West-Nederland	Amsterdam
Oost- Nederland	Arnhem	Zuid-Nederland	Tilburg
Belgien			
Vlaams	Antwerpen	Wallone	Charleroi
	Gent		Liege
		Bruxelles	Bruxelles
Luxemburg			
Luxemburg	Esch/Belval		
Großbritannien			
North	Newcastle	West Midlands	Birmingham
Yorkshire and	Leeds		Wolverhampton
Humberside		North West	Manchester
East Midlands	Nottingham	Wales	Cardiff
East Anglia	Ipswich	Scotland	Glasgow
South East	London		Edinburgh
South West	Bristol		
Dänemark			
Hovedstadsregionen	Kobenhaven		
Vest for Storebaelt	Kolding		
Ost for Storebaelt			
Irland			
Irland	Dublin		
	Cork		

Tab. 4.3

SCHWERPUNKTE INDUSTRIELLER PRODUKTION
ausgewählter Drittländer

Übriges Europa
    Finnland   Helsinki
    Norwegen   Oslo
    Schweden   Stockholm
    Spanien   Bilbao/Barcelona
Afrika
    Maghreb   Casablanca/Annaba/Algier
Nordamerika   New York/New Orleans
Mittelamerika   Veracruz
Südamerika
    Brasilien   Rio de Janeiro
    Argentinien   Buenos Aires
    Venezuela   Caracas
Mittlerer Osten
    Iran   Abadan
    Irak   Al-Basrah
Asien
    Indien   Madras/Calcutta
    China   Shanghai
    Japan   Jokohama

Quelle: Eigene Zusammenstellung

Tab. 5.1

HERSTELLUNGSKOSTEN (EGKS-Erzeugnisse) ausgewählter EG-STAHLSTANDORTE nach Erzeugnisgruppen (DM/t) (Ausgewählte Kostenfaktoren)

	Roheisen	Rohstahl	Walz-stahl	Halbzeug	Oberbau-material	Form-/ Stabstahl	Walz-draht	Band-stahl	Grob-/ Mittelbl.	Fein-blech
Bremen	321	351	578	435	584	593	533	525	532	586
Bremen*	306	338	563	421	570	579	519	511	517	572
Duisburg	310	342	567	425	573	583	522	515	521	576
Duisburg*	303	336	561	419	567	577	516	509	515	569
Salzgitter	324	354	581	438	587	596	536	528	535	589
Salzgitter*	312	343	569	427	575	585	524	517	523	578
Völklingen	337	366	594	450	600	609	549	541	548	603
Völklingen*	333	363	590	447	596	606	545	537	544	599
Dünkirchen	284	317	520	392	525	534	480	473	479	528
Fos-sur-Mer	284	317	520	392	525	534	480	473	479	528
Thionville	319	349	556	425	560	568	515	507	514	564
Genua	290	324	547	406	554	563	503	496	502	557
Neapel	290	324	547	406	554	563	503	496	502	557
IJmuiden	302	344	613	444	624	635	560	552	558	623
Charleroi	311	346	562	425	567	576	519	511	518	571
Esch	308	328	474	379	471	477	445	437	444	482
Glasgow	280	314	499	381	502	509	462	455	461	508
Scunthorpe	280	314	499	381	502	509	462	455	461	508
Port-Talbot	280	314	499	381	502	509	462	455	461	508

* Hypothetischer Bezug von Übersee-Kokskohlen

Quelle: Eigene Berechnungen

Tab. 5.2

HERSTELLUNGSKOSTEN (EGKS-Erzeugnisse) ausgewählter EG-STAHLSTANDORTE nach Erzeugnisgruppen (DM/t)
(Ausgewählte Kostenfaktoren)
Berechnet auf der Basis eines Dollarkurses von 2,00 DM/US-$

	Roheisen	Rohstahl	Walz-stahl	Halbzeug	Oberbau-material	Form-/Stabstahl	Walz-draht	Band-stahl	Grob-/Mittelbl.	Fein-blech
Bremen	251	288	508	370	517	526	465	458	463	517
Bremen*	230	269	487	350	496	506	444	438	442	495
Duisburg	240	278	498	360	507	516	454	448	453	506
Duisburg*	227	266	484	348	494	503	441	435	440	493
Salzgitter	254	291	511	373	520	529	468	461	466	520
Salzgitter*	235	274	493	356	502	511	449	443	448	501
Völklingen	267	303	525	385	533	542	481	474	479	533
Völklingen*	258	295	516	377	524	534	472	465	471	524
Dünkirchen	207	247	444	321	452	461	405	399	404	451
Fos-sur-Mer	207	247	444	321	452	461	405	399	404	451
Thionville	243	280	479	354	486	495	440	434	439	487
Genua	214	254	471	335	481	490	428	422	426	481
Neapel	214	254	471	335	481	490	428	422	426	481
IJmuiden	225	275	537	373	550	562	485	478	483	547
Charleroi	234	276	486	354	493	502	444	438	442	494
Esch	232	259	397	308	398	403	370	364	369	405
Glasgow	204	244	423	310	428	436	388	381	386	432
Scunthorpe	204	244	423	310	428	436	388	381	386	432
Port-Talbot	204	244	423	310	428	436	388	381	386	432

* Hypothetischer Bezug von Übersee-Kokskohlen

Quelle: Eigene Berechnungen

Tab. 5.3

HERSTELLUNGSKOSTEN (EGKS-Erzeugnisse) ausgewählter EG-STAHLSTANDORTE nach Erzeugnisgruppen (DM/t)
Arbeitskosten und Elektr.-Kosten im EG-Durchschnitt
(Ausgewählte Kostenfaktoren)

	Roheisen	Rohstahl	Walz-stahl	Halbzeug	Oberbau-material	Form-/Stabstahl	Walz-draht	Band-stahl	Grob-/Mittelbl.	Fein-blech
Bremen	318	348	564	427	569	578	521	513	520	573
Bremen*	304	334	549	413	555	564	507	499	506	559
Duisburg	307	338	553	417	559	568	511	503	509	562
Duisburg*	301	332	547	411	552	561	504	497	503	556
Salzgitter	321	350	567	430	572	581	524	516	523	576
Salzgitter*	309	340	555	419	561	570	513	505	511	564
Völklingen	335	363	580	442	585	594	537	529	536	590
Völklingen*	331	359	577	439	581	590	534	526	532	586
Dünkirchen	287	322	535	400	541	550	493	486	492	544
Fos-sur-Mer	287	322	535	400	541	550	493	486	492	544
Thionville	323	354	571	434	576	585	528	520	527	580
Genua	287	320	533	398	539	548	491	484	490	542
Neapel	287	320	533	398	539	548	491	484	490	542
IJmuiden	287	321	535	400	541	550	493	486	492	544
Charleroi	311	346	562	425	567	576	519	511	518	571
Esch	327	357	574	437	579	588	532	524	530	584
Glasgow	287	325	539	404	545	554	497	489	495	548
Scunthorpe	287	325	539	404	545	554	497	489	495	548
Port-Talbot	287	325	539	404	545	554	497	489	495	548

* Hypothetischer Bezug von Übersee-Kokskohlen

Quelle: Eigene Berechnungen

Tab. 5.4

HERSTELLUNGSKOSTEN (EGKS-Erzeugnisse) ausgewählter EG-STAHLSTANDORTE nach Erzeugnisgruppen (DM/t)
Arbeitskosten und Elektr.-Kosten im EG-Durchschnitt
(Ausgewählte Kostenfaktoren)
Berechnet auf der Basis eines Dollarkurses von 2,00 DM/US-$

	Roheisen	Rohstahl	Walz-stahl	Halbzeug	Oberbau-material	Form-/Stabstahl	Walz-draht	Band-stahl	Grob-/Mittelbl.	Fein-blech
Bremen	249	284	495	362	502	511	453	446	451	503
Bremen*	227	265	473	342	481	491	432	426	430	482
Duisburg	238	274	484	352	492	501	443	436	441	492
Duisburg*	225	262	471	340	479	488	430	423	428	479
Salzgitter	252	287	498	365	505	514	456	449	454	506
Salzgitter*	233	270	479	348	487	496	438	431	436	488
Völklingen	265	299	511	378	518	527	469	462	468	520
Völklingen*	256	291	502	369	509	518	460	453	459	511
Dünkirchen	211	252	459	329	468	477	418	412	417	468
Fos-sur-Mer	211	252	459	329	468	477	418	412	417	468
Thionville	246	285	495	362	502	511	453	447	452	504
Genua	211	250	457	327	466	475	416	410	414	465
Neapel	211	250	457	327	466	475	416	410	414	465
IJmuiden	211	252	459	329	468	477	418	412	416	467
Charleroi	234	276	485	354	493	502	444	437	442	494
Esch	250	288	498	366	506	515	457	450	455	507
Glasgow	211	255	463	333	472	481	422	416	420	471
Scunthorpe	211	255	463	333	472	481	422	416	420	471
Port-Talbot	211	255	463	333	472	481	422	416	420	471

* Hypothetischer Bezug von Übersee-Kokskohlen

Quelle: Eigene Berechnungen

Tab. 6.1

TRANSPORTAUFWENDUNGEN (ABSATZ) ausgewählter EG-STANDORTE (DM/t)
Zielregion: Frankreich

Standort	Stahl		Halbzeug		Oberbau		Form/Stab		Walzdraht		Bandstahl		Grob/Mittel		Feinblech	
	Min	Max	Min	Max	Min	Max	Min	Max	Min	Max	Min	Max	Min	Max	Min	Max
Bremen	59	132	56	126	60	136	61	136	56	127	59	130	59	136	63	136
Duisburg	48	93	42	86	51	99	51	97	43	87	47	92	50	97	52	97
Salzgitter	63	138	58	130	65	142	65	141	59	131	62	136	64	142	67	142
Völklingen	44	63	40	58	46	66	45	66	41	59	43	62	46	66	45	66
Dünkirchen	47	63	43	57	50	70	49	67	44	58	46	62	47	67	49	67
Fos-s-Mer	57	88	59	92	55	83	55	84	58	91	58	89	54	85	56	85
Thionville	48	60	45	56	51	63	50	63	45	57	47	59	50	63	51	62
Genua	53	104	54	107	52	101	52	102	54	107	54	105	51	103	53	102
Neapel	70	163	69	166	72	160	71	161	69	166	70	164	70	162	71	160
IJmuiden	58	111	55	103	60	117	60	115	56	105	58	109	58	115	61	114
Charleroi	36	60	32	54	40	66	39	64	33	55	35	59	39	64	39	64
Esch/Belval	36	62	33	56	39	66	38	65	33	57	35	60	39	65	38	65
Glasgow	70	192	70	186	72	199	71	196	70	187	71	190	69	196	72	195
Scunthorpe	69	163	67	157	71	170	70	167	67	158	69	162	68	167	70	167
Port-Talbot	67	163	67	157	68	170	68	167	67	158	68	162	66	167	68	167

Quelle: Eigene Berechnungen

Tab. 6.2

TRANSPORT AUFWENDUNGEN (ABSATZ) ausgewählter EG-STANDORTE (DM/t)
Zielregion: Italien

Standort	Stahl		Halbzeug		Oberbau		Form/Stab		Walzdraht		Bandstahl		Grob/Mittel		Feinblech	
	Min	Max	Min	Max	Min	Max	Min	Max	Min	Max	Min	Max	Min	Max	Min	Max
Bremen	79	172	79	170	81	177	79	173	79	170	78	173	79	173	78	173
Duisburg	98	167	99	165	99	172	98	168	99	165	98	168	98	168	97	168
Salzgitter	97	165	97	163	97	170	97	166	97	164	97	166	97	166	96	166
Völklingen	97	154	95	152	101	158	98	155	95	152	97	155	97	155	97	155
Dünkirchen	75	141	75	138	76	150	75	143	75	138	74	141	75	142	74	141
Fos-s-Mer	53	75	51	73	60	84	55	78	51	73	53	76	54	77	53	76
Thionville	73	114	71	111	79	123	74	116	71	111	73	114	74	115	73	114
Genua	22	29	20	27	30	36	24	31	20	27	22	29	23	30	22	29
Neapel	54	57	55	57	51	54	54	56	55	57	54	56	54	56	54	56
IJmuiden	76	190	77	187	78	199	77	192	77	187	76	190	77	191	76	190
Charleroi	86	138	86	135	89	147	87	140	86	135	86	138	87	139	86	138
Esch/Belval	123	123	120	120	132	132	126	126	120	120	124	124	125	125	124	124
Glasgow	78	270	79	267	80	279	79	272	79	267	78	270	79	271	77	270
Scunthorpe	80	241	80	238	81	250	80	243	80	238	79	241	80	242	79	241
Port-Talbot	76	241	76	238	78	250	76	243	76	238	75	241	76	242	75	241

Quelle: Eigene Berechnungen

Tab. 6.3

TRANSPORTAUFWENDUNGEN (ABSATZ) ausgewählter EG-STANDORTE (DM/t)
Zielregion: Niederlande

Standort	Stahl		Halbzeug		Oberbau		Form/Stab		Walzdraht		Bandstahl		Grob/Mittel		Feinblech	
	Min	Max	Min	Max	Min	Max	Min	Max	Min	Max	Min	Max	Min	Max	Min	Max
Bremen	31	80	31	80	31	81	31	80	31	79	32	80	31	80	32	80
Duisburg	21	53	21	53	21	54	21	53	21	52	21	52	21	53	21	52
Salzgitter	41	91	41	91	41	92	41	91	41	90	41	92	41	92	41	91
Völklingen	48	99	48	99	48	100	48	99	48	98	47	98	48	100	47	98
Dünkirchen	28	71	28	71	28	71	28	71	28	72	27	70	28	72	28	71
Fos-s-Mer	37	161	37	161	37	161	37	161	37	162	38	160	37	162	38	161
Thionville	24	98	24	98	24	99	24	98	24	97	24	97	24	99	24	97
Genua	35	172	35	172	35	172	35	172	35	173	36	171	35	172	36	171
Neapel	36	231	36	231	35	231	36	231	36	232	36	230	35	231	36	230
IJmuiden	13	40	13	40	13	39	13	40	13	41	13	41	13	40	13	41
Charleroi	13	61	13	61	13	61	13	61	13	62	13	60	13	61	13	60
Esch/Belval	28	108	28	108	28	109	28	108	28	108	28	108	28	109	28	108
Glasgow	36	183	36	183	36	183	36	183	36	184	38	189	36	183	37	182
Scunthorpe	31	155	31	156	30	155	31	156	31	157	31	154	30	156	31	155
Port-Talbot	34	163	34	163	33	163	34	163	34	164	34	162	33	163	34	162

Quelle: Eigene Berechnungen

Tab. 6.4

TRANSPORT AUFWENDUNGEN (ABSATZ) ausgewählter EG-STANDORTE (DM/t)
Zielregion: Belgien

Standort	Stahl Min	Stahl Max	Halbzeug Min	Halbzeug Max	Oberbau Min	Oberbau Max	Form/Stab Min	Form/Stab Max	Walzdraht Min	Walzdraht Max	Bandstahl Min	Bandstahl Max	Grob/Mittel Min	Grob/Mittel Max	Feinblech Min	Feinblech Max
Bremen	43	94	46	92	41	95	42	95	45	92	42	94	42	95	40	96
Duisburg	26	48	26	46	25	50	26	49	26	46	26	49	26	49	26	50
Salzgitter	46	99	46	97	45	100	46	100	46	97	46	99	46	100	45	101
Völklingen	39	79	37	77	39	80	39	80	37	77	39	79	39	80	40	81
Dünkirchen	17	43	18	45	16	42	16	42	18	45	17	43	16	42	16	41
Fos-s-Mer	41	121	42	119	40	122	40	121	42	119	40	121	40	121	39	122
Thionville	25	52	23	50	26	53	25	52	23	50	25	52	25	52	26	53
Genua	38	138	39	137	37	138	37	138	39	137	37	138	37	138	36	138
Neapel	38	197	39	196	37	197	37	197	39	196	37	197	37	197	36	197
IJmuiden	27	63	28	65	26	61	26	62	28	64	27	62	27	62	26	61
Charleroi	7	21	6	19	8	23	8	22	7	19	7	22	8	22	8	24
Esch/Belval	20	60	19	58	21	62	21	61	19	59	20	61	21	61	21	62
Glasgow	39	156	40	158	38	154	38	154	40	158	38	155	38	155	37	153
Scunthorpe	34	127	36	130	33	126	34	126	36	130	34	127	34	126	33	125
Port-Talbot	37	135	38	138	36	133	36	134	38	137	36	135	36	134	35	132

Quelle: Eigene Berechnungen

Tab. 6.5

TRANSPORTAUFWENDUNGEN (ABSATZ) ausgewählter EG-STANDORTE (DM/t)
Zielregion: Luxemburg

Standort	Stahl		Halbzeug		Oberbau		Form/Stab		Walzdraht		Bandstahl		Grob/Mittel		Feinblech	
	Min	Max	Min	Max	Min	Max	Min	Max	Min	Max	Min	Max	Min	Max	Min	Max
Bremen	55	105	55	105	55	105	55	105	55	105	55	105	55	105	55	105
Duisburg	35	73	35	73	35	73	35	73	35	73	35	73	35	73	35	73
Salzgitter	56	106	56	106	56	106	56	106	56	106	56	106	56	106	56	106
Völklingen	20	43	20	43	20	43	20	43	20	43	20	43	20	43	20	43
Dünkirchen	30	59	30	59	30	59	30	59	30	59	30	59	30	59	30	59
Fos-s-Mer	58	98	58	98	58	98	58	98	58	98	58	98	58	98	58	98
Thionville	8	21	8	21	8	21	8	21	8	21	8	21	8	21	8	21
Genua	53	117	53	117	53	117	53	117	53	117	53	117	53	117	53	117
Neapel	53	172	53	172	53	172	53	172	53	172	53	172	53	172	53	172
Ijmuiden	40	115	40	115	40	115	40	115	40	115	40	115	40	115	40	115
Charleroi	18	51	18	51	18	51	18	51	18	51	18	51	18	51	18	51
Esch/Belval	0	0	0	0	0	0	0	0	0	0	0	0	0	0	0	0
Glasgow	54	193	54	193	54	193	54	193	54	193	54	193	54	193	54	193
Scunthorpe	49	166	49	166	49	166	49	166	49	166	49	166	49	166	49	166
Port-Talbot	52	173	52	173	52	173	52	173	52	173	52	173	52	173	52	173

Quelle: Eigene Berechnungen

Tab. 6.6

TRANSPORT AUFWENDUNGEN (ABSATZ) ausgewählter EG-ST ANDORTE (DM/t)
Zielregion: Grossbritannien

Standort	Stahl		Halbzeug		Oberbau		Form/Stab		Walzdraht		Bandstahl		Grob/Mittel		Feinblech	
	Min	Max	Min	Max	Min	Max	Min	Max	Min	Max	Min	Max	Min	Max	Min	Max
Bremen	42	205	43	209	38	203	40	203	43	209	42	203	40	204	42	200
Duisburg	68	160	70	164	66	158	66	158	70	163	68	159	66	159	66	155
Salzgitter	66	210	67	214	62	208	64	208	67	214	66	208	64	209	65	205
Völklingen	99	190	101	194	96	189	98	188	101	194	100	189	98	190	99	186
Dünkirchen	38	111	39	115	34	110	36	109	39	115	38	110	36	110	37	107
Fos-s-Mer	45	216	46	220	42	214	43	214	46	220	45	215	44	215	45	211
Thionville	84	154	85	159	80	153	82	152	85	158	84	153	82	154	83	150
Genua	43	228	45	232	40	228	41	226	45	232	44	226	42	227	43	222
Neapel	44	286	46	291	41	287	43	285	46	291	45	284	43	286	44	280
IJmuiden	41	162	42	165	38	161	39	161	42	165	41	162	39	162	41	159
Charleroi	65	131	66	134	61	130	63	129	66	134	65	130	63	130	64	127
Esch/Belval	79	165	81	169	76	166	78	164	81	169	80	165	78	165	79	161
Glasgow	50	50	45	45	48	48	51	51	46	46	50	51	50	50	54	54
Scunthorpe	32	32	32	32	34	34	33	33	32	32	31	31	33	33	31	31
Port-Talbot	39	39	40	40	42	42	40	40	39	39	38	38	40	40	37	37

Quelle: Eigene Berechnungen

Tab. 6.7

TRANSPORTAUFWENDUNGEN (ABSATZ) ausgewählter EG-STANDORTE (DM/t)
Zielregion: Dänemark

Standort	Stahl Min	Stahl Max	Halbzeug Min	Halbzeug Max	Oberbau Min	Oberbau Max	Form/Stab Min	Form/Stab Max	Walzdraht Min	Walzdraht Max	Bandstahl Min	Bandstahl Max	Grob/Mittel Min	Grob/Mittel Max	Feinblech Min	Feinblech Max
Bremen	26	79	26	81	26	77	26	77	26	82	26	79	26	78	26	76
Duisburg	48	107	48	109	48	105	48	105	48	110	48	107	48	106	48	104
Salzgitter	48	88	48	89	48	87	48	87	48	90	48	88	48	87	48	86
Völklingen	71	128	71	131	71	126	71	126	71	131	71	128	71	127	71	125
Dünkirchen	24	180	24	182	24	178	24	178	24	182	24	179	24	179	24	177
Fos-s-Mer	35	209	35	212	35	207	35	207	35	212	35	209	35	208	35	206
Thionville	89	132	89	135	89	130	89	131	89	135	89	132	89	131	89	129
Genua	30	211	30	213	30	209	30	209	30	214	30	211	30	210	30	208
Neapel	33	265	33	267	33	263	33	263	33	268	33	265	33	264	33	262
IJmuiden	26	147	26	149	26	145	26	145	26	150	26	147	26	146	26	144
Charleroi	51	142	51	144	51	140	51	140	51	144	51	141	51	141	51	139
Esch/Belval	66	120	66	118	66	123	66	122	66	118	66	121	66	122	66	123
Glasgow	29	294	29	296	29	292	29	292	29	296	29	293	29	292	29	291
Scunthorpe	29	264	29	266	29	261	29	262	29	266	29	263	29	262	29	261
Port-Talbot	30	273	30	275	30	271	30	271	30	275	30	272	30	272	30	270

Quelle: Eigene Berechnungen

Tab. 6.8

TRANSPORT AUFWENDUNGEN (ABSATZ) ausgewählter EG-STANDORTE (DM/t)
Zielregion: Irland

Standort	Stahl		Halbzeug		Oberbau		Form/Stab		Walzdraht		Bandstahl		Grob/Mittel		Feinblech	
	Min	Max	Min	Max	Min	Max	Min	Max	Min	Max	Min	Max	Min	Max	Min	Max
Bremen	31	94	31	94	31	94	31	94	31	94	31	94	31	94	31	94
Duisburg	61	94	61	94	61	94	61	94	61	94	61	94	61	94	61	94
Salzgitter	55	104	55	104	55	104	55	104	55	104	55	104	55	104	55	104
Völklingen	88	122	88	122	88	122	88	122	88	122	88	122	88	122	88	122
Dünkirchen	26	72	26	72	26	72	26	72	26	72	26	72	26	72	26	72
Fos-s-Mer	32	133	32	133	32	133	32	133	32	133	32	133	32	133	32	133
Thionville	72	110	72	110	72	110	72	110	72	110	72	110	72	110	72	110
Genua	30	120	30	120	30	120	30	120	30	120	30	120	30	120	30	120
Neapel	30	120	30	120	30	10	30	120	30	120	30	120	30	120	30	120
IJmuiden	29	190	29	190	29	190	29	190	29	190	29	190	29	190	29	190
Charleroi	53	126	53	126	53	126	53	126	53	126	53	126	53	126	53	126
Esch/Belval	68	143	68	143	68	143	68	143	68	143	68	143	68	143	68	143
Glasgow	25	83	25	83	25	83	25	83	25	83	25	83	25	83	25	83
Scunthorpe	30	130	30	130	30	130	30	130	30	130	30	130	30	130	30	130
Port-Talbot	27	107	27	107	27	107	27	107	27	107	27	107	27	107	27	107

Quelle: Eigene Berechnungen

335

Tab. 6.9

TRANSPORT AUFWENDUNGEN (ABSATZ) ausgewählter EG-STANDORTE (DM/t)
Zielregion: EG-Süd

Standort	Stahl		Halbzeug		Oberbau		Form/Stab		Walzdraht		Bandstahl		Grob/Mittel		Feinblech	
	Min	Max	Min	Max	Min	Max	Min	Max	Min	Max	Min	Max	Min	Max	Min	Max
Bremen	68	151	69	151	71	158	69	153	68	149	68	149	68	153	68	148
Duisburg	70	125	73	129	76	138	72	128	68	123	67	123	70	127	66	120
Salzgitter	78	151	80	150	82	157	79	153	77	149	77	150	78	153	76	150
Völklingen	66	102	70	108	75	115	68	105	65	100	64	99	67	103	62	94
Dünkirchen	59	96	60	100	64	113	61	101	58	93	58	93	59	99	57	90
Fos-s-Mer	56	84	56	84	58	84	56	83	57	87	57	85	55	83	55	82
Thionville	59	83	59	86	66	96	61	87	58	81	57	81	60	85	58	79
Genua	41	74	37	67	41	67	41	73	42	78	43	78	41	74	44	79
Neapel	64	121	63	112	61	104	64	116	66	127	65	125	64	120	66	128
IJmuiden	67	145	67	149	70	161	68	149	67	143	66	142	66	147	66	138
Charleroi	58	93	61	98	66	109	60	98	56	90	55	90	59	96	53	87
Esch/Belval	73	88	79	91	89	102	77	92	71	85	70	86	75	91	66	84
Glasgow	75	227	76	232	76	242	75	230	76	227	75	224	74	229	73	219
Scunthorpe	74	198	75	202	77	213	75	201	75	197	74	195	73	200	73	190
Port-Talbot	72	198	73	202	73	213	72	201	73	197	72	195	71	200	70	190

Quelle: Eigene Berechnungen

Tab. 7.1

HERSTELLUNGSKOSTEN (Walzstahlerzeugnisse) zuzüglich Transportaufwendungen (Absatz) innerhalb der Europäischen Gemeinschaft (EG-9) nach Erzeugnisgruppen (DM/t) (Ausgewählte Kostenfaktoren)

	Walz-stahl	Halbzeug	Oberbau-material	Form-/Stabstahl	Walz-draht	Band-stahl	Grob-/Mittelbl.	Fein-blech
Bremen	630	486	637	646	583	578	584	641
Duisburg	618	474	626	635	567	565	572	629
Salzgitter	641	497	648	656	593	587	594	650
Völklingen	657	513	665	672	608	602	612	665
Dünkirchen	573	448	578	586	531	526	530	582
Fos-s-Mer	577	449	582	591	536	531	535	587
Thionville	606	475	611	618	562	556	564	614
Genua	595	454	601	611	552	545	549	606
Neapel	607	465	612	622	561	557	561	620
IJmuiden	657	488	668	678	601	596	601	668
Charleroi	588	460	594	600	545	539	546	597
Esch	528	437	529	532	496	489	498	535
Glasgow	549	436	550	558	512	507	512	561
Scunthorpe	543	432	545	552	507	502	506	554
Port-Talbot	545	433	547	554	509	503	508	556

Quelle: Eigene Berechnungen

Tab. 7.2

HERSTELLUNGSKOSTEN (Walzstahlerzeugnisse) zuzüglich Transportaufwendungen (Absatz) innerhalb der Europäischen Gemeinschaft (EG-9) nach Erzeugnisgruppen (DM/t)
(Ausgewählte Kostenfaktoren)
Berechnet auf der Basis eines Dollarkurses von 2,00 DM/US-$

	Walz-stahl	Halbzeug	Oberbau-material	Form-/Stabstahl	Walz-draht	Band-stahl	Grob-/Mittelbl.	Fein-blech
Bremen	560	421	570	579	515	511	515	572
Duisburg	549	409	560	568	499	498	504	559
Salzgitter	571	432	581	589	525	520	525	581
Völklingen	588	448	598	605	540	535	543	595
Dünkirchen	497	377	505	513	456	452	455	505
Fos-s-Mer	501	378	509	518	461	457	460	510
Thionville	529	404	537	545	487	483	489	537
Genua	519	383	528	538	477	471	473	530
Neapel	531	394	539	549	486	483	485	544
IJmuiden	581	417	594	605	526	522	526	592
Charleroi	512	389	520	527	470	465	471	521
Esch	451	366	456	458	421	416	423	458
Glasgow	473	365	476	484	437	433	437	485
Scunthorpe	467	361	471	478	432	428	431	478
Port-Talbot	469	362	473	480	434	429	433	480

Quelle: Eigene Berechnungen

Tab. 7.3

HERSTELLUNGSKOSTEN (Walzstahlerzeugnisse) zuzüglich Transportaufwendungen (Absatz) innerhalb der Europäischen Gemeinschaft (EG-9) nach Erzeugnisgruppen (DM/t) Arbeitskosten und Elektr.-Kosten im EG-Durchschnitt (Ausgewählte Kostenfaktoren)

	Walz-stahl	Halbzeug	Oberbau-material	Form-/Stabstahl	Walz-draht	Band-stahl	Grob-/Mittelbl.	Fein-blech
Bremen	616	478	622	631	571	566	572	628
Duisburg	604	466	612	620	556	553	560	615
Salzgitter	627	489	633	641	581	575	582	637
Völklingen	643	505	650	657	596	590	600	652
Dünkirchen	588	456	594	602	544	539	543	598
Fos-s-Mer	592	457	598	607	549	544	548	603
Thionville	621	484	627	635	575	569	577	630
Genua	581	446	586	596	540	533	537	591
Neapel	593	457	597	607	549	545	549	605
IJmuiden	579	444	585	593	534	530	535	589
Charleroi	605	470	612	619	559	553	561	614
Esch	628	495	637	643	581	576	584	637
Glasgow	604	468	609	619	559	554	559	616
Scunthorpe	598	464	604	613	554	549	553	609
Port-Talbot	600	465	606	615	556	550	555	611

Quelle: Eigene Berechnungen

Tab. 7.4

HERSTELLUNGSKOSTEN (Walzstahlerzeugnisse) zuzüglich Transportaufwendungen (Absatz) innerhalb der Europäischen Gemeinschaft (EG-9) nach Erzeugnisgruppen (DM/t)
Arbeitskosten und Elektr.-Kosten im EG-Durchschnitt
(Ausgewählte Kostenfaktoren)
Berechnet auf der Basis eines Dollarkurses von 2,00 DM/US-$

	Walz-stahl	Halbzeug	Oberbau-material	Form-/Stabstahl	Walz-draht	Band-stahl	Grob-/Mittelbl.	Fein-blech
Bremen	547	413	555	564	503	499	503	558
Duisburg	535	401	545	553	488	486	492	545
Salzgitter	558	424	566	574	513	508	513	567
Völklingen	574	441	583	590	528	523	532	582
Dünkirchen	512	385	521	529	469	465	468	522
Fos-s-Mer	516	386	525	534	474	470	473	527
Thionville	545	412	553	561	500	496	502	554
Genua	505	375	513	523	465	459	461	514
Neapel	517	386	524	534	474	471	473	528
IJmuiden	503	373	512	520	459	456	459	512
Charleroi	528	399	538	545	484	479	485	537
Esch	552	424	564	570	508	502	509	560
Glasgow	528	397	536	546	484	481	484	539
Scunthorpe	522	393	531	540	479	476	478	532
Port-Talbot	524	394	533	542	481	477	480	534

Quelle: Eigene Berechnungen

Tab. 7.5

HERSTELLUNGSKOSTEN (Walzstahlerzeugnisse) zuzüglich Transportaufwendungen (Absatz) ausgewählter EG-STAHLSTANDORTE nach Zielregionen (DM/t) (Ausgewählte Kostenfaktoren)

Standort	Walzstahlerzeugnisse			Halbzeug			Flacherzeugnisse			Übrige Erzeugnisse		
	EG-9	Dritt-länder	Welt insg.	EG-9	Dritt-länder	Welt insg.	EG-9	Dritt-länder	Welt insg.	EG-9	Dritt-länder	Welt insg.
Bremen	630	641	632	486	505	488	602	610	603	622	634	624
Duisburg	618	666	627	474	531	479	589	635	598	609	661	620
Salzgitter	641	682	648	497	546	501	611	650	619	632	675	641
Völklingen	657	710	667	513	573	518	627	679	637	648	704	660
Dünkirchen	573	581	574	448	460	449	546	552	547	565	575	567
Fos-s-Mer	577	577	577	449	454	449	551	549	550	570	570	570
Thionville	606	659	616	475	535	480	578	630	588	597	653	609
Genua	595	604	597	454	469	455	566	574	568	588	597	590
Neapel	607	604	606	465	469	465	579	574	578	599	597	598
IJmuiden	657	673	660	488	511	490	622	637	625	649	668	653
Charleroi	588	629	596	460	506	464	562	602	570	580	623	589
Esch	528	571	536	437	483	441	507	550	516	519	563	528
Glasgow	549	550	549	436	445	437	527	525	527	540	543	540
Scunthorpe	543	550	544	432	445	433	521	525	521	534	543	536
Port-Talbot	545	548	546	433	443	434	523	524	523	536	541	537

Quelle: Eigene Berechnungen

Tab. 7.6

HERSTELLUNGSKOSTEN (Walzstahlerzeugnisse) zuzüglich Transportaufwendungen (Absatz) ausgewählter EG-STAHLSTANDORTE nach Zielregionen (DM/t)
(Ausgewählte Kostenfaktoren)
Berechnet auf der Basis eines Dollarkurses von 2,00 DM/US-$

Standort	Walzstahlerzeugnisse			Halbzeug			Flacherzeugnisse			Übrige Erzeugnisse		
	EG-9	Dritt-länder	Welt insg.	EG-9	Dritt-länder	Welt insg.	EG-9	Dritt-länder	Welt insg.	EG-9	Dritt-länder	Welt insg.
Bremen	560	558	560	421	424	421	537	528	532	555	553	554
Duisburg	549	585	556	409	451	413	521	555	527	541	579	549
Salzgitter	571	599	576	432	465	435	542	569	547	565	594	571
Völklingen	588	629	595	448	493	452	559	599	567	581	623	590
Dünkirchen	497	492	496	377	373	377	471	466	470	491	488	490
Fos-s-Mer	501	489	499	378	370	377	476	463	473	496	484	493
Thionville	529	570	536	404	449	408	503	543	511	523	565	532
Genua	519	517	519	383	384	383	491	488	490	514	511	513
Neapel	531	517	528	394	384	393	504	489	501	525	512	522
IJmuiden	581	585	582	417	425	418	546	549	547	575	580	576
Charleroi	512	541	517	389	420	392	486	514	491	506	535	512
Esch	451	482	457	366	397	369	432	463	438	445	475	451
Glasgow	473	460	471	365	357	364	451	437	448	466	454	463
Scunthorpe	467	460	466	361	357	361	445	436	443	460	454	459
Port-Talbot	469	459	467	362	356	361	447	435	444	462	453	460

Quelle: Eigene Berechnungen

Tab. 7.7

HERSTELLUNGSKOSTEN (Walzstahlerzeugnisse) zuzüglich Transportaufwendungen (Absatz) ausgewählter EG-STAHLSTANDORTE nach Zielregionen (DM/t)
Arbeitskosten und Elektr.-Kosten im EG-Durchschnitt
(Ausgewählte Kostenfaktoren)

Standort	Walzstahlerzeugnisse			Halbzeug			Flacherzeugnisse			Übrige Erzeugnisse		
	EG-9	Dritt-länder	Welt insg.	EG-9	Dritt-länder	Welt insg.	EG-9	Dritt-länder	Welt insg.	EG-9	Dritt-länder	Welt insg.
Bremen	616	627	618	478	497	480	590	598	591	608	620	610
Duisburg	604	652	613	466	523	471	577	623	586	595	647	606
Salzgitter	627	668	634	489	538	493	599	638	607	618	661	627
Völklingen	643	696	653	505	565	510	615	667	625	634	690	646
Dünkirchen	588	596	589	456	468	457	560	566	561	580	590	582
Fos-s-Mer	592	592	592	457	462	457	565	563	564	585	585	585
Thionville	621	674	631	484	544	489	592	644	602	612	668	624
Genua	581	590	583	446	461	447	553	561	555	574	583	576
Neapel	593	590	592	457	461	457	566	561	565	585	583	584
IJmuiden	579	595	582	444	467	446	551	566	554	571	590	575
Charleroi	605	646	613	470	516	474	576	616	584	597	640	606
Esch	628	671	636	495	541	499	599	642	608	621	665	630
Glasgow	604	605	604	468	477	469	577	575	577	596	599	596
Scunthorpe	598	605	599	464	477	465	571	575	571	590	599	592
Port-Talbot	600	603	601	465	475	466	573	574	573	592	597	593

Quelle: Eigene Berechnungen

Tab. 7.8

HERSTELLUNGSKOSTEN (Walzstahlerzeugnisse) zuzüglich Transportaufwendungen (Absatz)
ausgewählter EG-STAHLSTANDORTE nach Zielregionen (DM/t)
Arbeitskosten und Elektr.-Kosten im EG-Durchschnitt
(Ausgewählte Kostenfaktoren)
Berechnet auf der Basis eines Dollarkurses von 2,00 DM/US-$

Standort	Walzstahlerzeugnisse			Halbzeug			Flacherzeugnisse			Übrige Erzeugnisse		
	EG-9	Dritt-länder	Welt insg.	EG-9	Dritt-länder	Welt insg.	EG-9	Dritt-länder	Welt insg.	EG-9	Dritt-länder	Welt insg.
Bremen	547	545	547	413	416	413	521	516	520	541	539	540
Duisburg	535	571	542	401	443	405	508	542	514	527	565	535
Salzgitter	558	586	563	424	457	427	530	557	535	551	580	557
Völklingen	574	615	581	441	486	445	546	586	554	567	609	576
Dünkirchen	512	507	511	385	381	385	485	480	484	506	503	505
Fos-s-Mer	516	504	514	386	378	385	490	477	487	511	499	508
Thionville	545	586	552	412	457	416	517	557	525	538	580	547
Genua	505	503	505	375	376	375	478	475	477	500	497	499
Neapel	517	503	514	386	376	385	491	476	488	511	498	508
IJmuiden	503	507	504	373	381	374	476	479	477	497	502	498
Charleroi	528	557	533	399	430	402	501	529	506	523	552	529
Esch	552	583	558	424	455	427	524	555	530	547	577	553
Glasgow	528	515	526	397	389	396	502	488	499	522	510	519
Scunthorpe	522	515	521	393	389	393	496	487	494	516	510	515
Port-Talbot	524	514	522	394	388	393	498	486	495	518	509	516

Quelle: Eigene Berechnungen

Tab. 7.9

| Relative STANDORTPOSITION (Walzstahlerzeugnisse) ausgewählter EG-STAHLSTANDORTE auf der Basis von Herstellungskosten* und Transportaufwendungen (Absatz) nach Zielregionen |

Standort-Klasse	EG-Nord	EG-Süd	EG-9	Übr. W/Eur	Ma-ghreb	Am-Nord	Am-Zentr.	Am-Süd	Mittl. Osten	Übr. Asien	Dritt-länder	Welt insg.
I.		Esch Glas Scun P-T	Esch	Dün Fos Esch Glas Scun P-T	Dün Fos Esch Glas Scun P-T	Dün Fos Esch Glas Scun P-T	Dün Fos Esch Glas Scun P-T	Dün Fos Esch Glas Scun P-T	Dün Fos Esch Glas Scun P-T	Dün Fos Esch Glas Scun P-T	Dün Fos Esch Glas Scun P-T	Esch Scun P-T
II.	Dün Glas Scun P-T	Dün Fos Gen	Dün Fos Glas Scun P-T	Gen Nea	Gen Nea	Gen Nea	Gen Nea	Gen Nea	Gen Nea	Gen Nea	Gen Nea	Dün Fos Glas
III.	Fos Char	Thio Nea Char	Thio Gen Nea Char	Bre		Bre Char	Bre Char	Bre Char	Bre Char	Bre Char	Bre Char	Thio Gen Nea Char
IV.	Bre Duis Thio Gen Nea	Bre Duis	Bre Duis	Duis Salz Thio Char	Bre Thio Char	Duis Thio IJm	Duis Thio IJm	Duis Thio IJm	Duis Salz Thio IJm	Duis Salz Thio IJm	Duis Thio IJm	Bre Duis
V.	Salz IJm	Salz Völk IJm	Salz Völk IJm	IJm	Duis Salz IJm	Salz	Salz	Salz	Völk	Völk	Salz	Salz Völk IJm
VI.	Völk			Völk	Völk	Völk	Völk	Völk			Völk	

*Ausgewählte Kostenfaktoren
Anmerkungen: Berechnet auf der Basis eines Dollarkurses von 2,94 DM/US-$

Quelle: Eigene Zusammenstellung

Tab. 7.10

Relative STANDORTPOSITION (Walzstahlerzeugnisse) ausgewählter EG-STAHLSTANDORTE auf der Basis von Herstellungskosten* und Transportaufwendungen (Absatz) nach Zielregionen

Stand-ort-Klasse	EG-Nord	EG-Süd	EG-9	Übr. W/Eur	Ma-ghreb**	Am-Nord	Am-Zentr.	Am-Süd	Mittl. Osten	Übr. Asien	Dritt-länder	Welt insg.
I.	Esch	Esch	Esch	Dün Fos Esch Glas Scun P-T	Dün Fos Esch Glas Scun P-T	Dün Fos Esc Glas Scun P-T	Dün Fos Esch Glas Scun P-T	Dün Fos Esch Glas Scun P-T	Dün Fos Esch Glas Scun P-T	Dün Fos Esch Glas Scun P-T	Dün Fos Esch Glas Scun P-T	Esch
II.	Glas Scun P-T	Dün Fos Gen Glas Scun P-T	Glas Scun P-T	Gen Nea	Gen Nea			Gen Nea	Gen Nea	Gen Nea	Gen Nea P-T	Dün Fos Glas Scun
III.	Dün Fos	Thio Nea	Dün Fos			Gen Nea	Gen Nea					Gen
IV.	Thio Gen Nea Char	Char	Thio Gen Nea Char	Bre Char	Bre Char	Bre Char	Bre Thio Char	Bre Thio Char	Bre Thio Char	Bre Thio Char	Bre Char	Thio Nea Char
V.	Bre Duis	Bre Duis	Bre Duis	Duis Thio IJm	Thio	Duis Thio IJm	Duis IJm	Duis IJm	Duis IJm	Duis IJm	Duis Thio IJm	Bre Duis
VI.	Salz Völk IJm	Salz Völk IJm	Salz Völk IJm	Salz Völk	Duis Salz Völk IJm	Salz Völk	Salz Völk	Salz Völk	Salz Völk	Salz Völk	Salz Völk	Salz Völk IJm

* Ausgewählte Kostenfaktoren
**Marokko, Algerien, Tunesien
Anmerkungen: Berechnet auf der Basis eines Dollarkurses von 2,00 DM/US-$

Quelle: Eigene Zusammenstellung

Tab. 7.11

Relative STANDORTPOSITION (Walzstahlerzeugnisse) ausgewählter EG-STAHLSTANDORTE auf der Basis von Herstellungskosten* und Transportaufwendungen (Absatz) nach Zielregionen
Arbeits- und Elektr.-Kosten im EG-Durchschnitt

Stand-ort-Klasse	EG-Nord	EG-Süd	EG-9	Übr. W/Eur	Ma-ghreb	Am-Nord	Am-Zentr.	Am-Süd	Mittl. Osten	Übr. Asien	Dritt-länder	Welt insg.
I.	Duis Dün Fos Gen Nea IJm Scun	Dün Fos Gen Nea IJm	Duis Dün Fos Gen Nea IJm Char Glas Scun P-T	Dün Fos Gen Nea IJm Glas Scun P-T	Dün Fos Gen Nea IJm Glas Scun P-T	Dün Fos Gen Nea IJm Glas Scun P-T	Dün Fos Gen Nea IJm Glas Scun P-T	Dün Fos Gen Nea IJm Glas Scun P-T	Dün Fos Gen Nea IJm Glas Scun P-T	Dün Fos Gen Nea IJm Glas Scun P-T	Dün Fos Gen Nea IJm Glas Scun P-T	Dün Fos Gen Nea IJm Glas Scun P-T
II.	Bre Salz Thio Char Esch Glas P-T	Bre Duis Thio Char Glas Scun P-T	Bre Salz Thio Esch	Bre Char	Bre	Bre Duis Char	Bre Duis Char	Bre Duis Char	Bre Char	Bre Char	Bre Char	Bre Duis Salz Thio Char Esch
III.	Völk	Salz Völk Esch	Völk	Duis Salz Thio Esch	Duis Char	Salz Thio Esch	Salz Thio Esch	Salz Thio Esch	Duis Salz Thio Esch	Duis Salz Thio Esch	Duis Salz Thio Esch	Völk
IV.				Völk	Salz Thio Esch	Völk	Völk	Völk	Völk	Völk	Völk	
V.					Völk							

*Ausgewählte Kostenfaktoren
Anmerkungen: Berechnet auf der Basis eines Dollarkurses von 2,94 DM/US-$

Quelle: Eigene Zusammenstellung

Tab. 7.12

Relative STANDORTPOSITION (Walzstahlerzeugnisse) ausgewählter EG-STAHLSTANDORTE auf der Basis von Herstellungskosten* und Transportaufwendungen (Absatz) nach Zielregionen
Arbeits- und Elektr. -Kosten im EG Durchschnitt

Standort-Klasse	EG-Nord	EG-Süd	EG-9	Übr. W/Eur	Ma-ghreb**	Am-Nord	Am-Zentr.	Am-Süd	Mittl. Osten	Übr. Asien	Dritt-länder	Welt insg.
I.	Dün Gen IJm	Dün Fos Gen Nea	Dün Fos Gen Nea IJm Char Glas Scun P-T	Dün Fos Gen Nea IJm Glas Scun P-T	Dün Fos Gen Nea IJm Glas Scun P-T	Dün Fos Gen Nea IJm Glas Scun P-T	Dün Fos Gen Nea IJm Glas Scun P-T	Dün Fos Gen Nea IJm Glas Scun P-T	Dün Fos Gen Nea IJm Glas Scun P-T	Dün Fos Gen Nea IJm Glas Scun P-T	Dün Fos Gen Nea IJm Glas Scun P-T	Dün Fos Gen Nea IJm Glas Scun P-T
II.	Bre Duis Fos Nea Char Glas Scun P-T	IJm Char Glas Scun P-T	Bre Duis Thio Esch	Bre		Bre Char	Bre Char	Bre Char	Bre	Bre	Bre	Bre Duis Thio Char
III.	Salz Thio Esch	Bre Duis Thio Esch	Salz Völk	Duis Char	Bre Char	Duis Esch	Duis Esch	Duis Esch	Duis Char	Duis Char	Duis Char	Salz Esch
IV.	Völk	Salz Völk		Salz Thio Esch	Duis Salz Thio Esch	Salz Thio	Salz Thio	Salz Thio	Salz Thio Esch	Salz Thio Esch	Salz Thio Esch	Völk
V.				Völk		Völk	Völk	Völk	Völk	Völk	Völk	
VI.					Völk							

* Ausgewählte Kostenfaktoren
**Marokko, Algerien, Tunesien
Anmerkungen: Berechnet auf der Basis eines Dollarkurses von 2,00 DM/US-$

Quelle: Eigene Zusammenstellung

Schb. 5.1

Herstellungskosten* (Roheisen) ausgewählter EG-Stahlstandorte nach Kostenfaktoren (in DM/t)

* ausgewählte Kostenfaktoren

☐	Zukauf Elektrizität
▨	Einsatz Arbeit
▨	Einsatz Eisenerz
▨	Einsatz Kokskohlen

DM/t

350
300
250
200
150
100
50
0

Bre | Bre | Duis | Duis | Salz | Salz | Völk | Völk | Fos Dünk | Thio | Gen Nea | IJm | Char | Esch | Glas Scun P-T

Quelle: Eigene Berechnungen

Schb. 5.2

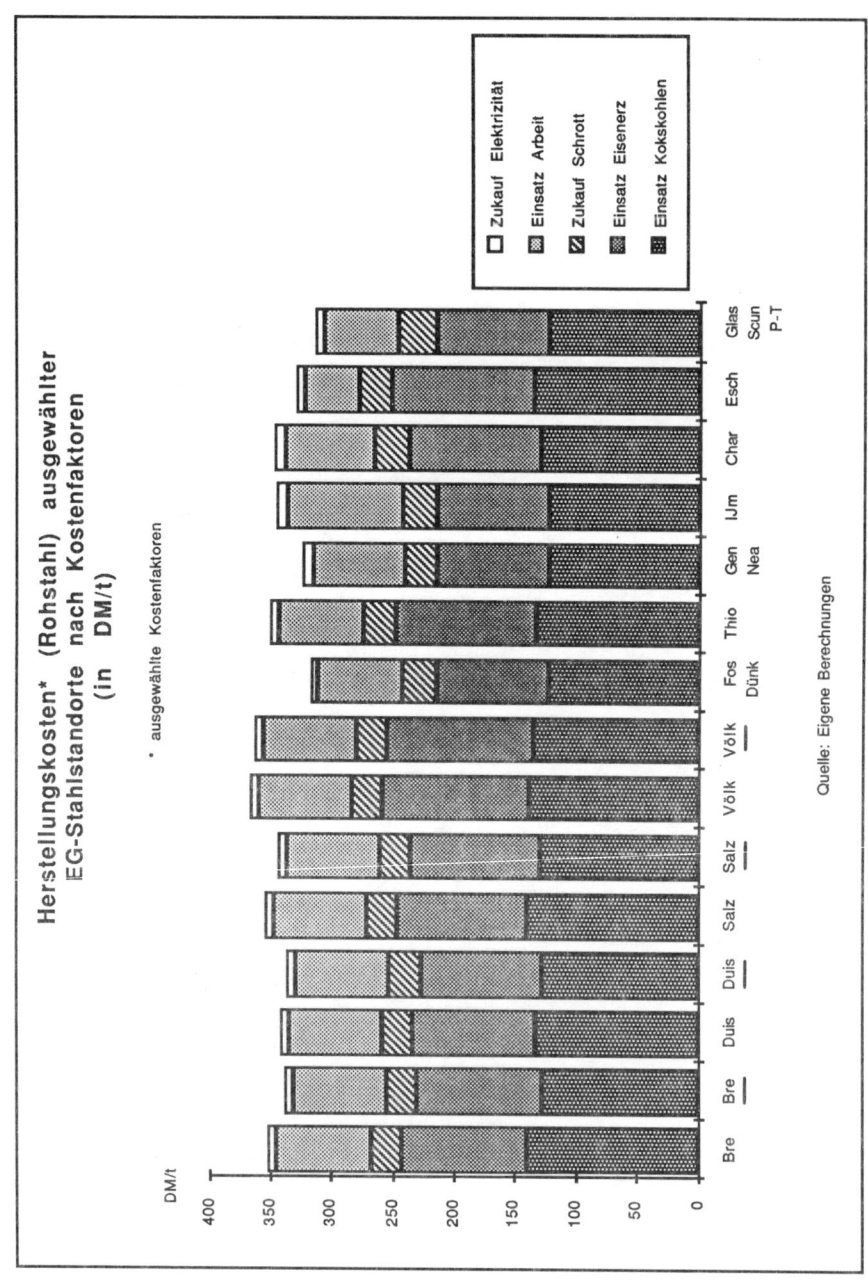

Herstellungskosten* (Rohstahl) ausgewählter
EG-Stahlstandorte nach Kostenfaktoren
(in DM/t)

* ausgewählte Kostenfaktoren

Quelle: Eigene Berechnungen

Schb. 6.1

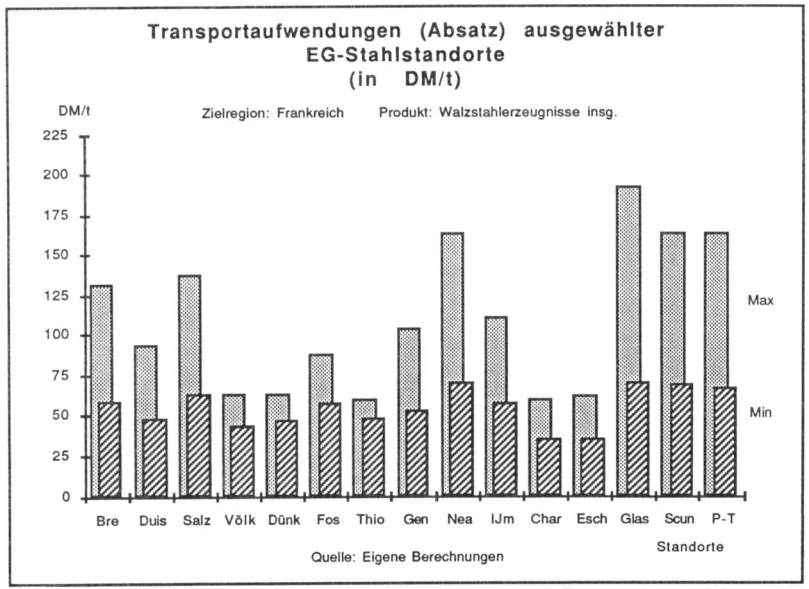

Schb. 6.2

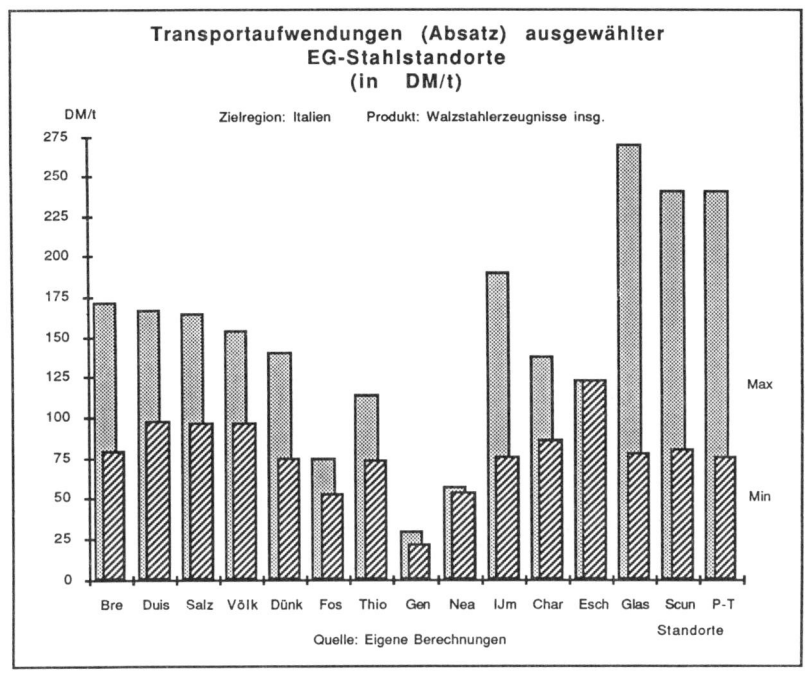

Schb. 6.3

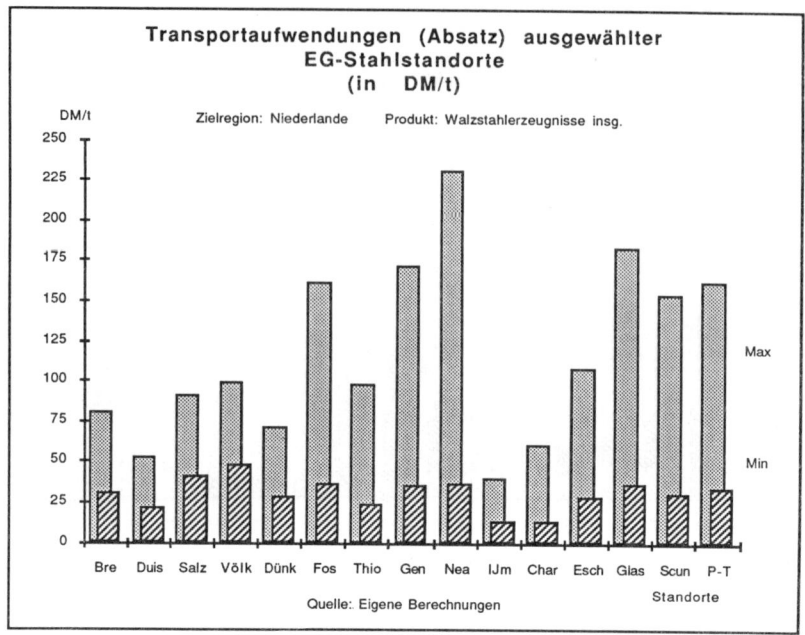

Schb. 6.4

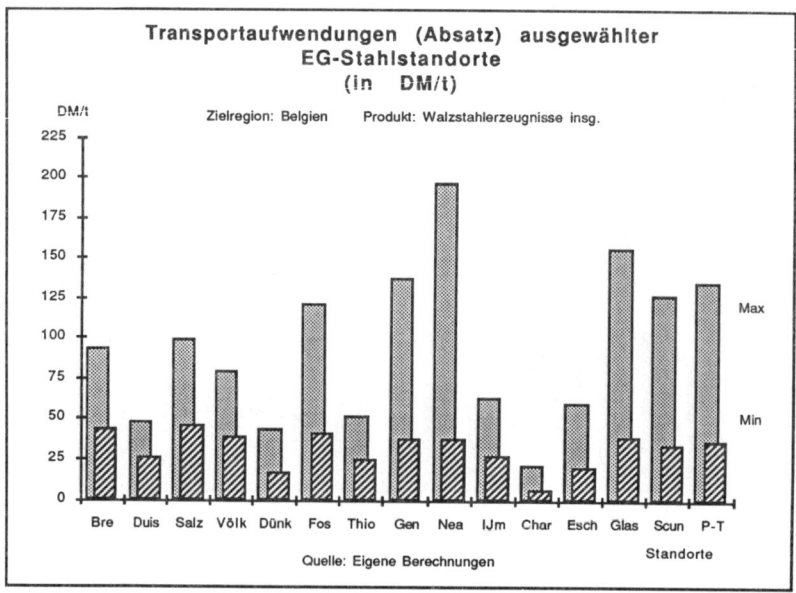

Schb. 6.5

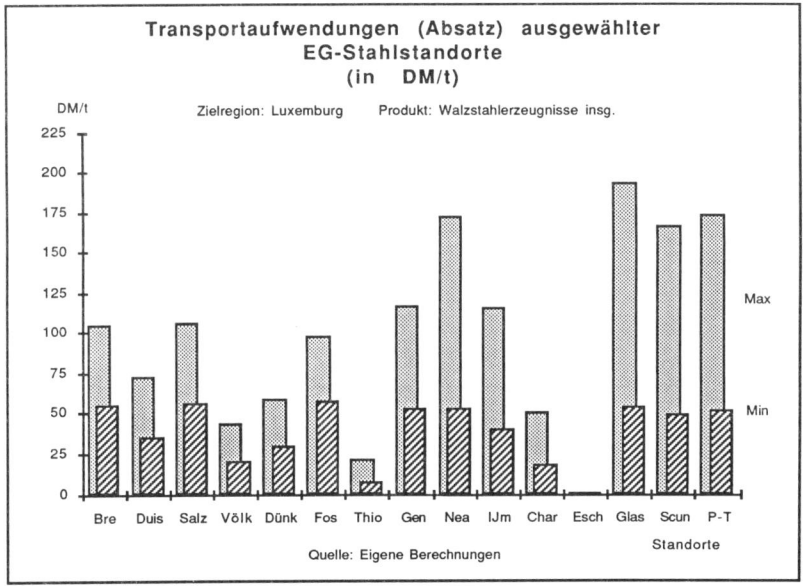

Schb. 6.6

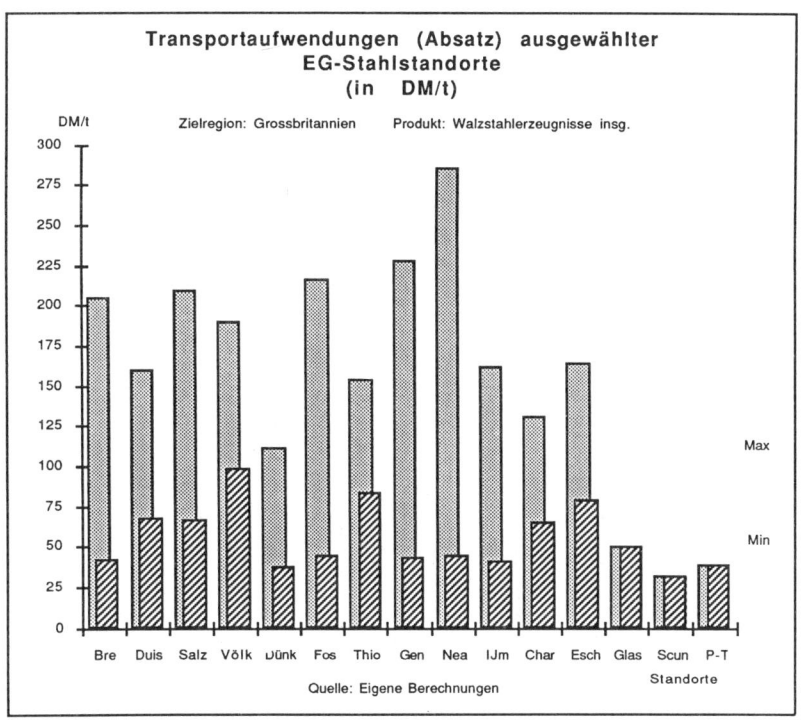

Schb. 6.7

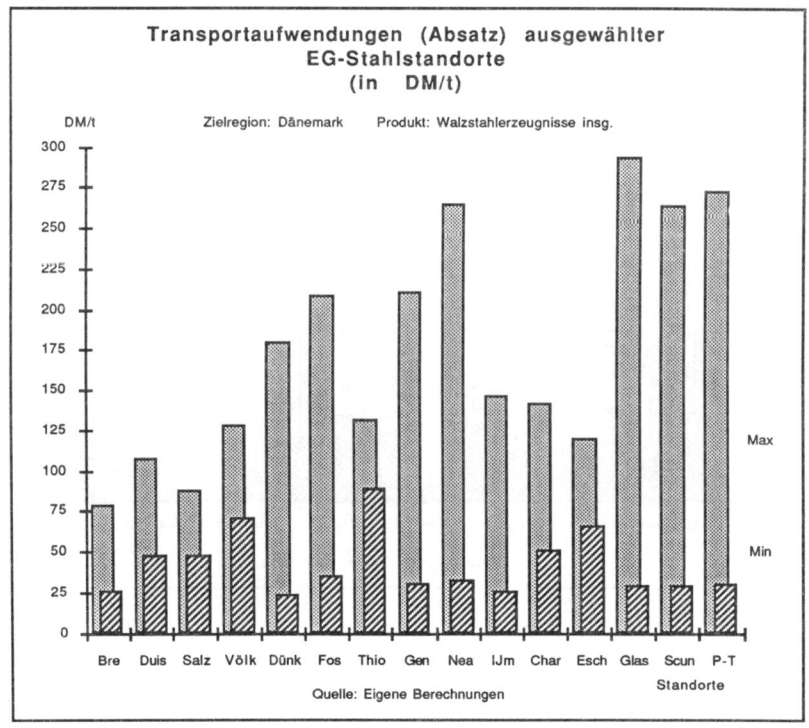

Schb. 6.8

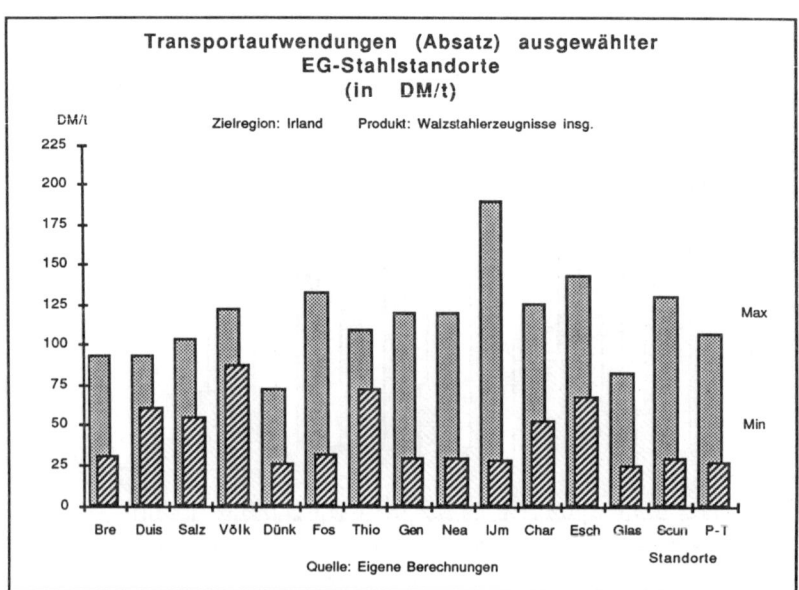

Schb. 6.9

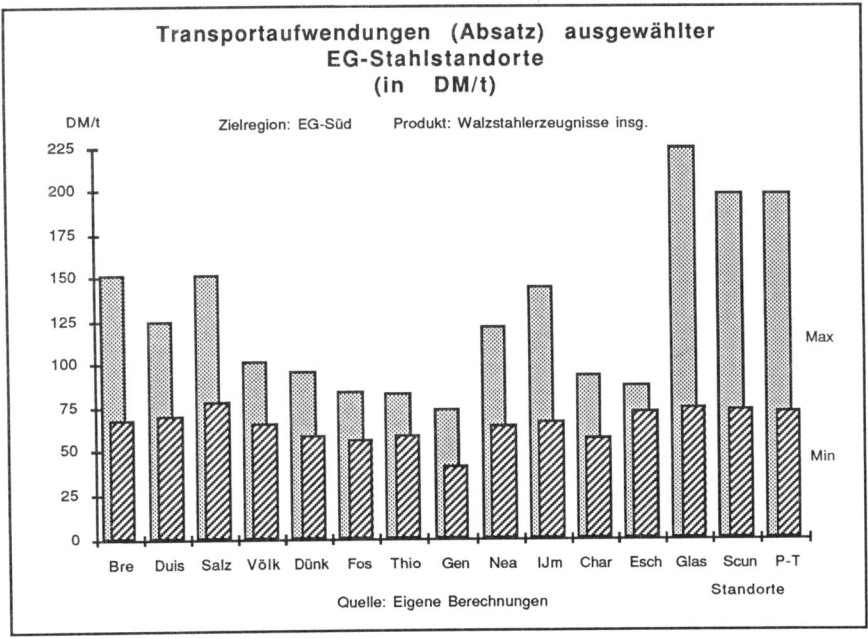

LITERATURVERZEICHNIS

I. Monographien

BARICH, D.,

Markt und Absatz der Massenstahl- und der Edelstahlindustrie, Diss., Mannheim 1959.

BERDEN, W.,

Veränderungen der wirtschaftlichen und technischen Produktionsbedingungen in der Eisen- und Stahlindustrie der Bundesrepublik Deutschland und ihre Auswirkungen auf den Energiebedarf bis 1985, Diss., Köln 1976.

BIRD, T.,

Steel- Is there a Future?, (Hrsg.) Financial Times Business Information Ltd., London 1984.

BÖVENTER, E.v.,

Theorie des räumlichen Gleichgewichts, Tübingen 1962.

BOL, G.,

Lineare Optimierung, Königstein 1980.

BREDE, H.,

Bestimmungsfaktoren industrieller Standorte, Schriftenreihe des Ifo-Instituts für Wirtschaftsforschung, Nr. 75, Berlin 1971.

BRÜHLING, U.C.,

Neuere Entwicklung in der Eisen- und Stahlindustrie der Entwicklungsländer, Hamburg 1970.

DERS.

Neuere Entwicklungen im Lagerungsbild der europäischen Eisen- und Stahlindustrie, Hamburg 1969.

BUDDEE, K.,

Determinanten und Entwicklungstendenzen des Absatzes der Ruhrkohle AG und die Problematik einer absatzorientierten Produktion, Diss., Köln 1974.

BUNDESANSTALT FÜR GEOWISSENSCHAFTEN UND ROHSTOFFE SOWIE DEUTSCHES INSTITUT FÜR WIRTSCHAFTSFORSCHUNG (DIW),

Eisenerz, aus der Reihe "Untersuchungen über Angebot und Nachfrage mineralischer Rohstoffe", Nr. 12, Hannover/-Berlin 1979.

VAN DER BURG, J.,

Positie en Betekenis van de Rotterdamse Haven op het Gebied von het Transport von Ertsen en Kolen, (Hrsg.) Hafenbetrieb der Stadt Rotterdam, Rotterdam 1985.

COMMISSION TECHNIQUE DES TRANSPORTS DE LA SIDERURGIE FRANCAISE,	Avenants des Transport par Voie Fluviale, Transports des Produits Sidérurgiques en Trafic Interieur Francais, Paris 1985.
DEUTSCHE BUNDESBANK,	Monatsbericht der Deutschen Bundesbank, 38. Jg., Nr. 12, Dezember 1986.
DREWRY, H.P., SHIPPING CONSULTANTS LTD.	Bulk Shipping Costs and Commodity Markets, London 1985.
DERS.	The Prospects for Seaborne Iron Ore Trade and Transportation, London 1979.
DERS.	Quarterly Dry Bulk Market, London October 1985.
DERS.	Sea Trade, Transport & Handling of Steel Products, London 1986.
ELLINGER, T.,	Operations Research, zweite korrigierte Auflage, Berlin, Heidelberg, New York, Tokyo 1985.
FABER, J.P.,	Strukturuntersuchungen der Produktion und des Verbrauchs von Stahl in der Bundesrepublik Deutschland, Diss., Aachen, 1976.
FEGER, F.P.,	Der Edelstahlabsatz, Diss., Köln 1971.
GIESEKING, W.R.,	Baukosten und Betriebliche Verarbeitungskosten der Stahl-Strang-Gußanlagen, Diss., Aachen 1976.
GROßMANN, J.R.,	Technische und wirtschaftliche Faktoren der partiellen Versorgung westeuropäischer Warmbreitbandstraßen mit überseeisch erzeugtem Halbzeug, Europäische Hochschulschriften, Reihe V, Bd. 306, 1981.
HARRIS, A.W.,	U.S. Trade Problems in Steel - Japan, West Germany & Italy, New York 1983.
INTERNATIONAL IRON AND STEEL INSTITUTE (IISI),	Energy and the Steel Industry, Committee on Technology, Brüssel 1982.
DERS.,	Future Supplies of Coking Coal, Committee on raw Materials, Brüssel 1981.

ISARD, W.,   Location and Space-Economy New York
                                    1956.

DERS.,   Methods of Regional Analysis, An In-
                                    troduction to Regional Science, New
                                    York/London 1966.

JAMES, P.,   The Future of Coal, 2. Auflage, London
                                    1984.

JÜRGENSEN, H.,   Die westeuropäische Montanindustrie
                                    und ihr gemeinsamer Markt, (Hrsg.)
                                    Predöhl, A., Göttingen 1955.

JUNIUS, J.-D.,   Zur Frage des Standorts neuzeitlicher
                                    Eisenhüttenwerke in der BRD unter be-
                                    sonderer Berücksichtigung der Absatz-
                                    orientierung, Diss. Aachen 1962.

KAISER, K.-H.,   Industrielle Standortfaktoren und Be-
                                    triebstypenbildung, in: Betriebswirt-
                                    schaftliche Forschungsergebnisse,
                                    (Hrsg.) Kosiol, E., u.a., Bd. 78,
                                    Berlin, 1979, S. 28 ff.

KILGER, W.,   Optimale Produktions- und Absatzpla-
                                    nung, Opladen 1973.

KLEMMER, P.,   Die Auswirkungen der Stahlpolitik auf
SCHRUMPF, H.,   die Wirtschaftsstruktur des Ruhrge-
                                    bietes, (Hrsg.) Kommunalverband Ruhr-
                                    gebiet, 1982.

KLEMMER, P.,   Die komparative Kostenanalyse,
                                    Institut für Raumordnung (Hrsg.), In-
                                    formationen 18, 1968, S. 457 ff.

KOMMISSION DER   Allgemeine Ziele Stahl - 1990, Brüssel
EUROPÄISCHEN GEMEIN-   31.07.1985
SCHAFTEN

DERS.,   Allgemeine Ziele Stahl - 1985, Brüssel
                                    22.04.1983

KOMMISSION DER   Die Investitionen in den Kohle- und
EUROPÄISCHEN GEMEIN-   Stahlindustrien der Gemeinschaft,
SCHAFT FÜR KOHLE   Luxemburg, versch. Jg.
UND STAHL (EGKS),

KORTH, H.,   Zur Optimierung des Hochofenmöllers,
                                    Diss., Berlin, 1974.

KUNZE, H.-J.,   Die Lagerungsordnung der westeuro-
                                    päischen Eisen- und Stahlindustrie im
                                    Lichte ihrer Kostenstruktur, Kieler
                                    Studien. Bd. 30, Kiel 1954.

358

LAMMERT, F.,   Das Verhältnis zwischen der Eisen
schaffenden und der Eisen verarbei-
tenden Industrie seit dem zweiten
Weltkrieg, Diss., Köln 1960.

LÖSCH, A.,   Die räumliche Ordnung der Wirtschaft,
3. unveränd. Auflage, Stuttgart 1962.

LOMMEL, A.,   Der indirekte Stahlaußenhandel und der
Stahlverbrauch von ausgewählten
Schwellenländern, Diss., Aachen, 1982.

LÜDER, K.,
KÜPPER, W.,   Unternehmerische Standortplanung und
regionale Wirtschaftsförderung,
Schriftenreihe des Seminars für Allgemeine Betriebswirtschaftslehre der
Universität Hamburg, Bd. 24, Göttingen
1983.

MAYER, W.,   Die Theorie der Standortwahl, Entwicklung, Inhalt und wirtschaftstheoreti-
sche Behandlung der Standortwahl,
Berlin 1960.

MESTMÄKER, E.-J.,   Europäische Kartellpolitik auf dem
Stahlmarkt, aus der Reihe: Wirt-
schaftsrecht und Wirtschaftspolitik,
(Hrsg.) Mestmäker, E.-J., Bd. 72,
Baden-Baden 1983.

MIETH, W.-H.,   Der wirtschaftliche Standortvorteil
eines Hüttenwerkes an der westhollän-
dischen Nordseeküste gegenüber dem
Standort im östlichen Ruhrgebiet und
die Folgerungen für die Unternehmenspolitik des Binnenwerkes, Diss.,
Aachen 1968.

MÜLLER, J.H.,
RITTERBRUCH, K.,
STRASSERT, G.,   Probleme der Wirtschaftsstruktur des
Saarlandes, Luxemburg 1967.

NATIONAL COAL BOARD
(NCB),   A Report an the efficiency and costs
in the development, production and
supply of coal by NCB, Vol. I+II,
London 1983.

ORTMAYER, L.L.,   Conflict in Steel: Transatlantik
Responses to an Industry in Crisis,
Paper presented to the 26th Annual
Convention of the International Stu-
dies Association, Washington 1985.

ORGANISATION FOR ECONOMIC COOPERATION AND DEVELOPMENT (OECD),

The Steel Market in... and Outlook for...., Paris, versch. Jg.

O.V.,

Recycling, vom Stahl zum Schrott, (Hrsg.) Verband der Deutschen Schrottwirtschaft e.V. (BDS) in Zusammenarbeit mit dem Verein Deutscher Eisenhüttenleute (VDEh), u.a., Düsseldorf 1984.

PREDÖHL, A.,

Außenwirtschaft Weltwirtschaft, Handelspolitik und Währungspolitik, in: Grundriß der Sozialwissenschaft, Nr. 17, Göttingen 1949.

RUHRKOHLEN HANDBUCH,

6. und neu bearbeitete Auflage, Essen 1984.

RUMBERGER, M., WETTIG, E.,

Bedingungen für Angebot und Nachfrage nach Kokskohlen in der Welt bis 1985, Beiträge zur Strukturpolitik des Deutschen Instituts für Wirtschaftsforschung (DIW), Heft 44, Berlin 1976.

SCHÄKEL, U.,

Die Lösung von Standortproblemen der Eisen- und Stahlindustrie mit Hilfe von Verfahren der Mathematischen Programmierung, Diss., Clausthal 1971.

SCHEUNEMANN, F.,

Tendenzen in der Veränderung des Lagerungsbildes der westeuropäischen Eisen- und Stahlindustrie 1854-1950, Diss., Kiel 1952.

SEIDENFUS, H. ST.,

Möglichkeiten der Transportrationalisierung zur Sicherung der internationalen Wettbewerbsfähigkeit der deutschen Montanindustrie, Beiträge aus dem Institut für Verkehrswissenschaft an der Universität Münster, (Hrsg.) Seidenfus, H. St., Bd. 18, Göttingen 1985.

STOTZ, R.,

Die EG-Stahlkrise im Lichte der Wirtschaftsverfassung des EGKS-Vertrages, aus der Reihe: Wirtschaftsrecht und Wirtschaftspolitik, (Hrsg.) Mestmäker, E.J., Bd. 73, Baden-Baden 1983.

THÜNEN, J. H. v.,

Der isolierte Staat in Beziehung auf Landwirtschaft und Nationalökonomie, 3. Auflage, Jena 1930.

UNITED NATIONS CONFERENCE ON TRADE AND DEVELOPMENT (UNCTAD),	Marketing Distribution and Transport of Iron Ore: Areas for International Co-Operation, July 1982.
VEREIN DEUTSCHER EISENHÜTTENLEUTE (VDEh) UND WIRT- SCHAFTSVEREINIGUNG EISEN- UND STAHL- INDUSTRIE,	Vertraulicher Bericht: Modell-Hütten- werk-Standortvergleich der Herstell- kosten auf der Grundlage von Markt- preisen, Zweites Halbjahr 1975, Düsseldorf o.J., sowie die Fort- schreibung für den Referenzzeitraum zweites Halbjahr 1976.
VERKEHRSVERBAND WESTFALEN MITTE e.V.,	Wasserstraßenbau als wirtschafts- und staatspolitische Aufgabe, Dortmund 1984.
WEBER, A.,	Über den Standort der Industrien, 1. Teil, Reine Theorie des Standortes, 2. Auflage, Tübingen 1922.
WELTENERGIEKONFERENZ,	Survey of Energy Ressources 1980, be- arbeitet von der Bundesanstalt für Geowissenschaften und Rohstoffe Han- nover (BGR), München 1980.
WIEGAND, H.,	Eisenwerkstoffe, metallkundliche und technologische Grundlagen, Weinheim 1977.
WILLEKE, R., BAUM, H., HOENER, W.,	Referenztarife für den Güterverkehr, (Hrsg.) Kommission der europäischen Gemeinschaften, Reihe Verkehr, Nr. 6, Luxemburg 1982.
WOLTER, F.,	Strukturelle Anpassungsprobleme der westdeutschen Stahlindustrie, Tübingen 1974.

II. Aufsätze in Sammelwerken und Periodika

ADLER, F.,

Steinkohle, in : Das Energiehandbuch, (Hrsg.) Bischoff, G., Gocht, W., 4. Auflage, Braunschweig 1981, S. 103 ff.

AICHINGER, H.M.,
HOFFMANN, G.W.,

Rationeller Primärenergieeinsatz am Beispiel der Stahlindustrie - Stand und Maßnahmen, Vortrag anläßlich des Kongresses Therm Process '84, vom 22. bis 28. Juni 1984, Düsseldorf.

AMELUNG, E.,
ETTERICH. O.,
KÖHLER, E. u.a.,

Stahlerzeugung, in: Vom Schrott zum Stahl, (Hrsg.) Bundesverband der Deutschen Schrottwirtschaft e.V., Düsseldorf 1977, S. 1 ff.

BALDEAU, K.-H.,

Der Wettbewerb von Stahl und Kunst- stoff im Automobilbau, in: Stahl und Eisen, Nr. 12, Jg. 101, 1981, S. 771 ff.

BALDEAU, K.-H.,
FLOSSDORF, F.-J.,

Der Wettbewerb von Stahl und Aluminium im Automobilbau, in: Stahl und Eisen, Nr. 4, Jg. 101, 1981, S. 237 ff.

BELLISSANT, M.,

The Point of View of the Consumer of Metallurgical Coal, Vortrag anläßlich der Second US/European Coal Conferen- ce, 22.-24. April 1985, The Hague, Niederlande.

BIEAU, J.,

Abbauverfahren und Abbaubetriebsmittel im französischen Steinkohlenbergbau, in: Glückauf, Nr. 8, Jg. 118, 1982, S. 401 ff.

BLASSIES, W.,

Frachtendisparitäten verzerren den Wettbewerb, in: Continentaler Stahl- markt, Heft 9, 1982, S. 34 ff.

DERS.,

Transportnachfrage der Stahlindustrie, in: Continentaler Stahlmarkt, Heft 7, 1981, S. 15 ff.

BOGDANDY, L. v.,
SCHMIDTKUNZ, J.,

Forschung und Entwicklung in der Erz- vorbereitung und Metallurgie - ein Beitrag zur Verbesserung der Wettbe- werbsfähigkeit, in: Stahl und Eisen, Nr. 8, Jg. 101, 1981, S. 503 ff.

BRANDI, H.T.,

Überlegungen zum Standort von Hütten- anlagen im außereuropäischen Ausland, in: Stahl und Eisen, Nr. 12, Jg. 93, 1973, S. 541 ff.

VAN DER BURG, J.,

Massentransporte von Erzen und Kohle: neue Entwicklungen, Zukunftserwartungen, in: Rotterdam Europort Delta, (Hrsg.) Hafenbetrieb der Stadt Rotterdam Nr. 5, Rotterdam 1984, S. 39 ff.

ENGEL, K.,
GREBE, K.,
de HAAS, H., u.a.,

Hochofenverhalten verschiedener Möllerstoffe, in: Stahl und Eisen, Nr. 17, Jg. 99, 1979, S. 891 ff.

GATZKA, W.,

Die Kokskohlenregelungen der Europäischen Gemeinschaften, in: Glückauf, Nr. 21, 115 Jg., 1979, S. 1060 ff.

GLATZEL, G.,

Rohstoffversorgung der deutschen Eisen- und Stahlindustrie, in: Stahl und Eisen, Nr. 13/14, Jg. 101, 1981, S. 807 ff.

GRAF, H.,

Verfahrenstechnische und anlagentechnische Entwicklungen und ihr Einfluß auf den Ausbau von Hüttenwerken, in: Stahl und Eisen, Nr. 3, Jg. 97, 1977, S. 101 ff.

HARMS, J.,

Die Rohstoffversorgung der Eisen- und Stahlindustrie in der Bundesrepublik Deutschland unter besonderer Berücksichtigung unternehmensstrategischer Überlegungen, in: Erschöpfbare Ressourcen, Verhandlungen auf der Arbeitstagung des Vereins für Socialpolitik in Mannheim im September 1979, (Hrsg.) Siebert, H., Berlin 1980, S. 649 ff.

HITZBLECK, H.,

Wandlungen auf dem internationalen Schrottmarkt, Vortrag anläßlich des 1. Europäischen Elektrostahl-Congresses in Aachen, 12. bis 14. Sept. 1983.

HOSHIDE, Y.,
TAKAGI, S.,
YONOMURA, A.,

Neuere Entwicklungen in der Hochofentechnologie, in: Stahl und Eisen, Nr. 25/26, Jg. 100, 1980, S. 1521 ff.

IHDE, G.B.,
BARWIG, U.,

Die Standortveränderungen in der Eisen- und Stahlindustrie und ihre Auswirkungen auf die Seeverkehrsmärkte, in: ZfVW, Nr. 1, Jg. 53, 1982, S. 44 ff.

ISARD, W.,
CAPRON, M.,

The Future Locational Pattern of Iron and Steel Production in the United States, in: The Journal of Political Economy, Vol. 57, 1949, S. 118 ff.

JAEGER, F.,   Entwicklung und Fortschritt der japa-
                           nischen Hochofentechnologie, in: Stahl
                           und Eisen, Nr. 2, 102, 1982, S. 75 ff.

JÜRGENSEN, H.,   Anpassungsprobleme der deutschen
                           Stahlindustrie - Ursachen und Lösungs-
                           chancen, in: Probleme der Ordnungs-
                           und Strukturpolitik, Festschrift für
                           Seidenfus, H. St., (Hrsg.) Ewers,
                           H.-J. und Schuster, H., Göttingen
                           1984, S. 112 ff.

KOLLMER, R.A.,   Zur Erzversorgung der Ruhr-Hütten-
                           werke, in: Glückauf, Nr. 6, Jg. 121,
                           1985, S. 142 ff.

KOPINECK, H.-J.,   Technologie des Walzens - heutiger
WLADIKA, H.,   Stand und Tendenzen, in: Stahl und
                           Eisen, Nr. 21, Jg. 102, 1982,
                           S. 1053 ff.

LANG, G.,   Problematik, Methoden und Anpassungs-
                           möglichkeiten beim Vergleich der
                           Strompreise verschiedener Länder, in:
                           Elektrizitätswirtschaft, Heft 7,
                           Jg. 33, 1984, S. 296 ff.

LENARTZ, A.,   Wandel in der Erzversorgung der Saar-
                           hütten, in: Stahl und Eisen, Nr.
                           13/14, Jg. 101, 1981, S. 827 ff.

MARTIN, W.,   Zur Wettbewerbsfähigkeit der deutschen
STEIN, G.,   Stahlerzeugung, in: Stahl und Eisen,
                           Nr. 20, Jg. 102, 1982, S. 1003 ff.

Dies.,   Entwicklungen in der Walztechnik, in:
                           Stahl und Eisen, Nr. 18, Jg. 96, 1976,
                           S. 859 ff.

OETERS, F.,   Vom Rohstoff zum Stahlblock, in: Stahl
                           und Eisen, Nr. 12, Jg. 99, 1979,
                           S. 599 ff.

O.V.,   Mining Activity in Western World, in:
                           Mining Magazine, Januar 1983,
                           S. 40 ff.

O.V.,   Viele Faktoren bestimmen den Schrott-
                           einsatz, Bericht über die Frühjahrs-
                           tagung des Bureau International de la
                           Recuperation (B.I.R.) in Venedig 1984,
                           in: Rohstoff-Rundschau, Nr. 16,
                           Jg. 39, 1984, S. 450 ff.

PAULS, H.-R.,

Sekundärmetallurgische Anlagen in Stahlwerken und Stahlgießereien, Vortrag anläßlich der Metec'84, vom 22. bis 28. Juni 1984, Düsseldorf.

PETERS K.-H.,
HEYNERT, G.,
FLÄCHSENHAAR, E.,

Entwicklungen der Hochofentechnik bei der Thyssen AG und ihr Einfluß auf den Brennstoffverbrauch seit dem Jahre 1950, in: Stahl und Eisen, Nr. 21, Jg. 102, 1982, S. 1033 ff.

PIEPER, K.-J.,
PLÜCKER, F.,

Wandlungen der Erzversorgung der westlichen Welt seit Mitte der 70er Jahre, in: Glückauf, Nr. 6, Jg. 120, 1984, S.336 ff.

PLUMPE, G.,

Ökonomische Entwicklung und technologische Veränderungen in der westeuropäischen Eisen- und Stahlindustrie seit dem zweiten Weltkrieg, in: Konjunktur, Krise, Gesellschaft, (Hrsg.) Petzinen, D. und Roon, G. v., Stuttgart 1981, S. 180 ff.

POLOMSKI, A.,

Mehr Vorrat als Bedarf, in: Energiewirtschaftliche Tagesfragen, Nr.1/2, Jg. 35, 1985, S. 14 ff.

PREDÖHL, A.,

Das Standortproblem in der Wirtschaftstheorie, in: Weltwirtschaftliches Archiv, Bd. 21, 1925 I, S. 294 ff.

DERS.,

Die örtliche Verteilung der amerikanischen Eisen- und Stahlindustrie, in: Weltwirtschaftliches Archiv, Bd. 27, 1928 I, S. 239 ff.

RHEINISCH WEST-
FÄLISCHES INSTITUT
FÜR WIRTSCHAFTSFOR-
SCHUNG (RWI),

Stahlkrise - ist der Staat gefordert?, Berlin 1985.

RICHMOND, W.H.,

Economic Structure, in: Mining and Australia, (Hrsg.) Richmond W.H. und Sharma, P.C., St. Jucia, London, New York, 1983.

ROSENBLECK, W.,
KREUTZER, H.W., u.a.,

Schrott und Eisenschwamm als Rohstoff für die Stahlerzeugung, in: Stahl und Eisen, Nr. 7, Jg. 101, 1981, S. 463 ff.

SCHERB, M.,

Die Zukunft der Stahlindustrie in den Entwicklungsländern - Perspektiven bis 2000 -, in: Neue Entwicklungspolitik Nr. 1, 1977, S. 24 ff.

SCHULTEN, R.,   Der mögliche Beitrag der Kohle für die Energieversorgung, in: Zeitschrift für Energiewirtschaft, (Hrsg.) Schneider, H.K., Nr. 3, Jg. 7, 1983, S. 210 ff.

SMIRNOW, S.,   Heutiger Koksofenbetrieb im Ruhrrevier, in: Glückauf, Nr. 8, Jg. 115, 1979, S. 339 ff.

SPRINGORUM, D.,   Möglichkeiten der Erhöhung des Schrotteinsatzes im Konverter, in: Recycling, Nr. 4, 1982, S. 26 ff.

SUBAH, P.,   Iron Ore in Liberia: Past Production and Future Prospects, in: Mining Magazine, September 1981, S. 204 ff.

TEGEN, A.,   The Iron Ore Industry, in: Raw Materials Report, (Hrsg.) Amarasingham, S.P., Oestanne de Berms, G. u.a., Vol. 3, Nr. 1, o.J.

VOIGT, H.,   Energieeinsatz im Walzwerk und Möglichkeiten von Einsparungen, in: Stahl und Eisen, Nr. 20, Jg. 99, 1979, S. IIII ff.

WEISWEILER, F.J., OBERHOFER, A.,   Modell mit Anwendung für Standortuntersuchungen von Hüttenwerken mit weiterverarbeitung, in: Stahl und Eisen, Nr. 12, Jg. 93, 1973, S. 517 ff.

WENS, H.G., WEIL, K.O.,   Der Eisenerzbergbau in den für die Europäische Gemeinschaft wichtigsten Förderländern, in: Glückauf, Nr. 6, Jg. 119, 1983, S. 273 ff.

WETTIG, E.,   Die Stahlindustrie in der Eruopäischen Gemeinschaft, derzeitige Situation und Aussichten für die Zukunft, in: Vierteljahreshefte zur Wirtschaftsforschung, Heft 3, 1985, S. 333 ff.

WIENERT, H.,   Ein Ende der Krise ist nicht in Sicht, in: Wirtschaftsdienst, 1983, Nr. 2, S. 72 ff.

DERS.,   Zum Einfluß der wirtschaftlichen Entwicklung in verschiedenen Regionen der Welt auf das Wachstum des Stahlverbrauchs bis 1990, in: Mitteilungen des Rheinisch Westfälischen Instituts für Wirtschaftsforschung (RWI), Jg. 30, Essen, 1979.2, S. 101 ff.

WILLE, G.,   Zur wirtschaftlichen Lage der Stahlindustrie in Japan, in: Stahl und Eisen, Nr. 24, Jg. 102, 1982, S. 1247 ff.

366

III. Statistiken

ASSOCIATION OF ORE
EXPORTING
COUNTRIES (APEF),

Iron Ore Statistics, versch. Jg.

BUREAU OF MINES,

United States Department of Interior,
Mineral Commodity Profiles - Iron Ore,
1983.

CENTRAAL BUREAU VOOR
DE STATISTIEK,

Department for Statistics of Employment
and Wages, Werknemers naar NACE-code in
der industrie per provincie, 1981.

DEPARTMENT
OF EMPLOYMENT,

Employment Gazette, Census of Employment - Final Results for September
1981, December 1983, Vol. 91, Nr. 12.

FEARNLEY & EGERS
CHARTERING CO. LTD.,

World Bulk Trades, Oslo versch. Jg.

KOMMISSION DER
EUROPÄISCHEN
GEMEINSCHAFTEN,

Bulletin of Energy Prices, No. 1/2,
1985, Luxemburg 1985.

LLOYD'S OF LONDON
PRESS LTD., (HRSG.)

Lloyd's Shipping Economist, London,
versch. Jg.

MARITIME RESEARCH
INC.,

Chartering Annual, Parlin/New Jersey,
versch. Jg.

MCGRAW-HILL
PUBLICATION

Coal Week International, Washington
D.C., versch. Jg.

METALL BULLETIN,

Iron and Steel Works of the World
1983, 8th Edition, London 1983.

O.V.,

Monatsbericht des Eisen- und Stahlhandels über Lieferungen ab Lager und über
Lagerbewegungen, berichtigte Jahreszahlen 1980 - 1982.

SCHAEFER, H.,
HEIDELOFF, C., (HRSG.)

Shipping Statistics, Vol. 30, No. 1,
1986.

STATISTISCHES AMT
DER EUROPÄISCHEN
GEMEINSCHAFTEN
(EUROSTAT),

Allgmeine Systematik der Wirschafts-
zweige in den Europäischen Gemeinschaften (NACE), Luxemburg 1970.

DERS.,

Analytische Übersichten des Außenhan-
dels (NIMEXE), versch. Jg.

DERS.,

Arbeitskosten 1981, Bd. 1 und 2,
Luxemburg 1983.

STATISTISCHES AMT   Erläuterungen Eisen und Stahl,
DER EUROPÄISCHEN   Luxemburg 1981.
GEMEINSCHAFTEN
(EUROSTAT),

DERS.,   Geonomenklatur 1981, Luxemburg 1981.

DERS.,   Jahrbuch Eisen und Stahl, Luxemburg
                           versch. Jg.

DERS.,   Jahrbuch Regionalstatistik 1984,
                           Luxemburg 1984.

DERS.,   Nomenclature of Territorial Units for
                           Statistics (NUTS), Internal Publica-
                           tion, June 1985.

DERS.,   Regionale Konten ESVG 1981, Luxemburg
                           1985.

DERS.,   Struktur und Tätigkeit der Industrie,
                           Koordinierte Jahreserhebung über die
                           Tätigkeit der Industrien in den Mit-
                           gliedstaaten, Methoden und Defini-
                           tionen, Luxemburg 1979.

DERS.,   Struktur und Tätigkeit der Industrie
                           1981/82, Luxemburg 1985.

DERS.,   Vierteljahreshefte Eisen und Stahl,
                           Luxemburg, versch. Jg.

STATISTISCHES   Kostenstruktur der Unternehmen im Berg-
BUNDESAMT   bau, Grundstoff- und Produktionsgüter-
                           gewerbe 1985, Fachserie 4, Reihe 4.3.1,
                           Wiesbaden 1987.

DERS.,   Regionale Verteilung der Betriebe im
                           Bergbau und im verarbeitenden Gewerbe
                           und deren Beschäftigten - 1982, Fach-
                           serie 4, Reihe 4.1.3, Mainz 1984.

STATISTISCHES   Eisen und Stahl, Fachserie 4, Reihe
BUNDESAMT,   8.1, versch. Jg.
AUSSENSTELLE
DÜSSELDORF,

VEREIN DEUTSCHER   Jahrbuch Stahl ..., versch. JG.
EISENHÜTTENLEUTE
(VDEh) (HRSG.)

WIRTSCHAFTSVER-   Statistisches Jahrbuch der Eisen- und
EINIGUNG EISEN-   Stahlindustrie, Düsseldorf, versch. Jg.
UND STAHLINDUSTRIE,

WIRTSCHAFTSVER-
EINIGUNG EISEN-
UND STAHLINDUSTRIE,

Verkehrsstatistische Berichte der
Eisenschaffenden Industrie, Düsseldorf,
versch. Jg.

IV. Tarifwerke

BRITISH STEEL CORPORATION (BSC), Iron and Steel Carriage Tariff,
Inland Freight, 13. Edition, 30 December 1984.

COMMISSION TECHNIQUE DES TRANSPORTS DE LA SIDERURGIE FRANCAISE,
Anvenants De Transport Par Fer, Transports Des Produits
Sidérurgiques En Trafic Intérieur Francais, Paris, Fevrier 1985.

COMMISSION TECHNIQUE DES TRANSPORTS DE LA SIDERURGIE FRANCAISE,
Anvenants De Transport Par Route, Transport Des Produits
Sidérurgiques En Trafic Intérieur Francais, Paris, May 1985.

COMMISSION TECHNIQUE DES TRANSPORTS DE LA SIDERURGIE FRANCAISE,
Anvenants De Transport Par Voie Fluviale, Transport Des Produits
Sidérurgiques En Trafic Intérieur Francais, Paris, Mars 1985.

FRACHTEN- UND TARIFANZEIGER DER BINNENSCHIFFAHRT (FTB), 1985

DEUTSCHER EISENBAHN-GÜTER- UND TIERTARIF, 1985.

DEUTSCHER EISENBAHNGÜTERTARIF, AT 180, AT 192, AT 206, AT 215,
AT 216, AT 242, AT 244, AT 246, AT 249, Stand 1985.

INTERNATIONALER TARIF FÜR DIE BEFÖRDERUNG VON GÜTERN ZWISCHEN DEN
MITGLIEDSTAATEN DER EUROPÄISCHEN GEMEINSCHAFT FÜR KOHLE UND STAHL
(EGKS), NR. 9001.

MINISTERO DEI TRASPORTI, Approviazione delle tariffe per i trasporti
di merci su strada per conto di terri eseguiti sul territorio
nazionale, in: Gazetta Ufficiale Della Republica Italiana, Roma 14
dicembre 1982.

REFERENTIETARIEF BINNENLANDS VRACHTAUTOVERVOER, 1985

REICHSKRAFTWAGENTARIF (RKT), (Hrsg.) Bundesverband des Deutschen
Güterfernverkehrs (BDF),

REICHSKRAFTWAGENTARIF (RKT), Ausnahmetarife, AT 505, AT 506, AT 507,
AT 512, AT 515, AT 517, AT 520, AT 560, Stand 1985.

Verschiedene Bilaterale Abkommen im grenzüberschreitenden
Güterkraftverkehr innerhalb der Europäischen Gemeinschaft.

V. Persönliche Auskünfte

ASSOCIAZIONE NAZIONALE DELL IMPRESE DIE TRASPORTI AUTOMOBILISTICE (ANITA), Rom.

BETRIEBSFORSCHUNGSINSTITUT (BFI, VDEh Institut für angewandte Forschung GmbH, Düsseldorf.

BUNDESMINISTERIUM FÜR VERKEHR, Bonn.

BUNDESMINISTERIUM FÜR WIRTSCHAFT, Bonn.

BUNDESVERBAND DER DEUTSCHEN BINNENSCHIFFAHRT e. V., Duisburg sowie Hamburg.

BUNDESVERBAND DES DEUTSCHEN GÜTERFERNVERKEHRS (BDF), e. V., Düsseldorf.

BUNDESANSTALT FÜR GEOWISSENSCHAFTEN UND ROHSTOFFE (BGR), Hannover.

CENTRAL BUREAU VOOR DE STATISTIEK, Voorburg.

CENTRAL STATISTICAL OFFICE, London.

COMITE NATIONAL ROUTIER (GNR), Paris.

CONFEDERATION DU COMMERCE LUXEMBOURGEOIS, Luxemburg.

DEUTSCHE BUNDESBAHN, Tarifauskunft, Hamburg.

GESAMTVERBAND DES DEUTSCHEN STEINKOHLENBERGBAUS, Essen.

INSTITUT DU TRANSPORT ROUTIER, Brüssel.

INSTITUUT VOOR HET TRANSPORT LANGS DE BINNENWATEREN (ITB), Brüssel.

INSTITUUT VOOR WEGTRANSPORT, Brüssel.

IRON AND STEEL STATISTICS BUREAU, Croydon.

KOMMISSION DER EUROPÄISCHEN GEMEINSCHAFTEN, Brüssel.

KOMMISSION DER NATIONALEN VERBÄNDE DER SCHROTTWIRTSCHAFT IM GEMEINSAMEN MARKT (COFENAF).

OFFICE REGULATEUR DE LA NAVIGATION INTERIEURE (O.R.N.I.), Antwerpen.

ROHSTOFFHANDEL, Düsseldorf.

RUHRKOHLE AKTIENGESELLSCHAFT, Essen.

STATISTISCHES AMT DER EUROPÄISCHEN GEMEINSCHAFTEN (EUROSTAT), Luxemburg.

STATISTISCHES BUNDESAMT, Außenstelle Düsseldorf.

STICHTING NEDERLANDSCHE INTERNATIONALE WEGVERVOER ORGANISATIE (NIWO), Rijswijk.

VERBAND DER SAARHÜTTEN, Saarbrücken.

VEREIN DEUTSCHER EISENHÜTTENLEUTE (VDEh), Düsseldorf.

Versch. Reedereien in Hamburg und im Rhein-Ruhr-Gebiet.

Versch. Bundesdeutsche Stahlunternehmen.

WALZSTAHL-VEREINIGUNG, Düsseldorf.

WIRTSCHAFTSVEREINIGUNG EISEN- UND STAHLINDUSTRIE, Düsseldorf.